VOM POL ZUM ÄQUATOR

Die
abenteuerlichen
Reisen der
großen Entdecker
und
Eroberer

Reader's Digest

DEUTSCHLAND · SCHWEIZ · ÖSTERREICH

Richard Lee Marks

Der Tod der Gefiederten Schlange

Hernán Cortés

und die Eroberung

des Aztekenreichs

Einleitung

Im Jahre 1519 landete eine kleine Schar Spanier, angeführt von Hernán Cortés, an der Küste Mexikos. Innerhalb von nur zwei Jahren gelang es ihnen, das stolze Aztekenreich mit seinen hunderttausenden Bewohnern in die Knie zu zwingen und Mexiko für die spanische Krone zu unterwerfen. Wie war das möglich? Wie konnte die Entdeckung Amerikas durch Christoph Kolumbus zu einem der grausamsten Eroberungsfeldzüge der Neuzeit führen?

Der neu entdeckte Erdteil war für die Spanier schnell zum Sinnbild für ungeheuren Reichtum geworden, zu einem Versprechen für ein Leben im Überfluss. Sie hatten ein verheißungsvolles Land vor Augen, in dem es Grund und Boden sowie Schätze für all diejenigen gab, die wagemutig genug waren, den Ozean zu überqueren.

Jedoch ließ sich die Eroberung, die auf den kleineren, Mexiko vorgelagerten Inseln ohne größeres Blutvergießen gelang, auf dem Festland nicht ohne weiteres fortsetzen. Denn dort standen die Konquistadoren einem der mächtigsten und stolzesten Indianervölker des Kontinents gegenüber: den Azteken. Diese waren die eigentlichen Herren Mexikos und hatten nicht die Absicht, sich den Neuankömmlingen zu unterwerfen und sie als neue Herrscher anzuerkennen.

Das konnten die Spanier nicht hinnehmen, waren doch die Verlockungen allzu groß – solch kostbare Steine, prächtige Städte und vor allem so viel Gold hatten sie nie zuvor gesehen.

In furchtbarem Gegensatz zu dieser Pracht standen die Gebräuche des aztekischen Volkes. Mit Abscheu wurden die Spanier Zeuge von Opferritualen zur Besänftigung der Götter und scheinbar unbarmherziger Grausamkeit, die in ihrem Religionsverständnis keinen Platz hatte.

So begann, angefacht durch Macht- und Habgier und vermischt mit religiösen Motiven, ein Krieg, der tausenden von Menschen das Leben kosten sollte. Hierbei standen sich zwei Kontrahenten gegenüber, deren Namen bis heute unvergessen sind: der sagenumwobene Aztekenherrscher Montezuma und der spanische Konquistador Hernán Cortés …

I Die Vorgeschichte

Der Nährboden

Hat man eines der bekannten Porträts von Hernán Cortés vor Augen, so kann man kaum glauben, dass er ein schwächlicher, kränklicher Säugling gewesen sein soll, für den seine Amme Kerzen auf dem Altar der kleinen Kirche von Medellín anzündete und für dessen Überleben sie in ihrem heimatlichen Dialekt betete. Der kleine Junge wurde von seiner Mutter, Doña Catalina Pizarro Altimarano de Cortés, nicht gestillt, denn 1485, in seinem Geburtsjahr, waren modebewusste junge Damen aus guter Familie überzeugt, sie bekämen vom Stillen einen zu großen Busen. Martín Cortés de Monroy, Doña Catalinas Ehemann, holte deshalb eine Frau ins Haus, die gerade niedergekommen war. Er besaß ein paar Morgen steinigen Landes in der Estremadura, im spanischen Binnenland, unweit der portugiesischen Grenze. Martín Cortés, für gewöhnlich knapp bei Kasse, hätte allen Grund gehabt, den überflüssigen Luxus einer Amme abzulehnen, doch machte er dieses Zugeständnis an die Eitelkeit seiner Frau und trug die Kosten.

In den Jahren nach Hernáns Geburt war die kleine Stadt Medellín für einen heranwachsenden Jungen ein Abenteuerspielplatz. Auf dem Hügel stand ein bescheidenes Schloss, in dem sich die Einwohner einst gegen die Mauren verschanzt hatten. Schließlich brachen sie hervor und beteiligten sich an der Rückeroberung ihres Landes.

Dass die Mauren aus dem größten Teil Spaniens vertrieben wurden, hatten sie nicht etwa einer vereinten nationalen Streitmacht

Der spanische Eroberer Hernán Cortés (1485-1547)

zu verdanken, sondern kleineren Aufständen in den Orten und Städten der ganzen Halbinsel. Als die unmittelbare Bedrohung durch die Mauren beseitigt war, erlaubte man den Kindern in Medellín, innerhalb der Schlossmauern zu spielen, obgleich der Graf und seine Familie noch im Schloss wohnten.

Hernán Cortés und seine Freunde spielten hier „Christen und Mauren", jagten sich über die Steintreppen in den Türmchen, entlang der zinnenbewehrten Bastionen und durch die Höfe. Am Fuß des Hügels, unterhalb der Burg, drängten sich die Häuser und Hütten des Ortes. Selbst die Bauern und Hirten lebten nicht auf dem Land – das war zu gefährlich, denn die Bedrohung durch die Mauren war noch zu gegenwärtig, als dass man gerne in Abgeschiedenheit gelebt hätte. Die Burg war die Zitadelle, die den Familien in Zeiten der Gefahr Zuflucht bot, und alle wollten ihr nahe sein.

In der Ortsmitte von Medellín stand die kleine Kirche – kein gotisches, zum Himmel aufstrebendes Gotteshaus, sondern ein bescheidenes Gebäude, das nicht mehr als ein geweihtes Haus zu sein schien. Doch waren die Menschen zutiefst und unerschütterlich davon überzeugt, dass die Kirche der Quell ihrer inneren Stärke sei. Vor allem die Kinder, die im Gottesdienst mit ihren hellen Stimmen sangen und psalmodierten, zweifelten nicht daran. Das Volk vertraute bedingungslos auf die Kirche, und wie alle Jungen von Medellín war auch Hernán Cortés zutiefst gläubig. Diese Glaubensstärke hatte den Spaniern die Kraft verliehen, die Fremdherrschaft abzuschütteln und die Mauren zu vertreiben, die weit bessere Waffen und bessere Pferde hatten, die besser organisiert, gebildeter und kultivierter waren als die Einheimischen.

Rings um Medellín gab es viel ebenes Gelände, auf dem die Jungen mit einem Lederball herumtobten – Gummibälle gab es noch nicht, denn dieses Material wurde erst später aus der Neuen Welt eingeführt. Im späten 15. Jahrhundert spielten die spanischen Jungen weder Fußball noch *pelota*; sie spielten Kriegsspiele, weil ständige und häufig erbitterte Kriege über mehr als 700 Jahre das Leben des Landes bestimmt hatten.

Cortés' Geburtsort in der Estremadura, nach dem die kolumbianische Millionenstadt Medellín, Sitz des berühmt-berüchtigten Drogenkartells, und eine Stadt auf der philippinischen Insel Cebu benannt worden sind, liegt auf altem römischem Siedlungsgebiet.

Nachdem die römischen Legionen bis zum Ende des ersten vorchristlichen Jahrhunderts Spanien erobert hatten, ließen sich die Legionäre in der Estremadura nieder und bauten die hübsche Stadt Mérida, wo noch heute einige der schönsten römischen Bauten außerhalb Roms zu sehen sind. Da Medellín nur einen Tagesmarsch von Mérida entfernt liegt, zog es tausende römischer Soldaten einst dorthin.

Auf diese Weise war in das iberische Blut – das gilt für die Spanier im Allgemeinen, für die Leute der Estremadura im Besonderen – in dunkler, ferner Vergangenheit zuerst römische Stärke und dann die Hitzköpfigkeit zentraleuropäischer Barbarenstämme eingeflossen, die der Römerherrschaft ein Ende setzten. In jüngerer Zeit war zudem das arabische Erbe der Mauren hinzugekommen.

Diese Einflüsse wirkten auf den spanischen Charakter wie Aphrodisiaka, legten in ihm die Neigung zu heiligen Ausbrüchen an, die durch nichts aufzuhalten waren.

IM SPÄTEN 15. Jahrhundert herrschte in ganz Europa eine überaus lebensvolle Atmosphäre. Jenseits der Pyrenäen gab die Renaissance Naturwissenschaften und Künsten frische Impulse, stimulierte sie Wissensdrang und Erfindergeist – die Völker erwachten aus dem Mittelalter. Während ansonsten in Europa das Mittelalter eine Ära intellektueller Unfruchtbarkeit dargestellt hatte, in der sich jedoch der geistige Nährboden regenerieren konnte, war den Spaniern diese Erholungspause nicht vergönnt gewesen. Denn seit die Mauren erst über Nordafrika hinweggefegt, dann im frühen 8. Jahrhundert über die Meerenge auf die Iberische Halbinsel vorgedrungen waren und diese überrannt hatten, war Spanien vom restlichen Europa isoliert.

Rund 700 Jahre lang wehrten sich die Spanier mit Trotz und Leidenschaft immer wieder gegen die Besatzer ihres Landes, und fast von Anbeginn war dieser Kampf auf beiden Seiten von religiösem Fanatismus bestimmt.

Spanien war damals kein einheitlicher Staat und besteht auch heute noch aus einer Konföderation von Territorien, von denen viele nach Autonomie streben. Im Mittelalter bezeichnete man die Halbinsel als „die Spanien", denn eine Reihe eigenständiger Königreiche existierten nebeneinander – Aragonien, León, Asturien, Katalonien, Valencia, Saragossa, Kastilien, Toledo und andere. Einig aber waren sich alle in ihrem Widerstand gegen die Mauren. Es war ein chaotischer, mörderischer, scheinbar endloser Kampf, in dem allerdings manchmal auch spanische Truppen Seite an Seite mit den Mauren kämpften, Spanier sich gelegentlich von den fremden Herren anwerben ließen oder Spanier sich einander bis aufs Blut befehdeten. Trotzdem zwang man die Mauren ständig weiter nach Süden, indem ein Gebiet nach dem anderen befreit wurde.

Dieser sieben Jahrhunderte währende Kampf stählte den spanischen Charakter und begünstigte das Entstehen einer ausgeprägten Mentalität, die zwei hervorstechende Züge aufwies: Zum einen verspürte jeder Spanier, egal, welcher Herkunft oder sozialen Stellung, das leidenschaftliche Bedürfnis, seine eigene Unabhängigkeit zu bewahren. Die Spanier wurden zu leidenschaftlichen Individualisten und verweigerten wütend jeglichen Gehorsam – gegen Landsleute ebenso wie gegen Fremde. Der andere spanische Charakterzug, der sich in dem langen Kampf gegen die Mauren herausgebildet hatte, bestand darin, dass die Spanier – obgleich sie sich im Grunde als Aragonier, Kastilier oder Estremadurer verstanden und keinerlei Nationalbewusstsein zeigten – sich allesamt in Abgrenzung zu den islamischen Arabern als Christen und Spanier fühlten. Ihre Siege über die Mauren deuteten sie als eindeutigen Beweis für Gottes Gnade, und ihr Abkommen mit Gott bestand darin, ihm diese Gnade durch unverbrüchlichen Glauben zu danken.

ZUR ZEIT von Cortés' Kindheit und früher Jugend waren die Mauren bereits bis in ihre letzte Bastion in Südspanien zurückgedrängt – in jenen Teil Spaniens, den die Mauren immer bevorzugt hatten: die subtropische Mittelmeerregion, die sie Al-Andalus genannt hatten und die sie von ihrer wunderschönen Hauptstadt Granada aus regierten. Unter der Herrschaft von Ferdinand von Aragon und Isabella von Kastilien – dem „Katholischen Königspaar", wie der Papst sie titulierte – wurde Spanien zu einem Reich zusammengeschlossen.

Nach der Vereinigung von Aragonien und Kastilien gewann die spanische Streitmacht unter dem Banner der „Katholischen Könige" eine ungeahnte Stärke. Gonzalo de Córdoba, ein genialer Taktiker, dem Ferdinand und Isabella die militärische Führung anvertraut hatten, steigerte auf durchgreifende Weise die Schlagkraft der spanischen Truppen. Zu jener Zeit hatten die Mauren, die sich in Granada noch immer behaupteten, ihr vitales Durchsetzungsvermögen und ihren

Machtanspruch eingebüßt. Um den Frieden zu bewahren, zahlten sie bereits ringsum den Christen Tribut. Doch Ferdinand und Isabella provozierten erneut einen Krieg, um den spanischen Boden ein für alle Mal von heidnischer Herrschaft und Einflussnahme zu befreien.

Als Granada im Jahre 1492 fiel, jubelte ganz Spanien, feierte wie im Taumel, fast wie in religiöser Ekstase. Die Mauren wurden gezwungen, scharenweise zum Christentum zu konvertieren. Die in der Schlacht gestählten spanischen Männer und ihre heißblütigen, leidenschaftlichen Frauen brachten mit feierlichen Messen, Umzügen und Festen Gott ihren überschwänglichen Dank für diesen Triumph über die Andersgläubigen zum Ausdruck.

1492 war Hernán Cortés sieben Jahre alt.

Die unbekannte Welt

Als Hernán Cortés geboren und der Name des Säuglings ordnungsgemäß ins Geburtsregister der Kirche von Medellín eingetragen wurde, gab es einen Teil der Erde, der den Christen, Moslems und Juden in Spanien ebenso unbekannt war wie vorher den Römern, Griechen, Persern oder jedem anderen Kulturvolk der damals bekannten Welt. Mehr noch: Selbst die gebildetsten Menschen im bekannten Teil der Erde waren davon überzeugt, dass kein weiterer Erdteil existierte bzw. existieren konnte, denn einem berühmten Geographen, Mathematiker und Astronomen der Antike war ein folgenschwerer Irrtum unterlaufen. Ptolemäus lebte und arbeitete um die Mitte des 2. Jahrhunderts n. Chr. in Alexandria; er sprach und schrieb Griechisch, und seine Bücher wurden ins Lateinische und Arabische übersetzt. Viele Werke des Ptolemäus waren in der großen, später abgebrannten Bibliothek in Alexandria aufbewahrt.

Es gab in der Antike eine ganze Anzahl von Denkern – die meisten von ihnen Griechen –, die, ausgehend vom Bild des Mondes, der vom Nachthimmel auf sie herabschien, folgerten, Sterne und Planeten müssten ebenso wie die Erde Kugeln sein. Tatsächlich stellten diese frühen Astronomen die Erde als Kugel dar und teilten den Erdumfang in 360 Längengrade ein, durchzogen von Breitengraden. Eratosthenes, der 300 Jahre vor Ptolemäus lebte, schätzte den Erdumfang exakt ein. Als Ptolemäus den Erdumfang jedoch erneut berechnete, machte er einen Fehler und stellte ihn um 30 Prozent kleiner dar. Ptolemäus ging davon aus, dass sich Asien weiter nach Osten erstreckt, und schloss daraus, dass sich auf dem von ihm vermuteten schmalen Abschnitt nur ein Ozean befinden könne, der Westeuropa von China trennte. Folglich gab es auf seiner Weltkarte keinen Platz für einen weiteren Kontinent.

Insgesamt war das Werk von Ptolemäus jedoch sehr fundiert, und seine Begründung dafür, dass die Erde rund sein müsse, war am einleuchtendsten. Deshalb wurden seine Ideen als maßgeblich anerkannt, bis Kopernikus 1543 seine Theorie veröffentlichte, dass die Erde sich um die Sonne drehe und nicht umgekehrt die Sonne um die Erde, wie Ptolemäus angenommen hatte. Im Jahre 1485 jedenfalls stand es unter den europäischen Gelehrten außer Zweifel, dass sich im Westen zwischen Europa und dem Orient kein Kontinent befinden konnte.

DA DIE Menschen, die damals in Amerika lebten, so lange Zeit mit dem Rest der Welt keinerlei Berührung gehabt hatten, ist es schwer, ihre Ursprünge klar einzuschätzen. Bei jeder neuen Theorie zur Besiedlung Amerikas wird das wahrscheinliche Datum weiter zurückversetzt – der Zeitpunkt nämlich, als die Jäger und Sammler aus Asien über eine Landbrücke von Sibirien nach Alaska gelangten und die weite Strecke durch ganz Amerika bis nach Feuerland vordrangen, wo man ihre Pfeile zwischen den Rippen riesiger prähistorischer Faultiere fand.

Diese Menschen, die über die Landbrücke kamen, dort, wo sich heute die Beringstraße befindet, waren von der Rasse her keine Indianer; es waren primitive Männer und Frauen, die auf einer niedrigen Entwicklungsstufe standen. Nachdem die See die Landbrücke überflutet hatte oder die Landbrücke unter den Meeresspiegel gesunken war, vergingen so viele Jahre, dass sich die Bewohner Amerikas aufgrund ihrer Isolation zu einer einzigen Rasse entwickeln konnten, die schließlich den fälschlichen, aber allgemein gebräuchlichen Namen Indianer erhielt. 50 000 Jahre oder auch mehr werden in der Regel für diese Zeit der Abgeschlossenheit angesetzt, geht man davon aus, dass diese Zeit für die Entstehung einer Rasse ausreichend ist, und diese Tatsache einer von der ganzen übrigen Welt unabhängigen Entwicklung ist von außerordentlicher Bedeutung.

Im Jahr 1485 nach europäischer Zeitrechnung war die Herrschaft einer der ursprünglichen amerikanischen Kulturen im mexikanischen Hochtal auf ihrem Höhepunkt angelangt. Nicht unähnlich den Spaniern, waren der eingeborenen Bevölkerung immer wieder seitens einfallender Stämme neue Energien zugeflossen, und die Azteken, die zu dieser Zeit die Herrschaft innehatten, waren durchdrungen vom Hochgefühl ihrer eigenen Größe – im Guten wie im Schlechten ist dieses übersteigerte Selbstwertgefühl anscheinend allen Kulturen gemeinsam. Bevor ein Anführer auftaucht und solange eine Gesellschaft aus Familienverbänden besteht, die unabhängig voneinander leben (wie etwa die auf einer niedrigen Stufe stehenden Yahgans in Feuerland), bewegt sich die kulturelle Entwicklung nur langsam voran. Aber es ist Naturgesetz, dass immer wieder einmal jemand die Führung übernimmt, für gewöhnlich Vertreter des so genannten vornehmen Standes mit der starken Tendenz, sich selbst für göttlich zu erklären. Wie bei den meisten Völkern auf der Welt war dies auch bei den mexikanischen Indianern der Fall.

Die hoch entwickelte Kultur der Indianer in Mexiko war überaus produktiv, bot Millionen von Menschen an Ort und Stelle ein Auskommen, ohne dass sie als Nomaden umherziehen mussten. Darüber hinaus standen aus einem Produktionsüberschuss Mittel zur Verfügung, um Adel, Priesterschaft, Künstler und Baumeister zu unterhalten. Diese Kultur, eine ureigene Leistung der Eingeborenen, war grandios und farbenfroh, kraftvoll und lebendig. Es gibt vielerlei Gradmesser, um den Stand einer Kultur zu beurteilen. Der Städtebau ist einer davon, und darin waren die mexikanischen Indianer unübertroffen. In der Entwicklung der Schrift dagegen lagen sie zurück; in der Metallbearbeitung machten sie ständige Fortschritte, und in der Herstellung von erlesenem Schmuck waren sie Meister. Doch eines muss deutlich ausgesprochen werden: Man darf die indianische Kultur nicht als eine jüngere, simplere Form unserer eigenen betrachten. Das wäre eine ungerechtfertigte Anmaßung unsererseits. Die Zivilisation im Tal von Mexiko entstand über viele Jahrhunderte, und es wäre absolut falsch, wollte man sie mit dem Maßstab europäischer Zivilisationen messen, so als müsste ein bestimmter Zeitraum überall ähnliche Ergebnisse hervorbringen. Man sollte deshalb die Kultur der Azteken nicht mit der europäischen, persischen, chinesischen oder afrikanischen Kultur vergleichen, sondern sie vielmehr als eigenständige große Leistung sehen und sie als solche respektieren. Die spanische Kultur im späten 15. Jahrhundert und die aztekische Kultur in Mexiko zum gleichen Zeitpunkt sind somit zwei völlig verschiedene Ausdrucksformen menschlicher Entwicklung.

Jede Art der Kultur ist das Werk menschlicher Erfindungsgabe; das Ergebnis von Schöpferkraft, harter Arbeit und Leidenschaft. Doch weil eine jede in einem speziellen Kontext steht, variiert die Bewertung menschlichen Verhaltens von Volk zu Volk enorm. Jedes Volk legt seine eigenen moralischen Maßstäbe an und hegt seinen eigenen Traum von Erfüllung.

Die Spanier und die amerikanischen Ureinwohner unterschieden sich in dieser Hinsicht ganz radikal, doch gab es auch Gemeinsamkeiten. Die Azteken, die Mexiko erobert hatten, bevor Kolumbus die

Neue Welt entdeckte, waren gewissermaßen ebenso wie die Spanier aggressive Eroberer. Beide Völker waren von rücksichtsloser Natur, doch trugen beide gleichfalls edle Züge. Und beide Völker waren zu einer tiefen Frömmigkeit fähig. Es mutet wie ein seltsames Spiel des Schicksals an, dass es diesen ursprünglich erbitterten Feinden bestimmt war, sich wie Liebende miteinander zu verbinden, sich zu paaren und zu vermehren.

Der grosse Zufall

Der große Zufall bestand darin, dass Kolumbus ausgerechnet im Jahre 1492, als Spanien in seinem Sieg über die Mauren schwelgte, Prozessionen und Dankgottesdienste veranstaltete und mit Umzügen den Erfolg seiner Waffen feierte – einen neuen Kontinent entdeckte!

Die Spanier waren überzeugt, diese Entdeckung sei Gottes Lohn für ihre Frömmigkeit. Nachdem sie ihr eigenes Land zurückgewonnen hatten, war es ihnen nun bestimmt, sich eine ganz neue Welt zu erobern. Mit freudiger Begeisterung nahm das spanische Volk diese Herausforderung an. Es dauerte jedoch lange, bevor sie Kolumbus' Entdeckung in ihrer vollen Bedeutung erkannten, denn in den ersten 25 Jahren nach Kolumbus' Landung auf den Bahamas gelangten nur geringe Mengen Gold und Silber nach Spanien. In diesem Vierteljahrhundert gründeten die Spanier Siedlungen auf den größeren Inseln in der Karibik, entdeckten Florida und die Landenge von Panama und streiften an den Küsten von Mittel- und Südamerika entlang.

Aber sie unterließen es zunächst, von den Karibischen Inseln aus weiter gezielt nach Westen zu segeln.

IN DIESEN Jahren wuchs Hernán Cortés heran. Als er etwa 14 Jahre alt war, kratzte sein Vater Martín genügend Geld zusammen, um ihn auf die Universität nach Salamanca schicken zu können. Was ihm nicht leicht fiel, denn Martín Cortés hatte als Soldat nicht gerade eine brillante Karriere gemacht. Unter dem Kommando eines Verwandten war er, statt gegen die Mauren zu kämpfen, in einen innerspanischen Parteienkampf verwickelt gewesen, und seine Partei war unterlegen. Bartolomé de Las Casas zufolge, einem Mönch, der ihn gut kannte, zuckten die Leute nur spöttisch die Achseln, wenn der kleine Landbesitzer sich als Hidalgo, als Mitglied des niederen iberischen Adels, bezeichnete. Doch hatte Martín eine Schwester, die in Salamanca lebte, und bei dieser Tante konnte Hernán wohnen.

Die Rechtswissenschaft, die Hernán in Salamanca studierte, war im Wesentlichen in dem Sammelband *Las Siete Partidas* enthalten, der aus dem 13. Jahrhundert stammte und in dem alle juristischen Vorschriften und Gepflogenheiten zusammengefasst waren. Einige gingen auf den römischen Codex Justinianus zurück, andere waren von den Westgoten übernommen worden und wieder andere sogar von den Mauren. *Las Siete Partidas* war nicht darauf angelegt, der sozialen Gerechtigkeit zu dienen. Zielsetzung war vielmehr, die individuellen Rechte innerhalb der einzelnen Gesellschaftsklassen zu definieren, die Privilegien zu bestimmen, die mit jedem Rang einhergingen, und präzise die Verfahrensweisen zu benennen, die von den einzelnen Klassen zu befolgen waren, wollten sie das ihnen gesetzlich Zustehende sichern. Mit anderen Worten: Es ging darum, das ganze komplizierte feudalistische Gefüge zu systematisieren, rechtlich abzusichern und diese eher zufällig entstandene Struktur in den Dienst des Königs zu stellen, der an der Spitze der sozialen Pyramide stand.

Hernán war fasziniert von diesem Gesetzeslabyrinth, denn er fand darin viele Schliche, Hintertüren und Schlupflöcher, die ihn an seine Spiele in der Burg von Medellín erinnerten. So machte er sich dieses juristische Wissen zu Eigen und verinnerlichte es. Er lernte es, stark, stolz und außerordentlich wendig zu sein und alle Kampfspiele zu beherrschen, mit denen spanische Jugendliche den größten Teil ihrer Zeit verbrachten. Er zeichnete sich aus im Fechten, im Gebrauch von Schild und Lanze, im Reiten, Schießen und selbst in der Planung von Strategien für die Aufstellung von Geschützen, die in künftigen Kriegen verstärkt eingesetzt werden sollten. Selbst im Würfelspiel tat er sich hervor.

Dennoch verließ er nach zwei Jahren die Universität, ohne ein Rechtsgelehrter geworden zu sein und ohne sich einen akademischen Grad erworben zu haben. Er kehrte nach Hause zurück, sei es, weil seine Studien ihn nicht genügend interessierten oder weil er das Studentendasein satt hatte. Nach all den Opfern, die sie für die Erziehung des Sohnes gebracht hatten, reagierten die Eltern mit Empörung – der Familienzwist führte dazu, dass Hernán beschloss, seinen Weg von nun an allein zu gehen. Zu jener Zeit – man schrieb das Jahr 1501 oder 1502 – stand ein junger Spanier in der Regel vor der Wahl, sich entweder nach Osten, nach Italien, zu wenden und sich den Spaniern unter Gonzalo de Córdoba anzuschließen, die das Königreich Neapel zu erobern suchten, oder sich ins so genannte Westindien zu begeben, aus dem zunehmend Reichtümer flossen. Hernán entschied sich für den Westen. Seine Eltern, die ihm die Abreise in jeder Weise erleichtern wollten, versuchten ihn im Gefolge von Nicolás de Ovando unterzubringen – einem Adligen, der im Begriff stand, nach Westindien aufzubrechen, um dort die Statthalterschaft zu übernehmen.

Doch ein Unfall vereitelte diesen Plan. Als Hernán eines Nachts das im zweiten Stock gelegene Schlafzimmer einer jungen Frau in Medellín durchs Fenster verließ und über eine Gartenmauer balancierte, brach die Mauer unter ihm zusammen. Mit großem Gerassel von Schwert und Schild stürzte er zu Boden – glaubt man Cortés, so war er voll bewaffnet. Von irgendwoher kam der junge Ehemann herbeigerannt, der den Ehebrecher am liebsten umgebracht hätte, wäre dieser kampffähig gewesen. Aber Cortés hatte sich das Rückgrat verrenkt und konnte sich nicht rühren. So brachte man ihn nach Hause, wo er bis zu seiner Genesung mehrere Monate im Bett verbringen musste und folglich Ovandos Schiff verpasste.

Cortés sollte diese Geschichte später leidenschaftlich gern erzählen. Während des Kampfes um Mexiko tat ihm stets der Rücken weh, wenn er auf dem Boden liegend Siesta gehalten hatte, und er schrieb diese Beschwerden dem Sturz von der Mauer zu. Am Ende weigerten sich seine Soldaten, diese Geschichte immer von neuem anzuhören.

Als Hernán sich wieder reisefähig fühlte, gab er vor, nach Italien zu gehen. Doch fast ein Jahr lang zog er in Spanien umher, erbettelte sich oft sein Essen und lebte wie viele wandernde Schüler, die ihr Studium aufgegeben hatten, von der Hand in den Mund. Er schaffte es nie bis nach Italien und strandete schließlich wieder zu Hause, wo seine Eltern, des Herumstreitens müde, ihm schließlich ausreichend Geld für die Fahrt nach Westindien gaben.

Hernán verließ Medellín, wanderte nach Mérida und von dort zum wenig weiter südlich gelegenen Hafen Huelva. In Moguer am Tinto, unweit von Huelva, fand er einen Händler, der im Begriff war, mit fünf Schiffen nach Westindien aufzubrechen. Sie waren voll beladen mit Waren, die er dort verkaufen wollte, und Hernán buchte einen Platz an Bord. Er war 19 Jahre alt und hatte in der Neuen Welt weder eine Stellung noch sonst etwas zu erwarten.

Seine Abreise war armselig und wenig ruhmreich.

II Dicht vor der Eroberung – und dem Fehlschlag

Eine ausgelassene, rebellische Jugend

Bei einem Mann, dem große Taten vorbestimmt sind, zeigen sich die Anlagen häufig schon in der Jugend – nicht so bei Hernán Cortés. Zunächst unterschied er sich nur wenig von all den anderen jungen Spaniern, die von zu Hause fortzogen und wie Treibgut in Hafenstädten wie Huelva, Sanlúcar de Barrameda und Cádiz strandeten, von wo aus sie in die Neue Welt aufbrachen, um dort ein müßiges Leben zu führen, um die Gunst der Mächtigen zu buhlen und von großen Gewinnen zu träumen.

Dass die Besiedlung der Neuen Welt so langsam und unsystematisch voranging, lag wohl zu einem großen Teil daran, dass Juden und Mauren, die Spaniens Handel und Finanzwesen bestimmt hatten, vertrieben worden waren, sofern sie sich nicht zum Christentum hatten bekehren lassen. Nach ihrem Fortgehen herrschte Chaos – die Reise von Cortés legt dafür ein beredtes Zeugnis ab. Der Händler, bei dem er seine Passage in die Neue Welt buchte, hieß Alonso Quintero, doch dieser trug keineswegs die alleinige Verantwortung für die Reise, denn jedes der fünf kleinen Schiffe gehörte einem anderen Eigentümer und die Fracht wiederum verschiedenen Gruppen von Händlern in Huelva und Palos de Moguer. Das war typisch für spanische Handelsunternehmungen in jener Zeit. Sie wurden stets von vielen miteinander konkurrierenden Parteien getragen, und es blieb unklar, bei wem die Führung lag. Zwar waren die ersten Expeditionen in die

Neue Welt im Wesentlichen von den „Katholischen Königen“ finanziert worden, doch gelangten die Monarchen mit der Zeit zu der Auffassung, dass sämtliche Mittel für Entdeckung und Handel von Privathand aufgebracht werden müssten. Die Beteiligung der Könige beschränkte sich nunmehr auf die Reiseerlaubnis, und auch die Aufgaben der königlichen Kassenbeamten verlagerten sich: Hatten sie zuvor die Staatsausgaben überwacht, so achteten sie nun darauf, dass der Gewinnanteil der Krone, das königliche Fünftel, präzise berechnet und abgeliefert wurde – wobei jeder Revisor seinen persönlichen Schnitt machte.

NACHDEM die Schiffe die Kanarischen Inseln angelaufen hatten, um dort Fracht aufzunehmen, lichtete Quintero die Anker und verließ nachts heimlich den Hafen. Er wollte Westindien als Erster erreichen, um seine Waren zu verkaufen, bevor die anderen Schiffe eintrafen. Doch geriet Quintero – mit Cortés an Bord – in einen so schweren Sturm, dass der Großmast brach und er zurückkehren musste. Obwohl er von der Besatzung der anderen vier Schiffe aufs Heftigste beschimpft wurde, versuchte Quintero, als man die Reise nach Westen endlich fortsetzte, erneut, die anderen hinter sich zu lassen. Sein Lotse verschwand, allen fünf Schiffen gingen das Trinkwasser und um ein Haar auch die Nahrungsmittel aus.

Als Cortés in Santo Domingo auf der Insel Hispaniola an Land ging – der Insel, in die sich heute die Dominikanische Republik und Haiti teilen –, wandte er sich sogleich an den Statthalter Ovando, einen entfernten Bekannten seiner Eltern. Dieser ließ Cortés ins Register der Neuankömmlinge eintragen und teilte ihm ein Stück Land unweit der Küste zu, auf dem einige Indianer lebten. Obendrein bestellte er ihn, da der junge Spanier sich mit seiner juristischen Ausbildung gebrüstet hatte, zum Stadtnotar von Azúa und empfahl ihn einem Hidalgo, Don Diego Velázquez de Cuéllar, von dem es hieß, er sei reich. Da er zudem in dem Ruf stand, sehr risikofreudig zu sein, konnte er für einen zupackenden jungen Mann durchaus Verwendung haben. Cortés stellte sich bei Velázquez vor, einem korpulenten, jovialen Mann, und half ihm sogleich, mit einer kleinen Truppe von Spaniern einen Indianeraufstand im Inneren der Insel niederzuschlagen. Es war eine unblutige Revolte: Die Indianer, die sich geweigert hatten, für die Spanier in den Bergwerken zu arbeiten und ihnen die Feldfrüchte zu liefern, fügten sich rasch, obwohl die Spanier einen Häuptling getötet hatten und dessen Witwe zum Widerstand aufrief.

Im Übrigen lebte und arbeitete Cortés fünf oder sechs Jahre lang eher unauffällig in und um Azúa, betrieb ein wenig Landwirtschaft, ein wenig Bergbau, ein wenig Handel, spielte häufig, gewann auch und ließ sich, sooft er konnte, mit Frauen ein. Auf Hispaniola gab es nur wenige weiße Frauen, doch Cortés verschmähte auch die Indianerinnen nicht, und von weniger wohlgesinnter Seite wird behauptet, er habe sich dort die Syphilis geholt. Jahrhundertelang war man davon ausgegangen, die Spanier hätten diese Krankheit nach Amerika eingeschleppt – bis zum Jahr 1912, als die Ruinen der vergessenen, von den Spaniern niemals aufgefundenen Inka-Stadt Machu Picchu in den peruanischen Anden entdeckt wurden. Die mumifizierten Leichen indianischer Frauen, die dort in Löchern unter Felsblöcken beigesetzt waren, trugen eindeutige Zeichen von Syphilis, was klar beweist, dass die Seuche bereits im präkolumbianischen Amerika existierte. Betrachtet man Cortés' Lebensgeschichte, erscheint es indes kaum denkbar, dass er Syphilis hatte. Zum einen war es im 16. Jahrhundert schwierig, diese Krankheit, die man „die großen Pocken“ nannte, mit Gewissheit zu diagnostizieren, zum anderen war Cortés sein Leben lang ein Frauenheld und zeugte mit verschiedenen Frauen vier legitime, dazu mindestens fünf oder sechs uneheliche Kinder, die alle gesund waren.

Cortés' müßiges Leben auf Hispaniola fand ein Ende, als Velázquez 1511 mit der Eroberung Kubas begann und er die Truppe unter dem Kommando von Velázquez' Vertrauensmann und Stellvertreter Pánfilo de Narváez begleitete. Die Spanier hatten ein leichtes Spiel: Die scheuen kubanischen Indianer rannten davon und verbargen sich in den Wäldern, so wie es auch die meisten Indianer auf Hispaniola getan hatten. Die Spanier lockten sie wieder aus ihren Verstecken und zwangen sie, sich zu unterwerfen und für sie zu arbeiten. Sobald die Situation auf Kuba unter Kontrolle war, machte auch Velázquez die Überfahrt und übernahm als Statthalter die Regierung. Cortés erhielt von ihm ein großes Stück Land zugeteilt, auf dem viele Indianer lebten. Sein Besitz umfasste zudem mehrere äußerst ergiebige Minen, sodass er hier ungleich besser gestellt war als auf Hispaniola.

OBWOHL Velázquez und Cortés die Liebe zum schönen Geschlecht gemeinsam war, entzweiten sie sich ausgerechnet wegen einer solchen Affäre. In seiner Eigenschaft als Statthalter nämlich war Velázquez fest entschlossen, auf der Insel eine moralisch gesittete Gesellschaft zu begründen, ein Spiegelbild spanischer Wertvorstellungen. Und darüber geriet er in Konflikt mit Cortés. Auf Hispaniola war eine Familie namens Suárez eingetroffen – eine verwitwete Mutter mit vier heiratsfähigen Töchtern und einem erwachsenen Sohn. Die Mutter, die ihre Töchter unter die Haube bringen wollte, hatte gehört, dass viele spanische Männer nach Kuba aufbrachen, und so trat auch sie mit ihrer Familie die Überfahrt an und machte dem Statthalter Velázquez ihre Aufwartung. Dieser fand Gefallen an der Familie und teilte dem Sohn Juan ein Stück Land sowie einige Indianer zu, die er sich mit einem erfahrenen Siedler teilen sollte – mit Hernán Cortés, der ihm zudem als Berater zur Seite stehen konnte.

Die Suárez, im Gefolge der Frau des Statthalters Ovando in die Neue Welt gekommen, waren zwar nicht adligen Geblüts, wohl aber vornehmer Herkunft, und Velázquez hoffte, sie könnten dazu beitragen, auf Kuba eine Gesellschaft nach seinen Wünschen zu etablieren. Da es nur wenige heiratsfähige weiße Frauen auf den Inseln gab, waren die hübschen, lebhaften und selbstbewussten Suárez-Schwestern sogleich sehr gefragt. Berauscht von der Aufmerksamkeit so vieler Männer, gaben sie sich sehr wählerisch.

Die älteste der Schwestern, Catalina, wurde *La Marcaida* genannt – nach dem Mädchennamen ihrer Mutter –, was nach spanischer Sitte bedeutete, dass sie ihrer Mutter ähnelte, und was in diesem besonderen Fall besagte, dass sie nicht auf den Mund gefallen war. Catalina verkündete laut und in aller Öffentlichkeit, ihre Wahl sei auf Cortés gefallen. Velázquez selbst, obgleich mit der Nichte des Bischofs von Burgos verbunden, umwarb die jüngste der Suárez-Schwestern, die unbändigste der Schar. Ihr Ruf war schnell dahin – ob ihre Beziehung zu Velázquez oder anderes der Anlass war, ist nicht bekannt. Cortés seinerseits liebte zwei der Schwestern – eine war Catalina – und hatte mit beiden ein Verhältnis. Eben dies trieb Velázquez zur Verzweiflung: Wie sollte er die Tatsache, dass Cortés sich gleich mit zwei Schwestern eingelassen hatte, mit seiner Vorstellung von einer sittenstrengen kubanischen Gesellschaft vereinbaren?

Velázquez beschwor Cortés, Catalina zu heiraten. Er schmeichelte und drohte, aber Cortés weigerte sich hartnäckig. Daraufhin verklagte Catalina Cortés, weil er sein Heiratsversprechen gebrochen hatte. Statthalter Velázquez befürwortete ihre Klage, und weitere fünf Männer, einschließlich Catalinas Bruder, bürgten für deren Richtigkeit. Velázquez war so verärgert über Cortés, dass er ihn einsperren und in den Stock legen ließ, doch sein Gefangener entfloh, entweder indem er den Verschluss am Fußblock aufbrach oder den Aufseher bestach, und suchte Zuflucht in einer Kirche. Diese Art von Unbotmäßigkeit war gefährlich, denn an einem so weit von Spanien entfernten Ort wie Kuba konnte ein Statthalter leicht seine eigenen Rechtsvorstellungen durchsetzen. Cortés musste fürchten, dass Velázquez ihn entweder in Ketten nach Hispaniola schicken und dort aburteilen ließ oder ihm in Kuba den Prozess machte und ihn dort hängen ließ.

Da die Nächte in Kuba jedoch häufig schwül sind, hielt Cortés es in der Kirche auf die Dauer nicht aus. Als er in einer solchen Nacht herausrat, um frische Luft zu schnappen, nahm man ihn fest. Velázquez' Mann, der im Gebüsch versteckt auf ihn gewartet hatte, hieß Juan Escudero – er sollte diese Festnahme später bereuen. Cortés wurde ein zweites Mal eingesperrt und entfloh erneut, in diesem Fall gewiss mithilfe von Bestechung. Im Gefängnis hatte Cortés eine Klageschrift gegen Velázquez verfasst, in der er belastende Details, die ihm während der Jahre im Dienste von Velázquez zu Ohren gekommen waren, enthüllte. Die Nachricht von dieser Klageschrift verbreitete sich wie ein Lauffeuer, und viele ergriffen Partei zugunsten von Cortés, der beliebt war, während sich unter den Spaniern gegen Velázquez ein Groll angestaut hatte, weil dieser ihnen angeblich nicht genügend Land oder Indianer zugeteilt hatte.

Eines Nachts begab sich Cortés bewaffnet zu Velázquez, der allein mit ein paar Dienstboten in einem Gutshaus auf dem Land lebte, während die Soldaten seiner Eskorte in einem nahe gelegenen Dorf wohnten. Velázquez, zunächst verblüfft und vielleicht auch erschrocken über diese Begegnung, lud Cortés schließlich zum Abendessen ein – die beiden alten Freunde waren wieder versöhnt. Und so unglaublich es klingt: In dieser Nacht sollen Velázquez und Cortés allen vorhandenen Berichten zufolge im selben Bett geschlafen haben. Bald darauf, nachdem er sich fast ein Jahr lang gegen die Eheschließung gewehrt hatte, heiratete Cortés nun Catalina. Er baute ihr ein Haus – das schönste Haus in Baracoa, wie es heißt – und fühlte sich, eigenem Bekunden nach, so zufrieden mit ihr, als wäre sie die Tochter einer Herzogin. In ihrem Umfeld war er, da draufgängerisch, übermütig und lebensfroh, allgemein beliebt.

Cortés' Charakter weist jedoch noch einen anderen Aspekt auf, den man von einem Eroberer eigentlich nicht erwartet. Während die meisten Spanier in Westindien die Indianer antrieben, die Minen auf fieberhafte und unrentable Weise nach Gold auszubeuten, entschied sich Cortés für ein geduldigeres Vorgehen. Er duldete in seinen eigenen Minen keinen schnellen Raubbau, sondern schöpfte die Adern auf sorgfältige und gründliche Weise aus. Seiner Ansicht nach war eine kluge Nutzung des Landes wesentlich für eine dauerhafte Besiedlung, und aus diesem Grund betrieb er auch seine Landwirtschaft auf eine umsichtige, in Anbetracht der Kenntnisse jener Tage fast wissenschaftliche Weise. Er ließ seine Indianer die Felder säubern, sie pflanzten und ernteten; er selbst kümmerte sich um den Import von Rindern, Schafen und Pferden und war einer der ersten Siedler in Kuba, die Herden hielten. Velázquez erkannte Cortés' kreatives Talent und beauftragte ihn, eine Schmelzhütte und eine Apotheke einzurichten. Zweimal ernannte Velázquez ihn zum Alkalde, zum Bürgermeister von Santiago. Obgleich Cortés mit Geld großzügig umging, sparte er genügend, um 2000 Castellanos in eine Partnerschaft mit einem Händler namens Andrés de Duero investieren zu können. Und eines Tages war es so weit: Die Wolken der Alltäglichkeit um ihn begannen sich zu lichten, und er sah seine große Chance.

Neuspanien mitten im Ozean

Ein Vierteljahrhundert nach Entdeckung der Neuen Welt durch Kolumbus, kamen die Spanier 1517 auf den Karibischen Inseln endlich zu der Erkenntnis, dass sich westlich von ihnen ein weiteres entdeckenswertes Land befinden musste – eine große Insel, wie sie glaubten. Ausgangspunkt war Folgendes: Diego Velázquez benötigte weitere Indianer für die Arbeit in seinen Minen und auf seinen Feldern, doch waren alle kubanischen Indianer, die nicht in seinen Diensten standen, den ortsansässigen Spaniern zugeteilt worden. Man beschloss daher, drei Schiffe mit einem kleinen Truppenkontingent zu einigen nahe gelegenen Inseln auszuschicken, wo Indianer gefangen genommen oder vielleicht auch erhandelt werden sollten – Velázquez würde bei Lieferung der Indianer pro Kopf eine bestimmte Summe zahlen. Auf dem Papier waren die Indianer keine Sklaven, denn laut königlicher Verordnung war Sklaverei streng verboten. Vielmehr würden sie einem spanischen Bürger zugeteilt werden, der für ihre religiöse Unterweisung und für ihren Schutz sorgte und sie unterdessen für sich arbeiten ließ. Mittels dieser Schliche wurde die königliche Verordnung umgangen.

Wie bei geschäftlichen Unternehmungen üblich, finanzierten mehrere Partner – in diesem Fall drei – den Raubzug; Velázquez als Endabnehmer war vermutlich nicht beteiligt. Einer der Partner, Francisco Hernández de Córdoba, wurde zum leitenden Kapitän ernannt, und über 100 spanische Soldaten wurden angeworben. Zur Mannschaft gehörte – ein Glück für die Historiker – auch Bernal Díaz del Castillo, der seine Erinnerungen 50 Jahre später bis in alle unglaublichen Details niederschrieb.

Kurz nach der Abfahrt von Kuba geriet die kleine Flotte in einen Hurrikan, die Schiffe wurden hochgewirbelt und umhergeschleudert. Drei Wochen nachdem die Spanier den Hafen verlassen hatten, erreichten sie den äußersten Zipfel der Halbinsel Yucatán, die sich von Südmexiko nach Norden erstreckt. Auf die ungewöhnlich tief gelegene Kuste blickend, entdeckten die Spanier die weißen Mauern einer großen Stadt, die ein paar Kilometer landeinwärts zu liegen schien. Auf Kuba und Hispaniola gab es keine aus Stein errichteten oder weiß getünchten Gebäude; dort fanden sich nur strohgedeckte Lehmhäuser. Als sich die beiden Schiffe mit dem geringsten Tiefgang der Küste näherten, kam ihnen eine Flottille von lang gestreckten Kanus, die aus den Stämmen hoher Bäume gefertigt waren, entgegen, und in einem jeden saßen etwa 40 Indianer, die energisch voranpaddelten. Die Spanier grüßten sie mit freundlichen Gebärden und hielten ihre Tauschgüter hoch, woraufhin die Indianer mit ihren Kanus bereitwillig an die Schiffe heranpaddelten und viele von ihnen der Einladung, an Bord zu kommen, folgten.

Anders als auf den Inseln, wo die indianischen Männer nackt gingen und die Frauen sich lediglich Tücher um die Hüften wickelten, trugen diese Indianer bestickte Baumwolljacken und Lendenschurze. Sie waren mit Pfeil und Bogen, Speeren und Keulen bewaffnet, ohne jedoch in irgendeiner Weise aggressiv zu wirken. Der Mann, der ihr Häuptling zu sein schien, wiederholte immer wieder: „*Cones catoche*", was in der Maya-Sprache bedeutet: „Kommt zu uns nach Hause." Seitdem trägt dieser Platz bis auf den heutigen Tag den Namen „Kap Catoche". Mit Gebärden machte der Häuptling den Spaniern deutlich, er würde am nächsten Tag mit weiteren Kanus kommen und sie an Land bringen. Und wirklich kehrte er am Morgen darauf mit zwölf Einbäumen zurück, in denen nur Ruderer saßen, und bedeutete den Spaniern einzusteigen. Nach einigem Zögern nahmen diese die Einladung an und ließen ihre Schiffe mit den Matrosen an Bord zurück. Die schwer bewaffneten Soldaten nahmen in den Kanus und in einem eigenen, zu Wasser gelassenen Boot Platz. Bis auf einige Männer, die zur Bewachung dieses Bootes zurückblieben, folgten die Spanier an Land dem Häuptling auf einem Pfad durch buschbewachsene Hügel, wo sie von Kriegern, die im Versteck gelegen hatten, von allen Seiten angegriffen wurden. Diese Indianer waren anders als die scheuen, friedfertigen Indianer auf den Inseln: Mit lautem Geschrei und auf Pfeifen und Muschelschalen blasend stürzten sie sich auf die Spanier, ließen Pfeile und Steine auf sie herabprasseln und machten im Kampf von Mann zu Mann geschickt von ihren Keulen, Schilden und den mit kupfernen Spitzen versehenen Speeren Gebrauch. Als Rüstung trugen sie leichte, gepolsterte Baumwollgewänder, die ihnen vom Hals bis zu den Knien reichten und die ihnen Schutz boten, ohne sie in der Bewegung zu behindern. Die Spanier antworteten ihnen mit 15 Armbrüsten und 10 Schießbüchsen – diese Schießbüchsen waren Arkebusen, glatte, langrohrige Feuerwaffen, in denen das Pulver von einem Zündstock am Ende einer Hakenstange entzündet wurde, die sich im Augenblick des Feuerns auf die Pfanne senkte. Die daraus resultierende Detonation schoss die Bleikugel rund 140 Meter weit. In vielen Texten ist von „Musketen“ die Rede, doch waren diese zu diesem Zeitpunkt noch nicht erfunden. Im Kampf Mann gegen Mann setzten die Spanier ihre scharf geschliffenen Langspieße und Schwerter ein, um die Feuerstein- und Obsidianklingen der Indianer zu zerschlagen und ihre kupfernen Speerspitzen abzuwehren. Nach einem erbitterten Gefecht zogen die Indianer sich zurück. Die Spanier schleppten sich hügelaufwärts, um ihre Verwundeten zu versorgen, und suchten Zuflucht in einer Ansammlung von niedrigen Steinbauten, bei denen es sich um Gebetshäuser handelte. Dort fanden sie Idole aus gebranntem Lehm – grässliche Figuren mit den Gesichtern von Ungeheuern, einige von ihnen eindeutig weiblich, während andere, männliche Gestalten sich der Sodomie hingaben. Schon wollten die Spanier voller Entsetzen die Gebetshäuser verlassen, als sie einige Kisten entdeckten, die angefüllt mit kleinen Goldgegenständen waren: Opfergaben für die Götter. Sie rafften das Gold an sich und humpelten zusammen mit zwei Indianern, die sie gefangen genommen hatten, zum Strand zurück, wo sie von weiteren, durch den Gefechtslärm alarmierten Booten bereits erwartet wurden.

NACHDEM sie die Segel gesetzt hatten, folgten die Spanier der Kustenlinie, erst nach Westen und dann weiter nach Süden. Nachts warfen sie die Anker aus, weil sie weder Felsen noch Untiefen sehen und daher nicht segeln konnten. Als ihre Verwundeten starben, warfen sie die Leichen über Bord. 15 Tage segelten sie so dahin, bis ihnen das Trinkwasser ausging – in dieser Zeit wurden die beiden gefangenen Indianer von einem Priester auf die Namen Julian und Melchior getauft.

Das Trinkwasserproblem wurde immer drängender. Als eine weitere große Stadt in Sicht kam, versuchten die Spanier sich der Küste anzunähern, doch da es sich bei der Halbinsel Yucatán um einen erhöhten Teil des Meeresbodens handelt, ist die See in Ufernähe seicht – folglich mussten die Schiffe gut drei Seemeilen* vor der Küste ankern. Sie luden alle Fässer in die Boote, und als sie an Land gingen, sahen sie indianische Frauen, die mit Krügen auf ein rundes Loch im Kalkstein zueilten, in dem sich das Wasser sammelte. Die ganze Halbinsel ist von solchen *Cenoten* durchsetzt. Wasserläufe dagegen gibt es keine, weil der Kalkstein so durchlässig ist, dass selbst der heftigste Regen auf der Stelle in den Boden dringt.

Bevor die Spanier ihre Fässer füllen konnten, kam eine Abordnung von rund 50 Indianern, mit fedrigem Kopfschmuck und in schöne Baumwollgewänder gehüllt, langsamen Schrittes auf sie zu. Als die Spanier ihnen mit Gesten erklärten, sie wollten lediglich Wasser holen und würden sodann wieder gehen, fragten die Indianer, die Häuptlinge zu sein schienen, sie ihrerseits mithilfe von Gebärden und in ihrer gutturalen Sprache, ob sie von Osten kämen. Die Spanier begriffen den Sinn dieser Frage nicht, und als sie sodann mit Gesten aufgefordert wurden, den Indianern in ihre Städte zu folgen, kamen sie dem nach einer kurzen Beratung nur sehr zögernd nach.

Die Indianerhäuptlinge führten sie in einen sehr schön angelegten Ort, der ebenfalls aus Steingebäuden bestand. Es handelte sich um die Stadt Campeche, und die Häuptlinge geleiteten die Spanier weiter zu ihren Gebetshäusern auf dem Hauptplatz. Dort entdeckten sie nicht nur die bereits bekannten Götzenfiguren, sondern auch andere Idole wie Schlangen mit Reißzähnen. Am meisten entsetzte die Spanier die Tatsache, dass an den Altären dieser Gebetshäuser geronnenes Blut klebte. Auch die Wände waren über und über mit Blut bespritzt, und die Luft war von Blutgeruch geschwängert. Auf dem Platz versammelten sich die indianischen Krieger, bewaffnet mit Bogen, Schleudern oder Speeren, und die Kräftigsten von ihnen trugen Keulen aus Hartholz, die mit rasiermesserscharfen Obsidianklingen versehen waren – Keulen, die wie zweihändige Schwerter gebraucht wurden.

* Eine Seemeile entspricht 1,852 Kilometern.

Die Häuptlinge ließen ihre Sklaven – schmutzige, magere Indianer, die nur in Lumpenschnüre gehüllt waren – Bündel trockenen Schilfs bringen, die sie vor den Spaniern auf dem Boden aufschichteten. Nun erschienen indianische Priester, deren Haar so lang war, dass es fast den Boden berührte und das von getrocknetem Blut starrte. Gemeinsam mit den Häuptlingen machten sie sodann durch eindrucksvolle Gebärden deutlich, dass sie alle Spanier töten und den Göttern opfern würden, falls sie nicht gingen, bevor das Schilfrohr zu Asche verbrannt war. Das Schilf wurde auf der Stelle in Brand gesetzt, die indianischen Krieger auf dem Platz steigerten den Schlag ihrer Trommeln und den Klang ihrer Flöten, und ihre Schreie wurden schriller. Hastig zogen sich die Spanier in Richtung ihrer Boote zurück, gefolgt von den Indianern. Am Ufer angekommen, bewegten sie sich, aus Furcht von einem Angriff, auf einen schützenden Felsen zu, wo sie schnell in die Boote klettern und flüchten konnten. Es war ihnen zudem gelungen, ein paar Fässer mitzutragen, die sie mit Wasser gefüllt hatten.

Trotzdem ging den Spaniern das Trinkwasser schon bald zum zweiten Mal aus. Deshalb hielten sie erneut auf die Küste zu, als eine Siedlung in Sicht kam. Es war die Stadt Champotón. Diesmal traten ihnen kampfbereite Indianer entgegen, deren Gesichter weiß, schwarz und rostrot bemalt waren, und fragten mittels Gebärden wiederum, ob die Eindringlinge von Osten kämen. Diese wiederholte Frage, ob sie von Osten kämen, brachten die Spanier mit einer alten Prophezeiung in Zusammenhang, die ihnen die Eingeborenen auf den Inseln erzählt hatten: Ein hellhäutiger, bärtiger Gott namens Quetzalcoatl, der einst unter den Indianern gelebt hatte und nach Osten fortgesegelt war, würde eines Tages zurückkehren und seine Herrschaft wieder errichten. Doch ist es sehr viel wahrscheinlicher, dass diese Indianer an der Küste des mexikanischen Festlandes von den Inselindianern gehört hatten, dass von Osten her Eindringlinge und Unterdrücker gekommen seien. Zweifellos nämlich wäre das Verhalten der Indianer ehrfürchtiger, furchtsamer und respektvoller gewesen, hätten sie die Rückkehr von Göttern oder die eines Gottes erwartet. Glaubten sie hingegen, dass die Fremden kamen, um auch sie zu unterjochen, dann war ihr Verhalten höchst begreiflich.

Während die Spanier in der Nacht emsig ihre Fässer füllten, begannen die Indianer sie zu umringen, um bei Morgengrauen anzugreifen. Mehr als 50 Spanier wurden getötet. Zwei gerieten in Gefangenschaft. Hernández de Córdoba wurde von zehn Pfeilen, Bernal Díaz von drei Pfeilen getroffen, viele trugen durch die Speerstiche Halswunden davon. Aus der Stadt kamen neue Truppen indianischer Krieger und brachten für die Feier, die auf diesen blutigen Kampf folgen sollte, Speisen und Getränke mit. Die überrumpelten Spanier ließen ihre Fässer zurück, sammelten ihre Verwundeten und Sterbenden und erkämpften sich ihren Rückweg zum Ufer, wo sie versuchten, mit ihren Booten zu flüchten. Doch die überladenen Kähne begannen zu sinken. Einige hielten sich schwimmend am Heck fest, während die Indianer sie verfolgten, mit Steinen bewarfen, mit Pfeilen beschossen und Speere nach ihnen schleuderten. Mit Keulen bewaffnete Krieger wateten ins Wasser und zerschmetterten den Flüchtlingen, die sich am Bootsrand festklammerten, die Schädel.

Aufgrund der hohen Verluste war es unmöglich, Mannschaften für alle drei Schiffe aufzustellen. Aus diesem Grund wurde eines der Schiffe abgetakelt, der Rumpf in Brand gesteckt. Auf den verbliebenen beiden Schiffen flüchteten die Spanier von dieser Küste – ohne Trinkwasser und im Fieberwahn, mit aufgesprungenen Lippen und Zungen. Sie hatten die Orientierung hinsichtlich ihrer Fahrtrichtung verloren, sie verfluchten ihre Lotsen – so erreichten sie Florida, wo sie erneut auf der Suche nach Wasser an Land gingen und wo sie erneut von Indianern angegriffen wurden. Als die beiden Schiffe schließlich ihren Weg nach Kuba zurückfanden, war mehr als die Hälfte der Männer tot. Hernández de Córdoba starb kurz nach der Rückkehr. Diese Expedition – die erste Begegnung der Spanier mit dem mexikanischen Festland – war eine Katastrophe.

ALS DIEGO VELÁZQUEZ jedoch das Gold sah, das die Expedition nach Kuba zurückgebracht hatte, erwachte sein Interesse. Ein Teil des Goldes war zwar mit Kupfer legiert, und zum Teil war der Goldgehalt nur gering, aber es war Gold – in Form von Fischen und Enten, Platten, Anhängern und Diademen. Velázquez befragte die beiden gefangenen Indianer Julian und Melchior, die inzwischen ein paar Brocken Spanisch aufgeschnappt hatten. Sein Interesse war erwacht, und er beschloss eine weitere Expedition durchzuführen.

Inzwischen schrieb man das Jahr 1517. Seit Hernández de Córdoba in See gestochen war, hatte sich die Situation im Mutterland verändert: Spanien befand sich im Umbruch. Nach Isabellas Tod 1504 hatte Ferdinand als Überlebender des „Katholischen Königspaares" allein bis 1516 weiterregiert. Seine Tochter Johanna, die Wahnsinnige genannt, das älteste der überlebenden Kinder, war von Geburt an schwermütig gewesen und an der aus dynastischen Gründen geschlossenen Ehe mit dem Habsburger Philipp dem Schönen, einem Sohn Kaiser Maximilians I., völlig zerbrochen.

Inzwischen war auch Philipp gestorben, und nach Ferdinands Tod teilte Johanna die spanische Krone mit ihrem kleinen Sohn, der bei einer Tante in Flandern lebte. Auf diesen Jungen, Karl I. von Spanien, sollte dann 1519, nach dem Tod des Großvaters väterlicherseits, die Königs-, später die Kaiserwürde des Heiligen Römischen Reiches Deutscher Nation übergehen – er wurde zu Karl V.

Velázquez auf Kuba wusste nicht, inwieweit die Veränderungen in Spanien auch ihn betreffen würden, denn es ging um die Vollmacht für seine Expedition in das neu entdeckte Land. Da die Kommunikation mit dem Mutterland kompliziert und langsam war, wandte er sich an drei Ordensbrüder auf Hispaniola, die dort im Auftrag des Spanischen Westindienrates Nachforschungen über Grausamkeiten gegen Indianer anstellten, über die Fray Bartolomé de Las Casas berichtet hatte. Von diesen Mönchen erbat und erhielt Velázquez nun die Erlaubnis für eine Handelsunternehmung, die eventuell auch zu einer

Besiedlung führen konnte. Da jedoch zweifelhaft war, ob die Ordensmänner überhaupt ermächtigt waren, eine solche Erlaubnis zu gewähren, verfolgte Velázquez einen weiteren Weg, um die Rechtmäßigkeit seiner Position abzusichern. Er wandte sich an den Onkel seiner Frau, Juan de Fonseca, Bischof von Burgos, Präsident des Westindienrates und Berater des noch unmündigen Königs. In seinem Brief berichtete Velázquez, er habe unter beträchtlichen eigenen Kosten ein neues Land entdeckt, und er bat den Bischof, für ihn beim König die Vollmacht einzuholen, dieses Land im Namen des Königs zu besiedeln.

Vier Schiffe wurden bereitgestellt, darunter jene beiden, mit denen Hernández de Córdoba zurückgekehrt war, und 240 Mann folgten dem Ruf Velázquez', von denen viele bereits Hernández begleitet hatten, so auch Bernal Díaz. Sie sollten sich, soweit es ihnen möglich war, auf eigene Kosten bewaffnen, und sie waren berechtigt, ihren eigenen Vorrat an Handelsgütern mitzubringen, um sie gegen Gold einzutauschen. Velázquez beschaffte eine große Menge an Glasperlen, machte Anleihen und kaufte Proviant auf Kredit. Da er selbst nicht mitzufahren gedachte, berief er seinen Neffen Juan de Grijalva zum verantwortlichen Kapitän der Expedition, einen heißblütigen Mann, der ebenfalls aus Cuéllar stammte, einer kleinen Stadt nördlich von Segovia in Spanien. Zu Kapitänen der anderen Schiffe ernannte Velázquez drei kampferprobte Abenteurer, die alle drei wichtige Rollen bei der Eroberung der Neuen Welt spielen sollten: Pedro de Alvarado, Francisco de Montejo und Alonso de Ávila.

Im Mai 1518 stachen die Schiffe von Kuba aus in See. Geführt von den Lotsen, die Hernández begleitet hatten, segelten sie zum Kap Catoche, wo eine Strömung sie zur Insel Cozumel östlich von Yucatán abtrieb. Die Eingeborenen hier waren – wie einst die scheuen Indianer auf den anderen bereits besiedelten Inseln – aus ihren Dörfern geflohen und hielten sich in den Wäldern versteckt. Die Spanier schifften sich wieder ein, kämpften diesmal erfolgreich gegen die Strömung an, umrundeten das Kap und segelten die Westküste von Yucatán bis nach

Die Indianer wehrten sich erbittert dagegen, dass die Spanier ihr Land betraten.

Champotón hinab, wo sie die indianischen Krieger bereits kampfbereit erwarteten. Doch diesmal waren die Spanier besser vorbereitet: Sie hatten nicht nur einige kleine Geschütze mitgebracht, die sie in ihre Boote hinabließen, sondern sie waren zudem bestens mit Armbrüsten und Munition ausgerüstet. Die Salven von Pfeilen, Speeren und Wurfspießen, mit denen die Indianer sie empfingen, beantworteten sie mit Kanonenfeuer, was die Angreifer zumindest so lange verblüffte, dass die Spanier an Land gehen konnten. In dem nun folgenden erbitterten Kampf behielten sie die Oberhand und konnten, nachdem die Indianer sich in ein Sumpfgebiet zurückgezogen hatten, die verlassene Stadt besetzen.

Drei Tage lang blieben die Spanier in Champotón und warteten auf einen neuen Angriff. Als dieser ausblieb, sah Grijalva Hernández' Niederlage ausreichend gerächt, und man begab sich wieder an Bord der Schiffe, um weiter an der Küste entlangzusegeln. Irgendwann erspähten sie Gebetshäuser, und da sie Dörfer in der Nähe vermuteten, gingen sie erneut an Land. Doch schien die Gegend nur dünn besiedelt, und die Gebetshäuser waren wohl für vorbeiziehende Jäger oder Händler gedacht, die hier ihre Opfer und Gebete darbrachten. Erst als die Expedition die weite Mündung des Tabasco erreichte, tauchten am Ufer aufs Neue indianische Krieger auf. Entschlossen, jedem Widerstand zu trotzen, ließ Grijalva die Schiffe vor der Sandbank Anker werfen. In ihren Booten segelten die Spanier die wenigen Meilen bis zur Küste, mit Kanonen im Bug und Armbrustschützen und Arkebusieren im Heck. Sie wichen den Kriegern am Ufer aus und fuhren flussaufwärts, wo sie an einer Landspitze in der Nähe einer großen Stadt das Ufer betraten.

Die Indianer folgten in ihren Kanus. Als sie sich in Hörweite befanden, ließ Grijalva Julian und Melchior in der Maya-Sprache rufen, die Spanier seien in friedlicher Absicht gekommen und brächten ihnen Geschenke. Sie wollten Gold bei ihnen erhandeln oder zumindest frische Nahrungsmittel, und es bestünde kein Anlass zur Angst. Verblüfft darüber, in ihrer eigenen Sprache angesprochen zu werden, und fasziniert von den grünen Glasperlen, die Grijalva hochhielt und die der von den Indianern hoch geschätzten Jade ähnelten, kamen ein Häuptling mit Federschmuck und ein langhaariger Priester in ihrem Kanu längsseits. Sie erwiderten, sie hätten vom siegreichen Kampf der Fremden in Champotón gehört, doch befehligten sie hier am Tabasco mehr als 20000 Krieger.

Mithilfe von Julian und Melchior versuchte Grijalva, den Indianern von seinem König und seinem Gott zu predigen. Und der Indianerhäuptling und der Priester dürften auf ähnliche Weise von ihren Führern und ihren Göttern erzählt haben – so hat es zumindest Bernal Díaz überliefert. Doch bedenkt man die begrenzten Spanischkenntnisse von Julian und Melchior und ihre Schwierigkeiten, komplizierte Sachverhalte der jeweils anderen Seite verständlich zu machen, dann darf man davon ausgehen, dass lediglich die Grundsituation klar wurde: Man stand vor der Wahl, miteinander zu handeln oder zu kämpfen.

Während Häuptling und Priester sich zu Beratungen mit anderen Häuptlingen und Priestern zurückzogen, errichteten die Spanier auf der Landzunge ein befestigtes Zeltlager. Nach einigen Stunden näherte sich erneut ein Kanu, dessen Insassen verkündeten, sie seien zum Tauschhandel bereit und würden Gold bringen, das die Fremden am höchsten schätzten. Am nächsten Tag kamen tausende von Indianern auf die Landzunge – teils zu Wasser, teils vom Land her – und brachten gebratene Truthähne und Fisch, ungesäuerte Pfannkuchen aus Getreidemehl, die die Spanier Tortillas nannten, und eine tropische Frucht namens Mamey. Erfreut und erleichtert gaben die Spanier den Indianern Glasperlen, Kleidungsstücke und kleine Eisengeräte.

Die Indianer legten Matten auf den Boden und breiteten Mengen von Goldgegenständen darauf aus. Die Häuptlinge und Priester saßen mit gekreuzten Beinen auf der einen Seite, die spanischen Kapitäne auf der anderen. Mit Gebärden und mithilfe von Julian und Melchior machten die Indianer den Spaniern deutlich, dass das Gold ein Geschenk sei – und dass die Fremden nun gehen sollten. Es ist anzunehmen, dass die Spanier dies ganz generell missverstanden. Die indianischen Häuptlinge zeigten weder Schwäche noch Angst. Diese Menschen waren innerhalb ihres eigenen Lebensgefüges sehr besonnen und nachdenklich; sie verhielten sich, wie es ihren Bräuchen entsprach. Wenn keine von beiden Parteien einen Kampf wollte, so besagte die indianische Sitte, dass man dem Gegner das Geschenk darbrachte, das ihn am meisten erfreute. Doch erwartete man, dass er, falls er das Geschenk annahm, auf den Wunsch des Spenders einging. So dachten die Indianer. Aber die Spanier begriffen nicht im Geringsten, was vor sich ging. Sie sahen das Gold – und wollten mehr davon, denn zweifellos gab es mehr. Sie dachten nicht im Traum daran, auf Nimmerwiedersehen fortzugehen. Doch die Indianer beantworteten den Wunsch nach weiterem Gold, indem sie den Kopf schüttelten, nach Nordwesten deuteten und sagten: „Mexiko, Mexiko." Weder die Spanier noch Julian und Melchior konnten damit etwas anfangen.

Am späten Nachmittag erhob sich ein Nordwind, der die vor Anker liegenden Schiffe gefährden konnte, falls sich daraus ein Sturm entwickelte. Aus diesem Grund packten die Spanier das Gold ein, verteilten weitere Glasperlen, kehrten in ihren Booten zu den Schiffen zurück und setzten sogleich die Segel, um Abstand von den Sandbänken zu gewinnen. Nachdem sie die Küste von Yucatán entlanggefahren waren, gelangten sie zu der Auffassung, dass es sich um eine Halbinsel und keine Insel handle, und Grijalva nannte das Gebiet Neuspanien.

Eines Tages erblickten sie am Ufer Indianer, die weiße Fahnen schwenkten. Ein prächtig gekleideter Häuptling begrüßte sie auf Nahuatl, der Sprache der Hochlandindianer. Julian und Melchior, die nur Maya sprachen, verstanden ihn nicht. Doch der Häuptling, der Aztekenherrscher dieses Gebietes, machte den Fremden mit Gebärden deutlich, dass die Indianer aus den Dörfern im Binnenland ihnen Gold bringen würden. Für mehrere Tage schlugen die Spanier ihr Lager auf, und als die indianischen Träger von den Hügeln herabkamen, tauschten sie ihre Handelsgüter gegen Gold ein.

Nach diesem einträglich und friedlich abgelaufenen Handel segelten die Spanier zufrieden weiter westwärts. Ihr nächster Landgang erfolgte in der Bucht von Veracruz, wo sie in einem Gebetshaus die Leichen zweier indianischer Jungen fanden, die soeben erst vor einem Götzenbild mit Monsterfratze geopfert worden waren. Die blutigen Rümpfe der Jungen lagen auf dem Boden, die Brustkörbe waren aufgeschlitzt, Arme und Beine abgeschnitten, in der Luft lag ein intensiver Blutgeruch. Daneben standen gelassen vier in schwarze Kapuzenmäntel gehüllte indianische Priester, die sogleich Weihrauchfässer brachten, die mit brennendem Kopal, jungem Bernstein, gefüllt waren. Wann immer Spanier und Indianer sich begegneten, brachten die Indianer diese harzgefüllten Gefäße – sei es als Geste der Höflichkeit oder als Akt der Reinigung –, und nie zuvor hatten die Spanier sich diesem Räucherritual widersetzt. Jetzt aber, angesichts der Leichen, reagierten sie empört und jagten die Priester fort, die die Entrüstung nicht zu begreifen schienen.

Mittlerweile war das Brot, das die Spanier mitgebracht hatten, von Getreidekäfern befallen, und es musste eine Entscheidung getroffen werden, wie diese Reise weitergehen sollte. Entweder man suchte sich einen geeigneten Platz, gründete eine Siedlung, befestigte diese und überließ sie dem Schutz einiger ausgewählter Männer, während die anderen nach Kuba zurückkehrten, um weitere Siedler nachzuholen, oder die Expedition musste an diesem Punkt abgebrochen werden. Die Kapitäne waren uneins. Francisco de Montejo, der aus der Estremadura stammte, befürwortete die Gründung einer Ansiedlung – er war es, der schließlich fast ganz Yucatán eroberte. Pedro de Alvarado, der überaus verliebt in ein Mädchen in Kuba war – möglicherweise eine der Suárez-Schwestern –, sehnte sich verzweifelt nach Hause zurück. Was Alonso de Ávila dachte, ist nicht bekannt. Grijalva selbst schwankte, doch war er überzeugt, dass weder die Vorräte noch die Männer ausreichten, um eine Siedlung zu begründen – 13 Mann waren getötet worden oder ihren Verletzungen erlegen, vier waren Krüppel. Zudem hatte man inzwischen die Überzeugung gewonnen, dass dieses neue Land riesig und die Bevölkerung schwer einschätzbar sei. Deshalb hielt Grijalva es für ratsam, einige Vorüberlegungen anzustellen, bevor man die Gründung einer Siedlung in Angriff nahm.

Schließlich vertraute man Alvarado den größten Teil des Goldes an; im kleinsten der Schiffe kehrte er nach Kuba zurück, um Velázquez Bericht zu erstatten und ihm das Gold zu überbringen. Die anderen erforschten mit drei Schiffen die ganze Küste hinauf bis zur Mündung des Pánuco, wo sich heute Tampico befindet.

Als Alvarado sich Kuba näherte, ließ sich Velázquez auf der Stelle in einem Boot zu ihm hinausrudern. Als er das Gold sah und dem Bericht von Alvarado lauschte, der ein berühmt guter Erzähler war, gab er ein Fest, das acht Tage lang währte. Verärgert war Velázquez jedoch, dass Grijalva keine Siedlung angelegt hatte, die einen Anspruch auf die Erschließung dieses neuen goldreichen Landes abgesichert hätte. Als Grijalva später mit seinen drei Schiffen und weiterem Gold nach Kuba zurückkehrte, grollte Velázquez ihm so sehr, dass er sich weigerte, ihn zu empfangen.

Der richtige Mann für die Aufgabe

Als Velázquez nach dem Fest anlässlich der Rückkehr von Alvarado endlich wieder nüchtern war, machte er sich auf die Suche nach einem Kapitän, der eine weitere Expedition in das neue Land anführen und seine Ansprüche dort rechtlich absichern sollte, bevor andere von dieser vielversprechenden Entdeckung hörten. Er ging alle infrage kommenden Männer in seinem Kopf durch. Bei denen, die adliger oder vornehmer Herkunft waren, fürchtete er, sie könnten versucht sein, ihm das Unternehmen aus der Hand zu nehmen. Sein Vertrauensmann Pánfilo de Narváez befand sich in Spanien. Auf Verwandte wollte er nach den enttäuschenden Erfahrungen mit seinem Neffen Grijalva nicht noch einmal zurückgreifen. Obendrein spekulierte Velázquez damit, dass der Expeditionsleiter sich jetzt – da der Reichtum des Landes bewiesen war – wesentlich an der Finanzierung des Unternehmens beteiligen würde. Seine Forderung von 3000 Dukaten ließ jedoch eine Reihe von Interessenten zurückschrecken – sei es, weil es ihnen an Geld oder an Mut fehlte. Diese Abwehrhaltung verstärkte sich noch, als Grijalva mit den anderen Schiffen zurückkehrte, denn Montejo wie auch Ávila beklagten sich in aller Öffentlichkeit, sie hätten zwar für Ausrüstung und Vorräte bezahlt, aber vom Statthalter ihren verdienten Anteil am Gold nicht erhalten. Grijalva jammerte zudem über die beim Kampf mit den

Indianern erlittenen Schäden, über seine ausgeschlagenen Zähne und die nur schlecht verheilten Pfeilwunden, und entmutigte damit andere – Velázquez befand sich in der Klemme.

NIEMAND hatte Hernán Cortés als leitenden Kapitän vorgeschlagen, war Velázquez doch erst kurz zuvor bereit gewesen, ihn an den Galgen zu schicken. Cortés selbst war es – davon gehen alle Chronisten aus –, der in seinem Haus ein heimliches Treffen mit zwei Männern arrangierte. Der eine war Andrés de Duero, ein Händler, bei dem Cortés 2000 Castellanos Einlage hatte und der zudem Sekretär des Statthalters war; bei dem anderen handelte es sich um Amador de Lares, jenen Rechnungsbeamten, der verantwortlich für die Eintreibung des königlichen Fünftels war. Mit diesen beiden schloss Cortés einen Pakt: Sie sollten ihn als Kapitän vorschlagen, und er würde seinen Anteil am Gewinn mit ihnen teilen. Velázquez reagierte zunächst überrascht, doch Duero und Lares argumentierten beredt: Cortés habe das erforderliche Geld, zudem sei er nicht von so vornehmer Herkunft, dass er Velázquez' Ansprüche untergraben würde, und er scheine durchaus die für einen Anführer erforderlichen Qualitäten zu besitzen. Das kurioseste Argument, das die beiden vorbrachten, war indes das folgende: Da Velázquez Cortés zur Heirat mit Catalina Suárez gezwungen habe, sei er ihm gewissermaßen wie ein Stiefvater verpflichtet. Es war allgemein bekannt, dass Velázquez ein Verhältnis mit einer der jüngeren Suárez-Schwestern hatte, aber das machte Velázquez und Cortés de facto zu Schwägern und nicht zu Stiefvater und Stiefsohn. Wie dem auch sei – Duero und Lares gelang es, den Statthalter zu überzeugen. Am 23. Oktober 1518 unterzeichneten Velázquez und Cortés den von Duero vorbereiteten Vertrag, in dem Cortés offiziell als verantwortlicher Kapitän mit allen Rechten bestätigt wurde.

Die Spanier auf Kuba, besonders die vermögenden Männer, waren erstaunt über die Wahl, die der Statthalter getroffen hatte. Einige verspürten Neid; viele vermuteten, dass ein heimlicher Handel dahinter steckte. Doch wie zur Rechtfertigung seiner Berufung änderte Cortés sich jetzt grundlegend – mit der Reife kam sein wahres Ich zum Vorschein. Cortés wirkte nicht länger leichtfertig, sondern ernst und strahlte Verantwortungsbewusstsein aus; seine offenkundige Entschlossenheit machte Eindruck. Hinsichtlich seiner Kleidung gab er den lässigen, jugendlichen Stil auf und ließ sich einen Samtrock mit Goldquasten schneidern, wie er einem künftigen Würdenträger anstand. In der Öffentlichkeit ging er bewaffnet und von einer Eskorte begleitet. Er strahlte eine innere Kraft aus, die ihn, der bis vor kurzem noch so fröhlich und unbeschwert gewesen war, ein wenig Furcht einflößend erscheinen ließ. Cortés war 33 Jahre alt – nicht mehr jung genug, als dass allein das Alter diese Veränderung bewirkt haben könnte. Dieser Charakterwandel vollzog sich, als glückliche Umstände seinen bisher schlummernden Ehrgeiz weckten.

Kaum war seine Ernennung bestätigt, begann Cortés rückhaltlos in diese Reise zu investieren. Er setzte sein ganzes Geld ein und trieb weiteres auf, um Schiffe, Waffen und Vorräte zu kaufen. Er zahlte bar, wenn er musste, und kaufte auf Kredit, wenn er konnte, wobei der Gewinn aus der Reise die Rückzahlung und die Zinsen garantieren sollte.

Bald hatte Cortés 300 Mann für die Expedition angeworben, von denen einige in der Lage waren, für ihre Ausstattung selbst aufzukommen. Den anderen half Cortés großzügig aus. Am schwierigsten war es, Pferde zu beschaffen – so schwierig und kostspielig, dass Bernal Díaz 50 Jahre später in seinen Erinnerungen den Eigentümer eines jeden Pferdes benennen und die Eigenschaften eines jeden Tieres angeben konnte. Alonso Hernández Puertocarrero, einer von Cortés' Gefährten aus Medellín, wollte gern eine graue Stute kaufen, die er sich nicht leisten konnte. Cortés, der bereits sein gesamtes Geld aufgebraucht hatte, schnitt kurzerhand die Goldquasten von seinem Rock ab und erwarb mit dem Erlös die Stute. Mit solchen Gesten verstand er es, sich die Loyalität der Mannschaft, die sich allmählich herausbildete, zu sichern.

Cortés ließ eine prächtige Fahne nähen, auf die mit Goldfaden neben dem Kreuz das Motto eingestickt war: BRÜDER UND GEFÄHRTEN, LASST UNS IM WAHREN GLAUBEN DEM HEILIGEN KREUZ FOLGEN, UND WIR WERDEN SIEGEN. Diese Botschaft hatte sich bereits im Kampf der Spanier gegen die Mauren bewahrheitet – warum sollte sie nicht auch diesmal gelten? Diese Fahne nun wurde von Stadt zu Stadt getragen, und Cortés brachte sein Anliegen mit einer solchen Aufrichtigkeit vor, dass die spanischen Männer – Nachkommen von Generationen von Kriegern – ihm in hellen Scharen zuströmten.

Nach einigen Monaten begann Velázquez zu argwöhnen, es könne doch ein Fehler gewesen sein, Cortés die Expedition zu übertragen. Denn der designierte leitende Kapitän baute in kurzer Zeit eine so starke Streitmacht auf, dass Velázquez den Einflüsterungen neidischer Verwandter Gehör schenkte, Cortés könne planen, die Unternehmung an sich zu reißen. Seine verwegenen Männer aber mochten Cortés, obgleich sie noch nicht unter ihm gedient hatten und über keine Schlachterfahrung verfügten. Selbst jene, die noch schlimme Erinnerungen an die Begegnungen mit den Festlandindianern hatten, meldeten sich freiwillig – Pedro de Alvarado mit seinen vier Brüdern, Montejo, Ávila, dazu neue Kapitäne und Ritter sowie einfache Soldaten, unter ihnen erneut auch Bernal Díaz.

Cortés war dabei, seine Flotte im Hafen von Santiago de Cuba im Süden der Insel zu sammeln, als Andrés de Duero ihm die Warnung zukommen ließ, Velázquez stehe im Begriff, seine Ernennung zu widerrufen. Er riet ihm, unverzüglich die Segel zu setzen. Was daraufhin geschah, darüber existieren zwei Versionen: Las Casas zufolge plünderte Cortés das örtliche Schlachthaus und konfiszierte das gesamte Schweinefleisch, das man an Bord einpökeln wollte. Nach Aussage von Bernal Díaz hingegen kaufte Cortés die Schweine und bezahlte sie mit seiner schweren Goldkette, an der er ein Medaillon trug. Diese Goldkette war der letzte Wertgegenstand, den er einsetzen konnte. Bernal Díaz' Version erscheint deshalb glaubwürdiger, weil Cortés in diesem Augenblick kein Interesse daran haben konnte, die Menschen an Land gegen sich aufzubringen, denn schließlich gedachte er nach Kuba zurückzukehren. Las Casas berichtet weiter, dass Velázquez, der in Santiago lebte, zur Küste hinabritt, Cortés sich jedoch bereits in einem Boot auf dem Wasser befand. Er habe sich geweigert, an Land zurückzukehren, stattdessen dem Statthalter einen höflichen, aber ironischen Abschiedsgruß entboten und sei dann zu den Schiffen hinausgerudert. Glaubt man indessen Bernal Díaz, trafen sich Velázquez und Cortés am Ufer. Der Statthalter sah die entschlossenen Gesichter der Männer in Cortés' Begleitung und beschloss, es sei weiser, das Unvermeidliche zu akzeptieren; sodann verabschiedeten sich Velázquez und Cortés mit einer Umarmung – auch hier erscheint dieser Bericht der Wahrheit näher zu kommen.

Von Santiago aus fuhr Cortés mit seinen Schiffen westwärts an der Südküste Kubas entlang und legte in jedem Hafen an, um weitere Männer anzuwerben und zusätzliche Vorräte zu kaufen, soweit ihm das auf Kredit gelang. Hier stießen auch Caballeros und Soldaten zu ihm, die quer über die Inseln aus Städten der Nordküste kamen. Die Pferde für die Expedition blieben an Land und wurden von Hafen zu Hafen weitergetrieben.

Mitte Februar 1519 schließlich stach Cortés in Richtung Neuspanien in See.

Die Sprachbrücke

Die Flotte, die zu dieser entscheidenden Expedition aufbrach, war weder einheitlich noch diszipliniert. Cortés hatte zwei Schiffe zur kubanischen Nordküste geschickt, um dort weitere Männer und Vorräte aufzunehmen. Anschließend sollten sie sich am Kap San

Antonio am westlichsten Zipfel von Kuba wieder den anderen Schiffen anschließen und von hier aus gemeinsam zur Insel Cozumel aufbrechen. Doch eines der nach Norden gesandten Schiffe unter Kapitän Pedro de Alvarado und dem Lotsen Camacho, der schon Grijalva begleitet hatte, kehrte vor der Zeit zurück, wartete das Treffen nicht ab und segelte auf eigene Faust weiter nach Cozumel. Dort angekommen, führte Alvarado seine Leute an Land – darunter Bernal Díaz – und stellte fest, dass die scheuen Indianer wie bei Grijalvas Landung ihre Dörfer verlassen hatten und sich in den Bergen im Inneren der Insel versteckt hielten. Die Spanier nahmen aus einem Gebetshaus kleine Opfergaben aus Gold mit und fingen rund 40 Truthähne ein, die zwischen den strohgedeckten Häusern umherliefen.

Als Cortés am darauf folgenden Tag mit der restlichen Flotte eintraf, machte er die Regeln deutlich, die für den Ablauf dieser Expedition zu gelten hatten. Den Lotsen Camacho ließ er wegen Missachtung seiner Anweisungen in Eisen legen, Alvarado hingegen kam ungeschoren davon. Vermutlich wollte Cortés ihn nicht beschämen. Beide stammten aus der Estremadura und waren gleichaltrig. Die Familie Alvarado war in dem kleinen Dorf Lobán ansässig gewesen, obgleich sie mit Stolz behauptete, sie käme aus der Stadt Badajoz. Pedro de Alvarado hatte eine lange rotblonde Mähne und eine freche, schlagfertige Art. Für einen Mann, der nur einen begrenzten Vorrat an Kleidung mit sich führen konnte, war er stets erstaunlich gut gekleidet. In gewisser Weise ähnelten sich Alvarado und Cortés und schätzten einander aller Wahrscheinlichkeit nach. Wenn Alvarado auch über die größere Kampferfahrung verfügte, so stellte dies Cortés' Vorrechte als Kommandant nicht infrage.

Obwohl Alvarado nicht öffentlich getadelt wurde, wies Cortés dessen Männer an, ihre Taschen auszuleeren: Er gedachte das Gold, das sie aus den Gebetshäusern entwendet hatten, den Indianern zurückzugeben. Der gesamten Mannschaft hielt er eine Standpauke, hämmerte ihnen eine Botschaft ein, die er von nun an unermüdlich wiederholen sollte: dass dieses neue Land nur wahrhaft und in Frieden erobert werden konnte, wenn man die Indianer dazu brachte, die spanische Herrschaft anzuerkennen. Dies war unmöglich, wenn man sie grundlos umbrachte oder ausraubte. Cortés war der festen Überzeugung – und seine Männer sollten ihm darin folgen –, dass man den Indianern die Möglichkeit geben müsse, das Christentum und die Herrschaft des spanischen Königs freiwillig anzunehmen.

Was die Truthähne anging, so ließen sich diese nicht mehr zurückgeben. Deshalb schlug Cortés vor, sie den Indianern mit grünen Glasperlen zu bezahlen.

Die Kundschafter, die man nach den Indianern ausschickte, fanden nur drei: zwei alte Männer und eine alte Frau, und brachten sie zu Cortés. Mit Melchiors Hilfe – Julian war in Kuba gestorben – erklärte Cortés diesen Indianern, sie sollten zu ihren Häuptlingen in den Hügeln gehen und ihnen sagen, die Spanier seien in friedlicher Absicht gekommen und würden ihnen nichts Böses tun. Er gab den drei Alten einige Glasperlen und Glöckchen und jedem von ihnen ein spanisches Hemd.

Kurz darauf kamen alle Indianer aus ihren Verstecken hervor, und Cortés verteilte weitere Geschenke. Er schärfte seinen Männern ein, die Mädchen nicht zu belästigen, und alsbald wimmelte es in den Dörfern wieder von fröhlichen Eingeborenen, die angeregt mit den Fremden handelten und ihnen reiche Mengen an frischem Fisch und Früchten sowie von ihrem köstlichen Honig brachten, den sie aus zahllosen kleinen Bienenstöcken ernteten. Für den spanischen Geschmack war der Cozumel-Honig zwar ein wenig herb, doch ließ Cortés einige Honigwaben in Stroh packen und in seinem Flaggschiff einlagern, um sie dem König zu schicken.

Jetzt wurden auch die Pferde ausgeladen, damit sie grasen und bewegt werden konnten, und am Strand ließ Cortés seine Mannschaft antreten, um endlich einen definitiven Überblick über die Streitmacht zu bekommen, mit der er diese neue Welt zu erobern gedachte. Insgesamt bestand sie aus 508 Kämpfern. Die meisten von ihnen waren Pikeniere oder Schwert- und Lanzenträger. 16 von ihnen bildeten die Kavallerie – dabei hatten sie in Wirklichkeit inzwischen 17 Pferde, da die Stute, die Juan Sedeño gehörte, unterwegs ein Fohlen geworfen hatte. 32 Männer waren Armbrustschützen und 13 ausgebildete Arkebusiere mit Hakenbüchsen. Zudem gehörten zur Truppe mehrere erfahrene Artilleristen und vier Falkonette (leichte Geschütze). Ein paar Schmiede begleiteten die Soldaten – sie sollten die Pferde beschlagen und für die Instandhaltung von Waffen und Geschützen sorgen. Die Armbrustschützen führten einen beträchtlichen Vorrat an Sehnen und Nüssen mit sich, dazu Werkzeuge zur Herstellung von Pfeilen. Obwohl sie weniger abschreckend wirkten, waren sie dank der großen Kraft und Genauigkeit der abgefeuerten Pfeile den Feuerwaffen an Wirksamkeit keineswegs unterlegen. Zu den Beständen gehörte ferner ein reicher Vorrat an Geschossen und an Pulver, das gottlob trocken geblieben war. Das personelle Aufgebot wurde ergänzt durch kubanische Indianer, darunter einige Frauen, sowie ein paar Schwarzen, die den Caballeros als Diener zur Verfügung standen.

Die Flotte, die vor Anker lag, bestand aus elf Schiffen. Das größte, Cortés' Flaggschiff, verdrängte 100 Tonnen, drei kleinere Schiffe 70 oder 80 Tonnen; bei den restlichen handelte es sich entweder um teilüberdachte oder offene Schiffe, über die lediglich Segeltücher gespannt waren. Die größeren Schiffe führten Ruder und Segelboote mit sich, die zum Anlanden herabgelassen werden konnten. Alles in allem war eine kunterbunte Armada zusammengekommen. Mehrere der Schiffe gehörten Cortés, einige Velázquez – Cortés blieb stets bei der Behauptung, Velázquez habe nicht mehr als ein Drittel der Kosten für die Flotte aufgebracht. Juan Sedeño war Eigentümer des Schiffs, auf dem er segelte; die übrigen Schiffe befanden sich im Besitz verschiedener kubanischer Händler. Cortés hatte seine Schiffe beim Einkauf der Vorräte als Pfand eingesetzt. Jetzt waren sie bis an den Rand gefüllt mit gepökeltem Schweinefleisch, Mais, Yucca,

Cassava-Brot und Peperoni. Bemannt waren sie mit über 100 Lotsen und Matrosen. Ersteren kam eine besondere Position zu, denn die Lotsen schrieben ihre Segelberichte auf Rollen nieder, die sie untereinander weitergaben. Antón de Alaminos, der Oberlotse, hatte bereits an Kolumbus' vierter und letzter Reise teilgenommen und später Hernández de Córdoba und Grijalva begleitet.

Nach beendeter Musterung gab Cortés den Befehl, das Banner mit dem Kreuz am Mast eines Flaggschiffs hochzuziehen. Er ließ seine Männer exerzieren – die Kavallerie über den Sand galoppieren, die Hakenbüchsen und Kanonen abfeuern und mit den Armbrüsten auf Zielscheiben schießen. Die Indianer, die ihnen dabei zusahen, waren in erster Linie von den Pferden beeindruckt.

WÄHREND der nächsten Tage kamen die Indianer häufig zu den Spaniern, berührten ihre Bärte, und wenn sie die Ärmel aufgerollt hatten, die helle Haut ihrer Arme, die im Kontrast zu den gebräunten und wettergegerbten Gesichtern stand. Durch Melchiors Vermittlung erfuhren die Spanier, dass die Indianer keineswegs die Rückkehr des hellhäutigen Gottes Quetzalcoatl erwarteten. Vielmehr hatten sie Jahre vor Grijalvas Ankunft andere weiße Männer gesehen. Bärtige weiße Männer, die nun, wie sie sagten, von Indianern auf dem Festland gefangen gehalten wurden, und dabei deuteten sie gen Yucatán, das 19 Kilometer entfernt jenseits der Wasserstraße lag.

Als man Cortés davon Mitteilung machte, wurde er hellhörig und fragte die Häuptlinge auf Cozumel, was sie über die weißen Männer in Yucatán wüssten. Einer der alten Häuptlinge erwiderte, er glaube zu wissen, wo man die Weißen gefangen hielt. Er gab Cortés den Rat, er solle Boten mit grünen Glasperlen zu den Häuptlingen auf dem Festland senden. Sie sollten ihnen Cortés' Wunsch unterbreiten, dass man die weißen Männer freigeben möge. Cortés bereitete also einen Brief an diese weißen Männer vor – woher sie auch immer stammen mochten – und versuchte sodann einen Inselindianer aufzutreiben, der als Botschafter den Brief samt einer beträchtlichen Menge grüner Glasperlen auf das Festland bringen würde.

Die Eingeborenen auf Cozumel hatten Angst vor den Indianern auf dem Festland; sie fürchteten, von ihnen getötet und aufgefressen zu werden. Doch endlich hatte man einige von ihnen so weit mit Geschenken bestochen, dass sie sich bereit erklärten, den Auftrag zu übernehmen. Cortés schickte sie mit einem der kleineren Schiffe zum Festland, eskortiert von zwei Begleitschiffen mit 50 schwer bewaffneten Männern. Die Spanier auf den drei Schiffen hatten Anweisung, sechs Tage lang zu warten, ob sich die weißen Männer zeigen würden.

In der Zwischenzeit fiel Cortés auf Cozumel ein Tempel ins Auge. Es handelte sich um eine niedrige Pyramide aus Kalksteinblöcken, darauf ein strohgedeckter, offener Pavillon, der Götzengestalten mit den Gesichtern von Ungeheuern enthielt. Hier sprach der Priester, von Weihrauch umhüllt, Prophezeiungen aus oder beantwortete die Fragen derer, die zu ihm kamen. Der ganze Pavillon war innen mit Blut bespritzt, obgleich diese relativ sanftmütigen Inselindianer nach Melchiors Aussage häufiger Rebhühner oder ihre kleinen fuchsköpfigen Hunde opferten als Menschen.

Cortés beschloss, einen Anfang zu machen. Er beauftragte Melchior, alle Indianer des Dorfes zusammenzurufen; dann versuchte er ihnen die Grundbegriffe des Christentums zu erklären. Doch Melchior vermochte dieses Anliegen nicht in die Maya-Sprache zu übertragen – es gab ganz einfach keine Wörter in der Sprache der Indianer, mit denen der Sinn des Christentums hätte erklärt werden können. In Sachen Religion schien es einfach unmöglich, eine Brücke zwischen spanischem und indianischem Denken zu schlagen.

Als Cortés bemerkte, dass Melchior verwirrt war und nicht weiterwusste, ließ er seinem Bekehrungsversuch ein praktisches Beispiel folgen. Er führte einige seiner Männer auf die Pyramide und ließ sie die indianischen Idole zerschlagen, das Innere des Pavillons säubern und frisch kalken, um sodann das Kreuz aufzurichten. Auf dem Opferaltar stellten die Spanier eine bemalte Statue der Madonna mit Kind auf und platzierten rundherum Vasen mit frischen Blumen.

So etwas hatten die Indianer noch nie gesehen – einen Gott, der nicht Furcht erregend war? Stillschweigend und tatenlos sahen sie den Spaniern zu und duldeten, was geschah. Nach Aussage von Bernal Díaz versprachen sie sogar, das Kreuz und die Madonna zu verehren, doch dürfte die Übersetzung dieses Versprechens gleichfalls nicht besonders zuverlässig gewesen sein. Die Spanier verbanden diesen Bekehrungsversuch mit einer nützlichen Unterweisung, indem sie den Indianern zeigten, wie sich aus dem reichlich vorhandenen Bienenwachs Kerzen herstellen ließen. Bislang war es auf Cozumel unbekannt gewesen, wie man dauerhafte Lichter fertigte. Gleichzeitig wies Cortés Melchior an, den Indianern beizubringen, dass vor der Marienstatue stets Kerzen brennen sollten.

Eine Woche später kehrten die drei Schiffe mit den indianischen Boten zurück – das Unternehmen war gescheitert. Die Indianer, die an Land gegangen waren, behaupteten, sie hätten Cortés' Brief und die Glasperlen einem Mann in einem Dorf im Landesinneren übergeben. Aber weder weiße Männer noch irgendwelche Indianer waren ans Ufer gekommen.

Cortés war enttäuscht, zumal er sah, dass auf Cozumel wenig Gold zu holen war. So hieß er seine Leute wieder an Bord zu gehen, und man lief aus in Richtung Kap Catoche. Doch weil bald darauf eines der Schiffe leckschlug, musste die Flotte nach Cozumel zurückkehren, wo das beschädigte Schiff auf Kiel gelegt und der Schaden ausgebessert wurde.

Während der Reparaturarbeiten sah Cortés, dass vom Festland ein Kanu auf Cozumel zugepaddelt kam. Als es in eine Strömung geriet, schickte Cortés ein paar Männer aus, um es zu bergen. Im Bug des Kanus saß dem Anschein nach ein Indianer, nackt bis auf einen zerlumpten Lendenschurz, die geflochtenen Haare wie eine Frau um den Kopf geschlungen. In seiner Begleitung befanden sich sechs indianische Paddler, die allesamt mit Pfeil und Bogen bewaffnet waren und die, als spanische Soldaten sich mit gezogenen Schwertern näherten, Anstalten machten, das Boot gleich wieder vom Ufer abzustoßen. Doch der Mann im Bug redete in einer unverständlichen Sprache auf sie ein, um sich dann auf Spanisch an die Soldaten zu wenden: „Señores, seid Ihr Christen?“

Die Spanier umarmten ihn und brachten ihn auf der Stelle zu Cortés. Bei dem Mann handelte es sich um Gerónimo de Aguilar aus der Stadt Écija, zwischen Sevilla und Córdoba gelegen. Er war Priester. Im Jahre 1511 hatte die Karavelle, auf der er von Panama nach Hispaniola reisen wollte, vor Jamaika Schiffbruch erlitten. Gemeinsam mit 15 anderen Spaniern, darunter zwei Frauen, konnte er sich in ein Ruderboot retten, das vom Sturm bis nach Yucatán getrieben wurde. Als sie dort halb verhungert und verdurstet strandeten, gerieten sie in Gefangenschaft. Acht der Männer ließ der Indianerhäuptling auf der Stelle opfern, und die Indianer verzehrten ihre Leichen in einer barbarischen Zeremonie. Aguilar und die anderen wurden in Käfige gesperrt und für ein weiteres Fest dieser Art gemästet, doch gelang es ihnen zu entfliehen. Das nächste Mal wurden sie von einem Häuptling aufgegriffen, der sie zu seinen Sklaven machte. In den folgenden Jahren starb ein Mann nach dem anderen an Überanstrengung; die beiden Frauen starben an Erschöpfung und infolge unablässiger Vergewaltigungen. Jetzt, nach acht schrecklichen Jahren, waren nur noch Aguilar und ein anderer Spanier am Leben.

Aguilar, den man den „weißen Sklaven“ nannte, war jenen von Cortés ausgesandten Inselindianern begegnet, und ihm hatten sie Cortés' Brief sowie die Glasperlen gegeben. Mit Letzteren konnte Aguilar sich die Freiheit von dem jungen Häuptling erkaufen, dem er zuletzt gehörte. Sodann machte er sich auf die Suche nach Gonzalo Guerrero, dem zweiten Überlebenden, der in einem anderen Dorf lebte. Guerrero war kein Sklave mehr: Mut und Kraftbeweise – er war ein Seemann aus Palos – hatten ihm die Achtung der Indianer eingebracht.

Er führte im Gefolge des Häuptlings die Krieger und hatte seinem Stamm zu vielen Siegen über andere Indianer verholfen. Der Häuptling hatte ihm eine seiner Töchter zur Frau gegeben, und sie hatte ihm Kinder geboren. Sein Gesicht und sein Körper waren tätowiert, seine Ohren durchstochen; er trug einen Goldstab durch die Nase und einen Jadestein in der Lippe. Wohl las er den Brief von Cortés, wohl hörte er Aguilar an, aber er weigerte sich mitzukommen – er dachte nicht daran, zu den Spaniern zurückzukehren. Als Aguilar schließlich allein die Küste erreichte, waren die von Cortés ausgesandten Schiffe bereits fortgesegelt. Und hätte nicht das leckgeschlagene Schiff die Rückkehr nach Cozumel erfordert, wäre die Begegnung zwischen Cortés und Aguilar nie zustande gekommen.

Im Verlauf der acht Jahre, die er in Yucatán zu leben gezwungen war, hatte Aguilar fließend Chontal-Maya gelernt. Damit verfügte Cortés über die Sprachbrücke, die ihm gefehlt hatte. Er konnte völlig frei auf Spanisch sprechen, und Aguilar übersetzte seine Worte für die Festlandindianer.

Auf dem Weg zur Eroberung

Am 4. März 1519 verließ die zusammengewürfelte Flotte Cozumel und nahm Kurs auf das mexikanische Festland. Ein Sturm zog auf, der die Schiffe auseinander trieb. Als das Wetter sich beruhigte, fehlte eines der Schiffe, und Cortés gab Anweisung, entlang der Küste von Yucatán nach ihm zu suchen. Nachdem man das vermisste Schiff in einer kleinen Bucht sicher vor Anker liegend gefunden hatte, gab Cortés Order an eines der kleineren Schiffe mit geringem Tiefgang, die große Bucht ganz im Süden der Halbinsel zu erforschen. Als die Männer an Land gingen, fanden sie einen Windhund, der bei Grijalvas Expedition entlaufen war. Die Hündin kam den Strand entlanggerannt und sprang in das Boot, und da sie gesund und wohlgenährt aussah, ließ das den Schluss zu, diese Küste müsse reich an Wild sein.

Um den spanischen Anspruch zu unterstreichen, plante Cortés, in Champotón an Land zu gehen, wo Hernández de Córdoba von den Indianern besiegt und Grijalva Widerstand entgegengesetzt worden war. Doch weil der Oberlotse wegen Gegenwind von dem Unternehmen abriet, segelten sie weiter zur Mündung des Tabasco, wo Grijalva mit Gold beschenkt worden war und wo ein friedlicher und einträglicher Handel stattgefunden hatte. Am Tabasco begannen ihre Probleme.

Cortés ließ die Schiffe vor der Sandbank in der Flussmündung Anker werfen. Doch als die Spanier in ihren Booten flussaufwärts fuhren, erlebten sie eine böse Überraschung: Eine ganze Kanuflotte voller bewaffneter Indianer kam ihnen entgegen, die eindeutig kampfbereit waren, und in den Mangrovensümpfen entlang der Flussufer wimmelte es von Indianern in voller Kriegsbemalung. Cortés begann damit, seine Leute in strenger Formation an der Landzunge unterhalb der Stadt, die sich auf dem rechten Flussufer befand, auszuschiffen. Zudem ließ er die Geschütze ausladen und stellte seine Arkebusiere und Armbrustschützen in Bereitschaft.

Aguilar wurde angewiesen, den Indianern in ihren Kanus zuzurufen, die Spanier kämen in friedlicher Absicht. Sie wollten Wasser holen, da sie sich auf See befunden hätten – die vor der Küste ankernden Schiffe waren von diesem Punkt des Flusses aus nicht zu sehen. Cortés verkündete überdies, sie wollten die mitgebrachten Waren gern gegen frische Lebensmittel eintauschen. Die Indianer jedoch antworteten mit Drohgebärden und erklärten Aguilar, sie seien nach Grijalvas Abfahrt von den benachbarten Stämmen verhöhnt worden, weil sie die Eindringlinge nicht vertrieben hätten. Alle Orte dieser Region hätten geschworen, sich nie wieder mit weißen Fremdlingen einzulassen und alle, die sich künftig nähern würden, zu töten.

Cortés ließ seine eigene Botschaft durch Aguilar wiederholen, und die Indianer wiederholten ihre Botschaft – Wiederholungen waren in solchen Fällen für ein gegenseitiges Verständnis unumgänglich. Bei Sonnenuntergang teilten die Indianer mit, sie kehrten nun in ihre Stadt zurück und die Häuptlinge wollten entscheiden, ob man zum Handel bereit wäre oder nicht. Die Antwort werde man am nächsten Morgen geben. Mit der abschließenden Drohung, alle Spanier zu töten, falls sie die Landzunge verließen, paddelten die Indianer in ihren Kanus davon.

Während des nächtlichen Waffenstillstands spielten beide Seiten ein falsches Spiel. In der Stadt packten die Indianer hastig alles zusammen, was ihnen kostbar war. Frauen und Kinder verließen mit den Bündeln ihre Häuser, um sich in den Wäldern zu verstecken. Rund um die verlassene Stadt verstärkten die Krieger die Barrikaden aus Baumstämmen und errichteten zusätzlich neue, um einen möglichen Übergriff der Spanier zu verhindern. Cortés seinerseits bereitete eine Zangenbewegung vor. Die Männer, die schon Grijalva begleitet hatten, erinnerten sich an einen verborgenen Pfad, der von der Düne durch den Sumpf führte, der die Landzunge vom Festland trennte, und von hinten an die Stadt heranführte. Im Schutz der Dunkelheit schickte Cortés eine Truppe von 100 Männern los: Sie sollten sich hinter der Stadt auf die Lauer legen und angreifen, sobald sie einen Kanonenschuss hörten. Er selbst und seine Männer wollten sich mit Booten der Stadt vom Fluss her nähern und angreifen.

Nachdem am nächsten Morgen ein Priester namens Bartolomé de Olmedo die Messe gelesen hatte, bestiegen Cortés und seine Männer ihre Boote, um flussaufwärts zu fahren.

Doch war zuvor eine rechtliche Vorschrift zu beachten, die von den Spaniern sehr ernst genommen wurde. Die Politik der Krone ging dahin, den Indianern klar zu machen, dass man sie weder versklaven noch misshandeln wollte. Waren sie jedoch nicht bereit, die Spanier friedlich zu empfangen, hatten sie sich die Folgen selbst zuzuschreiben. Bevor es also zu irgendeiner Kampfhandlung kam, musste den Indianern eine offizielle Erklärung übermittelt werden – so sah es eine Regelung aus den Zeiten der „Katholischen Könige" vor. Während die Spanier sich nun in voller Anspannung und keineswegs ohne Furcht in ihren Booten den Fluss hinaufbewegten und sich den zahlenmäßig weit überlegenen, zu allem entschlossenen indianischen Kriegern am Ufer gegenübersahen, geschah Folgendes:

Im Bug des ersten Schiffes stand an der Seite von Cortés Diego de Godoy, ein königlicher Notar, der als Zeuge fungierte. Cortés ließ den Indianern durch Aguilar die erforderliche Erklärung übermitteln: Die Spanier kämen in Frieden, sie hätten Geschenke mitgebracht und wünschten Handel zu treiben. Darüber hinaus wollten sie lediglich von ihrem Gott und ihrem König sprechen, denn wenn auch die Indianer Christus und König Karl anerkannten, so wäre das für sie von größtem Nutzen.

Aguilar rief den Indianern diese Botschaft in der Maya-Sprache zu, konnte indes den Lärm nicht übertönen, den die Indianer veranstalteten: Sie schrien, bliesen auf Pfeifen und Muscheln und machten mit lebhaften Gebärden eindrucksvoll deutlich, was sie mit den Spaniern zu tun gedachten.

Die Schlacht begann unter schlechten Vorzeichen. Pfeile, feuergehärtete Wurfspieße und Schleudergeschosse hagelten in solchen Mengen auf die Spanier herab, dass es fast unmöglich schien, an Land zu gehen. Der indianische Schlachtruf „Tötet den Anführer!" war einigen aus früheren Expeditionen vertraut, und auch Cortés wusste um seine Bedeutung. Doch war er viel zu sehr mit dem Kampf beschäftigt, um sich darum zu kümmern. Er bemerkte es kaum, dass er im Schlamm einen Schuh verlor. Ein anderer Spanier fand den Schuh und gab ihn Cortés; er schlüpfte hinein und kämpfte weiter mit den anderen gegen die Barrikaden an.

Unter großen Schwierigkeiten trieben die Spanier, schießend und fechtend und in disziplinierter, geschlossener Schlachtordnung, die Indianer in die Stadt zurück. Nun endlich griffen auch jene Soldaten ein, die sich hinter der Stadt verborgen hielten – sie hatten einen Sumpf durchqueren müssen und waren verspätet eingetroffen. Von zwei Seiten bedrängt, zogen die indianischen Krieger sich zurück und folgten ihren Frauen und Kindern in die Wälder, während die Spanier die Stadt besetzten.

Als sich die völlig erschöpften Männer auf dem Hauptplatz versammelten, ging Cortés mit dem Notar Godoy an seiner Seite zu einem riesigen Wollbaum, der gegenüber dem Gebetshaus stand. Er schlug dreimal mit seinem Schwert gegen den Stamm und erklärte mit lauter Stimme, er habe dieses Gebiet im Namen „Seiner Majestät des Königs" erobert. Einigen Expeditionsteilnehmern fiel dabei auf, dass Cortés in seiner Proklamation Velázquez nicht einmal erwähnt hatte, obgleich allein ihm die Vollmacht zur Eroberung erteilt worden war.

Am nächsten Morgen verspürten Cortés und seine Männer Hunger. Cortés sandte deshalb zwei jeweils 100 Mann starke Truppen aus – die eine unter Francisco de Lugo, die andere unter Pedro de Alvarado –, um die Landschaft zu erkunden und nach Nahrung Ausschau zu halten. Als Alvarado Melchior als Dolmetscher mitnehmen wollte, war dieser verschwunden. Man fand seine spanische Kleidung, ordentlich an einem Dornstrauch in einem Palmenhain aufgehängt. Offensichtlich hatte er sich den Tabasco-Indianern angeschlossen, die nackt zu kämpfen pflegten. Cortés betrachtete Melchiors Flucht als Verrat und Treulosigkeit und war darüber umso mehr aufgebracht, als Melchior getauft worden war.

Ein paar Kilometer von der Stadt entfernt entdeckten Francisco de Lugo und seine Männer wohl gepflegte Maisfelder, die durch sorgsam angelegte Gräben bewässert wurden. Sie betrachteten die Felder bereits als willkommenes Nahrungsreservoir für die Truppe, als tausende von Indianern angriffen, die aus einer anderen Stadt zu Hilfe geeilt waren. Es entwickelte sich ein verzweifelter Kampf, aus dem die Spanier nur deshalb mit heiler Haut herauskamen, weil Alvarado Schüsse gehört hatte. Den vereinten Truppen gelang schließlich der geordnete Rückzug in die Stadt. Die Indianer verfolgten sie nicht, doch drängten weitere zu tausenden über die Hügel, um sich ihnen anzuschließen. Die Häuptlinge der Tabasco-Indianer hatten Cortés, wie zuvor Grijalva, davon in Kenntnis gesetzt, dass sie drei *xiquipiles* – insgesamt 24 000 Mann nach Bernal Díaz, 40 000 nach Aussage von Gómara – ins Feld führen konnten.

Die Spanier hatten drei Indianer gefangen genommen. Einer von ihnen, offensichtlich ein Anführer, teilte Cortés durch Aguilar mit, Melchior habe den Häuptlingen erzählt, die Spanier seien nur in geringer Zahl gekommen. Außerdem hatte er den Indianern geraten, sie müssten unablässig angreifen, dann würden sie siegreich sein. Cortés schenkte den drei Indianern grüne Glasperlen und ließ sie frei, damit sie den Häuptlingen die Absichten der Spanier erklären konnten.

In dieser Nacht zog Cortés, von einer Notbesatzung abgesehen, alle verfügbaren Männer von den Schiffen ab. Zur Verstärkung brachten sie weitere Geschütze und die 13 besten Pferde. Die Pferde, nach den vielen Tagen an Bord ganz steif, barsten schier vor Energie – sie bockten, bäumten sich auf, doch nach einer kühlen Nacht auf der Weide waren sie wieder in guter Verfassung. Ziel der höchstens 500 Mann umfassenden Streitmacht war das Maisfeld, wo zehntausende von Indianern sie kampfbereit erwarteten. Zuvor lief das übliche Ritual ab: Vor dem Verlassen des Lagers wurde die Messe gelesen, und Cortés ließ Aguilar den Indianern in der Maya-Sprache ein weiteres Mal die Zusicherungen des Königs zurufen.

Cortés setzte auf Zangenbewegungen: Er bestieg sein Pferd – Bernal Díaz zufolge war dies ein heißblütiger kastanienbrauner Hengst – und trennte sich mit seiner Kavallerie von der übrigen kleinen Armee.

Auf diesen mit Metallplatten gepanzerten Pferden saßen die besten Reiter und die besten Kämpfer. Die Kavalleristen benutzten vornehmlich Lanzen, aber auch Schwerter, wenn es dienlich war. Diese Reitertruppe führte Cortés nun ans Ende der Maisfelder, um die Indianer von hinten anzugreifen.

Der größere Teil der Armee bewegte sich dann aus den Wäldern hinaus ins offene Feld. Die Spanier waren im Rechteck formiert, die Ecken durch Kanonen verstärkt, die von Schwertkämpfern und Pikenieren geschützt wurden. An den Seiten standen die Arkebusiere und Bogenschützen, die ebenfalls gedeckt wurden. Eine spanische Kampfgruppe bestand aus jeweils fünf Mann. Die Arkebusiere feuerten zum Beispiel gemeinsam eine Salve ab, luden sodann, von Schwertkämpfern und Pikenieren gedeckt, schnell wieder, feuerten eine weitere Salve in eine andere Richtung, luden erneut und so weiter – dies stets mit beträchtlicher Geschwindigkeit. Die Bogenschützen operierten ebenfalls in Kampfgruppen und feuerten ihre Pfeile in Salven ab, und auch die Kanonen waren gruppenweise aufgestellt. Diese von Gonzalo de Córdoba ersonnene Kriegstaktik, wie sie die Spanier im frühen 16. Jahrhundert anwandten, machte sie über mehr als ein Jahrhundert an Land unschlagbar.

Dagegen nahmen sich die Indianer trotz ihres Mutes wie eine ungeordnete Horde aus. Zunächst blieben sie auf Distanz, schleuderten Steine, Wurfspieße und Speere, vor allem aber Pfeile, mit denen sie viele Gegner verwundeten. Doch die Spanier – selbst jene, deren Körper nur durch gepolsterte Baumwolle geschützt war – widerstanden hinter ihren Schilden dem Angriff, bis die Indianer erregt heranstürmten. Jetzt, im Kampf Mann gegen Mann, drängten die aufs Beste ausgebildeten Spanier mit ihren eingespielten Kampfgruppen die Indianer zurück, die ohne Strategie ihre zahlenmäßige Übermacht nicht zum Tragen bringen konnten.

Dennoch brachten sie die Spanier hier im Cintla-Tal weiter in Bedrängnis. Trotz ihrer hohen Verluste verfügten die Indianer nach wie vor über eine große Zahl und begannen erneut ihre Pfeile, Speere, Spieße und Steine abzuschießen. Sie kamen näher, zogen sich zurück und näherten sich wiederum – es ging hart auf hart, bis die spanische Kavallerie von hinten angriff. Erst jetzt tauchten Cortés und seine Reiter bei den Maisfeldern auf, denn sie hatten sich ebenfalls durch sumpfiges Gelände hindurcharbeiten müssen.

In dem nun folgenden Kampf funktionierten sie wie Tötungsmaschinen. Jeder für sich allein raste ins Getümmel, warf seine Speere, stach zu, raste weiter, griff eine neue Gruppe an, verfolgte Flüchtende und durchbohrte einen nach dem anderen mit seinen Speeren. Die Indianer, stolz darauf, behände Läufer zu sein, sahen mit Entsetzen, wie ihre schnellsten Läufer von seltsamen Tieren überholt wurden. Nie zuvor hatten sie Pferde mit oder ohne Reiter gesehen. Sie glaubten, dass es sich um eine einzige Kreatur handele, eine Art Zentaur-Drache, losgelassen, um sie zu vernichten. In die Flucht geschlagen, rannten die Indianer auf die dichten Wälder jenseits der Felder zu. Über 800 Tote ließen sie auf den Feldern zurück, unter denen Aguilar den tätowierten Leichnam von Guerrero, dem Seemann aus Palos, erkannte, den der Schuss aus einer Hakenbüchse tödlich getroffen hatte. Aufseiten der Spanier waren nur zwei Tote zu beklagen, doch fast alle waren verletzt – so auch die Pferde. Die Spanier schnitten einen toten Indianer auf, entnahmen das Fett aus seinem Körper, erhitzten und schmolzen es und brannten damit die Wunden der Männer und Pferde aus.

Einige Indianer waren gefangen genommen worden. Getreu seiner Strategie ließ Cortés ihnen die gewohnte Versicherung übermitteln, dass er und seine Männer friedfertig seien, dass sie lediglich Waren tauschen wollten und hungrig seien. Daraufhin ließ er die Gefangenen frei und wies sie an, zu ihren Häuptlingen zurückzukehren. Sodann zogen sich die Spanier in ihr Lager in der Stadt zurück.

Am nächsten Morgen brachten indianische Sklaven mit schmutzigen Gesichtern und zerlumpten Lendenschurzen mengenweise

Tortillas und gekochtes Geflügel. Schon wollten sich die hungrigen Spanier auf die Speisen stürzen, da gebot Aguilar Einhalt. Er wusste genau, dass es nicht der Regel entsprach, allein Sklaven als Boten zu schicken, und so befahl er den Trägern, ihren Häuptlingen mitzuteilen, sie müssten selbst kommen, wenn sie Frieden schließen wollten. Die Speisen allerdings behielten die Spanier; Cortés gab dafür allen Sklaven ein paar Glasperlen, bevor sie das Lager verließen.

Bald darauf kamen die Häuptlinge und Priester, gehüllt in prächtige Federumhänge und bestickte Tuniken. Sie knieten nieder vor Cortés und den Spaniern, berührten den Boden und hoben die Hände zum Himmel. Sie baten um die Erlaubnis, ihre Toten verbrennen und begraben zu dürfen, weil sie sonst von Pumas und Nagetieren gefressen würden. Cortés gestattete dies und forderte seinerseits die Herausgabe von Melchior. Doch es war zu spät: Melchior war zur Sühne für die Niederlage der Indianer und zur Strafe für seinen schlechten Ratschlag geopfert worden.

Selbst in schwierigen Situationen schien Cortés seinen Humor nicht zu verlieren. Dem Gespräch, das er mit Aguilars Hilfe mit den Indianern führte, entnahm er, dass diese weder Pferde noch Geschütze je gesehen hatten. Nachdem er sie für den nächsten Tag erneut zu sich bestellt hatte, traf er überraschende Vorkehrungen. Eine Stute wurde hinter den schattigen Hain geführt, wo er die Abordnung empfangen wollte, die größte Kanone mit einer schweren Kugel und einer großen Menge Pulver geladen und nahebei aufgestellt. Sobald sich die indianischen Häuptlinge und Priester niedergesetzt hatten, wurde auf ein Zeichen von ihm mit Donnerknall die Kanone abgefeuert – die Kugel zischte über ihre Köpfe hinweg in den Fluss. Daraufhin ließ er den wildesten Hengst heranführen, der – sobald er die Stute witterte – sich aufbäumte, mit den Hufen stampfte, wieherte und sich loszureißen versuchte. Sodann erhob sich Cortés, ging zur Kanone und zu dem Hengst, flüsterte beschwichtigende Worte und erklärte den verschreckten Indianern, sie könnten nun beruhigt sein. Die Kanone und das Pferd seien zwar sehr ärgerlich auf sie gewesen, doch er habe sie mit seiner Erklärung besänftigt, die Indianer hätten die Herrschaft des Königs anerkannt. Das Fußvolk im Gefolge der Häuptlinge schien diesen Schwindel zu schlucken, die indianischen Führer hingegen gaben wenig später deutlich zu verstehen, dass sie sehr wohl unterschieden hatten: Kanonen waren leblos, Pferde dagegen so natürliche Kreaturen wie Hunde.

Während die Indianer in den Maisfeldern ihre Toten einsammelten und verbrannten, kehrten die Häuptlinge noch einmal zurück und brachten ein Goldgeschenk. Es war, wie sie sagten, alles, was sie hatten. Da sie besiegt worden waren, verbanden sie diesmal mit der Goldgabe keinen Wunsch. Sie war ihr Friedensangebot – ob an Cortés, seinen König oder an seinen Gott. Es handelte sich um eine beträchtliche Menge Gold: Masken, Tierfiguren – Hunde, Eidechsen und Enten –, Diademe und sogar Goldsohlen für die Sandalen. Als Cortés fragte, wo mehr Gold zu finden sei, deuteten die Indianer nach Nordwesten und sagten „Mexiko“ oder „Culua“ – ein anderer Name für Mexiko. Doch Cortés und Aguilar konnten damit ebenso wenig anfangen wie vor Jahren Grijalva, Julian und Melchior.

Die indianische Prinzessin Malinche, später Doña Marina, wurde Cortés' Geliebte und leistete ihm durch ihre Kenntnisse der Sprache und Gebräuche der Azteken wertvolle Dienste.

Zusammen mit dem Gold boten die Indianerhäuptlinge Cortés 20 junge Frauen dar – ein Geschenk, für das er außerordentlich dankbar war. Dabei hatte er noch weit größeren Anlass zum Dank, als er in diesem Augenblick wissen konnte. Unter den Frauen nämlich befand sich eine, von der in den Überlieferungen auf sehr unterschiedliche Weise die Rede ist. Mal wird ihr Name wie eine Schmähung ausgestoßen und bezeichnet eine Verräterin ihrer Rasse; mal sieht man sie als echte Konvertitin und gute Dienerin Christi. In Darstellungen aus neuerer Zeit steht sie für eine harmonische Vermischung der Rassen. Für eher romantische Biografen ist sie eine große Liebende. Im Allgemeinen spricht man von ihr als Malinche.

Eine zweite Sprachbrücke

Für die Spanier war das Mädchen Malinche zu Anfang nur eine von 20 Sklavinnen, die ihnen die Tabasco-Häuptlinge zum Geschenk gemacht hatten. An dieser Gabe, eher zufällig und ohne besondere Bedeutung, lässt sich gut der grundlegende Unterschied zwischen indianischen und spanischen Moralbegriffen verdeutlichen. Bei allen indianischen Stämmen war die Versklavung von Männern wie von Frauen zutiefst verwurzelt und akzeptiert als traditionelle gesellschaftliche Institution, wobei Frauen keineswegs generell als minderwertig angesehen wurden – sie konnten sogar, wenn sie von hohem Rang waren, einflussreiche Stellungen bekleiden. Manchmal gehörten die Sklaven einem anderen Stamm an, der besiegt worden war, manchmal handelte es sich um Angehörige eines eigenen Stamms, die auf diese Weise bestraft wurden. Durchaus üblich war ferner, dass sich Trunkenbolde und Herumtreiber freiwillig in die Leibeigenschaft begaben. Die Sklaverei war unter den Indianern so gang und gäbe, dass auf den Märkten Menschen wie eine beliebige Ware gehandelt wurden – ähnlich, wie es mit den Schwarzen in den Südstaaten der USA vor dem Bürgerkrieg geschah, nur dass es sich bei den Indianern um Angehörige der eigenen Rasse handelte.

Unter den unverheirateten Frauen, die den Spaniern übergeben wurden, befanden sich einige sehr junge Mädchen, die noch jungfräulich waren. Sie waren schüchtern, verschreckt und zitterten. Malinche, die von Kindheit an in der Sklaverei gelebt hatte, gehörte nicht zu ihnen – sie nahm ihr Schicksal gelassen und ohne Verlegenheit an. Die Tabasco-Häuptlinge jedenfalls kümmerten die Gefühle dieser Sklavinnen wenig. Sie sollten nur tun, was man von ihnen erwartete, und ihre Hauptaufgabe – das machten die Häuptlinge den Spaniern deutlich – sollte darin bestehen, Tortillas zuzubereiten, weil doch die weißen Fremden keine Frauen an ihrer Seite hatten, die das erledigen konnten.

Zweifellos nahmen die Indianer die Sexualität weniger wichtig als die Spanier und maßen auch der Jungfräulichkeit keine besondere Bedeutung bei. Die Mädchen hatten Geschlechtsverkehr, sobald sie herangewachsen waren, und es stellte keinerlei Hindernis für eine spätere Heirat dar, wenn sie bereits Kinder geboren hatten. Zwar galt die Ehe den Indianern als eine sehr ernsthafte Sache, da sie eine Basis für die Erbfolge war, doch hatten die meisten indianischen Männer von Stand mehrere Frauen.

Auch in anderer Hinsicht lagen Welten zwischen den Wertvorstellungen. So waren Menschenopfer bei den Indianern durchaus üblich, und im Verlauf solcher Zeremonien wurden die Opfer ausgeweidet und manchmal lebend gehäutet. Sodann zerstückelte man sie, das Fleisch wurde gegart und gegessen. Zuvor waren die schreienden Opfer durch die breiten Alleen, welche die indianischen Städte durchzogen, hinauf zur Pyramide geschleppt worden. Die gesamte Bevölkerung konnte so von den Hausdächern dem grausamen Schauspiel zusehen, dessen orgastische Intensität in der Geschichte kaum ein Beispiel findet. Und so kann es kaum verwundern, wenn Menschen, die an solche Zeremonien gewöhnt waren, das Weinen einer Jungfrau nur wenig bedeutete.

Die Spanier ihrerseits hegten Respekt vor Frauen, was ganz wesentlich mit ihrer Vorstellung von der Jungfrau Maria zusammenhing. Sie waren durchdrungen von dem Gedanken, dass Jungfräulichkeit Reinheit bedeute und dass solche Unschuld Gott wohlgefällig sei. Die spanischen Männer hatten allesamt eine strenge religiöse Erziehung genossen. Auch wenn sie in der Praxis natürlich keineswegs immer die Regeln der Kirche oder der Ritterlichkeit befolgten, hatten sie den Respekt vor der weiblichen Reinheit gewissermaßen verinnerlicht. Zudem lag spanischem Denken jene ritualisierte, gesellschaftlich gebilligte und religiös überhöhte Grausamkeit fern, und vielleicht waren sie deshalb sexuell leichter zu erregen. Jedenfalls waren sie begeistert, ganz nebenbei ein so wunderbares Geschenk erhalten zu haben, und Cortés nahm die Sklavinnen bereitwillig entgegen, teilte wohl überlegt jedem seiner Hauptleute ein Mädchen zu und wies die übrigen an, der gesamten Mannschaft als Tortillabäckerinnen zu dienen.

Die junge Frau, die wir Malinche nennen und die später den Taufnamen Doña Marina erhielt, überließ Cortés, der ein vorausschauender und kluger Diplomat war, Puertocarrero, dem er bereits die zuvor erwähnte Stute geschenkt hatte. Als Vetter des Grafen von Medellín hatte Puertocarrero nämlich Verwandte am spanischen Hof, mit denen er sich in Verbindung setzen konnte. Zudem stammte er ebenfalls aus der Estremadura, und Cortés ahnte wohl voraus, dass er ihm einmal wichtige Missionen anvertrauen könnte.

DA IN Tabasco kein Gold mehr zu holen war, setzte Cortés die Abfahrt für den Palmsonntag des Jahres 1519 fest. Im Zentrum der Stadt ließ er die spanischen Zimmerleute ein hohes schlichtes Kreuz aufrichten, dazu ein Podest, auf dem sie eine Statuette der Jungfrau mit Kind aufstellten – Cortés hatte in Stroh verpackt einen großen Vorrat solcher Statuen mitgebracht. Fra Olmedo, ein außerordentlich guter Sänger, legte sein Messgewand an, um eine feierliche Messe zu lesen, bei der auch die Palmwedel nicht fehlten, derweil die Indianer zuschauten. Sodann gab Cortés Order an die Truppen, vor den staunenden Indianern aufzumarschieren – wohl ahnend, dass Berichte über dieses Schauspiel an andere Stämme weitergeleitet würden. Schließlich fuhren Cortés und seine Männer in ihren Booten flussabwärts zum Meer. Jetzt sahen die Indianer, die sie mit einer riesigen Kanuflotte begleiteten, zu ihrer Verwunderung erstmals auch die großen Schiffe.

Cortés wollte Gold. Deshalb wählte Alaminos einen Kurs nach Westen, entlang der Küste und dann ein wenig weiter nach Norden, wo sich jener Platz befand, den Grijalva San Juan de Ulúa genannt hatte. Cortés ließ seine Schiffe im Schutz der vorgelagerten Insel ankern. Binnen einer halben Stunde näherten sich zwei große Kanus voller indianischer Häuptlinge und Priester, die nach kurzem Innehalten auf das Flaggschiff zuhielten, von dessen Hauptmast die Fahne mit dem Kreuz wehte. Sie folgten sodann der Aufforderung der Spanier, an Bord zu kommen.

Doch als die Indianer an Deck waren und Cortés in freundlichem Ton ihre Huldigung erwiesen, wurde deutlich, dass diese Indianer in einer anderen Sprache redeten, die Aguilar nicht verstand. Cortés war verärgert, wusste er doch genau, wie wichtig die sprachliche Verständigung war. Eines der Sklavenmädchen aber, ebenjenes, das er Puertocarrero überlassen hatte, unterhielt sich mühelos mit den Ankömmlingen, die aus dem Hochland stammten – aus jener Gegend, die Mexiko hieß – und die die Hochlandsprache Nahuatl sprachen. Die Maya-Sprache der Küste war ihnen nicht vertraut, doch Malinche sprach nahuatl – und sie konnte Aguilar auf Maya berichten, was gesagt wurde, und Aguilar konnte es für Cortés ins Spanische übersetzen. Damit war die doppelte Sprachbrücke hergestellt.

Als Geschenke brachten die indianischen Häuptlinge schöne Baumwollgewänder, Federschmuck sowie einige kleine Goldgegenstände und erhielten im Gegenzug Glasperlen, spanische Gewänder und Eisengeräte. Beide Seiten waren zufrieden. Den Worten der indianischen Häuptlinge entnahm Cortés, dass sie alles über die Schlacht wussten, die er in Tabasco geschlagen hatte, wie sie gleichfalls genau über die früheren spanischen Expeditionen unterrichtet waren. Da es bei den mexikanischen Indianern uralter Brauch war, Abgesandte – seien es Boten oder Händler – stets gut zu behandeln, wurde Cortés nun in diesem Geist empfangen, als wäre er ein Abgesandter aus einem fernen Land. Er selbst verlangte wie stets, den obersten Anführer zu sprechen, und bevor die Abordnung wieder ihre Kanus bestieg, versprach sie ihm, dass bald ein mächtigerer Häuptling zu ihm käme.

WÄHREND der nächsten beiden Tage befestigte Cortés seine Stellung auf einer großen Düne. Er ließ die Pferde und die Artillerie ausladen, und seine Männer bauten mithilfe der einheimischen Indianer Hütten, um sich vor der Sonne zu schützen. Die Einheimischen, wohl wissend, dass Palmwedel als Dachbedeckung unzureichend waren, brachten ausreichend dicke Tücher zum Abdichten der Dächer, denn der Lagerplatz, an einer flachen, heißen Stelle gelegen, erwies sich als Höllenloch, wo es nur in den ersten Stunden nach Mitternacht weniger drückend war.

Als der Oberhäuptling – ein Mann namens Tendile – schließlich eintraf, empfing Cortés ihn auf der befestigten Düne. Der Häuptling berichtete Cortés, dass er einem großen Herrscher in den Bergen diene, dessen Name in spanischer Wiedergabe Montezuma lautete. Sodann holte Tendile aus den Kisten, die seine Träger heranbrachten, zahlreiche Goldskulpturen hervor, Goldschmuck und Gebrauchsgegenstände aus Gold. In weiteren zehn Kisten befanden sich edelste Kleidungsstücke und Federschmuck. Cortés seinerseits überreichte Tendile eine große Menge feinster Glasperlen, eine spanische Kappe, auf die mit Goldfaden ein Medaillon gestickt war, das den heiligen Georg zu Pferde beim Kampf mit dem Drachen zeigte, sowie weitere spanische Kleidungsstücke. Mithilfe von Malinche und Aguilar unterbreitete Cortés Tendile seinen Wunsch, Montezuma zu treffen, und übergab ihm als Abschiedsgeschenk einen wundervoll gefertigten spanischen Stuhl (die Indianer kannten keine Stühle), auf den Montezuma sich setzen könne, wenn Cortés ihn besuchte.

Der Aztekenherrscher Montezuma II. (um 1466–1520)

Während er diesen Vorschlag machte, fiel ihm eine glückliche List ein. Er erzählte Tendile, er sei der Vertreter eines großen Herrschers, der auf der anderen Seite des Meeres lebe. Sein König wisse alles über Montezuma und wünsche vor allem, dass Cortés bei dem großen König von Mexiko vorstellig werde. Obwohl frei erfunden, taten seine Worte ihre Wirkung, denn sie riefen bei Tendile den alten indianischen Mythos wach, dass einer der Begründer der indianischen Rasse – König oder Gott – nach Osten fortgesegelt sei und eines Tages zurückkehren werde, um seine Herrschaft wieder zu übernehmen. Zudem erregte ein vergoldeter Eisenhelm, den einer der spanischen Soldaten trug, seine Aufmerksamkeit, weil er, wie Tendile sagte, einem Helm ähnelte, der eine Statue von Huitzilopochtli, dem Kriegsgott, schmückte. Gómara wies daraufhin, dass der Helm auf dem Götzenbild in einem Schiffswrack an der Küste gefunden worden sein könnte und dass die indianischen Priester ihn als Zeichen jenes Gottes gedeutet hätten, der fortgesegelt war. Da Tendile Montezuma den Helm des spanischen Soldaten zeigen wollte, tat Cortés ihm den Gefallen, schlug aber vor, der Helm solle mit Goldkörnern gefüllt zurückgebracht werden, damit die Spanier sich vergewissern könnten, dass das indianische Gold dem ihren gleiche.

Von Tendiles Seite wurde weiterhin der Wunsch geäußert, die Geschehnisse dieses Tages durch die ihn begleitenden Künstler im Bild festhalten und die Spanier porträtieren zu dürfen. Die Indianer kannten weder eine phonetische noch eine bildhafte Schrift, aber sie waren Meister im Erstellen ganz einfacher Bilder, und ihre Künstler konnten blitzschnell skizzieren, was immer sie vor Augen sahen. Diese Skizzen, die weder Perspektive noch Proportionen berücksichtigen, wurden auf versteifte, gebleichte Seiten gezeichnet, die aus Leder oder *Maguey*-Blättern (Agaveblättern) hergestellt und dann buchartig zusammengefügt wurden. Es gab tausende solcher Bücher, von denen die meisten in den Jahren, die auf die Eroberung folgten, von katholischen Prälaten verbrannt wurden, aus Furcht, sie könnten unter den Indianern den alten Glauben weitertragen. Die wenigen „Bücher", die erhalten geblieben sind, entstanden in der Mehrzahl nach der Eroberung und werden aus unerfindlichen Gründen als „Codices" bezeichnet. Sie befinden sich im Wesentlichen in europäischen und mexikanischen Museen. Franziskanermönch Bernardino de Sahagún, der acht Jahre nach Abschluss der *conquista* nach Mexiko kam und Nahuatl lernte, verfasste mithilfe aztekischer Priester Erklärungen zu den Zeichnungen der Indianer. Die solchermaßen kommentierten Bücher bieten deshalb die beste Brücke zum Verständ nis der aztekischen Bilder.

Cortés' Männer posierten sehr bereitwillig für die indianischen Künstler, und jeder der Kapitäne ließ sich porträtieren. Bernal Díaz berichtet in seinen Erinnerungen, Montezuma habe aufgrund des

Porträts von Cortés einen aztekischen Häuptling an die Küste geschickt, der Cortés so ähnlich sah, dass die Spanier ihn „der andere Cortés“ nannten. Höchstwahrscheinlich handelt es sich dabei jedoch lediglich um einen Scherz, denn auf den vereinfachten indianischen Zeichnungen hatten alle Spanier dichte Bärte und waren unrasiert, trugen Helme oder Tuchkappen, und kein glattgesichtiger Indianer mit kurz geschnittenem tiefschwarzem Haar konnte Cortés oder einem anderen Spanier gleichen.

Cortés inszenierte überdies für Tendiles Künstler ein eindrucksvolles Spektakel, indem er die Kanonen abfeuern ließ – und die Zeichner taten ihr Bestes, die Detonation im Bild festzuhalten. Pedro de Alvarado schmückte das Geschirr sämtlicher Pferde mit Glöckchen und führte sodann die klingende spanische Kavallerie an, die mit gezogenen Schwertern und erhobenen Lanzen über den nassen Sand galoppierte, während die Indianer ihnen von der Düne aus zusahen.

Tendile versprach Cortés, Montezuma seine Wünsche zu übermitteln, und die Indianer verabschiedeten sich.

Montezumas Wunsch und Geschenk

Während Cortés und seine Männer auf Tendiles Rückkehr warteten, befragte Cortés mit Aguilars Hilfe Malinche und erfuhr ihre Geschichte. Sie sei vornehmer Herkunft, erzählte sie, ihre Eltern stammten aus dem Hochland, aus einem Dorf nahe der Stadt Coatzacoalcos, nicht weit von Tabasco entfernt. Seltsamerweise lebten diese Stämme, die teils Nahuatl, teils Maya sprachen, sehr nahe beieinander, ohne sich zu vermischen – ein Phänomen, das man noch heute in Mexiko antreffen kann, denn die Bewohner der verschiedenen Bergtäler sprechen eine solche Vielzahl unterschiedlicher Sprachen und

Dialekte, dass sie sich untereinander nicht ohne Schwierigkeiten zu verständigen vermögen.

Malinches Vater war gestorben, als sie noch ein Kind war. Ihre Mutter hatte sich mit einem jüngeren Mann wieder verheiratet, der unter den Azteken ebenfalls als adelig galt und dem sie einen Sohn gebar. Um allein diesem Kind das Erbe zu sichern, verkauften Mutter und Stiefvater sie als Sklavin, behaupteten jedoch, sie sei gestorben. Malinche war von einem Sklavenhändler zum anderen und von einem Besitzer zum nächsten weitergereicht worden. In Tabasco sollte sie gerade ein weiteres Mal verkauft werden, als man sie mit den anderen Mädchen den Spaniern zum Geschenk machte. Diese Geschichte entsprach offenbar der Wahrheit: Als Cortés Jahre später eine Expedition nach Honduras anführte – und Bernal Díaz sich in seiner Begleitung befand –, kam die Armee durch Coatzacoalcos, wo Bernal Díaz Malinches Mutter und ihren Halbbruder traf; der Stiefvater war inzwischen verstorben. Die alte Frau und ihr Sohn fürchteten, Malinche würde sie bestrafen oder töten lassen, da sie nun bei den mächtigen Spaniern lebte. Aber Malinche rächte sich in keiner Weise, weil sie, wie sie sagte, ihrem Schicksal zutiefst dankbar sei, weil sie auf diese Weise zu Christus gefunden habe und zu den Spaniern gehöre.

DIE INDIANER versorgten die Spanier weiterhin reichlich mit Lebensmitteln. Die Kapitäne wurden sogar zu einem Festmahl unter einem Baldachin aus Palmwedeln eingeladen, was unter den einfachen Soldaten zu einem gewissen Unmut führte. Sie hielten sich schließlich damit schadlos, dass sie ihren eigenen kleinen Vorrat an Handelsgütern vor den Indianern ausbreiteten und gegen Fisch, Geflügel und Obst eintauschten.

Weniger angenehm für die Spanier war die Tatsache, dass die Düne, auf der sie ihr Lager errichtet hatten, sich nicht für eine dauerhafte Ansiedlung eignete, denn die Moskitos dort waren eine Plage, und der Ankerplatz war für die Schiffe nicht ausreichend geschützt. Folglich wurde Tendiles Rückkehr mit Ungeduld erwartet. Als dieser nach etwa zehn Tagen, begleitet von mehr als 100 Trägern, auftauchte, setzte er sich sogleich mit Cortés, einigen der anderen Kapitäne, dem Notar und dem *contador*, dem Rechnungsführer des Königs, zusammen, ließ Matten auslegen und breitete die mitgebrachten Geschenke aus.

Es gab einen goldenen Kalenderstein, groß wie ein Wagenrad, der die Sonne mit ihren Strahlen zeigte und in den viele seltsame Zeichen eingeritzt waren; dazu eine Scheibe aus glänzend poliertem Silber, die den Mond darstellte; Goldfiguren in Form von Enten, Hunden, Pumas und Affen; zehn prachtvolle, schwere Goldketten und goldene Halsbänder, in die kostbare Steine eingelegt waren – die Goldschmiedekunst der Azteken war fantastisch. Ein Bogen samt Pfeilen und Bogensehne war ganz und gar aus Gold gefertigt, und der Helm des spanischen Soldaten war mit feinen Goldkörnern gefüllt. Alle Geräte waren aus Gold, Silber und Kupfer hergestellt – Eisen war bei den Azteken unbekannt. Unter den Geschenken gab es ferner Mengen von eingefärbten und bestickten Baumwollgewändern sowie Umhänge aus fein glänzendem Federwerk, edler als Gold, wäre Federwerk nur dauerhaft gewesen. Alles in allem war dies eine erstaunliche Gabe, wahrhaft eines großen Königs würdig.

Allerdings verband Montezuma einen Wunsch mit diesem Geschenk. Tendile erklärte, Montezuma werde Cortés und seine Männer nicht empfangen. Er würde ihnen weder erlauben, ihn in den Bergen zu besuchen, noch würde er zu ihnen an die Küste kommen. Montezuma hatte nichts dagegen, dass die Spanier sich an der Küste aufhielten; sie könnten dort als Sendboten, als Händler oder was auch immer eine Weile bleiben, aber dann sollten sie seine Geschenke einpacken und wieder gehen. Die Spanier begriffen: Montezumas Gabe war kein Bestechungsgeschenk, mit dem er sie zum Fortgehen veranlassen wollte. Als Herrscher über Millionen brauchte er sich nicht herabzulassen, ein paar hundert Fremde zu bestechen, denn trotz Pferden und Geschützen war er den Spaniern an Macht weit überlegen. Noch spielte in Montezumas Verhalten Furcht die allergeringste Rolle: Das Aztekenreich war fest gefügt und hielt sich für unbesiegbar. Dass die Spanier über einen Küstenstamm gesiegt hatten, war kein Grund zu ernsthafter Beunruhigung. Feigheit seitens des Herrschers über ein solches Reich war unvorstellbar, zumal in der aztekischen Gesellschaft der Mut und die Kriegskunst hohe Werte darstellten. Auch findet sich ein Hinweis, Montezuma könne die Ankunft der Spanier mit jener alten Prophezeiung in Verbindung gebracht haben.

Mit seiner Art der Antwort folgte Montezuma dem indianischen Brauch, der Entscheidung für den Frieden Ausdruck zu verleihen. Er wählte die Alternative zum Krieg, machte ein Geschenk, das er mit einem Wunsch paarte. Er tat dies in der Erwartung, zivilisierte Menschen würden diese Handlungsweise begreifen. Er glaubte, dass mit der Annahme des Geschenks auch seinem Wunsch entsprochen würde. Aber die Spanier verstanden ihn nicht.

Vor allem die Goldkörner im Helm hatten Cortés' Neugier geweckt. Wo immer dieses Gold herkam – dort musste mehr zu holen sein, und er wollte wissen, wo sich die Minen befanden. Cortés bat deshalb Tendile, noch einmal zu Montezuma zurückzukehren und ihm zu sagen, der große König jenseits des Meeres würde eine schlechte Meinung von ihm bekommen, falls er heimkehrte, ohne sich dem Herrscher dieses Landes vorgestellt zu haben. Obwohl Cortés allmählich die Geschenke ausgingen, gab er Tendile für Montezuma einige Hemden aus feinstem flämischem Leinen mit, einen Florentiner Glaskelch, in den Jagdszenen eingraviert waren, und weitere Glasperlen.

Diesmal kehrte Tendile noch schneller zurück. Er überbrachte Montezumas letztes Wort zusammen mit einem neuen Geschenk: vier Chalchihuites, von den Azteken hoch geschätzte grüne Jadesteine. Zwar brachte Tendile auch Gold, Baumwollgewänder und Federwerk mit, doch erklärte er den verblüfften Spaniern, dass die Azteken diese Jadesteine höher schätzten als Gold. Und Montezuma wiederholte seinen Wunsch: Er werde sich nicht von den Bergen herabbegeben, und Cortés könne auch nicht zu ihm in die Berge kommen, da der Weg durch Gebiete führe, in denen sich Montezumas Feinde seiner Macht noch widersetzten. Diese Feinde würden die Spanier angreifen, sobald sie erführen, dass sie auf dem Weg zu ihm seien. Hätten die Spanier die Art und Weise verstanden, in der die Indianer für Frieden plädierten, hätten sie sich nun – reich belohnt für ihre Anstrengungen – zurückziehen und die prächtigen Geschenke am spanischen Hof zur Schau stellen können. Und vielleicht hätte durch weitere Sendboten und einen weiteren Austausch von Geschenken zu einem späteren Zeitpunkt eine friedliche Verbindungslinie zwischen Spaniern und Azteken hergestellt werden können, aber die Chance wurde vertan, weil die Spanier nichts begriffen. Stattdessen begann nun auf beiden Seiten ein falsches Spiel.

Die einheimischen Indianer befolgten Montezumas Anweisung, die Spanier fallen zu lassen, falls diese sich seinem Wunsch nicht fügten. Sie brachten ihnen nichts mehr zu essen, ließen sich auf keinen Handel mehr ein und brachten auch keine Geschenke mehr. Zudem zogen sie aus den Hütten aus, die sie sich selbst auf der Düne erbaut hatten.

Cortés sandte zwei Brigantinen aus, die weiter im Norden nach einem besseren Hafen suchen sollten. Doch die Schiffe, die trotz des schlechten Wetters fast bis zur Mündung des Pánuco hinaufgefahren waren, kehrten unverrichteter Dinge zurück. Das Brot begann auszugehen, die Reste waren verschimmelt und von Insekten befallen. Mehr als 30 Männer waren inzwischen tot – an ihren Kampfverletzungen gestorben oder der tropischen Hitze erlegen.

Viele, vor allem Freunde und Verwandte von Velázquez, wollten nun nach Kuba zurück. Die Expedition, so argumentierten sie, hätte eine große Menge Gold eingebracht; warum sollten sie jetzt nicht zurückkehren, dem Gouverneur Bericht erstatten, die Beute teilen und, nachdem sie sich ausgeruht und neu organisiert hatten, eine größere Flotte für eine neue Reise zusammenstellen? Das Festland sei offenbar riesig und stark besiedelt. Kaum auszumalen, was auf sie zukäme, wenn sie sich ins Hochland wagten. Sie seien erschöpft, die Vorräte gingen aus.

Schließlich schloss man einen Kompromiss: Man würde einen letzten Versuch unternehmen, einen günstigeren Landeplatz zu finden, und zwar in einer Bucht nahe einem großen Felsen, den die Brigantinen gesichtet hatten und auf dem sich eine Siedlung befand. Sollte sich dieses Unternehmen als wenig vielversprechend erweisen, dann, so versprach Cortés, würde man dieses Handelsabenteuer abbrechen und nach Kuba zurückkehren.

Sie segelten nach Norden und fanden eine seichte Bucht vor, die noch weniger geschützt war als der Küstenstreifen, den sie verlassen hatten. In den Felsen am einen Ende der Bucht trieben sie schmiedeeiserne Bolzen mit Ringen hinein, an denen sie die Boote festmachen konnten. Obwohl die Gegend unwirtlich wirkte, luden die Spanier alles aus – Pferde, die Geschütze, die Vorräte. Die Männer, inzwischen äußerst reizbar, hungrig und krank, begannen, sich in Gruppen zusammenzuschließen. Aber Cortés wusste genau: Kehrte er jetzt nach Kuba zurück, war er finanziell und persönlich ruiniert. Velázquez würde das Gold an sich nehmen; er selbst würde niemals seinen gerechten Anteil erhalten oder das Geld zurückbekommen, das er in die Flotte investiert hatte. Alles, was er als Sicherheit für die aufgenommenen Darlehen eingesetzt hatte, wäre verloren. Von größter Bedeutung war für ihn obendrein, dass er nie wieder den Oberbefehl über eine Expedition erhalten würde, wenn er jetzt nach Kuba zurückkehrte. Dies hier war seine Chance – seine einzige Chance, ein Wunder zu bewirken, ein Imperium zu stürzen, Ruhm und Reichtum zu erringen, sich einen Platz an der Spitze der Gesellschaft zu sichern und zu dauerhaften Ehren zu gelangen.

Cortés handelte schnell und mit juristischer Raffinesse. In der Nacht versammelte er in seinem Zelt all jene, die keine Gefolgsleute von Velázquez waren und die sich ihren Anteil am Gold sichern wollten. Cortés ließ eine Urkunde aufsetzen, die besagte, dass man an diesem gottverlassenen Strand eine Stadt errichten würde. Sie nannten die Stadt *La Villa Rica de la Vera Cruz* – Die reiche Stadt vom wahren Kreuz. Dokumente wurden vorbereitet, die genau dem von den *Siete Partidas* vorgeschriebenen Verfahren entsprachen: Man bestellte einen Stadtrat samt Bürgermeister, Polizeipräsident und allen erforderlichen Beamten. Vor dem Stadtrat des neu gegründeten Ortes legte Cortés seinen Auftrag als Leiter der Handelsunternehmung nieder, um sich sodann zum Oberhaupt und zum obersten Richter der Stadt ernennen zu lassen.

Mit diesem Verfahren machte Cortés die Ansprüche von Velázquez völlig zunichte, denn eine neue Stadt, eine neue Kolonie, die unter Wahrung der geltenden Gesetze in einem neuen Land errichtet wurde, war unmittelbar und allein dem König unterstellt. Cortés wusste, dass er mit der Gründung einer neuen Stadt ein ungeheures Risiko einging. Falls nämlich dem Bischof Fonseca, den Velázquez wegen einer Vollmacht angeschrieben hatte, diese vom König bereits ausgehändigt worden war, dann handelte Cortés einem königlichen Edikt zuwider, wenn er nun ohne Velázquez' Zustimmung eine Stadt gründete – und das bedeutete den Weg zum Galgen. Cortés nahm dieses Risiko bewusst in Kauf: Er setzte darauf, dass der König noch nicht gehandelt hatte. Und in diesem Fall würde die Beurteilung dieser Expedition, so kalkulierte er, vom Grad seines Erfolges abhängen. An Bord der vor Anker liegenden Schiffe befand sich bereits ein Schatz, wie ihn Europa zuvor nie gesehen hatte. Würde er nur genügend Schätze auftreiben und der spanischen Krone weite Gebiete mit vielen Menschen zuführen, die zum Christentum übergetreten waren, dann konnte er davon ausgehen, dass der König alle Unrechtmäßigkeiten übersah und seine Partei ergriff.

Velázquez' Anhänger waren empört, als sie erfuhren, was Cortés in aller Heimlichkeit in Szene gesetzt hatte. Einige, angeführt von Juan

Velásquez de León, weigerten sich, in Zukunft noch Anordnungen von ihm entgegenzunehmen. Cortés ließ daraufhin die Aufrührer an Bord eines Schiffes in Ketten legen und versuchte indessen alle Wankelmütigen auf seine Seite zu ziehen, indem er ihnen Gold versprach und ihnen einredete, von Velázquez würden sie ohnehin nur betrogen. Es dauerte nicht lange, und die Mehrheit der Spanier stand hinter ihm. Dann wandte er sich freundlich an jene, die an Bord des Schiffes in Ketten lagen, versprach ihnen einen höheren Anteil am Gold und brachte schließlich sogar Velásquez de León hinter sich.

Es hatte auf Messers Schneide gestanden, doch Cortés war es gelungen, die Expedition zu seiner eigenen zu machen, indem er nunmehr die Ansiedlung und nicht mehr den Handel zum Ziel der Unternehmung erklärte.

NACHDEM es zunächst um ein Haar zu einem Kampf der Spanier untereinander gekommen wäre, offenbarte sich jetzt eine unerwartete Zwietracht unter den Indianern. Als Cortés einige seiner Männer landeinwärts führte, bemerkte er, dass einige Indianer sie von einem nahe gelegenen Hügel aus beobachteten. Er sandte Reiter aus, die sie zu ihm bringen sollten. Den Spaniern erschienen diese Indianer von abstoßender Hässlichkeit: Sie hatten nicht nur, wie bei vielen Indianern Sitte, Ohren und Nase durchstochen und die Unterlippe gespalten, sondern sie hatten diese Öffnungen geweitet und trugen darin große Brocken aus farbigem Gestein, Bernstein oder Gold. Die Ringe in den Nasen zogen diese fast bis zu den Mündern herunter, und ihre Unterlippen waren so stark gespalten, dass Zähne und Zahnfleisch sichtbar waren. Sie redeten in einer Sprache, die weder Nahuatl noch Maya war, doch sprachen einige der Männer zusätzlich Nahuatl, sodass ihre Worte erst an Malinche, dann an Aguilar und endlich an Cortés weitergegeben wurden.

Diese Indianer waren Totonaken. Einige von ihnen hatten sich die Küste hinab bis nach San Juan de Ulúa begeben, nachdem sie von den Spaniern gehört hatten, und in der Tat erinnerten sich einige an sie, weil sie ihnen wegen ihrer Größe und ihrer entstellten Gesichter aufgefallen waren. Doch da die Totonaken sich den Spaniern nicht angenähert hatten, war ihnen kaum Beachtung geschenkt worden. Jetzt baten sie Cortés, mit dem Häuptling in ihrer Stadt zu sprechen, die sie Zempoala nannten. Für den Fall, dass er angegriffen würde oder selbst angreifen wollte, nahm Cortés Pferde und Geschütze, Bogenschützen und Arkebusiere mit und war somit auf alle Eventualitäten eingerichtet.

Zempoala war eine ansehnliche Stadt von rund 20 000 Einwohnern mit eindrucksvollen Steingebäuden – den schönsten Gebäuden, die die Spanier bisher gesehen hatten. Die Mauern waren weiß gekalkt, die Dächer dicht mit Stroh gedeckt. Cortés und seine Männer wurden zu einem Platz in der Stadtmitte geführt, der an einer Seite von einer Pyramide mit Tempel gesäumt wurde. Die spanischen Soldaten, die den Tempel erkundeten, fanden darin die Leichen getöteter Jungen, doch war dies in fast jedem Tempel der Fall. Sobald die Spanier sich näherten, brachten die Indianer Menschenopfer, die ihnen Sicherheit oder Glück gewährleisten sollten.

Ganz so, als wären die Spanier erwartete Gäste, führte man sie zu geräumigen Gebäuden, die ihnen als Unterkünfte dienen sollten. Aus den Häusern in den Seitenstraßen strömten indianische Familien und drängten heran, um die Fremden und ihre Pferde zu bestaunen.

Cortés blieb auf der Hut und ließ seine Geschütze an den Ecken des Platzes aufstellen. Seine Kavallerie wies er an, nicht von den Pferden zu steigen, und er ließ die Soldaten den Platz umstellen. Dann verlangte er den Häuptling zu sehen, der auf der Stelle in einer Art Hängematte herangetragen wurde – er war nämlich so fett, dass er kaum laufen konnte.

Im Hof eines der Gebäude am Platz hatte Cortés im Schatten eines Baumes eine Unterredung mit dem Häuptling. Nach und nach erschloss sich ihm die unangenehme Lage der Totonaken. Der

Häuptling klagte, er und seine Leute seien vor kurzem von den Azteken besiegt worden und nun dem großen Herrscher in den Bergen untertan. Die Totonaken hätten erbittert um ihre Unabhängigkeit gekämpft, dafür müssten sie nun einen grausam überhöhten Tribut zahlen. Sie hätten nicht nur Waren zu schicken, sondern Montezuma verlangte auch, dass sie den Azteken junge Männer und Mädchen für ihre Menschenopfer auslieferten. Häufig nahmen die Tributeintreiber ihnen auch Frauen weg. Konnte Cortés ihnen helfen, den Tribut zu senken?

Cortés hatte die Antwort schon bereit: Natürlich konnte er das.

Die Kriegserklärung

Wie Gefolgsleute von Velázquez hatten die Moral der Expedition untergraben. Jedem, der es nur hören wollte, erklärten sie, man sehe sich in diesem grenzenlosen Land einem fest gefügten Staat gegenüber, der von unzähligen finster grausamen Kriegern bevölkert sei, über die ein unerreichbarer König fern in den Bergen herrschte. Man sollte sich deshalb zurückziehen, neu organisieren und besser ausrüsten. Doch als Cortés jetzt die Klagen der Zempoalaner anhörte, wurde ihm klar, dass sich diese andere Welt sehr wenig von jener unterschied, die er und alle Spanier kannten: Diese indianische Welt war nicht unangreifbar fest gefügt, sie war voller Zwietracht – ganz wie die spanischen Reiche unter den Mauren. Dies war die Realität des Lebens, wie Cortés es kannte, und er beabsichtigte, noch weitere Zwietracht zu säen und die Berge unter Montezumas Füßen zum Wanken zu bringen.

Cortés verließ Zempoala und führte seine Streitmacht – frisch gestärkt von dem ersten üppigen Mahl seit Wochen – zu einer weiteren Totonaken-Stadt, zu dem auf dem Fels gelegenen Quiahuitzlan. Der fette Häuptling von Zempoala, der ihnen in seiner Sänfte folgte, hatte der spanischen Armee einige hundert Träger zur Verfügung gestellt. So konnten die unberittenen Spanier kräftig ausschreiten, während die Indianer die Kanonen zogen und die Ausrüstung trugen.

Ihren Weg nach Quiahuitzlan mussten sich die Spanier durch Felsen hindurch suchen. Die Reiter wollten absteigen, denn sie fürchteten, ihre Pferde könnten straucheln und fallen, aber Cortés verwehrte es ihnen – er wollte die Illusion aufrechterhalten, Mann und Pferd seien eins. Doch trafen die Spanier in der Stadt auf keinen Widerstand; im Gegenteil: Auf dem Hauptplatz empfing sie eine Abordnung von Häuptlingen und Priestern, die ihre Leute sogleich aufforderten, aus ihren Verstecken zu kommen.

Wieder wurden die Spanier in Gastquartieren untergebracht und großzügig mit Essen und Getränken bewirtet. Bei dem Getränk handelte es sich um starke, heiße mexikanische Schokolade, die mit kleinen Quirlen aufgeschäumt wurde. Auch auf die aztekische Weise serviert, nämlich dickflüssig und lauwarm, wirkt sie wunderbar belebend. Bernal Díaz erinnerte sich noch im Alter mit Entzücken der ersten Male, da er dieses Getränk gekostet hatte. Die Indianer bereiteten auch *pulque*, einen herb schmeckenden Agavenwein, der trübe wird, wenn man ihn mit Wasser vermischt. Doch solange ihre eigenen Weinvorräte reichten, wiesen die Spanier den Pulque zurück.

Bald kam Cortés der Zufall zu Hilfe. Als die Spanier sich gerade nach einem Festmahl ausruhten, kamen fünf aztekische Tributeinnehmer mit großem Gefolge in Quiahuitzlan an. Es waren Adlige, die in Montezumas Auftrag von einer Totonaken-Stadt zur anderen zogen. Sie nahmen die Anwesenheit von Fremden zur Kenntnis, starrten die Spanier hochmütig an, weigerten sich jedoch, mit Cortés zu sprechen. Nachdem sie sich in ihre Unterkünfte zurückgezogen hatten, befahlen die Azteken die Häuptlinge zu sich und tadelten sie streng, weil sie es gewagt hatten, die Fremden ohne

Montezumas Erlaubnis zu empfangen. Sie erzählten den Totonaken, Montezuma habe beschlossen, diese bärtigen Männer gefangen zu nehmen, zu Sklaven zu machen und mit Indianern zu kreuzen. Dies mag der Wahrheit entsprochen haben, denn Montezuma hielt in seiner Hauptstadt in den Bergen einen Zoo mit Tieren aus allen Teilen Mexikos und Mittelamerikas, und er hatte durch Kreuzungen viele merkwürdige Mischungen gezüchtet. Als Strafe für ihr ungebührliches Verhalten, verkündeten die Azteken den Totonaken, hätten sie zusätzlich zum regulären Tribut 20 Jungen und Mädchen für die Opferzeremonien der Azteken abzuliefern.

Ein Teil dieser Strafpredigt wurde mit angehört, und die ganze Stadt befand sich in heller Aufregung. Die Totonaken-Häuptlinge wussten sich keinen Rat, was in dieser Situation zu tun war. Cortés sagte es ihnen: Sie sollten die aztekischen Adligen fesseln und einsperren lassen und ihnen mitteilen, dass sie von nun an keinen Tribut mehr zahlen würden. Die Totonaken waren kopflos vor Angst und Unentschlossenheit; sie hatten Schreckliches erlitten, als sie von den Kriegern aus dem Hochland überrannt worden waren. Ähnliches würde ihnen mit Gewissheit erneut widerfahren, wenn sie es wagten, sich an Montezumas Männern zu vergreifen. Aber Cortés blieb fest.

Zuerst widerstrebend, begannen die Totonaken endlich, sich für die Idee zu begeistern. Sie gingen zu den Azteken und sagten ihnen, von nun an würden sie keinen Tribut mehr zahlen – weder den regulären noch den zusätzlichen – und die Azteken seien nun selbst Gefangene. Die Totonaken banden Hals, Handgelenke und Fußknöchel ihrer Gefangenen an einem langen Pfahl fest, trugen sie in einen dunklen Raum und warfen sie dort nieder. Als einer der Azteken es ablehnte, sich anbinden zu lassen, schlugen die Totonaken ihn mit Binsenpeitschen, bis er sich fügte. Sie wollten ihre Gefangenen eigentlich so schnell wie möglich opfern, bevor Montezuma von dem Vorfall verständigt werden konnte, doch verlangte Cortés, dass sie in Gefangenschaft blieben, und stellte ein paar Spanier zu ihrer Bewachung ab.

Tief in der Nacht ließ Cortés – der weit vorausdachte – zwei der Azteken befreien und zu sich bringen. Er hatte seine Wachen angewiesen, ihm jene beiden zu bringen, die den aufgewecktesten Eindruck machten. Als hätte er nichts mit der Sache zu tun, fragte er die beiden Adligen aus dem Hochland höflich, was die ganze Aufregung zu bedeuten habe. Er gab den Männern zu essen und sagte ihnen, er werde sie freilassen, damit sie zu ihrem König zurückkehren könnten. Cortés versicherte ihnen, dass er Montezumas Freund sei, dass er und Montezuma schon häufig miteinander in Kontakt getreten seien, dass er sich darauf freue, Montezuma zu besuchen, weitere Geschenke mit ihm auszutauschen und Dinge mit ihm zu besprechen, die für alle Seiten von Vorteil sein würden. Mehr als alles andere wünsche er sich die Freundschaft des großen Königs. Die beiden Azteken waren erleichtert über ihre Befreiung, aber sie fürchteten eine erneute Gefangennahme, wenn sie sich – zumal in der Nacht – durch Totonakengebiet bewegen mussten. Aus diesem Grund ließ Cortés sie von einigen seiner Männer zur Küste begleiten und in einem der Boote nach Norden in Nahuatlgebiet bringen, wo sie Hilfe für ihre Reise in die Berge finden würden.

Als die Totonaken am Morgen die Flucht der beiden Azteken entdeckten, waren sie außer sich und wünschten nichts sehnlicher, als die anderen drei Azteken so schnell wie möglich zu opfern. Doch Cortés widersetzte sich erneut und ließ die drei auf eines seiner Schiffe bringen – unter dem Vorwand, von dort, weit draußen im Meer, könnten sie unmöglich entweichen. Dann verließ er mit seinen Männern Quiahuitzlan und kehrte in das Lager am Strand zurück. Den Azteken auf dem improvisierten Gefängnisschiff erzählte er, was er den anderen Azteken erzählt hatte – dass er sich nichts sehnlicher wünsche als Montezumas Freundschaft und dass er dem großen König lediglich seine Ehrerbietung erweisen wolle. Cortés versprach ihnen, dass sie bald freigelassen würden.

ZUM BÜNDNIS der Totonakenstämme gehörten 30 Städte, von denen Zempoala die größte war. Alle lagen sie in der gleichen Gegend, entweder im Tiefland an der Küste oder in den Hügeln – der Strand, an dem die Spanier lagerten, befand sich etwa in der Mitte. Sehr schnell verbreitete sich unter den Totonaken die Nachricht, dass die weißen Fremden Verbündete seien, die den Tribut an die Azteken abgeschafft hatten. Täglich brachte man den Spaniern deshalb Nahrungsmittel in Hülle und Fülle, und nach den entbehrungsreichen Wochen gewannen die Soldaten ihre Kräfte bald zurück. Unterdessen fertigten die Stadtverordneten von Villa Rica de la Vera Cruz weiterhin Entwürfe für die Anlage der Stadt: Sie maßen und verzeichneten die Parzellen, auf denen die Festung, die Kirche, das Arsenal, der Markt und das Lagerhaus ihren Platz finden sollten. Cortés hatte andere Planungen im Kopf: Er befragte die Totonaken-Häuptlinge, wie viele Krieger sie aufzustellen vermochten – 100 000 seien es, meinten sie. Zudem gebe es noch andere Stämme, die von den Azteken ebenfalls unterdrückt würden und die nicht nur gewillt, sondern begierig seien zu kämpfen. Ein Stamm in der Gegend, die Tlaxcala hieß, hielt den Azteken immer noch stand und hatte sich niemals ergeben. Wenn Cortés also eine Revolte gegen die Azteken anführen wollte, schlossen die Häuptlinge, würden sich ihm hunderttausende von Kriegern anschließen.

Cortés war von dieser Nachricht überaus angetan.

DIE DREI GEBOTE

Montezuma schmiedete hoch in den Bergen seine eigenen Pläne, wobei er versuchte, den Charakter dieser Fremden zu ergründen. Seine Priester beriefen sich auf ihre Vorahnungen und Prophezeiungen und rieten ihm, die Fremden zu töten oder so schnell wie möglich aus dem Land zu jagen. Mittlerweile hatte Montezuma durchaus begriffen, dass die Fremden sich anschickten, ihm die Stirn zu bieten, und wollte er seine Herrschaft wahren, musste er unbedingten Gehorsam verlangen.

Die Spanier predigten den Indianern unablässig vom Christentum. Obwohl die Übersetzung lediglich die simpelsten Fakten von einer Sprache in die andere zu vermitteln vermochte, nicht aber die geistigen Grundlagen des Christentums, verstanden die Indianer sehr wohl, dass die Fremden ihre Götter durch den eigenen Gott ersetzen wollten. Für Montezuma bedeutete dies ganz unmittelbar, dass an die Stelle der indianischen Idole – der Götterbilder aus Stein und gebranntem Ton – die angemalten Statuetten der Frau mit dem Kind und dem Kreuz treten sollten.

Montezuma war Priester gewesen, bevor er Herrscher der Azteken wurde, und er wusste, dass hinter den Bildern der Spanier wie hinter denen der Indianer eine religiöse Überzeugung stand. Montezuma hatte eine sehr subtile Auffassung vom Göttlichen: Während es nach christlicher Überzeugung nur ein einziges Bindeglied zwischen göttlicher und menschlicher Natur gibt, nämlich Jesus Christus, war Montezumas Deutung von Göttlichkeit eine weitgehendere. So wusste er, dass all diese Statuen aus Stein und Ton nichts weiter waren als Symbole für göttliche Kräfte – an diese aber glaubte er. Und er war davon überzeugt, dass Göttlichkeit nicht nur in einem einzigen Fall in die Menschheit einfließe. Montezuma war 53 Jahre alt und hatte sich häufig Gedanken über den Tod gemacht. Er wusste, dass er sterblich und verwundbar war – und dass er sterben musste wie alle anderen. Dennoch glaubte er, dass er etwas vom göttlichen Geist in sich trug. Wie anders wären seine Macht und der große Erfolg der Azteken sonst zu erklären?

Seine Priester waren ihrerseits von widerstreitenden Gefühlen gepeinigt. Einerseits wollten sie – bedacht auf ihre Privilegien – diese Fremden ausgerottet sehen, andererseits begann unter ihnen die

Quetzalcoatl galt als weißer bärtiger Gott, der vor langer Zeit sein Volk verlassen hatte. In den Spaniern vermuteten die Indianer aufgrund ihres Äußeren und ihrer Ankunft über das Meer seine Nachkommen.

Angst umzugehen, dass die Prophezeiung von Quetzalcoatls Rückkehr sich bewahrheitet haben könnte – dass die Fremden tatsächlich Abkommen des weißen bärtigen Gottes waren.

Dieser Legende, das wusste Montezuma, hingen vor allem die Inselindianer an, auf die alle Mythen, die mit dem Meer zu tun hatten, eine höhere Anziehungskraft ausübten als auf die Bewohner des Hochlandes. Und selbst wenn diese Legende auf Wahrheit beruhte und die Fremden Nachkommen von Quetzalcoatl waren, so hatte Montezuma auch für diesen Fall eine subtilere Erklärung parat. Nach seiner Auffassung musste Quetzalcoatl – ein vom Göttlichen durchdrungener Mann – seiner eigenen Familie entstammen, der Herrscherfamilie der Azteken. Hatte Quetzalcoatl also vor langer Zeit und aus unbekanntem Grund sein Volk verlassen und war nun in Gestalt dieser Fremden zurückgekehrt, dann mussten diese Fremden blutsverwandt mit Montezuma sein – und damit wie er einen gewissen Grad von Göttlichkeit besitzen. Immerhin hatten sie ja mit einer kleinen Streitmacht über tausende von Indianern gesiegt. Solche Überlegungen waren der Planung einer Verteidigungsstrategie nicht gerade dienlich.

Als die beiden freigelassenen aztekischen Tributeinnehmer bei Montezuma eintrafen und ihm von dem Vorfall berichteten, wählte Montezuma zwei seiner Neffen aus, sehr freundliche junge Männer, und schickte sie gemeinsam mit vier zuverlässigen alten Häuptlingen an die Küste. Ihnen folgte ein ganzer Zug von Trägern, beladen mit den üblichen Geschenken wie Gold, Baumwollgewändern, Federwerk. Einem altbewährten indianischen Brauch zufolge durfte diese Gesandtschaft sogar ungehindert das Gebiet der Totonaken passieren, wo sich das Volk in offenem Aufruhr befand.

Cortés empfing die Abordnung in Zempoala. Er dankte den jungen aztekischen Adligen für die Geschenke, diese brachten ihrerseits auf diplomatische Weise ihre Beschwerde vor: Cortés habe – wahrscheinlich ungewollt – den Aufstand in dieser Gegend ausgelöst. Eine solche Erhebung könne Montezuma, dessen Freund Cortés zu sein behaupte, nicht dulden, und er sei gezwungen, die Unruhen niederzuschlagen. Daraus würde unweigerlich viel Leid entstehen. Cortés hörte sie an und beklagte sich nun selbst: Ob es etwa eine freundschaftliche Geste gewesen wäre, den Indianern rund um San Juan de Ulúa den Befehl zu erteilen, die Spanier zu meiden und sie auf einer unwirtlichen Düne ohne Nahrungsmittel sitzen zu lassen? Damit hätte sich Montezuma keineswegs als wahrer Freund erwiesen. Die Spanier seien aus bitterer Not gezwungen gewesen, weiter nach Norden zu segeln, um sich Nahrungsmittel zu beschaffen.

Wie Montezuma ihnen aufgetragen hatte, sagten die Neffen, falls Cortés ein Nachkomme von Quetzalcoatl sei, dann sei er auch blutsverwandt mit dem Herrscher von Mexiko, denn Quetzalcoatl sei einst, vor sehr langer Zeit, Herrscher von Mexiko gewesen. Die jungen Azteken äußerten sich tatsächlich auf diese Weise, und man darf mit Gewissheit davon ausgehen, dass die Aussage über Malinche und Aguilar korrekt an Cortés weitergegeben wurde, da Bernal Díaz, der – hinter Cortés stehend – Aguilars spanische Version hörte, sie in seiner Chronik wortwörtlich wiedergegeben hat. Doch

Cortés beschloss, diese Folgerung, er und Montezuma könnten entfernte Verwandte sein, zu ignorieren. Zum einen war für ihn als Christen eine solche Legende nicht ernst zu nehmen, zum anderen konnte oder wollte er nicht sehen, dass diese Auslegung des Aztekenherrschers ein unterschwelliges Friedensangebot darstellte.

Cortés schenkte den Azteken grüne und blaue Glasperlen sowie ein paar andere Gegenstände aus seinem dahinschwindenden Vorrat und übergab ihnen die drei an Bord seiner Schiffe verbliebenen Tributeinnehmer, worüber die Adligen und die alten Häuptlinge überaus erstaunt waren. Sie hatten nicht damit gerechnet, dass sie noch lebten, und dankten Cortés überschwänglich. Dann kehrten sie mit ihren Trägern und den freigelassenen Gefangenen ins Hochland zurück.

Die Totonaken waren fassungslos. Während sie einen Angriff erwarteten, schickten die Azteken den Spaniern stattdessen eine Abordnung, die Geschenke brachte, und weil sie diese Geste der Azteken lediglich als ein Zeichen von Schwäche deuteten, bestärkte sie das in ihren Absichten.

Tatsächlich machten sich Montezuma und Cortés gegenseitig etwas vor. Die Reise der Abordnung sowie ihr Empfang durch Cortés dienten beiden Seiten nur zur Erforschung der Lage. Die Spanier waren weiterhin damit beschäftigt, so schnell wie möglich eine Festung und eine Kirche zu errichten – selbst Cortés und alle Kapitäne halfen dabei. Die Totonaken fällten Bäume und bearbeiteten die Stämme; die spanischen Schmiede fertigten Eisennägel, während andere Spanier Ziegel brannten. Die Spanier, im Festungsbau überaus erfahren, ließen in den Holzwänden des Forts Schusslöcher für die Bogenschützen und die Arkebusiere und errichteten an den Ecken Rampen für die Kanonen. Cortés benötigte dieses Fort, denn wenn er die Armee ins Hochland führte, musste er zur Bewachung der Schiffe einige seiner Soldaten an der Küste zurücklassen. Und seine Mannschaft wollte die Kirche, weil niemand daran zweifelte, dass aller Heil von der Kirche abhing.

Die Arbeit ging schnell voran: Bald war die Kirche fertig gestellt, und als die Festung Gestalt annahm, wurden sich alle Spanier deutlicher dessen bewusst, was hier vor sich ging. Sie waren im Begriff, in diesem unwirtlichen Land mit seinen Millionen von grausamen Kriegern eine unabhängige Kolonie zu errichten, für die sie unmittelbar dem König von Spanien verantwortlich waren. Die meisten versetzte dies in freudige Erregung, nur einige der Gefolgsleute von Velázquez reagierten verstimmt.

Während der Arbeiten an der Festung kam der Häuptling von Zempoala mit seinen Stammesführern zu Cortés und bat ihn um Hilfe gegen die Stadt Cingapacinga, die 40 oder 50 Kilometer entfernt lag. Dort, so sagten sie, gebe es viele Aztekenkrieger, die dabei seien, die Stadt zu verwüsten, Gefangene für ihre Menschenopfer zu nehmen und alles vorhandene Gold zu stehlen. Sie hätten sogar den Mais auf den Feldern niedergebrannt. Cortés, dem es eigentlich nicht recht war, die Leute vom Bau des Forts abzuziehen, wusste, dass er seine Stärke beweisen musste, wenn er sich seinerseits den Beistand der Totonaken sichern wollte. Also rief er am nächsten Morgen seine Männer zusammen – in voller Bewaffnung, samt Kavallerie und Kanonen. Die Indianer aus Zempoala standen mit 2000 Kriegern bereit, und gemeinsam setzte man sich in Marsch – der Häuptling von Zempoala wurde in seiner Hängematte hinterhergetragen.

Als man sich am zweiten Tag der Expedition gegen Abend dem Ziel näherte, traten ihnen die Häuptlinge von Cingapacinga entgegen, die Cortés fragten, wieso er mit kampfbereiter Armee gekommen sei. Zwar seien tatsächlich Azteken in ihrer Stadt gewesen, doch hätten diese sich ins Hochland geflüchtet, als sie vom Aufstand der Totonaken hörten. Weder Gefangene für ihre Blutopfer noch Beutegut seien dabei mitgenommen worden. Die Häuptlinge erklärten Cortés ferner, dass sie selbst Totonaken und mit der Revolte gegen Montezumas Herrschaft voll und ganz einverstanden seien. Sie verbürgten sich sogar dafür, dass ihre eigenen Krieger die Spanier unterstützen würden. Als Cortés sie fragte, weshalb die Indianer aus Zempoala gegen sie vorgehen wollten, sagten sie, es gebe seit alter Zeit Landstreitigkeiten zwischen ihnen.

Zunächst machte Cortés sich daran, die Lage selbst zu erkunden. Als er auf seinem neuen Pferd, einem starken Tier von dunkler kastanienbrauner Farbe, in eine kleine Ansiedlung am Rande der Stadt Cingapacinga ritt, beobachtete er, wie die Zempoalaner fröhlich die Hütten dort plünderten, das Geflügel abschlachteten und fortschafften und die Frauen sowie einige Männer fesselten, um sie mit nach Zempoala zu nehmen. Cortés war sehr aufgebracht über diese lächerliche kleine Plünderung. Seit er Kuba verlassen hatte, predigte er seinen Männern wieder und wieder seine eiserne Taktik: Dieses Land werde sich niemals dem spanischen König unterwerfen, wenn sie es plünderten. Und nun raubten seine indianischen Verbündeten ihre eigenen Nachbarn aus. Cortés befahl seinen Leuten, diesem Überfall auf der Stelle Einhalt zu gebieten. Die Spanier zwangen die Zempoalaner, ihre Gefangenen freizulassen und alles, was sie gestohlen hatten, zurückzugeben. Dann galoppierte Cortés zurück und rief alle Anführer der Zempoalaner zusammen, um sie dafür zu tadeln, dass sie ihn unter falschem Vorwand in diese törichte Unternehmung hineingetrieben hatten, die nur ihrem eigenen Interesse diente.

Gnadenlos ging Cortés gegen eigene Leute vor, die sich seinen Anordnungen widersetzten. Neben den indianischen Plünderern hatte er auch einen spanischen Soldaten beobachtet, der sich aus einer Hütte davonstahl. Mit einem heftigen Ruck am Zügel hielt er sein Pferd an und hieß andere Spanier, dem Dieb eine Schlinge um den Hals zu legen. Als Retter in letzter Minute ritt Pedro de Alvarado herbei und zertrennte mit einem Schwertschlag das Seil, sodass der Delinquent halb tot zu Boden fiel. Alvarado meinte, Cortés solle es damit nun gut sein lassen, und ritt davon; und Cortés war bereit, von Alvarado eine solche Mahnung anzunehmen – vielleicht war er sogar froh über die Einmischung.

In Cingapacinga rief Cortés die Totonaken-Häuptlinge beider Städte zusammen und drängte sie, einander die Hände zu reichen und sich zu umarmen. Dann erteilte er ihnen eine Lektion, die er in der Folge überall, wo er anhielt, wiederholen sollte. Es handelte sich um einfache, klare Regeln, die schnell übersetzt werden konnten.

1. Alle Indianer – aus Zempoala, Cingapacinga oder von sonst woher – mussten umgehend aufhören, Menschenopfer zu bringen und Menschenfleisch zu essen. Sie durften nicht länger Götzen verehren, die, wie sie glaubten, Blut von ihnen forderten. Stattdessen sollten sie dem Gott der Spanier huldigen – und sie würden sehen, welchen Segen das einbrachte.
2. Sie mussten der Sodomie entsagen, die eine Kaste ihrer Priester unverhohlen praktizierte. Diese Priester hatten die Spanier selbst auf die Statuen aufmerksam gemacht, die Sodomie verherrlichten, in den Augen der Christen dagegen war dies eine Verwerflichkeit, die keine Duldung erlaubte.
3. Sie mussten aufhören, sich gegenseitig zu bestehlen – sich gegenseitig ihr Hab und Gut, ihre Frauen, ihr Geflügel und ihr Gold zu nehmen. Genau das, was die Azteken ihnen antaten, taten sie auch einander an.

Nur bei Zustimmung zu allen drei Punkten war Cortés bereit, die Totonaken von der Unterdrückung durch die Azteken zu befreien. Andernfalls würde er sie sich selbst überlassen, sagte er, und sie müssten den Azteken allein gegenübertreten.

DIE INDIANER und das spanische Fußvolk brauchten für den Weg zurück nach Zempoala zwei Tage. Als sie dort ankamen, versammelte Cortés den fetten Häuptling und alle führenden Männer der Stadt samt ihren 2000 Kriegern auf dem Hauptplatz vor der Pyramide, zu deren Füßen hölzerne Käfige standen. Darin befanden sich vier junge Männer und Frauen, die die Zempoalaner zu opfern gedachten. Die

Die Indianer glaubten, dass ihre Götter blutige Menschenopfer von ihnen verlangten.

Spanier hatten diese Unglücklichen schon zuvor gesehen, wie sie mit Federn bekleidet wie irr durch die Straßen getanzt waren und um Gaben gebettelt hatten, die den Gottheiten während der Opferzeremonie dargebracht werden sollten – vermutlich hatte man ihnen halluzinogene Pilze verabreicht, die dieses verrückte Verhalten auslösten. Nun, da das Blutopfer unmittelbar bevorstand, wurden sie gemästet. Auf ein Zeichen von Cortés brachen Soldaten die Käfige auf und nahmen sich der verwirrten Opfer an.

Sodann erklärte Cortés allen versammelten Indianern, dass sie niemals Christen werden könnten, solange ihre Götzenbilder nicht zerstört seien: Die Statuen müssten zerschmettert werden. Die Totonaken, nicht so widerstandslos ergeben wie die Indianer auf Cozumel oder Kuba, heulten auf vor Wut und Angst. Sie wollten weder auf ihre Rituale verzichten noch ihre Idole zerstört sehen. Von ihren Gottheiten, so sagten sie, kämen schließlich Regen, Sonnenlicht, Donner und ihre eigenen Seelen. Cortés entgegnete ihnen, seine Männer würden nun die Treppen der Pyramide bis zum Tempel emporsteigen – und über diese gleichen Stufen würden die Idole herabkommen. Und sie würden sehen, dass nichts passierte. Als Cortés den Spaniern befahl, die Stufen hinaufzugehen, setzten die Totonaken Pfeile in ihre Bogen, worauf Cortés einige seiner Männer anwies, dem fetten Häuptling und den Priestern die Schwertspitze an die Kehle zu setzen.

Ein Augenblick der Unentschlossenheit – und schon stürzten die Idole die Stufen hinab, die Statuen zerbrachen oder zerbröckelten und ließen Staubwolken aufsteigen. Die Schreie der Priester erstarben. Die Totonaken waren wie vom Donner gerührt. Der Staub legte sich – und nichts geschah. Als Cortés sodann die Spanier anwies, mit der Säuberung des Tempels zu beginnen, kamen ihnen nach und nach auch die Totonaken zu Hilfe. Der Tempel wurde frisch gekalkt und mit Kopal ausgeräuchert. Die Schädel wurden von den Gestellen genommen und mit den Überresten der Idole verbrannt. Das Blut, das an den Innenwänden und vor allem am Opferstein klebte, wurde zuerst mit Weidenbesen abgescheuert, dann mit Wasser abgewaschen und endlich mit mehreren Kalkschichten überdeckt. Der Opferstein diente

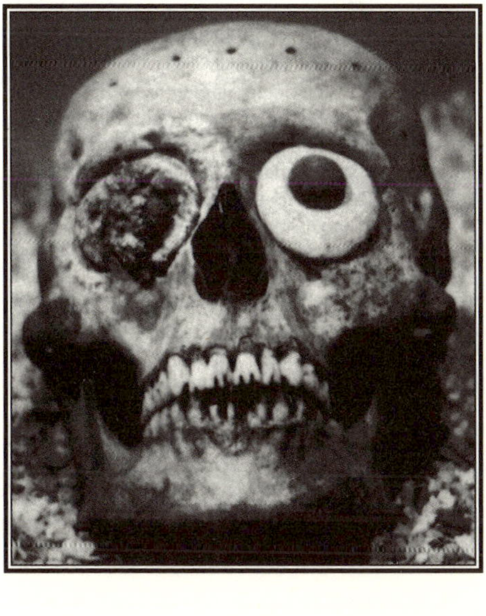

Die Azteken verzierten die Schädel der Geopferten häufig mit Pupillen aus Gagat, Jade oder Karneol, wobei sie für das Weiße der Augen Perlmutt verwendeten. Nase oder Zunge wurden mit Klingen aus Feuerstein oder Obsidian angedeutet.

nun als Altar, auf dem man ein einfaches hölzernes Kreuz errichtete. Die Statue der heiligen Jungfrau wurde auf ein weißes Podest gestellt.

Es ist schwer zu vermitteln, wie blutig die Religion der Indianer in Wirklichkeit war. Sie brachten nicht nur häufig Menschenopfer und boten ihren Göttern die noch zuckenden Herzen dar, sondern sie brachten sich auch täglich selbst Wunden bei, um Blut zu opfern. Sie peitschten ihre Arme und Schenkel oder strichen mit dornigen Pflanzen über ihre empfindsamsten Körperteile, wie Zunge oder Penis, um Blut darzubringen. Die Priester schnitten sich so häufig in die Ohren, bis diese zerfetzt waren. Vor einem Festmahl besprenkelten sie die Speisen manchmal mit Menschenblut, um den Segen der Götter zu beschwören, was den Spaniern mehr als einmal den Appetit verdarb. Die Indianer waren überzeugt, dass ihre Götter vor allem Blut von ihnen verlangten – Blut war der äußerste Beweis für Ergebenheit.

Ein rückhaltloser Einsatz

Als Cortés und seine Männer nach Villa Rica zurückkehrten, stellte sich heraus, dass ein Schiff aus Kuba eingetroffen war, das ursprünglich gemeinsam mit der Flotte hatte segeln sollen, aber damals nicht seetüchtig gewesen war. Der Lotse war von Yucatán aus der Küstenlinie so lange gefolgt, bis man endlich die anderen Schiffe sichtete. Das Schiff stand unter dem Kommando von Francisco de Saucedo und hatte 60 Soldaten an Bord, neun Pferde sowie einen frischen Vorrat an Handelsgütern. Cortés verteilte ein wenig Gold an die eben eingetroffene Truppe, um sie hinter sich zu bringen und ihr Lust auf weitere Schätze zu machen. Doch Saucedo brachte auch die Nachricht, dass Velázquez vom König die Vollmacht erhalten habe, in diesem neu entdeckten Land Handel zu treiben und Siedlungen zu gründen. Diese erschreckende Mitteilung zwang Cortés zum sofortigen Handeln. Gemeinsam mit seinen Gefolgsleuten entschloss er sich zu einem gewagten Schachzug. Da sie zweifellos vom kubanischen Statthalter weder eine gerechte noch freundliche Behandlung zu erwarten hatten, wollten sie auf der Stelle ein Schiff nach Spanien schicken und dem König alle Papiere vorlegen, die sie den Siete Partidas entsprechend vorbereitet hatten. Diese Papiere besagten, dass Velázquez' Handelsunternehmung beendet sei, dass Cortés seinen Auftrag an Velázquez zurückgegeben habe, dass bereits eine Stadt mit Namen Villa Rica de la Vera Cruz gegründet worden sei und dass der Rat dieser neuen Stadt Cortés zum Oberhaupt und zum obersten Richter ernannt habe. Dies alles war überaus fragwürdig.

Nicht fragwürdig war indes die Tatsache, dass sie dem König zusammen mit den notariell beglaubigten Papieren und ausführlichen Briefen das ganze Gold schickten, das sie bisher angesammelt hatten – nicht nur das königliche Fünftel, sondern den ganzen Schatz, alles, was sie von den Tabasco-Häuptlingen, von Montezuma und von den Totonaken bekommen hatten. Indem sie diesen großen Schatz darboten, brachten sie ihre Überzeugung zum Ausdruck, weitere Schätze zu finden. Bei diesem Stand der Dinge wollte Cortés aus der Gründungsurkunde von Villa Rica die Bestimmung streichen, die ihm ein Fünftel an der Beute zusicherte, weil dieser Gewinnanteil – wie er meinte – unangemessen hoch war. Doch die Stadträte weigerten sich, das Dokument neu zu schreiben. Ihnen fehlte einfach die Geduld für eine solche Neufassung.

Für die Reise wählte man das beste Schiff der Flotte. Als Lotse wurde Alaminos ausgewählt, da er einen Weg durch den Bahamakanal kannte. Dort war es unwahrscheinlich, dass man ihn sah und Velázquez Bericht erstattete. Puertocarrero und Montejo, die von adliger Herkunft waren und Verwandte bei Hof hatten, sollten den Schatz nach Spanien bringen und die Interessen von Villa Rica vor dem König vertreten. Mit Puertocarrero war Cortés seit der Zeit in

Medellín befreundet; mit der Ernennung von Montejo – der kein Freund von Cortés war und sich für gewöhnlich auf die Seite der Anhänger von Velázquez stellte – bewies Cortés seiner Mannschaft, dass sie bei ihm allesamt mit einer gerechten und gleichen Behandlung rechnen konnten. Während das Schiff für die Reise vorbereitet wurde, traf der Häuptling von Zempoala mit großem Gefolge ein. Aus Dankbarkeit, so verkündete er, wolle er den Spaniern acht seiner schönsten Mädchen geben, die aus adligen einflussreichen Familien stammten. Sodann ließ er die Mädchen vortreten: Sie waren prächtig gekleidet, trugen Juwelen im Haar und fein gearbeitete Goldketten, und sie brachten Dienerinnen mit. Der Häuptling erklärte Cortés, sieben von ihnen könne er Männern seiner Wahl geben, doch die Achte – seine Nichte – sei für Cortés selbst bestimmt. Dieses Mädchen, noch prächtiger gekleidet als die anderen, ähnelte in fataler Weise dem Onkel, und seine Leute rechneten es Cortés hoch an, dass er ganz selbstverständlich und mit überschwänglichen Worten dieses bemerkenswert hässliche Geschenk entgegennahm.

Am 26. Juli 1519 stach das Schiff mit dem Schatz in See. Nach der Abreise von Puertocarrero machte Cortés Malinche zu seiner Geliebten. Malinche wandte sich ihm gern zu, sie war erfreut und fühlte sich geehrt. In all diesen Monaten, seit sie bei den Spaniern lebte, war sie „Cortés' Zunge" gewesen, wie die Indianer sagten. Von schneller Auffassungsgabe, hatte sie bald fließend Spanisch gelernt. Niemand – nicht einmal die Getreuen von Velázquez – unterstellte jemals, Cortés habe Puertocarrero nur deshalb nach Spanien geschickt, weil er das Mädchen wollte. Malinche gebar Cortés einen Sohn, den sie Martín nannte. Cortés kümmerte sich um die Erziehung des Jungen, der den Namen seines Vaters trug, wie er sich um alle seine legitimen und illegitimen Kinder kümmerte, in seinem Testament traf er Vorsorge für sie alle.

Die Abfahrt des Schiffes mit dem Schatz verärgerte die Anhänger von Velázquez. Hastig schmiedeten sie ein Komplott. Einige der Verschwörer sollten heimlich mit einem anderen Schiff nach Kuba fliehen und Velázquez warnen, damit er das Schiff mit dem Schatz aufhalten und die Gründungsurkunde der Stadt vernichten konnte. Zudem sollten sie ihm mitteilen, wo sich Cortés und seine Armee befanden, und ihm so die Möglichkeit geben, mit einer starken Streitmacht seine Autorität wiederherzustellen. Da Cortés nicht ohne weiteres ausmachen konnte, wer an dem Komplott beteiligt war und wer nicht, ließ er fünf Männer gefangen nehmen, die eindeutig zu den Anführern gehörten. Es handelte sich um Juan Escudero, Diego Cermeño, Gonzalo de Umbría, einen Priester namens Juan Díaz und einen der Matrosen, den man „Felsmann“ nannte – vielleicht, weil er von Gibraltar oder einem anderen Felsen stammte. Cortés fällte strenge Urteile, die von Peitschenhieben über Abschneiden der Füße bis zum Hängen reichten. Als er die Urteile unterzeichnete, sagte Cortés, er wünsche sich, nicht schreiben zu können, um nicht auf eine solche Weise über das Leben der Männer bestimmen zu müssen.

In erster Linie sollte dieses harte Urteil wohl zur allgemeinen Abschreckung dienen, und offenbar wurde es auch nicht vollstreckt. Cermeño nämlich unterzeichnete ein Jahr später zusammen mit anderen Soldaten eine Petition, also kann er nicht gehängt worden sein. Und Umbría dürfte ohne Füße später kaum eine Truppe angeführt haben, die einen viele Tage dauernden Fußmarsch machen musste. Was allerdings Juan Escudero angeht – er war derjenige, der einst auf Geheiß von Velázquez Cortés in einer Kirche ausspioniert und gefangen genommen hatte –, so besteht kein Hinweis darauf, dass man ihn nicht hängte.

Diese Meuterei hatte Cortés ein latentes Problem deutlich gemacht: Die vor Anker liegenden Schiffe stellten eine ständige Versuchung für all jene dar, die Angst vor dem hatten, was auf sie zukam, die nach Kuba zurückwollten oder sich von Velázquez eine Belohnung erhofften. Obendrein kam bald ein anderes spanisches Schiff in Sicht, dessen Kapitän, Francisco de Garay, der Statthalter von Jamaika war, wie Cortés von Männern in einem Beiboot in Erfahrung brachte, die sich jedoch weigerten, an Land zu kommen. So war nicht nur der Statthalter von Kuba, sondern auch der von Jamaika an diesem neu entdeckten Land interessiert. Wollten Cortés und seine Truppe, die als Erste in diesem grenzenlosen Land Fuß gefasst hatten, ihren Vorteil wahren, dann mussten sie unbedingt in die Berge marschieren und Montezuma finden. Und es durfte keine Rückzugsmöglichkeit geben, alles musste auf den Erfolg gesetzt werden. Deshalb beschloss Cortés, die Schiffe zu zerstören, was ihm den zusätzlichen Vorteil einbrachte, dass er auch Kapitäne, Lotsen und Matrosen in seine Armee einreihen konnte. Er setzte alles auf eine Karte.

Bevor die Schiffe versenkt wurden, ließ Cortés alles Tauwerk, alle Geräte, Anker, Segel und Ketten abtakeln, die für den Bau neuer Schiffe zu verwenden waren. Unzerstört blieben auch die kleinen und großen Beiboote; sie waren für die Verwundeten und Verkrüppelten gedacht, die in der Festung zurückbleiben sollten – notfalls konnten sie damit zum Fischen fahren. Als ein Schiff nach dem anderen unterging, begriff jeder Cortés' Absicht, und selbst jene, die ihm treu ergeben waren, sahen in grimmigem Schweigen zu. Sie saßen nun in Mexiko fest, in einem Land, von dessen Existenz man bis vor kurzem nicht einmal gewusst hatte. Falls sie aus den Bergen zurückkehrten, konnte man vielleicht neue Schiffe bauen und den Rest der Welt von diesen Ereignissen in Kenntnis setzen.

Höhenluft und frischer Auftrieb

Am 16. August 1519 verließ die spanische Armee, bestehend aus 400 bis 500 Mann, etwa 15 Pferden und einigen kleinen Kanonen, Zempoala und machte sich auf den Weg ins mexikanische Hochland. Sie wurde begleitet von mehreren hundert Trägern der

Zempoalaner, die die Kanonen zogen und die Vorräte trugen, sowie von Spähtrupps der Totonaken. Um die Sicherheit der in dem unvollendeten Fort zurückbleibenden Spanier für den Fall zu garantieren, dass die Totonaken ihm die Gefolgschaft aufkündigten und sich erneut Montezuma unterwarfen, hatte Cortés gefordert, eine Gruppe von Häuptlingen solle die Spanier als Geiseln begleiten. Diesem Wunsch entsprachen die Indianer ohne Widerspruch – Cortés' Ansinnen schien ihnen wohl überlegt; sie selbst hätten im umgekehrten Fall wohl ähnlich gehandelt.

Für indianische Begriffe stellte die ausrückende Armee eine winzige Streitmacht dar, was Cortés durchaus recht war, wollte er doch, dass man ihn das Land wie einen friedlichen Gesandten passieren ließ, der auf dem Weg war, seinen Freund, den Herrscher in den Bergen, zu besuchen. Es sollte nicht so aussehen, als befinde er sich auf einem Kriegszug gegen das Aztekenreich, das er vielmehr durch List zu erobern gedachte, indem er Montezuma entweder überzeugte oder zwang, sich dem König von Spanien zu unterwerfen. Überdies wusste er: Die geringe Zahl seiner Streitmacht wurde dadurch ausgeglichen, dass die Indianer glaubten, die Spanier verfügten in Gestalt ihrer Kanonen und Pferde über Zauberkräfte.

Montezuma indessen war über jeden Schritt der Spanier genau unterrichtet und spielte sein eigenes Doppelspiel: Er erlaubte zwar diesen Fremden, sich seiner sicheren Festung zu nähern, doch hoffte er sie dort mit einer riesigen Übermacht leicht umzingeln und überwältigen zu können.

Nachdem die Spanier mit ihren indianischen Verbündeten die Küstenebene hinter sich gelassen hatten, schüttelten sie die Apathie der Tropenhitze ab, und ihre Lebensgeister kehrten zurück. Sie genossen die erfrischende Luft, wenn sie an den kühlen Abenden ihr Lager aufschlugen; sie spürten die Spannkraft ihrer Muskeln, wenn sie tagsüber bergan stiegen, hinauf zu dem gewaltigen mexikanischen Gebirgsmassiv. Sie nannten dieses Gebiet voller Dankbarkeit *tierra templada*, die gemäßigte Zone. Hier erreichten sie zunächst die Stadt Jalapa, auf einer Höhe von 1400 Metern gelegen, wo man das ganze Jahr hindurch das angenehmste Klima findet. Während die Spanier weiter bergan stiegen, wurden ihre Köpfe und Gedanken klar. Geführt von den Totonaken-Häuptlingen, folgten die Spanier einem weiten natürlichen Durchgang ins Hochland, einem unbefestigten und unmarkierten Weg. Der Austausch zwischen diesen Orten war zu gering, als dass mehr als ein Trampelpfad hätte entstehen können, obgleich man sich schon seit Generationen hier entlangbewegte – immer aufwärts zwischen erloschenen Vulkanen hindurch, entlang dem hoch aufragenden schneebedeckten Orizaba (5653 Meter) und dem mächtigen Cofre de Perote.

In den Bergstädten waren die Totonaken von großem Nutzen für die Spanier, denn bald trafen sie auf Indianer anderer Stämme, die entweder vor ihnen flohen oder sie aus der Ferne misstrauisch beobachteten. Einige dieser Stämme zahlten keinen Tribut an die Azteken – sie waren bislang deren Aufmerksamkeit entgangen –, doch wussten sie von der Unterdrückung durch Montezumas Tributeintreiber. Deshalb waren sie erfreut und beruhigt, jetzt zu erfahren, Cortés habe den Tribut an Montezuma abgeschafft.

Alle Indianer entlang des Weges schienen die drei Punkte von Cortés' Botschaft, die er überall verkünden ließ, durchaus freundlich aufzunehmen. Aguilar, Malinche und die Priester der Totonaken übersetzten mit wachsender Lust und Begeisterung, je mehr Übung sie darin bekamen. Die Zempoalaner steigerten noch nachhaltig die Wirkung der Rede, indem sie erzählten, dass die Kanonen explodierten wie Donner und Blitz zugleich, dass ein einziger Spanier eine ganze Aztekenarmee besiegen konnte, dass die Pferde schneller rannten als Rehwild und grausamer zubissen als Alligatoren.

In allen indianischen Dörfern und Städten jedoch fanden die Spanier in den Gebetshäusern die verstümmelten Leichen gerade getöteter Opfer – wohl weil das Nahen der Fremden als so außergewöhnlich oder gar bedrohlich empfunden wurde, dass es galt, die Götter zu besänftigen. Am liebsten hätte Cortés die Gebetshäuser jedes Mal auf der Stelle säubern, frisch kalken sowie ein Kreuz und die Statuette der heiligen Jungfrau aufstellen lassen. Doch Pater Olmedo riet davon ab – er war der Meinung, die Bekehrung dieser Indianer brauche Zeit. Andernfalls, so glaubte er, würden die christlichen Symbole zerstört oder geschändet, sobald die Spanier weitergezogen waren. Gelegentlich befolgte Cortés den Rat des Paters, doch häufig vermochte er seinem Impuls nicht zu widerstehen und ordnete eine Säuberung und Umwandlung der Gebetshäuser an.

Je höher sie stiegen, desto kälter wurde es, und von den Bergen wehte ein eisiger Wind. Keiner der Expeditionsteilnehmer war an ein solches Klima gewöhnt oder darauf vorbereitet. Weder die spanischen Rüstungen noch die wattierte Baumwollbekleidung der Indianer boten ausreichenden Schutz. Sobald sich nachts der Wind erhob, zitterten sie vor Kälte; einige der Indianer wurden krank und begannen zu husten.

Als sie sich bereits hoch in den Bergen befanden, trafen sie auf eine große Indianersiedlung, in der Nahuatl gesprochen wurde. Sie hatten Montezumas Herrschaftsgebiet erreicht, und von nun an war die Situation bedrohlich und angespannt. Diese Hochlandindianer nämlich konnten sich nur mühsam zurückhalten, die Totonaken nicht anzugreifen, die sie traditionell als Feinde betrachteten und die sich zudem in offener Auflehnung befanden. Der Häuptling erklärte Cortés zwar, Montezuma habe Befehl gegeben, den Weißen keinen Widerstand entgegenzusetzen, doch habe er auch angeordnet, ihnen keinerlei Beistand zu gewähren. Sie würden ihnen also keine warmen Kleidungsstücke oder Decken geben, weder als Geschenk noch als Tauschobjekte. Der Häuptling erlaubte den Spaniern und ihrem Gefolge lediglich, über Nacht in seiner Stadt zu lagern, aber er ließ ihnen nur sehr wenig zu essen bringen.

Im Gebetshaus der Siedlung fand Cortés 50 gerade erst getötete

Indianer vor einer riesigen blutbespritzten Statue von Huitzilopochtli, dem Kriegsgott, dem Montezuma als Priester gedient hatte. Das Ausmaß dieses Menschenopfers wertete Cortés als deutliches Zeichen für die Unsicherheit der Hochlandindianer, und es irritierte und erschreckte die Spanier.

Sie waren nun schon viele Tagesmärsche vom Meer entfernt; sie fühlten sich verloren inmitten hoch aufragender, schrofffelsiger Berge, wie versetzt in eine andere, fremde Welt. Die Höhe machte sie benommen, sie wussten nichts von der Wirkung der Bergluft und verspürten bloß eine unangenehme Übelkeit.

Auf dem Weitermarsch wurde die Expedition von einem Hagelsturm überrascht, wie er in den mexikanischen Bergen nicht selten vorkommt, wobei die Temperatur innerhalb weniger Minuten um rund 20 Grad sinken kann. Tagelang zogen sie ohne Wasser und frische Nahrungsmittel über einen hohen Pass – mehrere Indianer starben, die Spanier verloren die Orientierung. An einer Gabelung, von der aus Wege sowohl nach Norden als auch nach Süden um einen hohen Berg herumführten, hielt Cortés inne. Hier nun kam es zu Meinungsverschiedenheiten zwischen den Zempoalanern und einigen Nahuatl sprechenden Indianern. Während Erstere, die sich in den Bergen nicht auskannten und sich bei der Wegsuche allein auf die ihnen zugetragenen Berichte von Händlern verließen, lautstark forderten, man solle den kürzeren Weg nach Süden nehmen, der nach Tlaxcala führte, redeten die Hochlandindianer mit gleicher Eindringlichkeit auf Cortés ein, er solle nach Norden gehen. In diesem Fall würden sie sich weiterhin durch ein von Montezuma beherrschtes Gebiet bewegen und auf direktem Weg zu der großen Stadt Cholula gelangen, wo die Armee bequem Unterkunft finden könnte. Die Hochlandindianer gestanden ein, dass diese Strecke zwar länger, dafür aber sicherer sei, und sie fügten hinzu, dass Montezuma diesem Weg für seine Gäste gewiss den Vorzug geben würde.

Die Zempoalaner nahmen daraufhin Cortés beiseite und erklärten, die Tlaxcalteken, deren Gebiet man auf dem südlichen Weg berührte, seien eingeschworene Feinde der Azteken, niemals von Montezuma unterworfen worden und dazu einer der größten und kriegerischsten indianischen Stämme. Sie würden sich Cortés anschließen, falls es zum Kampf gegen Montezuma kam, davon waren die Zempoalaner überzeugt. In Cholula hingegen verfügte Montezuma über einen großen Stützpunkt. Diese Nahuatl sprechenden Indianer seien unaufrichtig und verschlagen, warnten ihn die Häuptlinge, sie wollten die Spanier in eine Falle locken – in irgendeinen Cañon, in dem sie sich schwer verteidigen, aber leicht angegriffen und niedergemetzelt werden könnten.

Cortés entschied sich für den Weg nach Süden. Er schickte vier Zempoalaner voraus, die den Tlaxcalteken mitteilen sollten, die Spanier kämen in friedlicher Absicht. Alsbald kam eine gewaltige Steinmauer in Sicht, die sich über acht Kilometer durch das ganze Tal erstreckte.

Ohne Mörtel aus Steinquadern erbaut und etwa drei Meter hoch und sechs Meter breit, waren beide Enden durch Brustwehren geschützt, hinter denen Bogenschützen und Männer mit Schleudern und Speeren Deckung fanden. Der Durchlass war ein etwa zehn Schritte breiter Weg, der aus gutem Grund nicht gerade verlief und in den auf jeder Seite ein Mauervorsprung hineinragte, sodass unerbetene Eindringlinge von oben abgewehrt werden konnten. Dieses erstaunliche Bollwerk war jedoch unbemannt. Der ganze Platz und das ganze Tal waren menschenverlassen, man hörte nur das Pfeifen des Windes.

Da es sich um das erste festungsartige Bauwerk handelte, das die Spanier in der Neuen Welt zu sehen bekamen, begannen die Reiter es zu erkunden. Sie gelangten zu dem Schluss, dass die Mauer von den Seiten her leicht angreifbar war, selbst wenn sie erbittert verteidigt wurde. Auf Cortés' Frage nach Ursprung und Zweck dieser Mauer erklärten die Hochlandindianer, ihre eigenen Ahnen hätten es zum Schutz gegen die kriegerischen Tlaxcalteken erbaut. Dann verließen sie ihn und kehrten in ihre eigene Stadt zurück.

Noch immer waren die als Boten ausgeschickten Zempoalaner nicht zurückgekehrt. Deshalb ließ Cortés gegen Mittag die Armee weiter vorrücken und ritt selbst mit sechs Reitern voraus. In einer großen Talsenke entdeckte er eine kleine Gruppe von etwa 15 Indianern. Als befänden sie sich auf dem Kriegspfad, trugen sie Federschmuck, und ihre Schilde und ihre bolzenbewehrten Keulen glänzten in der Sonne.

Während Cortés auf sie zuritt, versuchte er, ihnen mit Gebärden seine friedlichen Absichten klar zu machen. Freundlich rief und winkte er ihnen zu, doch die Krieger wandten sich ab und rannten davon. Cortés, der sich zumindest einen von ihnen als Dolmetscher greifen wollte, setzte ihnen nach und umzingelte sie mit seinen Reitern.

Obwohl die Tlaxcalteken nie zuvor Pferde gesehen hatten, zeigten sie keine Angst. Trotz Cortés' wiederholten Versuchen, ihnen seine friedlichen Absichten deutlich zu machen, griffen sie an, und es entspann sich ein furchtbarer Kampf. Diese Indianer kämpften mit einem Mut, wie er den Spaniern nie zuvor begegnet war. Sie wichen den Lanzen der Reiter aus, stürzten sich furchtlos auf die Pferde und töteten in Minutenschnelle zwei von ihnen, indem sie ihnen mit ihren obsidianbewehrten Keulen fast die Köpfe abtrennten und die schützenden Schabracken aufschlitzten.

Cortés rief seine Infanterie herbei, während die Tlaxcalteken ihrerseits um Verstärkung schrien. Schließlich tauchten aus einem etwas entfernteren Cañon einige tausend Krieger auf, die sich jedoch – zumal ihre Späher getötet waren – angesichts der kampfbereiten spanischen Armee zurückzogen. Dennoch war Cortés zutiefst besorgt. Zum ersten Mal stand er Indianern gegenüber, die sich nicht vor Pferden fürchteten – vielmehr wussten, dass Pferde ebenso sterblich wie Menschen waren.

Empfang in Tlaxcala

Die Tlaxcalteken fochten einen gnadenlosen Krieg, lagen im Hinterhalt, bluﬀten, kämpften Tag und Nacht – und das mit großer Heftigkeit. Sie hielten die Totonaken noch immer für Untertanen von Montezuma und die weißen Fremden, die sich in ihrer Begleitung auf dem Weg zu ihm befanden, folglich für seine Verbündeten. In den Augen der Tlaxcalteken handelte es sich hier um einen verschleierten Versuch der Azteken, sich fremdes Gebiet anzueignen – und sie waren fest entschlossen, sich so hartnäckig zu widersetzen wie eh und je.

Sie sprachen Nahuatl. In Konflikt mit den Azteken waren sie geraten, als diese beim Ausbau ihres Imperiums das jahrhundertealte Handelsnetz der Tlaxcalteken zerstört und Tlaxcala isoliert hatten. So fehlte es seit vielen Jahren an Baumwolle zur Herstellung von Kleidung. Sie selbst konnten in dieser hohen kühlen Region keine Baumwolle anbauen, und seit ihnen der Handel mit dem Tiefland verwehrt war, wagten es Händler nur selten, das Verbot der Azteken zu umgehen. Deshalb war Baumwolle so kostbar geworden, dass man Angehörige des eigenen Stammes dafür in die Sklaverei verkauft hatte. Die Azteken hatten sie auch vom Salz abgeschnitten – seit Jahrzehnten mussten die Tlaxcalteken ohne dieses Gewürz auskommen, das hier im Hochland aus Minen in zwei entlegenen Gegenden gewonnen wurde, die sich im Machtbereich der Azteken befanden. Wie fast alle indianischen Stämme hatten sich auch die Tlaxcala-Indianer zu einem Bündnis zusammengeschlossen, und die Provinz bestand aus vier großen Städten sowie kleineren Orten und Dörfern. Auf diesem Territorium lebten ferner die Otomí, ein primitiverer Stamm, und die Pinome, die auf einer noch tieferen Entwicklungsstufe standen.

Nach dem ersten Kampf schlugen die Spanier ihr Lager in der Nähe eines Flusses auf und richteten sich, so gut es ging, auf eine weitere gefährliche Nacht ein. Cortés brachte mit Bedacht seine Kanonen in Position, hielt die Pferde gesattelt und stellte rundum Wachen auf. In der Morgendämmerung kehrten zwei der nach Tlaxcala ausgesandten Boten zurück. Sie berichteten, die Tlaxcalteken hätten ihnen gesagt, diese Späher seien in Wirklichkeit Otomí gewesen, die keinerlei Anweisung hatten zu kämpfen. Aus entlegenen Dörfern stammend, seien sie von der Ankunft der Fremden überrascht worden. Da die Tlaxcalteken nun von den friedlichen Absichten der Fremden wüssten, wären sie bereit, sie am nächsten Tag willkommen zu heißen. Trotzdem blieb man im Lager auf der Hut, und alle Soldaten schliefen in voller Bewaffnung.

Am nächsten Morgen brachen die Spanier auf. Als sie sich gerade einem Dorf näherten, kamen die beiden anderen Zempoalaner, die als Boten nach Tlaxcala ausgeschickt worden waren, in heller Aufregung auf sie zugerannt. Was sie zu berichten hatten, stand im krassen Gegensatz zu dem vorher Gehörten. Sie sagten, man habe sie gefangen genommen und bei Sonnenaufgang opfern wollen, doch sei es ihnen gelungen zu fliehen, als die Tlaxcalteken des Nachts überstürzt einen Angriff auf die Spanier vorbereiteten. Sie hatten gehört, wie die Tlaxcalteken sich lautstark brüsteten, sie wollten die Zempoalaner und die Spanier opfern und anschließend verspeisen.

Nach Anhörung dieses Berichts formierten sich die Spanier zu ihrer rechteckigen Schlachtordnung – in der Mitte die Träger, die die Kanonen zogen und die Vorräte schleppten, und an den Seiten die Späher der Totonaken – und rückten weiter vor. Bald stellten sich ihnen tlaxcaltekische Krieger entgegen, deren Zahl in die tausende ging. Sie näherten sich auf Wurfweite und schleuderten wie zum Hohn einige Speere und Steine, griffen jedoch nicht wirklich an.

Mithilfe von Malinche und einigen Zempoalanern versuchte Cortés den Tlaxcalteken deutlich zu machen, dass er und seine Männer keine kriegerischen Absichten hegten und lediglich das Territorium durchqueren wollten. Mit Godoy als Zeugen ließ er die Botschaft des Königs verlesen, wie das Gesetz es verlangte. Doch die Indianer gestikulierten wild, und bald prasselte ein Steinhagel auf die Spanier nieder. Als die Tlaxcalteken mit aller Heftigkeit anzugreifen begannen, schickte Cortés die Dolmetscher fort, und die Spanier verteidigten sich.

Vor allem anderen galt es, die Schlachtordnung nicht aufzugeben. Zerstreuten sie sich, konnten die Indianer sie umzingeln und überwältigen. So hielten die Spanier eisern stand, feuerten ihre Arkebusen und Armbrüste in Salven ab, brachten ihre Kanonen ins Feld und gebrauchten im Nahkampf ihre Schwerter. Jeder einzelne Reiter nahm sich ganze Gruppen von Indianern vor, doch hatten die Pferde ihre Furcht einflößende Wirkung eingebüßt.

Nach diesem Angriff zogen sich die Tlaxcalteken plötzlich zurück und zwangen die Spanier, ihnen mit ihrer schwerfälligen Schlachtordnung auf unwegsames, von Gräben und Schluchten durchzogenes Gelände zu folgen, auf dem die Pferde nicht frei galoppieren konnten. Und hier kamen über 40000 Krieger aus den Verstecken

Zu Beginn der Schlachten fürchteten sich die Indianer vor den Pferden der Spanier. Sie hatten solche Tiere nie zuvor gesehen.

hervor, in denen sie gelauert hatten. Den ganzen Tag lang tobte eine heftige Schlacht, in deren Verlauf den Spaniern nichts anders übrig blieb, als diesem Hagel aus Steinen, Spießen, Speeren und Pfeilen in fest geschlossenen Reihen standzuhalten und die Tlaxcalteken, wann immer sie näher kamen, im Kampf Mann gegen Mann zurückzuschlagen.

Gegen die Pferde gingen die Tlaxcalteken nach der gleichen Methode vor wie die erste Spähergruppe. In Gruppen attackierten sie Pferd und Reiter, um sie so von den anderen zu isolieren, griffen nach den Zügeln und nach dem Lanzenschaft, schlugen das Pferd mit ihren Keulen und versuchten den Reiter herunterzuziehen. Einem der Pferde schnitten sie mit ihren rasiermesserscharfen Obsidianklingen den Kopf ab. Es handelte sich um jene Stute, die ein Fohlen geworfen hatte und die Juan Sedeño gehörte. An diesem Tag wurde sie von Pedro de Moron geritten, da ihr Besitzer schwer verwundet war. Zwar konnten die Spanier dem am Boden liegenden Reiter zu Hilfe eilen und ihn vor den Tlaxcalteken retten, doch erlag er einige Tage später seinen Verletzungen. Die tote Stute schleppten die Indianer mit sich fort. Später erfuhren die Spanier, dass man sie in Stücke geschnitten und Teile von ihr in den Städten und Dörfern der Provinz zur Schau gestellt hatte. Ihre Hufeisen wurden den Göttern dargebracht.

Als die Tlaxcalteken sich gegen Abend zurückzogen, hatten die Spanier keinen Sieg errungen – es war ihnen nur gelungen zu überleben. Wohl war kein einziger Spanier unmittelbar im Kampf getötet worden, doch fast alle hatten Wunden davongetragen, viele von ihnen tödliche. Auch die Pferde wiesen ausnahmslos Verletzungen auf. Die Spanier waren nur froh, dass die mexikanischen Indianer ihre Pfeile nicht vergifteten, wie sie es bei anderen Stämmen erlebt hatten. Diese Gifte konnten entweder aus Pflanzen oder aus kleinen im Regenwald beheimateten Fröschen gewonnen werden. Letzteres war für die Hochlandindianer nicht verfügbar, da die aus der Froschhaut gepressten Giftstoffe in der Kälte hoch gelegener Regionen ihre

Wirksamkeit verloren. Anders sah es mit Kurare aus, einem harzigen Gift aus einer Vielzahl von Urwaldpflanzen, das, ohne Schaden zu nehmen, von Handel treibenden Indianern in die Berge hätte gebracht werden können.

Dass die Mexikaner ihre Pfeile nicht vergifteten, muss also andere Gründe gehabt haben und erklärt sich höchstwahrscheinlich aus der Tatsache, dass sie ihre Feinde, die sie tot oder lebend aufgriffen, in der Regel verzehrten.

Nach der Schlacht schleppten sich die Spanier mit einigen Gefangenen bergaufwärts zu einem Dorf, das von seinen Bewohnern verlassen worden war und das sie nun zu einem befestigten Lager machten. Sie waren hungrig, und die mitgebrachten Nahrungsmittel waren bereits am Abend zuvor verbraucht, doch liefen im Dorf einige der kleinen Hunde herum, welche die Tlaxcalteken zum Verzehr hielten – jetzt wurden sie von den Spaniern eingefangen, gegart und aufgegessen.

Am Ende dieses überaus anstrengenden Tages verhörte Cortés mit Malinches Hilfe die Gefangenen. Sie berichteten ihm, der Anführer der Tlaxcalteken sei Xicoténcatl der Jüngere, dessen blinder alter Vater Häuptling in der Hauptstadt Tlaxcala sei. Xicoténcatl verfüge über noch sehr viel mehr Krieger, als er in dieser Schlacht eingesetzt hatte. Sie befänden sich bereits im Anmarsch aus anderen tlaxcalanischen Städten, denn man sei darin geübt, sich schnell zu sammeln – dies habe man bei der Abwehr aztekischer Angriffe gelernt.

Cortés gab den Gefangenen einige Glasperlen und ließ sie frei. Sie sollten zu Xicoténcatl gehen und dort die Botschaft wiederholen, die man ihnen auftrug. Er und die Spanier kämen als Brüder, sagte Cortés, doch werde er dieses Land zerstören, falls man ihn nicht friedlich passieren lasse.

Im Lager der Spanier gab es nur noch Verwundete und Kranke; Cortés litt unter Schüttelfrost und hohem Fieber, viele starben. Man setzte sie in unterirdischen Kammern bei, die sich glücklicherweise unter dem Dorf befanden – zum Ausheben der Gräber hätte niemand die Kraft gehabt. Tagelang war niemand zu großen Aktionen fähig.

Einige der Anhänger von Velázquez begehrten erneut auf. Cortés sei ein Pedro Carbonero, murrten sie. Eine Ballade des 15. Jahrhunderts handelt von einem Kriegsführer dieses Namens, der im Kampf gegen die Mauren seine spanischen Gefolgsleute aus Ruhmsucht in den Tod getrieben hatte und dabei selbst tödlich verwundet worden war. Diese Männer aus Cortés' Expedition, die sich beklagten, waren verängstigt, angespannt und nervös. Sie alle sehnten sich nach ihrem bequemen Leben auf Kuba zurück. Ihrer Meinung nach war es Wahnsinn, mit einer Streitmacht von 400 Mann dieses riesige Reich erobern zu wollen. War es nicht Beweis genug, dass sie um ein Haar von einem Stamm überwältigt worden waren, der sich nur mit Mühe und Not gegen die Azteken behaupten konnte? Unvorstellbar, was passieren konnte, wenn sie sich erst Montezumas riesigen Armeen gegenübersahen. War es nicht besser, zur Küste zurückzukehren, neue Schiffe zu bauen und zu fliehen?

Als Cortés diese Gespräche hinterbracht wurden, rief er seine ganze Mannschaft zusammen und erklärte ihr, die Indianer würden sie von allen Seiten überfallen, falls sie jetzt den Rückzug anträten. Die Tlaxcalteken würden sie verfolgen, Montezumas Leute sie angreifen, und auch die Totonaken würden sich gegen sie wenden – nie im Leben könnten sie die Küste erreichen. Und falls doch, würden sie dort den Tod finden, während sie an den Schiffen bauten. Ihre einzige Hoffnung bestehe darin, das einmal in Angriff genommene Vorhaben ehrenhaft weiterzuverfolgen, dem König unglaubliche Schätze, ein endloses Land und zahllose neue Untertanen und der Kirche kostbare Seelen zu gewinnen.

Cortés setzte sich durch, und für eine gewisse Zeit waren die Meinungsverschiedenheiten beigelegt. Für die Nachwelt wurden diese Reden in der getragenen Sprache des 16. Jahrhunderts festgehalten – sei es durch Cortés' Biografen Gómara oder durch Bernal Díaz –, doch schimmert hinter der geschliffenen Fassade die nackte Wahrheit durch: Velázquez' Männer verfluchten Cortés und jene, die ihn unterstützten. Die Schwerter saßen locker, und die Situation blieb nur mit Mühe unter Kontrolle. Eines allerdings erscheint im Rückblick verwunderlich: Obgleich untereinander zerstritten und in rivalisierende Parteien mit unterschiedlichen Zielen und Interessen gespalten, versuchte nie jemand ernstlich, Cortés durch einen anderen Anführer zu ersetzen. Keiner der vielen fähigen und mutigen Männer geriet ihm zum Rivalen. Er wurde beschuldigt und verflucht, doch behielt er stets die Oberhand.

AUF DER Seite der Tlaxcalteken herrschte Trauer. Sie verbrannten ihre Toten, denn viele Anführer von edlem Blut waren gefallen. Der Sitte gemäß brachten sie ihre Toten vom Schlachtfeld fort, damit ihre Leichen von den Fremden weder identifiziert noch geschändet werden konnten. Überdies sollte niemand wissen, wie schwer die Tlaxcalteken getroffen waren.

Am dritten Tag nach der Schlacht hoffte Cortés, endlich frei von Fieber und zum Handeln fähig zu sein. Andernfalls würden die Tlaxcalteken womöglich die Furcht vor den Spaniern verlieren. Er stellte deshalb eine Truppe zusammen, die aus ein paar Reitern, rund 200 Soldaten sowie einigen Zempoalanern, die alle während der Schlacht sehr beherzt gekämpft hatten, bestand, und führte sie hinaus, um die Gegend zu erforschen. Sie befanden sich in einem weiten Bergtal, das dicht bevölkert war, mit vielen Dörfern und gepflegten Höfen. Das Wetter war jetzt, Anfang September, sehr schön, und die warme Bergsonne gab ihnen Auftrieb. Die meisten Einwohner flohen aus den Dörfern, sobald sie der Fremden ansichtig wurden. Cortés, der seine friedlichen Absichten demonstrieren wollte, lehnte Plünderungen ab, doch die praktischer denkenden Totonaken packten so viel Federvieh und Hunde, wie sie nur tragen konnten. Cortés griff ein paar alte Männer und erklärte ihnen mit

Nachdruck, er komme als Freund. Sie entgegneten, Xicoténcatl sei im Begriff, die gesamte Streitmacht von Tlaxcala zu versammeln, und aus allen Orten und Städten strömten Truppen herbei.

Am fünften Tag stand Xicoténcatl bereit. Von ihrem Lager auf dem Berg aus sahen die Spanier bei Sonnenaufgang, dass es im Tal von Kriegern nur so wimmelte. Es waren mehr als 100 000, und ihre kupferfarbenen Gesichter und ihre Körper waren mit einer leuchtend roten Farbe angemalt, die aus den fleischigen Samen des Annatto-Baums gewonnen wird. Für die Spanier sahen sie wie Teufel aus. Hinter jeder einzelnen Truppe ragte ein juwelengeschmücktes Banner empor. Xicoténcatls Emblem, das Cortés entgegengehalten wurde, war ein großer weißer Vogel, wahrscheinlich ein Kranich, der seine Flügel ausgebreitet hatte, als wollte er sich gerade erheben. Das Tal erdröhnte vom Klang der Muscheln und Trommeln, und 400 spanische Soldaten, ob gesund oder verwundet, nahmen ihre Stellungen ein. Wer sich nicht auf den Beinen halten konnte, verteidigte die kritischen Punkte rund um das Dorf mit Feuerwaffen oder Bogen. Diesmal genossen die Spanier den Vorteil einer festen Verteidigungsposition – der Hügel war in ihrer Hand. Das steinerne Gebetshaus inmitten des Dorfes bot ihnen einen gewissen Schutz, und es gab weitere Steinmauern, hinter denen sie sich verschanzen konnten. Von der Pyramide aus konnten sie zudem die Bewegungen des Feindes überblicken. Die wenigen engen Zugänge zum Lager hatte Cortés mit Kanonen geschützt.

Die Schlacht begann, nachdem die Tlaxcalteken zum Auftakt Drohungen gebrüllt und mimisch einen Festschmaus dargestellt hatten. Mit ihrer zahlenmäßigen Übermacht versuchten sie, das gegnerische Lager zu überrennen, doch wehrten die Spanier sie mit gezielt abgefeuerten Salven sowie Schüssen aus Kanonen und Hakenbüchsen ab. Nie zuvor waren diese indianischen Krieger einem so schlagkräftigen Feind begegnet – sie fanden nicht einmal die Zeit, ihre Verwundeten und Toten fortzutragen. Sobald der Angriff ein wenig nachließ, preschten spanische Reiter vor, aber nie allzu weit. Auch agierten sie nun stets zu dritt oder zu viert statt wie früher allein. Den Reitern hatte Cortés befohlen, mit ihren Lanzen auf die Gesichter der Tlaxcalteken zu zielen; die Bogenschützen und Arkebusiere sollten auf das Herz schießen, die Schwertträger in den Unterleib stechen. Für die Spanier ging es in dieser Schlacht auf Leben und Tod. Cortés musste dieser übermächtigen Schar von Indianern Angst einflößen.

Die Tlaxcalteken waren in so großer Zahl, dass die Truppen, die aus verschiedenen Orten kamen, beim gemeinsamen Angriff häufig zusammenstießen. Und diese gegeneinander drängenden Massen wurden von den Salven der Spanier niedergemetzelt. Bernal Díaz hat notiert, dass Malinche während dieses erbarmungslosen Kampfes unerschütterlich im spanischen Lager stand, und erneut kämpften die Zempoalaner mit beispiellosem Mut. Der Kampf dauerte vier Stunden. Am Ende waren die Tlaxcalteken nicht besiegt, aber sie zeigten Zeichen von Schwäche, sodass Kavallerie und Infanterie aus dem Lager hervorbrechen und jede größere Truppe, die sich näherte, niederkämpfen konnten. Als die Indianer sich endlich zurückzogen, waren die Spanier zu erschöpft, um sie zu verfolgen.

Die Nacht verging in großer Anspannung. Am nächsten Morgen standen 50 Tlaxcalteken vor dem Lager. Sie seien gekommen, um den mutigen Fremden Essen zu bringen, sagten sie, und zudem würden Xicoténcatl und seine Krieger keinen Sieg über vom Hunger geschwächte Männer wollen – deshalb sende er diese Nahrungsmittel als Geschenk. Cortés hieß sie einzutreten, und mit ihnen kam ein ganzer Zug von Trägern, die gebratenes Geflügel brachten, stapelweise Tortillas und Kirschen, die in den Hochtälern gut gedeihen und im September süß und reif sind. Als Cortés und Malinche gerade dabei waren, diese Kirschen zu verzehren, traten einige Zempoalaner hinzu. Sie hatten beobachtet, wie die Tlaxcalteken die Eingänge ebenso sorgfältig in Augenschein nahmen wie die Stellung der

Kanonen und die Anordnung der von den Spaniern errichteten Hütten. Zudem hatten die Zempoalaner ihre Unterhaltung belauscht, dass man die dichten Strohdächer sehr leicht in Brand setzen könne. Sogleich ließ Cortés einen der Tlaxcalteken bei der Kehle packen und hinter das Gebetshaus ziehen, wo er unter unfreundlicher Befragung gestand, Xicoténcatl habe sie ausgesandt, das Lager der Spanier auszuspionieren, um herauszufinden, an welchen Stellen man es am besten angreifen könne. Zwei weitere Tlaxcalteken bestätigten dieses Geständnis.

Daraufhin ordnete Cortés an, alle 50 Tlaxcalteken vorzuführen, verkündete öffentlich, dass sie Spione seien, und ließ ihnen die Hände abschneiden – so ist es in vielen Aufzeichnungen und in Cortés' eigenem Brief an den König nachzulesen. Diese Berichte dürfen indes angezweifelt werden – nicht etwa, weil Cortés gezögert hätte, einen solchen Befehl ausführen zu lassen, sondern weil keiner der Chronisten davon spricht, dass auch nur einer der Tlaxcalteken starb. Zweifellos aber wären viele verblutet, hätte man ihnen die Hände mit Schwertern abgeschlagen. Bei Bernal Díaz heißt es, Cortés habe den Tlaxcalteken die Finger abschneiden lassen, was glaubhafter erscheint. Die verstümmelten Krieger wurden zu Xicoténcatl zurückgeschickt. Cortés' Botschaft war unmissverständlich: Man schickte keine Spione ins Lager derer, die in Frieden gekommen waren.

AM NÄCHSTEN Tag führte Cortés erneut eine Truppe aus dem Lager heraus, und diesmal setzten sie alle Dörfer im Tal in Brand. In einigen Orten nahmen sie tlaxcaltekische Krieger gefangen, darunter auch einige Anführer. Von ihnen erfuhr Cortés, dass es unter den Tlaxcalteken zum Streit gekommen war. Xicoténcatl hatte den Oberhäuptling einer anderen Stadt beschuldigt, nicht erbittert genug angegriffen zu haben, und dieser hatte daraufhin Xicoténcatl zum Zweikampf herausgefordert.

Der tiefere Grund für diesen Zwist war, dass es den Indianern nicht gelungen war, ihre riesigen Truppen zu koordinieren. Deshalb hatten die Ältesten sich in Xicoténcatls Stadt versammelt und berieten, was zu tun sei. Die von den Zempoalanern überbrachte Botschaft, dass die Spanier tatsächlich Montezumas Feinde seien und Cortés den Tribut abgeschafft habe, hatten sie anfangs als Lüge verworfen, doch nun waren sie verunsichert.

Bei seiner Rückkehr ins Lager fand Cortés zu seiner Überraschung eine Abordnung von Montezuma vor. Sechs aztekische Adlige waren ihm zusammen mit einer Vielzahl von Trägern entgegengereist. Da sie sich nicht auf dem Kriegspfad befanden, wären sie von den Tlaxcalteken niemals angegriffen worden. Als Gesandtschaft, die sie ganz offensichtlich waren, wurden sie geduldet, wie es bei allen indianischen Stämmen üblich war. Die Azteken ließen die Träger ihre Last abladen und einen weiteren Schatz ausbreiten: fein gearbeitete Baumwollgewänder, Federwerk und Gold.

Allmählich hatte Montezuma erkannt, dass Cortés die Bedeutung dieser Geschenke, die er mit einem Wunsch verband, nicht begriff oder nicht begreifen wollte. Deshalb erklärte er sich nach Aussage seiner Boten zu einem letzten Angebot bereit. Cortés solle dieses neuerliche Geschenk annehmen und ihm klar sagen oder bei seinem König in Erfahrung bringen, wie viel dieser an jährlichem Tribut verlange, zahlbar in Gold, Perlen, Jade, Baumwolle, Federwerk, Sklaven. Montezuma versprach, diesen Tribut pünktlich zu entrichten, wenn die Spanier nur endlich gehen und sein Stammesgebiet nicht betreten würden. Er ließ ausrichten, er würde die Spanier sehr gern begrüßen, doch würde der Marsch durch ein so unwegsames Gebiet ihre Kräfte übersteigen. Sie sollten deshalb doch bitte den einfacheren Weg wählen, ihm ihren Preis nennen, den er akzeptieren würde, und endlich gehen.

Eine solche Art von Abkommen war unter Indianern gang und gäbe. Natürlich bestand keine Gewissheit, dass Montezuma diese

Abmachung wirklich einhielt. Fühlte er sich nach dem Abmarsch von Cortés womöglich wieder erstarkt, so war es denkbar, dass er den Tribut nicht bezahlte. Und dann konnten der König von Spanien oder Cortés oder Jesus Christus oder welcher Störenfried auch immer zusehen, was sie gegen ihn ausrichteten.

Cortés erwiderte ein weiteres Mal, sein König werde schlecht von ihm denken, falls er Montezuma nicht von Angesicht zu Angesicht begegnete. Die Abgesandten sollten deshalb zu Montezuma zurückkehren und ihn erneut um Zustimmung für dieses Treffen bitten. Doch forderte Cortés die Boten höflich auf, bei ihm zu bleiben, bis sie Montezuma zusammen mit seinem neuerlichen Gesuch die Nachricht vom Sieg der Spanier über Tlaxcala bringen konnten.

Inzwischen hatten die Indianer im Tal begonnen, sich nach beiden Seiten zu orientieren, und sie hielten Cortés über die Beratungen der Tlaxcalteken auf dem Laufenden. Die älteren Häuptlinge schienen geneigt, mit Cortés Frieden zu schließen, aber Xicoténcatl der Jüngere wollte ihm die Stirn bieten und den Kampf fortsetzen.

Alle Indianerstämme sprachen von den fremden Weißen als *teules*, was die Spanier mit „Götter“ übersetzten, doch ist die präzise Bedeutung ungewiss. Das Wort könnte „Erleuchteter“ oder „Dämon“ heißen. Mit Gewissheit beinhaltete der Begriff keine übermenschliche Unverwundbarkeit, denn Xicoténcatl verkündete lautstark, alle Teules würden getötet und verzehrt, wie man es bereits mit der Stute getan hatte. Die Priester wurden angewiesen, die Lage zu erhellen, und sie zogen aus den Vorzeichen den Schluss, man könne diese Fremden nur bei Nacht besiegen – Teules waren machtlos bei Nacht.

Der Überfall erfolgte bei Mondlicht, doch Cortés, bereits vorgewarnt, stand bereit. Er durfte nicht zulassen, dass die Tlaxcalteken sich dem Lager näherten und womöglich die Hütten in Brand steckten. Deshalb führte er die Reiter, gefolgt von den Fußtruppen und den Zempoalanern, hinaus, um den Tlaxcalteken auf einer Ebene entgegenzutreten, wo die Pferde sich frei bewegen konnten und die Infanterie manövrieren und ihre Salven abfeuern konnte.

Das Ergebnis war vernichtend für die Indianer, die es nicht gewohnt waren, in der Nacht zu kämpfen. Dass die Spanier ihnen zuvorgekommen waren, hatte ihren Plan vereitelt. Der Ansturm der Pferde, das Gedonner der Kanonen und der Hakenbüchsen – all das bereitete ihnen in der Dunkelheit Angst. Nach einem unsicheren, unentschlossenen Gefecht zogen sich die Tlaxcalteken zurück.

Diese Kämpfe, in denen es für die Spanier um Leben oder Tod ging, verflocht Cortés 20 Jahre später mit einer belustigenden Anekdote, die sein Sekretär Gómara festgehalten hat. Um sein Fieber zu kurieren, erzählte Cortés, habe er Pillen genommen, die er aus Kuba mitgebracht hatte – ein sehr starkes Abführmittel, wahrscheinlich Cascara, das aus Baumrinde hergestellt wird. Er nahm die Pillen abends und hoffte, dass sie morgens wirkten. Doch als sich kurz nach Sonnenaufgang drei schlachtbereite Indianertruppen näherten, habe er seine Reiter zum Angriff geführt, ohne an die Pillen zu denken. Und diese hätten auch erst die erwartete Wirkung gezeigt, als er abends ins Lager zurückkehrte. Gómara, der Laienpriester war, ging nicht so weit zu behaupten, es habe sich dabei um ein Wunder gehandelt – aber die Möglichkeit deutete er an.

DAS ERSTE Friedensangebot kam, und es bestand darin, dass man den Spaniern ohne Drohung oder sonstige Auflage Nahrungsmittel brachte. Alsbald traf außerdem ein Bote ein, der Xicoténcatls höchstpersönliches Kommen ankündigte. Am nächsten Morgen erschien er wirklich, begleitet von vielen seiner Anführer, die alle prächtig gekleidet, aber nicht zum Kampf gerüstet waren. Xicoténcatl musste etwa gleichaltrig mit Cortés sein, und ähnlich waren sie sich in ihrem kräftigen, dabei geschmeidigen Körperbau. Tiefe Pockennarben übersäten sein Gesicht. Nach der Begrüßung äußerte Xicoténcatl unverblümt, er bedauere es sehr, die Fremden nicht besiegt zu haben.

Nachdem er es vergeblich versucht habe, seien er und die älteren Häuptlinge zu dem Schluss gelangt, dass die Zempoalaner die Wahrheit sagten. Deshalb seien die Tlaxcalteken bereit, sich zu ergeben. Aufgrund ihrer Armut könnten sie nur wenig Tribut zahlen, doch dank ihrer Furchtlosigkeit seien sie wertvolle Verbündete gegen Montezuma. Falls Cortés in ihre Stadt kommen wolle, würden sie sich geehrt fühlen und ihm seinen Aufenthalt so angenehm wie möglich zu gestalten versuchen, schloss er seine Ausführungen. Damit hatten nach den Azteken auch die Tlaxcalteken angeboten, dem König von Spanien Gefolgschaft zu leisten, doch Cortés traute beiden nicht.

Als die aztekischen Gesandten, die sich noch immer im Lager befanden, von Xicoténcatls Unterwerfung und von seiner Einladung an die Spanier hörten, verlachten sie all dies als Lügen, als offenkundige Doppelzüngigkeit. Die Tlaxcalteken seien so arm, dass sie versuchen würden, ihm die Baumwollgewänder zu stehlen, die Montezuma ihm soeben geschickt hatte, höhnten sie. Cortés dürfe ihnen nicht trauen, denn sie versuchten, ihn in eine Falle zu locken. Tatsächlich waren die Spanier gar nicht in der Lage, in die 30 Kilometer entfernte Stadt weiterzuziehen. Cortés hatte immer noch Fieber; viele seiner Männer waren kaum fähig zu gehen, und auch die verwundeten Pferde hatten sich noch nicht alle ausreichend erholt. Deshalb blieb Cortés, wo er war.

Die Ältesten aus Tlaxcala drängten Cortés erneut, in ihre Stadt zu kommen. Sie boten an, ihm Geiseln zu stellen, falls er ihnen nicht traue. Die aztekischen Gesandten wiederholten auf Montezumas Anweisung, die mit einem weiteren Geschenk für Cortés eingetroffen war, ihre Warnung, den Tlaxcalteken zu trauen.

Als die Spanier sich endlich imstande fühlten weiterzumarschieren, ließ Cortés auf der Pyramide ein großes Kreuz errichten und wies die Einheimischen an, es zu verehren. Dann entschied er sich zum Leidwesen der Azteken für die Tlaxcalteken, doch rückten die Spanier kampfbereit, in voller Schlachtordnung aus ihrem Lager aus.

Unterwegs nach Cholula

Nachdem der Kampf mit den Tlaxcalteken beigelegt und der Frieden hergestellt schien, dachte Cortés an Aufbruch. Doch zuvor sandte er ein paar Reiter zurück nach Villa Rica, die Juan de Escalante, dem Kommandanten der Festung, einen Brief überbringen sollten.

Darin gab Cortés die Anweisung, in seiner ehemaligen Hütte den Lehmboden an einer bestimmten Stelle auszuheben und die beiden dort vergrabenen Kisten mit Messwein und einer Schachtel Hostien den Reitern auszuhändigen. Diese sollten damit unverzüglich ins Hochland zurückkehren, denn aus dem dankbaren Gefühl heraus, dass er und seine Männer tatsächlich überlebt hatten, verspürte Cortés das Bedürfnis, eine richtige Messe zu zelebrieren, für die das nötige Zubehör schon seit geraumer Zeit fehlte. Mit seinem Brief an Escalante verfolgte er noch einen weiteren Zweck, indem er den Kommandanten anwies, mit den Totonaken unbedingt freundliche Beziehungen aufrechtzuerhalten, da diese gemeinsam mit den eigenen Soldaten wie Christen gekämpft hätten.

Cortés blieb mit seinen Männern 20 Tage in Tlaxcala. Zur großen Erleichterung der Spanier hatten ihnen die Tlaxcalteken einen herzlichen Empfang bereitet, sieht man vielleicht von Xicoténcatl dem Jüngeren ab, der es mit seiner Ehre als Krieger nicht vereinbaren konnte, von den Fremden besiegt worden zu sein. Alle anderen, die aus den umliegenden Städten und Dörfern herbeiströmten, feierten die Spanier als Verbündete, denn jetzt stand Tlaxcala nicht mehr allein gegen das Aztekenreich. Dass sich Tlaxcalteken und Spanier gerade erst einen mörderischen Kampf geliefert hatten, wurde bereits als eine Art erregender sportlicher Wettkampf angesehen, in dem man lediglich die Kräfte gemessen hatte.

Im Zentrum der Hauptstadt wurden den Gästen geräumige Steinhäuser mit schattigen Innenhöfen zugewiesen, und die Tlaxcalteken halfen, die Kanonen an den Ecken des Hauptplatzes aufzustellen und Wachposten einzurichten. Sie brachten den Spaniern zudem köstliche Speisen in reichen Mengen, denn der Boden in dieser Provinz war fruchtbar und wurde intensiv bebaut, und in den Flüssen gab es Fisch von besonderer Güte. Zur Krönung schließlich boten die Häuptlinge und Ältesten den Spaniern feierlich ihre Töchter dar – die geschlechtliche Vereinigung sollte die Verschmelzung der beiden kriegerischen Völker besiegeln. Gemeinsam würde es ihnen gelingen, die Azteken zu bezwingen. Die Tlaxcalteken waren überzeugt, dass sich dieser Krieg über viele Generationen hinziehen würde, und so konnte es nicht schaden, die nächste so schnell wie möglich in die Welt zu setzen. Ihr Interesse an einer Blutsvermischung war, anders als Montezumas abstrakte Neugier, ein durchaus praktisches.

Nach wie vor weilten die aztekischen Adligen im spanischen Lager. Zu Cortés' Überraschung waren sie bereitwillig mit nach Tlaxcala gegangen, denn als Sendboten schienen sie keine Befürchtungen hinsichtlich ihrer Sicherheit zu hegen. Das änderte sich auch nicht, als sie und die Tlaxcalteken einander feindselig und lauthals zu beschimpfen begannen. Aus dieser Streiterei, von Malinche und Aguilar übersetzt, lernte Cortés eine Menge über den indianischen Charakter.

Bis auf den heutigen Tag werden die Indianer in der Regel als schweigsam eingeschätzt, doch ist das Gegenteil der Fall: Alle Indianer reden gern, haben Spaß am Palavern. Und so fanden Tlaxcalteken wie auch Azteken, für die die Unantastbarkeit von Abgesandten offenbar außer Frage stand, an ihrem verbalen Schlagabtausch ebensolches Vergnügen wie an einem richtigen Kampf. Nachdem sie sich lautstark gestritten und dies alles reichlich mit Grimassen und Gebärden untermalt hatten, wandten sich beide Parteien an Cortés und erklärten ihm das Ganze noch einmal.

Er erfuhr, dass diese beiden mächtigen Stämme im Rahmen eines Kräftegefüges, in dem die Azteken die Stärkeren waren, ohne jedoch wirklich die Oberhand jemals zu erringen, trotz allem eine Verbindung zueinander gehalten hatten, die Cortés anfangs nur schwer verständlich war. Die tlaxcaltekischen und aztekischen Adligen sprachen von den „Blumenkriegen" – Kämpfen, die die Adligen beider Stämme miteinander ausfochten und die einen Doppelzweck verfolgten. Zum einen sammelten die jungen Krieger Erfahrung im Kampf, ohne dass man sie an die weit entfernten Küsten schicken musste, zum anderen erhielten so beide Seiten ihre Opfer, die sie den Göttern darbrachten.

In dem Streit, der sich vor Cortés' Augen entspann, ging es nun um die Frage, welche von beiden Seiten bei diesen inszenierten Kämpfen die beste Figur gemacht habe. Die Azteken behaupteten ganz im Vertrauen, sie könnten die Tlaxcalteken leicht überwältigen und besiegen, doch sei es beiden Seiten wichtig, die Blumenkriege weiterzuführen. Einen nachhaltigen Eindruck hinterließ bei Cortés die Einladung der Azteken an ihre tlaxcaltekischen Kontrahenten, in die aztekische Hauptstadt zu kommen, um dort die Opferung ihrer eigenen Krieger mitzuerleben. In der Haltung dieser gefangen genommenen Krieger während der Opferzeremonie offenbarte sich für beide Seiten der Mut dieser Männer – ganz wie auf dem Schlachtfeld.

Je mehr Cortés hörte, umso bewusster wurde ihm, dass innerhalb der indianischen Stämme zweierlei Sprachen gesprochen wurden. Und er empfand stärker denn je die totale Gleichgültigkeit der Indianer dem menschlichen Leben gegenüber. Sie waren furchtbarer Grausamkeit fähig, ohne dass dahinter irgendeine ihm begreifliche Leidenschaft zu entdecken war. Er konnte die religiöse Ekstase der Opferrituale nicht begreifen, und doch vermittelten ihm diese

Streitereien, denen er beiwohnte, wertvolle Einblicke in die indianische Seele, auf die er seine künftige Strategie stützen sollte.

Die Azteken drängten ihn zum Weitermarsch nach Cholula. Die Stadt, an einem natürlichen Durchgang ins Hochland gelegen, konnte in weniger als zwei Tagen erreicht werden, und die Azteken versicherten ihm, der Weg von dort in ihre Hauptstadt sei leicht zugänglich. Die Tlaxcalteken dagegen baten ihn zu bleiben. Montezuma, so warnten sie, habe vor Cholula eine riesige Armee aufgestellt, und die Spanier sollten dort in eine Falle gelockt werden. Löcher seien in den Weg gegraben, zuunterst mit spitzen Stöcken bestückt und oben mit Sand bedeckt, sodass die Pferde einsinken und sich verletzen würden. Auf den Flachdächern der Häuser in Cholula seien Steine aufgehäuft, die auf die Spanier in den Straßen hinabgeworfen werden sollten.

Die Tlaxcalteken wussten von diesen Vorbereitungen aus besonderem Grund. Nachdem ein Stammesmitglied den Spaniern Gold gestohlen hatte und damit nach Cholula geflohen war, schickte man eine Abordnung von Tlaxcalteken hinterher, um den Dieb samt seiner Beute zurückzuholen. Bei dieser Gelegenheit waren die Vorkehrungen der Cholulaner beobachtet worden. Auch machten die Tlaxcalteken Cortés darauf aufmerksam, dass sich trotz aller großen Versprechungen der Azteken bisher kein einziger Häuptling aus Cholula gezeigt habe, um ihm seine Gefolgschaft zu erklären. Als Cortés daraufhin Boten in die Stadt schickte und die Häuptlinge zum Kommen aufforderte, erschienen stattdessen ein paar Cholulaner ohne Rang, die erklärten, ihre Häuptlinge seien krank. Cortés sandte eine weitere Botschaft: Entweder die Häuptlinge kämen auf der Stelle, oder er werde sie als Feinde betrachten und vernichten. Jetzt endlich bequemten sich die Häuptlinge und entschuldigten ihr Zögern damit, sie hätten Angst gehabt, sich unter die Tlaxcalteken zu begeben. Sie begrüßten Cortés, versprachen ihm Gastfreundschaft und boten ihm alle Sicherheiten an, die er verlangte. Es war kein sehr beruhigender Auftritt.

Jedenfalls wusste Cortés, dass er nun handeln musste. Die Spanier waren wohlgenährt und gesund, ihre Lebensgeister waren neu erwacht, und sie hatten sich ganz offen mit den indianischen Mädchen eingelassen. Cortés wollte es weder sich noch seinen Männern erlauben, allzu bequem zu werden. Da in Tlaxcala kein Gold zu holen war und seine Gastgeber ihm Montezumas Reichtümer in den höchsten Tönen beschrieben hatten, beschloss er – zumal auch die Pferde wieder gesundet waren – nach Cholula zu ziehen.

Die Tlaxcalteken stellten ihm 100000 Krieger zur Verfügung, die am Morgen des Aufbruchs voll bewaffnet und mit Reiseproviant auf dem Rücken bereitstanden. Vom Gipfel der Pyramide verschaffte sich Cortés einen Überblick, und was er sah, beeindruckte ihn zutiefst, denn er schätzte Tapferkeit und Treue, die aufrichtig dargebracht wurden. Die Voraussagen der Zempoalaner, dass die Tlaxcalteken überaus beherzte Verbündete sein würden, hatten sich am Ende bewahrheitet – der ermutigende Anblick der tlaxcaltekischen Armee sprach für sich.

Vor dem Aufbruch hielt Cortés in dem einzigen indianischen Tempel, der christianisiert worden war, eine Messe ab. Während seines Aufenthaltes in ihrer Stadt hatte Cortés die tlaxcaltekischen Häuptlinge fortwährend über das Christentum belehrt, sie aufgefordert, ihre Götzenbilder zu zerstören und Menschenopfern und Kannibalismus zu entsagen. Doch die Häuptlinge erwiderten, ihr Volk würde sie steinigen, falls sie das täten. Zudem würden sie, indem sie sich von den Bräuchen ihrer Vorfahren abwendeten, den Ahnen den Respekt versagen. Falls man ihnen ein wenig Zeit ließe, seien sie indes bereit, sich mit der Religion der Spanier auseinander zu setzen und sich mit ihren Bräuchen vertraut zu machen. Vielleicht würden sie in der Zukunft sogar konvertieren; da den Spaniern in der Schlacht ihr Gott schließlich zur Seite gestanden hatte. Im Gegenzug versprach Cortés, Priester zu schicken, die ihnen das Christentum weit besser vermitteln konnten als er selbst. Am Ende war ein vernünftiger Kompromiss zustande gekommen: Die Tlaxcalteken überließen den Spaniern einen Tempel, in dem sie ihre Messen feierten und die indianischen Mädchen tauften, bevor sie sich mit ihnen einließen, und inzwischen studierten die Tlaxcalteken das Verhalten der Spanier und dachten darüber nach. Dieser Kompromiss war eine der wenigen bemerkenswerten Abmachungen auf Gegenseitigkeit, die im Verlauf des ganzen Feldzuges getroffen wurden.

Nach der Messe brachen die Spanier samt ihrem Gefolge nach Cholula auf, doch nach einem Tagesmarsch schickte Cortés die Tlaxcalteken bis auf 6000 Mann zurück. Er wusste, dass Montezuma gegen seine 100000 Krieger mindestens 300000 oder gar 500000 Mann aufbieten konnte, und er wollte nicht in einen jener Kämpfe verwickelt werden, wie sie in der Vergangenheit stattgefunden hatten und in denen die Azteken Meister waren. Er verfolgte eine andere Strategie.

ALS CORTÉS gen Cholula marschierte, war er über die Stadt und ihre Einwohner besser informiert als über jeden anderen Ort oder Stamm, dem er bislang begegnet war. Die Cholulaner, die er bisher gesehen hatte, mochte er nicht – er fühlte sich unbehaglich in ihrer Gegenwart. Cortés schätzte Krieger wie die Tlaxcalteken, die Cholulaner aber waren vor allem Priester und Händler. Sie sprachen Nahuatl und lebten noch nicht lange unter der Herrschaft der Azteken. Nach allem, was er wusste, wurden in Cholula gute Töpferwaren und Baumwollstoffe hergestellt, die über Händler ihren Weg ins ganze Land fanden. Überdies war die Stadt berühmt als religiöses Zentrum und Pilgerort. Die Hauptpyramide dort, mit 62 Meter Höhe die größte der Welt, hatte 120 Stufen, an deren Ende sich der Quetzalcoatl geweihte Tempel erhob. Vielleicht dachten die Azteken, Cholula sei deshalb genau der richtige Ort, um Cortés auf die Probe zu stellen. Denn schon viele Geschenke Montezumas hatten auf eine mögliche Verbindung zwischen Cortés und Quetzalcoatl angespielt, wie eine fein geformte Goldmaske mit eingelegten Jadesteinen und eine goldene Krone

Der Federschmuck der Azteken war von großer Pracht. Die grünen Federn des als heilig geltenden Quetzal-Vogels waren am kostbarsten; nur Priester durften einen solchen Kopfschmuck tragen.

mit prächtigem Federschmuck, die der Gott einst getragen haben sollte, und in der aztekischen Priesterschaft war der Glaube weit verbreitet, dass es sich bei den Eindringlingen tatsächlich um die Nachfahren des legendären Gottes handeln könnte.

Während des ersten Tagesmarsches nach Cholula stellte Cortés fest, dass der Hauptweg an verschiedenen Stellen durch Felsbrocken und Baumstämme blockiert war, und als er auswich, stieß er tatsächlich auf einige der Sandlöcher mit den scharf gespitzten Stöcken. Da die Spanier jedoch auf der Hut waren, wurden ihnen solche Hindernisse nicht gefährlich, und am Abend konnten sie an einem Fluss, nur wenige Kilometer von Cholula entfernt, ihr Lager aufschlagen.

Bei Einbruch der Dunkelheit kamen zur Begrüßung einige der Häuptlinge aus Cholula. Sie zeigten sich unterwürfig und waren von Trägern begleitet, die Nahrungsmittel brachten. Unbehagen löste jedoch der Anblick der Tlaxcalteken aus, und die Cholulaner erklärten Malinche, die Tlaxcalteken seien seit langer Zeit ihre Feinde und man dürfe sie nicht in die Stadt bringen. Am nächsten Morgen erschien eine große Schar cholulanischer Häuptlinge mit weiß gekleideten Priestern, die auf Pfeifen und Trompeten bliesen, Räuchergefäße schwangen und Trommeln schlugen. Weil auch sie verärgert auf die Anwesenheit der Tlaxcalteken reagierten, beschwichtigte Cortés sie damit, dass er die Tlaxcalteken anwies, außerhalb der Stadt zu lagern – die Cholulaner fürchteten sich vor ihnen, erklärte er.

Mit gebotener Vorsicht zogen die Spanier in die Stadt ein, wobei die Reiter den Zug anführten und einige vom Verbot ausgenommene Tlaxcalteken mit den Kanonen den Schluss bildeten. Man führte sie zu den Häusern, die man am Hauptplatz für sie vorbereitet hatte – geräumigen Steinhäusern, die auf einen großen Hof hinausgingen, der von hohen Mauern umgeben war. Alle Soldaten sahen die aufgehäuften Gesteinsbrocken auf den Flachdächern der Häuser, und sie sahen auch, dass man zum Schutz der potenziellen Werfer Brustwehren aus Adobeziegeln errichtet hatte. Doch die Cholulaner blieben freundlich und brachten, nachdem Spanier und Zempoalaner sich in den Häusern eingerichtet hatten und die Kanonen aufgestellt waren, Speisen in Hülle und Fülle.

Zwei Tage lang besprach Cortés sich mit den Häuptlingen und hielt seinen gewohnten Vortrag. Vergeblich, denn die Cholulaner erwiderten, sie gedächten in keiner Weise, ihre Götter aufzugeben oder ihre Bräuche zu ändern. Hingegen tadelten sie Cortés, dass er sich, kaum in ihrer Stadt angelangt, eine solche Forderung anmaßte. Cortés erzählte ihnen, er sei auf dem Weg zum großen Montezuma, der im Begriff stehe, ein Vasall des Königs von Spanien zu werden, und die Cholulaner schienen dem Vorschlag, seine Gefolgsleute zu werden, nicht gänzlich abgeneigt. Was immer dieser König von ihnen fordern würde – auf jeden Fall mussten sie nicht länger Tribut an Montezuma zahlen.

Nach drei Tagen blieben die Nahrungsmittel aus, und auch die Häuptlinge erschienen nicht mehr. Die aztekischen Abgesandten erreichten zwar, dass Brennholz und Wasser geliefert wurden, aber mehr richteten sie nicht aus. Auf den Hausdächern und den Pyramiden standen die Cholulaner und verhöhnten die Spanier.

Folgendes war geschehen: Aus der aztekischen Hauptstadt, die, wie es hieß, etwa 95 Kilometer entfernt lag, war eine adlige Abordnung nach Cholula gekommen und hatte zunächst mit den anderen aztekischen Gesandten konferiert. Ein weiteres Mal wurde Cortés davon in Kenntnis gesetzt, Montezuma werde ihn nicht in der Hauptstadt empfangen, da er ihn dort nicht mit Nahrungsmitteln versorgen könne. Und auch hier ließen sich keine Nahrungsmittel beschaffen. Freundlich und bestimmt gab Cortés die bekannte Antwort: Er sei trotzdem fest entschlossen, die Bekanntschaft des großen Herrschers zu machen, über den er so viele wundervolle Dinge gehört habe, und sein eigener König werde es ihm nie verzeihen, wenn er sich nicht in aller Form dort vorstellte – und so weiter und so fort.

Von den Zempoalanern erfuhr Cortés, dass die Stadt evakuiert wurde. Frauen und Kinder, die Bündel mit Wertsachen trugen, zogen davon, um sich auf dem Land zu verstecken. Als Fallen für die Pferde wurden weitere überdeckte Löcher gegraben, und viele Straßen waren durch Hindernisse versperrt. In den Häusern entlang der Straße, die aus der Stadt hinausführte, hatten die Zempoalaner aztekische Krieger gesehen, die neben ihren Waffen mit langen Pfählen, Lederhalsbändern und Seilen ausgerüstet waren, wie sie zum Fesseln der Gegner dienten.

Eine letzte Bestätigung dieser Gerüchte kam von einer cholulanischen Adligen, die Malinche warnte und ihr gleichzeitig anbot, sie zu verstecken, wenn sie die Spanier verließ. Nach Aussage dieser Frau hatte Montezuma 30000 Krieger geschickt, die in Schluchten nordwestlich der Stadt lauerten, und eine gewisse Anzahl befand sich bereits in den Häusern der Stadt. Montezumas Befehl lautete dahingehend, die Spanier möglichst lebend gefangen zu nehmen und in seine Hauptstadt zu bringen. Den cholulanischen Priestern gestand er 20 Spanier für ihre Opferrituale zu.

Ganz offensichtlich bestand die Strategie der Azteken darin, die Spanier auszuhungern und damit zum Abzug zu zwingen. Sobald sie die Stadt durch die engen Straßen verließen, wollte man sie angreifen. Allerdings hatte der Plan einen Haken, denn die cholulanischen Häuptlinge wollten die aztekische Armee nicht in der Stadt haben, und während die Spanier ihre letzten trockenen Tortillas verzehrten, entspannen sich zwischen Azteken und Cholulanern erregte Debatten. Obgleich tributpflichtig, genoss die Stadt nach wie vor das Recht, ihre Angelegenheiten partiell nach eigenem Belieben zu regeln; doch mit dieser begrenzten Unabhängigkeit wäre es vermutlich vorbei gewesen, wenn die aztekische Armee die Stadt besetzte. Die Azteken hatten bereits anderswo unter ähnlichen Vorwänden gehandelt, und die aztekischen Statthalter waren nie mehr gegangen. Deshalb wehrten die Cholulaner sich trotz Montezumas Bestechungsgeschenken – darunter eine Trommel aus purem Gold für den Mann von Malinches Gönnerin – hartnäckig gegen die aztekische Besetzung. Sie behaupteten, über eine eigene Strategie zu verfügen und die Spanier ohne fremde Hilfe überwältigen zu können.

Auch Cortés ging zum Handeln über. Er ließ zwei cholulanische Priester aufgreifen, von denen er einen festhielt, den anderen aber mit einer Botschaft zu den Häuptlingen schickte: Er sei im Begriff, Cholula zu verlassen, und wolle zuvor mit ihnen sprechen. Sie erschienen auf der Stelle. Als Cortés ihnen heftige Vorwürfe wegen der ausgebliebenen Lebensmittel machte, antworteten sie, das sei auf Anordnung von Montezuma geschehen, und als er ihnen sagte, er benötige für seinen Marsch zur aztekischen Hauptstadt Vorräte und Träger, waren sie hoch erfreut – schließlich hofften sie darauf, die Spanier nach Verlassen ihrer befestigten Häuser in den Straßen angreifen zu können.

In dieser Nacht trugen die Tlaxcalteken Cortés zu, dass die Cholulaner dabei seien, ihre Opfer zu bringen, wie sie es traditionell vor jedem ihrer Kämpfe taten. Einem der Chronisten zufolge opferten sie zehn dreijährige Kinder – fünf Mädchen und fünf Jungen; nach Aussage eines anderen handelte es sich um sieben Opfer, von denen fünf Kinder waren. Cortés schickte einen Tlaxcalteken aus, um die anderen zu warnen, die vor der Stadt lagerten. Die Spanier, die in jeder Nacht auf einen Angriff gefasst gewesen waren, packten ihre Sachen zusammen und hielten die Pferde gesattelt. Bei Sonnenaufgang waren sie bereit.

Am nächsten Morgen strömte ein großer Teil der Bevölkerung von Cholula, die in die Stadt zurückgekehrt war, vor den Häusern der Spanier zusammen. Die Häuptlinge führten ihre Krieger truppenweise in den großen Hof und verkündeten den Spaniern in Hochstimmung, dass diese Truppen sie als Ehrenwache aus der Stadt hinausbegleiten würden. Andere Krieger sollten ihnen als Träger dienen. Sie boten den Fremden sogar Hängematten an, falls sie nicht laufen wollten – in diesen Sänften nämlich wären die Spanier vollends wehrlos gewesen. An allen vier Eingängen zum Hof hatten sich die Oberhäupter der Stadt mit ihren Frauen und Kindern versammelt, um den Abmarsch der Spanier mitzuerleben. Entlang des Weges aus der Stadt hinaus drängten sich Menschen auf den *azoteas* genannten Hausdächern, die traditionell als Terrassen dienten.

Cortés lud 30 der cholulanischen Häuptlinge in sein Haus ein, um ihnen seine Abschiedsrede zu halten. Sie kamen bereitwillig, da ihre Strategie gut zu funktionieren schien. Doch als sie sich alle im Haus befanden, verschlossen dic Spanier die Tür, und Cortés sagte ihnen, er wisse von ihrem Komplott und müsse sie bestrafen. Einige, die zu kämpfen versuchten, wurden erstochen, den anderen legte man Fesseln an.

Sodann ging Cortés mit seinen Männern hinaus zu den übrigen Mitgliedern seiner Gefolgschaft, die draußen mit ihrem Gepäck warteten, als wären sie marschbereit. Er bestieg sein Pferd und ließ das Signal geben – den Schuss aus einer Hakenbüchse, woraufhin Spanier, Zempoalaner und Tlaxcalteken ihr Gepäck fallen ließen und die Cholulaner im Hof, die so dicht gedrängt standen, dass ihnen jede Verteidigungsmöglichkeit fehlte, niedermetzelten. Danach stürmten die Reiter aus dem Hof hinaus und griffen die entsetzten Zuschauer an. Schreiend liefen die Frauen und Kinder davon – Cortés hatte seinen Männern Anweisung gegeben, nach Möglichkeit keine Frauen und Kinder zu töten. Als vom Tempel des Quetzalcoatl auf der großen Pyramide die Priester in rasender Wut Felsbrocken auf die Spanier hinabrollten, steckten diese daraufhin den Tempel samt Priestern in Brand. Insgesamt waren die cholulanischen Krieger nicht kampfgewohnt, und noch weniger waren es die Händler, Priester und Handwerker. Als die Einwohner fluchtartig ihre Stadt verließen und versuchten, in ihre Verstecke zu gelangen, fielen die wartenden Tlaxcalteken über sie her.

Entgegen seiner bisherigen Praxis ließ Cortés es nun zu, dass die Stadt geplündert wurde. Die Spanier nahmen alles Gold und alle Juwelen mit, die sie finden konnten. Die Tlaxcalteken stahlen alles Salz und alle Decken, die sie tragen konnten. In der ganzen Stadt brannten die Tempel, und den glaubhaftesten Schätzungen zufolge wurden 6000 bis 10 000 Menschen getötet.

Als Cortés seine Truppen zurückrief, waren die umliegenden Straßen und der Hof mit Leichen übersät. Er kehrte zu den gefesselten cholulanischen Häuptlingen zurück und ließ sie frei: Sie sollten sich draußen ansehen, was sie angerichtet hatten. Sie gaben Montezuma die Schuld und baten Cortés um Verzeihung sowie um die Erlaubnis, ihre Leute zurückbringen zu dürfen, die sich auf dem Land versteckt hielten. Und während die Spanier mit ihren indianischen Verbündeten die Speisen verzehrten, die sie aus den Häusern geholt hatten, und ihr Gepäck auspackten – im Grunde waren sie zu diesem Marsch noch gar nicht bereit –, kam wieder Leben in die Stadt. Bei diesen Menschen, die bereits Angriffe der Tlaxcalteken und der Azteken erlebt hatten und die in ihren eigenen Opferzeremonien die Gewalt verherrlichten, schien der wilde Racheakt der Spanier keine tiefen Spuren hinterlassen zu haben. Sie zeigten nicht einmal Ärger, sondern schienen ihr Los mit demütiger Resignation zu akzeptieren.

Cortés ließ die aztekischen Adligen zu sich bringen – die Gesandten, die mit ihm aus Tlaxcala gekommen waren, ebenso wie Montezumas erst kürzlich eingetroffene Abordnung. Er sagte ihnen, die Cholulaner hätten Montezuma beschuldigt, doch halte er dies, im Vertrauen, für eine Lüge, denn er glaube nicht einen Augenblick daran, dass ein so großer Herrscher wie Montezuma einen solchen Befehl erteilt haben könne. Schließlich hätten er und Montezuma mehrfach Freundschaftsbeweise ausgetauscht. Ganz offenbar gehe es also den Cholulanern darum, die Schuld von sich selbst abzuschieben und eine schwere Bestrafung zu vermeiden.

Die Spanier blieben noch etwa zwei Wochen in Cholula und erhielten täglich Nahrungsmittel. Jetzt kamen auch die außerhalb lagernden Tlaxcalteken in die Stadt, und wie einst mit den Häuptlingen von Zempoala und Cingapacinga geschehen, so drängte Cortés nun die Tlaxcalteken und Cholulaner, einander zu umarmen und sich das Versprechen guten Einvernehmens zu geben. Indem er den Frieden zwischen den beiden Stämmen wiederherstellte, sicherte er sich seinen Rückweg zur Küste und zu den Spaniern in Villa Rica. Endlich traf aus der Hauptstadt der Azteken die Nachricht ein, Montezuma sei gern bereit, die Spanier zu empfangen, wann immer sie wollten.

Der Traum von „Amadis de Gaula“

Cortés und seine Männer fühlten sich in der dünnen, klaren Luft des Hochlandes völlig abgehoben, hektisch, atemlos und wie trunken. Ihre Blutgefäße weiteten sich, ihre Kehlen brannten, wenn ihre Lungen um Sauerstoff rangen; und griffen sie während einer Schlacht an, so hatten sie plötzlich schwarze Flecken vor Augen. Sie wunderten sich, dass sie immer noch lebten – ständig hin- und hergerissen zwischen der Angst vor Niederlage und Opfertod und der Hoffnung auf Triumph, Gold und Ruhm. Ihre Vernunft hatten sie längst ausgeschaltet, und konnte man es ihnen angesichts dieser unglaublichen Glückssträhne verdenken, dass sie sich von Gott gesegnet glaubten?

Bevor Cortés Cholula verließ, baten die Zempoalaner darum, umkehren zu dürfen. Sie waren nicht kleinmütig, wollten ihm durchaus weiter Gefolgschaft leisten und sich Montezuma widersetzen. Aber sie waren einfach zu weit von zu Hause entfernt, und das machte sie mutlos und verzweifelt. Keiner von ihnen war je so weit fort gewesen, sie fühlten sich unendlich verloren und litten als Menschen der Ebene stark unter der ungewohnten Höhe. Dankbar für die bisher erwiesene Treue, ließ Cortés sie ziehen – er verstand sie, denn schließlich fühlten die Spanier ähnlich, nur dass eine enorme Motivation sie vorantrieb.

Cortés teilte den Totonaken von dem Federwerk und den bestickten Baumwollgewändern einen großzügigen Anteil zu, wobei er den fetten Häuptling und seine Verwandten besonders bedachte, und übergab den Zempoalanern zwei Briefe – einen für Juan de Escalante im Fort von Villa Rica, den anderen für ihren Häuptling. Es mag auf den ersten Blick absurd erscheinen, dass die Spanier den Indianern häufig Briefe sandten, wie sie es vor den Schlachten an die Tlaxcalteken, die Cholulaner und an Montezuma getan hatten, denn natürlich wussten sie genau, dass die Indianer nicht lesen konnten, geschweige denn Spanisch verstanden. Sie gingen ganz einfach davon aus, dass die Indianer von einer mündlichen Botschaft stärker beeindruckt wären, wenn diese von einem Blatt mit merkwürdigen, vielleicht sogar magisch zu deutenden Zeichen begleitet wurde. Zudem dienten solche Briefe, von denen stets eine Kopie aufbewahrt wurde, als Unterlage für die königlichen Beamten, falls die Rechtmäßigkeit der Konquista irgendwann infrage gestellt werden sollte.

Nach dem Abzug der Totonaken machten sich Spanier und Tlaxcalteken auf den Weg in Montezumas Hauptstadt, angeführt von den aztekischen Gesandten. Die große Schar kam nur langsam voran, legte jeden Tag nur wenige Kilometer zurück, übernachtete in Dörfern entlang des Weges und rastete zwischendurch zwei oder drei Tage, bevor sie sich wieder in Bewegung setzte. Die Dorfbewohner empfingen sie mit Zurückhaltung, die wohl auch mit Angst gemischt war, und wunderten sich über die Anwesenheit von Azteken und Tlaxcalteken in der spanischen Truppe. Immerhin lieferten sie Nahrungsmittel und brachten Cortés in der Regel bescheidene Geschenke, darunter ein wenig Gold. Der erste unerwartete Anblick auf diesem Weg ins Unbekannte bot sich in Gestalt eines hohen, schneebedeckten Berges, aus dessen Gipfel mit ungeheurer Vehemenz ein mächtiger weißer Rauchstrahl emporschoss – man hatte den Popocatepetl erreicht, der kurz vor der Eruption stand. Ganz in der Nähe sahen die Spanier einen weiteren hohen, schneebedeckten Berg, den Vulkan Iztaccíhuatl, der jedoch gerade nicht aktiv war. Die Indianer, die nie zuvor eine so gewaltige Rauchfahne über dem Popocatepetl gesehen haben wollten, deuteten dies auf ihre Weise: Vielleicht sei der Berg über irgendetwas verärgert, vielleicht aber begrüßte er auch die Ankunft der Spanier.

Unter dem Kommando von Diego de Ordaz sandte Cortés ein paar Männer aus, um herauszufinden, was dort oben geschah. Die Indianer fürchteten sich, den Popocatepetl zu besteigen. Sie glaubten, dass dort oben die Geister böser Herrscher hausten. Cortés drängte sie, bei der Suche nach einem Pfad zum Gipfel zu helfen, doch sie kehrten bald um, und Ordaz stieg mit seinen Spaniern allein weiter. Bald spürten sie, wie die Erde unter ihren Füßen bebte, und es war bitterkalt. Der hart gefrorene Schnee war von feinem Aschenregen bedeckt, und von den Unterseiten der Felsen hingen große Eiszapfen herab. Beim Anstieg auf über 5000 Meter Höhe kostet bereits die kleinste Bewegung große Anstrengung, und das Atmen fällt schwer. Trotzdem darf man mit ziemlicher Sicherheit

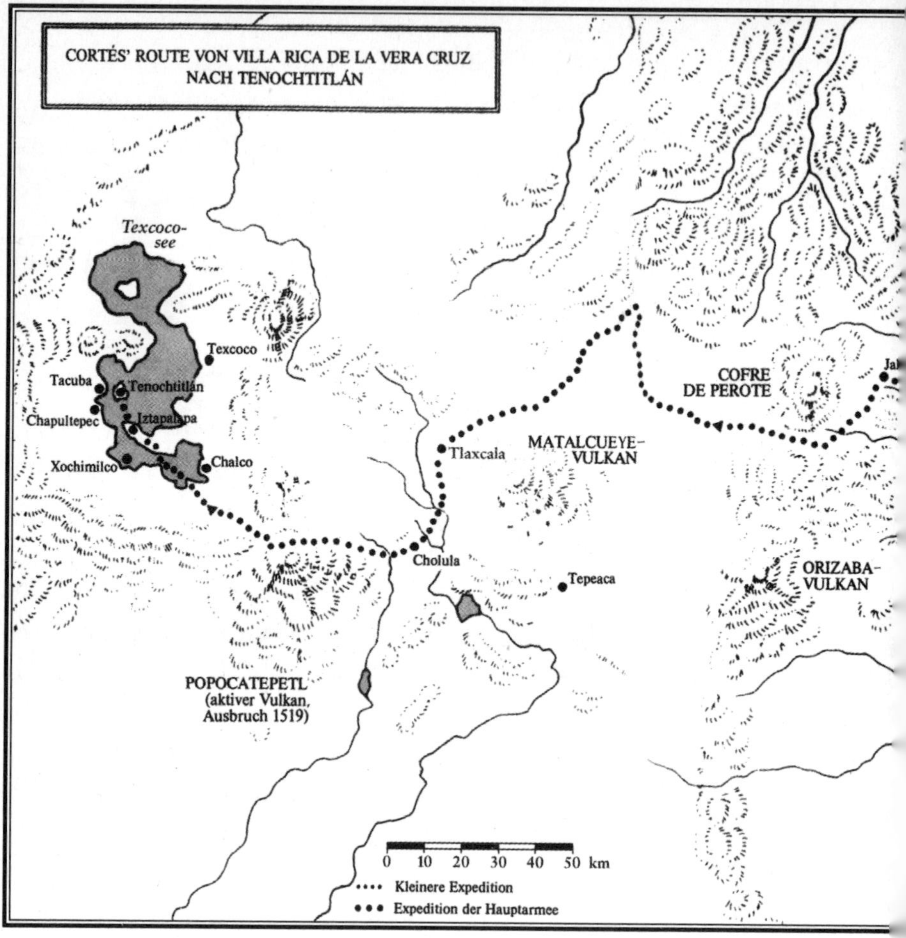

davon ausgehen, dass die Männer den Rand des Kraters erreichten, denn Ordaz hat Bernal Díaz eine zutreffende Beschreibung gegeben: Oben auf dem Gipfel befinde sich eine Öffnung mit einem Umfang von zweieinhalb Kilometern, und in dem nicht sehr tiefen Loch brodele es – dies sehe ganz so aus wie ein Glasofen auf dem Siedepunkt. Ordaz erhielt im Übrigen später vom König die Erlaubnis, einen rauchenden Vulkan in sein Wappen aufzunehmen.

Als die Spanier sich auf dem Abstieg befanden, begann es glühen-

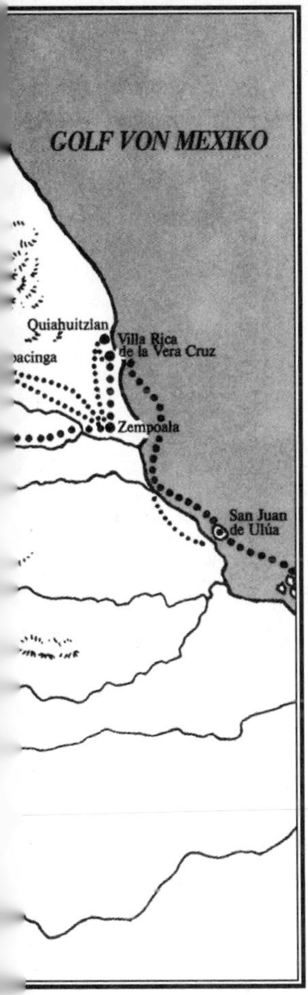

de Lava zu regnen, und sie mussten vorübergehend Schutz unter Felsvorsprüngen suchen. Doch kamen sie sicher wieder herunter und breiteten aus, was sie mitgebracht hatten: Vulkanlava, Eiszapfen und Schnee. Auch hielten sie für Cortés wertvolle Informationen bereit: Hoch oben vom Popocatepetl herab hatten Ordaz und seine Gefährten gesehen, dass der Weg, auf dem die Armee sich bewegte, zu einer Gabelung führte. Eine Abzweigung war völlig frei, die andere war an mehreren Stellen von mächtigen Baumstämmen blockiert, doch schien dieser Weg der bessere zu sein. Als die Armee die Gabelung erreichte, befahl Cortés deshalb anzuhalten und bestellte Indianer aus dem nächsten Dorf zu sich, die er außer Hörweite der aztekischen Gesandten befragte. Er erfuhr, dass der freie Weg zu einem Engpass führe, wo die aztekischen Truppen eine Falle bereithielten – sie lauerten dort in einer ausgehobenen Mulde, in Gräben und hinter Barrikaden. Zwar handelte es sich vermutlich um Truppen, die sich nach dem Massaker von Cholula dorthin zurückgezogen und die keinen Befehl zum Angriff hatten, aber sie standen immerhin bereit, falls Montezuma die Order erteilen sollte.

Cortés rief die aztekischen Gesandten zu sich und fragte sie nach dem Grund für die Blockade der Weggabelung. Die gesperrte Straße führe zu einer sehr armen, mit Tlaxcala verbündeten Stadt, erhielt er zur Antwort. Über die freie Straße hingegen erreiche man einen wohlhabenden, Montezuma ergebenen Ort, in dem man die Spanier auf angemessene Weise unterbringen könne. Cortés entschied sich für den blockierten Weg. Die Tlaxcalteken räumten die Baumstämme beiseite, und die Armee zog weiter bis zu der Stadt, die nicht den Azteken unterstand. Dort warnten die Häuptlinge davor, weiter zur Hauptstadt Montezumas zu ziehen, wo es von aztekischen Kriegern nur so wimmele und wo die Spanier entweder in der Schlacht getötet oder gefangen genommen, geopfert und verspeist würden. Den Häuptlingen waren Gerüchte zu Ohren gekommen, dass die Priester des Kriegsgottes Huitzilopochtli unablässig Vorzeichen deuteten und täglich Opfer darbrächten. Und schließlich sei Montezuma selbst einst Priester des Huitzilopochtli gewesen und nicht des maßvollen Quetzalcoatl. Die Empfehlungen der aztekischen Priester, berichteten die Häuptlinge weiter, lauteten unterschiedlich: Während einige dazu rieten, die Fremden erst gar nicht an die Hauptstadt herankommen zu lassen, neigten andere dazu, ihnen gerade das zu gestatten, weil man sie in der Stadt leicht niederringen und gefangen nehmen könne.

Die Verbündeten der Tlaxcalteken versorgten die Spanier reichlich mit Speisen – wenn auch mit ungesalzenen – und brachten trotz ihrer Armut eine bescheidene Gabe: ein wenig Gold und ein paar Sklavinnen. Am späten Vormittag dann zog die Armee weiter, die wenigen Kilometer auf den hohen Pass hinauf, der zwischen den Bergen hindurchführte. Es war bitterkalt, und der Wind blies ihnen eisige Flocken ins Gesicht. Der Schneesturm war so dicht, dass sie kaum hindurchsehen konnten, und das beunruhigte die Spanier, weil sie in dieser Situation bei einem möglichen Überfall völlig hilflos gewesen wären. Doch die Azteken lauerten auf dem anderen Weg.

Sobald sie den Pass überschritten hatten, hörte es zu schneien auf, der Wind legte sich, und die Spanier sahen unter sich ein weites Tal, das in strahlendem Sonnenschein dalag. Diese überwältigende Schönheit beruhigte, ja besänftigte sie. Auf dem Grund des Tales gab es viele Seen, in denen sich der blaue Himmel spiegelte, und in diesen Seen lagen Inseln mit Dörfern und Städten, die über Dämme mit dem Ufer verbunden waren. Bei den Häusern handelte es sich um weiß gekalkte Bauten, und alle wurden sie überragt von einer

Vielzahl von Pyramiden. Die weißen Flächen waren in kräftigen Farben – in Rot, Gelb und Schwarz –, bemalt, und auf den Seen bewegten sich tausende von Kanus, in denen Menschen zwischen den Inseln und dem Festland hin und her paddelten und sich auf Kanälen durch die Dörfer und Städte bewegten. Die Felder waren abgeerntet und gepflegt, und selbst auf den Seen schienen grünende Felder zu schwimmen. Für die Spanier war dies ein Anblick, wie sie ihn nie zuvor gesehen oder sich je erträumt hatten. Es war ein Fantasiebild, eine schier überirdische Vision, schimmernd wie eine Fata Morgana – dieser weite Talgrund, umgeben von hohen Bergen und auf der anderen Seite der Erde.

Einige der Männer um Velázquez waren so überwältigt, dass sie umkehren wollten: Es sei nicht gottesfürchtig, ein solches Paradies zu betreten, sagten sie und hatten Angst, dafür bestraft zu werden und sterben zu müssen. Cortés jedoch blieb hart und gab das Zeichen zum Abstieg.

Im Tal angelangt, waren sie geblendet vom unglaublichen Reichtum und Luxus des Aztekenreiches. Geleitet von den aztekischen Gesandten, erreichten sie am Nachmittag ein riesiges Landgut, das man für sie frei gemacht hatte. Es war so groß, dass nicht nur die Spanier, sondern auch die tausende von Indianern in ihrer Begleitung darin Unterkunft fanden. Das Anwesen war aus Natursteinen erbaut, zum Teil gekalkt und mit leuchtenden Farben bemalt, und hier und da waren Intarsien aus Zedernholz eingelassen. Die Innenhöfe standen voller Gewürzpflanzen, und die Räume waren mit prächtigen Wandbehängen geschmückt. In den Zimmern lag Feuerholz aufgeschichtet, und weiteres Holz war draußen gestapelt, sodass sie keine weitere kalte Nacht zu befürchten hatten. In dem Garten, der die Villa umgab, entdeckten sie ein Becken mit frischem Wasser, und über die von Baumwollplantagen überschatteten Wege fielen ganze Blumenkaskaden herab.

Doch die Tlaxcalteken befürchteten unverändert einen Angriff.

Sie hätten Krieger gesehen, die aus den Wäldern spähten, warnten sie Cortés, der daraufhin an hoch gelegenen Punkten gut sichtbare, schlagkräftige Wachen samt Kanonen und Arkebusieren aufstellte, und auch die Pferde blieben vorsichtshalber gesattelt.

Am Abend machte eine weitere aztekische Abordnung den Spaniern ihre Aufwartung. Angeführt wurde sie von einem prächtig gekleideten Azteken – Montezumas Bruder, wie Cortés der übersetzten Begrüßung vermutlich fälschlicherweise entnahm, denn wahrscheinlicher ist, dass es sich um einen entfernten Verwandten handelte. Nach Darreichung des üblichen Goldgeschenkes unterbreitete dieser Adlige Montezumas letztes Angebot. Der Aztekenherrscher ließ nochmals alle Schwierigkeiten aufzählen, die einer Reise der Fremden in die Hauptstadt entgegenstünden, und mit Nachdruck sein Angebot einer großen Belohnung wiederholen, wenn Cortés sich zur Umkehr bereit finde. Er könne einen so großen Schatz mit sich nehmen, wie er nur wollte, und zudem für seinen König einen Tribut in beliebiger Höhe festlegen, den man sogar an einen von den Spaniern zu bestimmenden Hafen an der Küste liefern wollte.

Cortés verstand auch jetzt nicht und antwortete, wie er es bei jedem der großzügigen Angebote getan hatte: Gerne würde er annehmen, wenn er könnte. Doch habe ihm sein König befohlen, sich persönlich dem Aztekenherrscher vorzustellen, von dem der König schon seit so vielen Jahren gehört habe. Diese angebliche Vorkenntnis, die in keiner Weise der Wahrheit entsprach, beunruhigte die Azteken erneut, schien sie doch auf jene geheimnisvolle Abkunft der Fremden von Quetzalcoatl hinzuweisen.

Bevor die Azteken sich wieder verabschiedeten, führte Cortés sie herum, um ihnen die Kanonen und die Wachposten zu zeigen und ihnen unverblümt zu sagen, neugierige indianische Fremde, die hier nachts einzudringen versuchten, würden auf der Stelle getötet. Und wirklich: Die Spanier und ihre indianischen Verbündeten konnten in dieser Nacht ruhig schlafen – es gab keinerlei Störungen, und sie fühlten sich allesamt besser, seit sie die großen Höhen hinter sich gelassen hatten.

Am nächsten Tag zogen sie einige Kilometer weiter zu einer größeren Stadt, die rund 20 000 Einwohner hatte. Dort hießen die Häuptlinge sie willkommen, gaben ihnen Gold im Wert von 3000 Castellanos, dazu 40 Sklavinnen. Die Spanier bekamen gut zu essen, blieben ein paar Tage und zogen dann weiter zur nächsten Stadt, die teils auf dem Festland, teils auf dem Wasser lag. Die hier lebenden Indianer schienen recht kühn zu sein, denn in der Nacht versuchten Spione, in das spanische Lager einzudringen. Die Wachen töteten 15 oder 20 der Eindringlinge, ohne dass es zu weiteren Zwischenfällen gekommen wäre.

Am nächsten Morgen erschien ein sehr vornehmer Aztekenführer, ein Neffe von Montezuma mit Namen Cacama oder Cacamatzin, wenn man die aztekische Ehrensilbe anhängt. Er trat mit einem solch fürstlichen Pomp auf, wie ihn die Spanier bisher noch nie gesehen hatten.

Zuerst verkündete ein Dutzend prächtig gekleideter Häuptlinge mit großem Gefolge die Ankunft Cacamas, der daraufhin von acht wichtigen Häuptlingen, die jeweils einer Stadt vorstanden, in einer Sänfte hereingetragen wurde, die prunkvoll mit in goldenen und silbernen Haltern steckenden grünen Federn geschmückt war. Cacama war etwa 25 Jahre alt und Herrscher von Texcoco. Die Spanier wussten noch nicht, dass alle größeren Städte im Tal, einschließlich Texcoco, sich zu einem Bündnis zusammengeschlossen hatten, in dem der beherrschende Ort die Hauptstadt war. Als Cacama aus seiner Sänfte stieg, fegten die Adligen den Weg vor ihm und hoben die Kieselsteine auf.

Die würdevollen Azteken mit ihrem förmlichen Zeremoniell waren schockiert, als Cortés sie mit einer herzlichen Umarmung begrüßte. Als Cacama die Fassung zurückgewonnen hatte, erklärte er, Montezuma sei krank und habe deshalb ihn zur Begrüßung und Begleitung der Spanier ausgesandt. So zog nun diese ganze gemischte Schar gemeinsam weiter, bestaunt von zahllosen Neugierigen, die aus den nahe gelegenen Dörfern herbeiströmten und dem Tross oft den Weg versperrten.

Die Spanier wurden auf einen schmalen, aus Steinen errichteten Damm geführt, der nicht breiter war als eine Lanze und sich drei Kilometer weit in einen Süßwassersee hinein erstreckte – diese Seen im Tal von Mexiko, teils Süß-, teils Salzwasser enthaltend, waren sehr seicht und sind heute meist trockengelegt. Aus taktischer Vorsicht zögerten die Spanier zunächst, sich auf diesen Damm zu begeben, doch Cortés war es wichtig, keine Furcht zu zeigen. In der Stadt am Ende des Damms, die unter Cacamas Herrschaft stand, entboten ihnen die örtlichen Adligen das übliche Empfangsgeschenk und erhielten im Gegenzug ein paar belanglose Kleinigkeiten.

Nächste Station der Reise war eine größere Stadt am Ufer eines Salzsees, und langsam näherte man sich nun der Mitte des Tals von Mexiko. Hier regierte Cuitlahuac, bei dem es sich tatsächlich um Montezumas Bruder und Cacamas Onkel handelte. Er war nicht nur der Herrscher von Iztapalapa, sondern auch der angrenzenden Stadt Coyoacán, die heute ein Vorort von Mexiko-Stadt ist. Cuitlahuac war noch zurückhaltender, noch würdevoller als die anderen aztekischen Adligen, und Cortés hätte vielleicht gut daran getan, sich sein dunkelhäutiges, finsteres Gesicht zu merken. Aber angesichts all dieser leuchtenden Farben ringsum, angesichts der schillernden Federn, des glänzenden Goldes und blinkenden Silbers und all der funkelnden Juwelen fiel es den Spaniern schwer, der Pracht dieser hoch entwickelten Kultur, die der eigenen so vollkommen fremd war, nicht zu verfallen.

In Cuitlahuacs Stadt sahen die Spanier die größten Villen, die sie je gesehen hatten, dazu eine ganze Anzahl noch unvollendeter Häuser, welche die Aztekenherrscher sich an diesem hübschen Platz bauen ließen. Die einzelnen Räume waren auf reizvolle Weise durch

Links: Die Spanier waren vom Anblick der aztekischen Hauptstadt Tenochtitlán überwältigt. Sie schien auf dem Wasser zu schwimmen, und ihre Pyramiden schienen den Himmel zu berühren.

Unten: Neben Alleen und weiß gekalkten Steinhäusern gab es mächtige Tempel und Pyramiden.

Innenhöfe verbunden, Korridore öffneten sich auf Gärten, und im Park von Cuitlahuacs Villa befand sich ein quadratisches, mit Steinen eingefasstes Becken, in dem Fische schwammen und auf dem Wasservögel paddelten. Cortés schritt das Becken selbst ab – jede Seite maß 400 Schritte, 1600 waren es ringsum.

Am nächsten Tag zogen die Spanier wieder weiter. Aztekische Adlige geleiteten sie zu einem Damm, der sich neun Kilometer weit in den See hinein erstreckte und auf dem, bei einer Breite von zwei Lanzenlängen, acht Kavalleristen nebeneinander reiten konnten. Entlang dieses Damms erstreckten sich zwei Städte – die eine höchstwahrscheinlich Coyoacán, die andere Churubusco, wo sich heute die mexikanische Filmstadt befindet. Und endlich gelangten die Spanier in die fantastische Hauptstadt, die größte Stadt, die sie je zu Gesicht bekommen hatten. In blendendem Weiß schien sie auf dem Wasser zu schwimmen, umschwirrt von ganzen Kanuflotten, und ihre Pyramiden waren so hoch, dass sie den Himmel zu berühren schienen.

Die Hauptstadt der Azteken hieß Tenochtitlán, und sie war das Herzstück dieser neu entdeckten Welt.

Montezuma

Am Seeufer gebot Cortés der Armee anzuhalten und versuchte, sich vom Pferde aus ein Bild von der Lage zu machen – sie schien ihm über die Maßen gefährlich. Der ganze schmale Damm war von hunderten von Kanus umgeben, voll besetzt mit Indianern, die im Augenblick allerdings friedfertig schienen. An mehreren Stellen war der Damm durch Kanäle unterbrochen, die gut siebeneinhalb Meter breit waren und von langen, geglätteten Baumstämmen überbrückt wurden. Diese Bohlen ließen sich schnell entfernen, und damit wäre den Spaniern der Rückzug abgeschnitten. Womöglich konnte man sie sogar zwischen zwei Kanälen festsetzen, wo sie dann – ihrerseits völlig manövrierunfähig – den Indianern in ihren Kanus ein bequemes Angriffsziel boten.

Cortés sah ferner, dass weiter vorne, in Richtung Tenochtitlán, von links her ein zweiter Damm zum Hauptdamm hinführte und dass an der Verbindungsstelle ein massives, aus Steinen gebautes Bollwerk stand, das die Spanier passieren mussten. Trotzdem zögerte Cortés nicht. Er wusste, dass in dieser riesigen Zuschauermenge aller Augen auf ihm ruhten, und so gab er seinem Pferd die Sporen und preschte auf den schmalen Damm.

Es war ein verängstigter Zug, der ihm folgte. Angeführt von den Reitern mit ihren hoch erhobenen Lanzen, marschierten Arkebusiere, Bogenschützen, Pikeniere und Schwertträger – insgesamt über 400 Spanier. Sodann kamen die Tlaxcalteken, die als Träger dienten, sowie 6000 tlaxcaltekische Krieger, ein paar übrig gebliebene Zempoalaner und ganz am Schluss sogar einige Cholulaner. Diese Streitmacht, in der die Azteken wohl wenig mehr als eine Gesandtschaft sahen, musste auf ihre gewohnte rechteckige Schlachtordnung verzichten und sich auf dem Damm zu einer schmalen und lang gezogenen Kolonne formieren, die jedem Angriff ausgesetzt war. Hinter der Armee drängten sich die Bewohner der am See gelegenen Dörfer und schnitten den Spaniern so den Rückweg ab.

An der Bastion wurde Cortés von rund 1000 aufs Prächtigste gekleideten aztekischen Adligen erwartet, und es dauerte rund eine Stunde, bis alle nacheinander Cortés, der auf seinem Pferd saß, begrüßt hatten. Ein jeder von ihnen berührte den Boden und küsste dann seine eigene Hand. War das ein Zeichen von Unterwürfigkeit? Wohl kaum: Höchstwahrscheinlich war diese umständliche Zeremonie nur eine Demonstration dieser erlesenen, gemessenen Höflichkeit, wie sie von den Azteken praktiziert wurde.

Zweifellos hat Cortés sich während dieser Zwangspause gefragt, was die aztekischen Krieger in der Stadt wohl in der Zwischenzeit taten. Aber er hatte keine andere Wahl, als zu warten.

Schließlich hatten sie die Begrüßung und das Bollwerk hinter sich und befanden sich auf jenem Teil des Dammes, der nach Tenochtitlán führte. Auch hier gab es eine Brücke, die leicht zu entfernen war. Cortés blickte auf die Stämme, ohne deshalb langsamer zu reiten.

Auf der Insel von Tenochtitlán betraten sie eine breite, schnurgerade Allee, die auf beiden Seiten schöne Steinhäuser mit Flachdächern säumten. Sie waren weiß gekalkt und mit eingelegtem Holzwerk geschmückt. Dazwischen ragten mächtige Pyramiden mit Tempeln auf. Auf dieser Allee hatten sich zur Begrüßung etwa 200 weitere aztekische Adlige eingefunden. Sie waren noch erlesener gekleidet als jene, die an der Bastion gewartet hatten: Ihre Köpfe zierte prächtiger Federschmuck, und ihre bestickten Baumwollgewänder glitzerten nur so vor Gold, Silber und kostbaren Steinen. Ihr riesiges Gefolge füllte die ganze Straße, auf der sie sich zu beiden Seiten vor den Häuserfronten aufreihten. In den Seitenstraßen drängten sich die Zuschauer.

Durch das Spalier seiner Adligen ging nun gemessenen Schrittes der Aztekenherrscher auf Cortés zu, zu seiner Linken begleitet von seinem Neffen Cacama, zu seiner Rechten von seinem Bruder Cuitlahuac. Montezumas Hände lagen auf den Unterarmen seiner Verwandten – nicht etwa, weil er gestützt werden musste, sondern um zu demonstrieren, dass sie seine Vasallen waren. Alle Adligen seines Gefolges, die entlang der Straße Aufstellung genommen hatten, vermieden es, den Herrscher direkt anzuschauen. Alle, einschließlich Cacama und Cuitlahuac, waren sie barfüßig. Montezuma hingegen trug Sandalen mit goldenen Sohlen, und die Lederriemen waren mit kostbaren Steinen besetzt.

Cortés stieg vom Pferd, und Malinche und Aguilar waren sogleich an seiner Seite. Er stellte sich vor, und Montezuma tat desgleichen. Als Cortés daraufhin die Arme weit ausbreitete, um Montezuma mit einer herzlichen Umarmung zu begrüßen, da er ihm nach so vielen

Mühen endlich von Angesicht zu Angesicht begegnete, geboten Cacama und Cuitlahuac Einhalt, und die Adligen schrien, entsetzt über dieses unerhörte Benehmen, wie aus einem Munde schrill auf. Cortés beschränkte sich darauf, seine Kette aus Perlen und Glaskügelchen abzunehmen, um sie Montezuma um den Hals zu legen.

Was sie bei dieser ersten Begegnung sahen, gefiel ihnen – ja, sie schienen sich sogar sympathisch zu sein. Auch wenn das Aussehen des Spaniers mit der hellen Haut und dem vollen dunklen Bart dem Azteken merkwürdig vorgekommen sein muss, besaß Montezuma doch Menschenkenntnis genug, um die vitale Kraft eines Mannes in der Blüte seiner Jahre, gezeichnet und gestählt von Monaten des Kampfes und der ständigen Gefahr, zu erkennen – und vielleicht sah er auch die Entschlossenheit und den Mut in seinen Augen. Cortés dagegen erschien sein Gegenüber als alter Mann, der vielleicht in seiner Jugend einmal kriegerisch gewesen sein mochte, jetzt aber vom Wohlleben verweichlicht war. Montezuma hatte eine schlanke Figur und eine dunkle Haut, sein schwarzes Haar war über den Ohren und über der Stirn kurz geschnitten. Cortés' Gesamteindruck des Mannes in seiner farbenprächtigen indianischen Aufmachung ging dahin, dass der Aztekenherrscher eher der Meditation als dem Kampf zugeneigt war.

Montezuma zögerte, war unsicher, wie er das Gespräch weiterführen sollte. Er wies deshalb Cuitlahuac an, Cortés zu begleiten, wandte sich um und ging mit Cacama zu den Spalier stehenden Adligen, die jetzt wieder einer nach dem anderen vor Cortés traten und ihn begrüßten, indem sie den Boden berührten und die eigene Hand küssten. Montezuma nahm zwei Ketten aus roten Schneckenschalen, die Diener ihm gebracht hatten, und legte sie Cortés um den Hals – jede Halskette enthielt acht erlesen gearbeitete goldene Garnelen.

Schließlich wurden die Spanier zu einem sehr großen und sehr schönen Platz geführt, auf dem sich eine ausgedehnte Ansammlung von niedrigen Gebäuden innerhalb eines weiten, ummauerten Hofes befand. Hier, wo einst Montezumas verstorbener Vater gelebt hatte,

Nachdem sie lange nur durch Boten miteinander kommuniziert hatten, traten sich Hernán Cortés und Montezuma in Tenochtitlán zum ersten Mal persönlich gegenüber.

richtete die Expedition sich nach und nach ein – nicht nur die Spanier, sondern auch ihre indianischen Verbündeten, die als Teil der Gesandtschaft von den Azteken geduldet wurden. Mittlerweile darin geübt, stellten die Tlaxcalteken die Kanonen rasch in den Höfen auf und stapelten den Vorrat an Pulver und Geschossen so, dass er jederzeit griffbereit war. Die Azteken indes schenkten den Verteidigungsmaßnahmen dieser in ihren Augen kleinen Truppe, die sich inmitten der Hochburg ihres Reiches befand, weiter keine Beachtung. Hatte Bernal Díaz schon über das zahlenmäßige Aufgebot der Tlaxcalteken geschrieben: „Sie waren so viele, dass wir erblindet wären, hätten sie uns mit Erde beworfen", so war die Übermacht der Azteken zweifellos noch bedrohlicher.

Inzwischen war es früher Nachmittag, und Montezuma verließ die Spanier, damit sie speisen und sich ausruhen konnten. Ohne zu wissen, dass es besonders in großen Höhen – man war hier auf 2265 Metern – ratsam ist, einer üppigen Mahlzeit eine Siesta folgen zu lassen, weil der geringe Sauerstoffgehalt der Luft die Verdauung verlangsamt, hatten die Spanier instinktiv genau diese Gewohnheit angenommen. Für ihr Wohlergehen war in jeder Weise gesorgt. Vorräte an Nahrungsmitteln standen reichlich zur Verfügung, sogar Futter für die Pferde. Die Azteken hatten eine ganze Schar von Frauen geschickt, die für sie kochten, und

Diener, die ihnen die Gerichte auftrugen, sodass einem Festessen nichts im Wege stand. Cortés pflegte zu den Mahlzeiten einen Viertelliter Wein, vermischt mit einem Viertelliter Wasser, zu trinken.

AM SPÄTEN Nachmittag dieses 8. November 1519 kehrte Montezuma mit großem Gefolge zurück, und Cortés empfing ihn in der großen Halle des Palastes. Träger luden Montezumas Geschenke ab: Gegenstände aus Gold, Silber und Juwelen, Federumhänge und erlesen bestickte farbige Baumwolltuniken. Cortés dankte ihm und überreichte die Gaben der Spanier. Montezuma hielt sodann eine lange, wohl vorbereitete und wohl durchdachte Rede, in der er seine Überlegungen und Gefühle darlegte, doch lässt diese Rede viele Deutungen zu und wirft viele Fragen auf, was zu einem großen Teil auf die Problematik der doppelten Übersetzung zurückzuführen ist. Gewiss war Malinche schon allein dadurch verunsichert, dass zu ihr, dem Sklavenmädchen, jener Mann sprach, der als der mächtigste Herrscher überhaupt verehrt und gefürchtet wurde. Was Aguilars Maya-Kenntnisse anging, so reichten diese zwar für praktische Zwecke aus, waren jedoch höchstwahrscheinlich zu mangelhaft, um die Worte des Aztekenherrschers in allen Nuancen wiederzugeben. Und Cortés, das letzte Glied in dieser Kommunikationskette, hatte sein eigenes festes Gefüge von Überzeugungen, in das er Montezumas Darlegungen, die in einem völlig anderen Kontext standen, ganz einfach hineinpresste.

Es existiert eine ganze Reihe von Berichten: Cortés' Brief an den König, der dem Geschehnis zeitlich am nächsten ist; der Bericht von Gómara, der Cortés' Erinnerungen gut 20 Jahre später niederschrieb; Bernal Díaz' Memoiren, die etwa 15 Jahre danach entstanden; die überlieferten Stellungnahmen einiger spanischer Kapitäne – und die Werke der Franziskaner Diego Durán und Bernardino de Sahagún, die Jahre nach der Konquista entstanden und auf den Zeugnissen aztekischer Priester beruhen. So bleibt uns heute nichts anderes übrig, als diese Rede nach logischen Gesichtspunkten zu interpretieren, denn daraus könnten sich Erklärungen für Montezumas späteres Verhalten ergeben.

Cortés' eigene Wiedergabe ist lächerlich, zumindest soweit es in seinem Brief steht. Was er begriff, war eine Ansammlung von Gedanken und Redewendungen, die ihm selbst zupass kamen und die Ähnlichkeiten mit den *Siete Partidas* der Bibel und sogar mit traditionellen spanischen Redensarten aufwiesen. So sagte Montezuma angeblich, die Spanier sollten das Haus seines Vaters als ihr eigenes ansehen – Cortés hatte wohl die überschwängliche Redewendung *Aquí es su casa* im Sinn – „Dies ist dein Haus" –, mit der man in Spanien Gästen großzügig entgegentrat, wollte die Höflichkeitsfloskel indes wörtlich nehmen, als hätte Montezuma ihm das Haus rechtsgültig übertragen. Ferner erklärte der Aztekenherrscher in seiner förmlichen Rede, er habe den Spaniern abgeraten, nach Tenochtitlán zu kommen, weil seinem Volk die Geschichten Angst machten, die man über die Fremden und ihre Menschen fressenden Pferde erzählte und über ihre donnernden Geschütze, die tödliche Blitze spien. Er selbst glaube jedoch nicht daran, er wisse, dass sie sterblich seien, dass die Pferde genau wie das Rehwild Tiere waren und dass Kanonen und Feuerwaffen wie Blasrohre funktionierten. Die Spanier waren ein wenig enttäuscht, denn sie hätten nur allzu gern geglaubt, dass die Indianer sie als Götter sahen.

Alle Überlieferungen stimmen darin überein, dass Montezuma seine Gewänder hob, sich nackt zeigte und erklärte, auch er sei ganz offensichtlich so sterblich wie sie selbst. Doch erinnert die Wortwahl in den Berichten stark an verschiedene Stellen in der Bibel. Was immer Montezuma mit seiner Geste ausdrücken wollte – die Spanier glichen es ihren religiösen Vorstellungen an.

Montezuma sagte weiter, er wisse, welchen Unsinn seine Feinde über ihn erzählt hätten – die Tlaxcalteken und die Zempoalaner, die sich gegen ihn aufgelehnt hatten. „Aber ich werde ihnen die Flügel beschneiden", soll er unumwunden erklärt haben. Er selbst sei göttlicher Abkunft, die Bauwerke seiner Hauptstadt bestünden aus Gold, und ein unendlicher Schatz sei angesammelt worden. All dies klingt unsinnig, denn die Häuser bestanden aus Schlamm und Holz und manchmal aus Stein, und der aus Gold und Juwelen bestehende Schatz, den die Aztekenherrscher im Laufe der Zeit angesammelt hatten, war begrenzt.

Montezuma erzählte den Spaniern – oder so verstanden sie ihn –, die Azteken entstammten nicht diesem Land, sondern seien in ferner

Vergangenheit, geleitet von einem großen Häuptling, hierher gekommen. Dieser habe aus irgendeinem Grund sein Volk verlassen, doch kehre er zurück, um erneut die Führung über sein Volk zu übernehmen und es mit sich fortzuführen. Weil die Azteken sich aber inzwischen mit den eingeborenen Indianern vermischt hatten, weil ihr Reich blühte und gedieh, wollten sie dem einstigen Herrscher nicht folgen. So hatte dieser sich an die Küste begeben und war mit dem Versprechen nach Osten fortgesegelt, eines Tages zurückzukommen und seine Herrschaft wieder aufzurichten.

Ganz offensichtlich erzählte Montezuma die Geschichte von Quetzalcoatl. Doch es gab zwei Versionen dieser Legende. Der einen zufolge handelte es sich bei Quetzalcoatl um einen Gott, Gefährten der anderen Schöpfer-Götter der aztekischen Mythologie. Die ungeheuerlichen, fantastischen Darstellungen dieser Götter fanden sich in ganz Mexiko. Ihr Oberhaupt war der grausame Huitzilopochtli, dessen Adler sich auf einen Früchte tragenden Kaktus hinabgesenkt hatte, um anzuzeigen, wo Tenochtitlán zu gründen sei – und er forderte Menschenopfer. Quetzalcoatl – die Gefiederte Schlange, der Gott der Luft, des Windes und des Lichts – gab sich dagegen mit dem Opfer von Tauben und Rebhühnern zufrieden. Eine andere Version besagt, Quetzalcoatl sei ein möglicherweise nach dem Gott benannter legendärer Häuptling der Tolteken gewesen, eines alten, längst ausgestorbenen Volkes, das die Stadt Tula nördlich der mexikanischen Hauptstadt und wahrscheinlich auch das Opferzentrum Teotihuacán erbaut hatte – die hoch aufragenden Pyramiden von Teotihuacán waren schon zur Zeit von Cortés zu grasüberwachsenen Hügeln geworden – und das sich schließlich nach Yucatán begab, wo es die Stadt Chichén Itzá errichtete. Und von dort aus war Quetzalcoatl, von dem es hieß, er sei blass und bärtig gewesen, fortgegangen. Montezuma erzählte den Spaniern somit die halb historische Version dieser Geschichte eines vom Göttlichen durchdrungenen Mannes, der Montezumas Geschlecht begründet haben könnte.

Montezuma erklärte sich glücklich, Cortés und die Spanier, die ja von Osten kamen, als Nachfahren von Quetzalcoatl begrüßen zu können. Nach allem, was er durch Cortés gehört hatte, hielt er es für wahrscheinlich, dass der große König in Spanien tatsächlich ein direkter Nachkomme von Quetzalcoatl war, zumal der große König laut Cortés von Montezuma und dem Volk der Azteken wisse. Doch fügte er mit Vorsicht hinzu: „Wenn ihr uns nicht täuscht und zu überlisten versucht."

Cortés war besonders davon angetan, dass Montezuma von Quetzalcoatl als dem „geborenen Gebieter" der Azteken sprach – falls er einen solchen Begriff überhaupt gebrauchte. Er wiederum bestätigte Montezuma, dass auch der König von Spanien ein Gebieter von Geburt an sei. Legte man den Terminus noch ein bisschen großzügiger aus, konnte Cortés sich selbst als „geborenen Gebieter" bezeichnen, wie er in den Siete Partidas definiert wurde, und damit stand ihm ein größerer Anteil am Gewinn aus der Konquista zu. Mit seinem juristisch geschulten Verstand hörte er zudem nur allzu gern Montezumas Erklärung, sein Volk entstamme nicht diesem Land, denn er gestand damit ein, dass er letztlich ein Usurpator war. Damit hatte er einen schlechteren Stand gegenüber der Autorität des spanischen Königs, der – glaubte man dem Mythos von Quetzalcoatl – der legitime Herrscher dieses Landes sein musste.

Logischerweise darf man davon ausgehen, dass Montezuma sagte, was ihm von seiner Warte aus vorteilhaft erschien, während Cortés aus Montezumas Rede heraushörte, was ihm für die Unternehmung der Spanier von Nutzen erschien. Offenbar war Montezuma durchaus misstrauisch und skeptisch, doch in jedem Fall bereit, mit den Spaniern, die sich als so gute Kämpfer erwiesen hatten und deren Gott ihnen eindeutig gewogen war, zu verhandeln. Ihm ging es darum – und das hatte er schon mit seinem Angebot weiterer Geschenke und Tributzahlungen deutlich gemacht –, eine Atempause zu gewinnen, Cortés zum Gehen zu veranlassen, um in Ruhe über die nächsten Schritte nachdenken und Götter wie Auguren befragen zu können.

Es ist kaum anzunehmen, dass Montezuma sich vor den Spaniern fürchtete. Er hatte sie diesen ganzen Weg bis zu seiner Insel kommen lassen, von der sie nicht entfliehen konnten. Er wusste von ihren Pferden und ihren Geschützen und war überzeugt, dass er sie überwältigen konnte, wann immer er wollte. Doch er war über die Maßen neugierig auf die Spanier, und der Schatz, der dabei auf dem Spiel stand, bedeutete ihm wenig. Obgleich sie in sein Land eingefallen waren, bot er ihnen eine friedliche Lösung an. Vielleicht war diese nur zeitlich begrenzt, falls er seine Meinung änderte, vielleicht aber konnte sie auch zu einer dauerhaften Übereinkunft führen, in dem er einem weißhäutigen Stamm, den er als überlegen anerkannte, Tribut bezahlte – Tributzahlungen gehörten zum alltäglichen Leben der indianischen Völker.

Cortés bedankte sich mit gleicher Zurückhaltung und zugleich mit überschwänglicher Höflichkeit für die Gastfreundschaft dieses Herrschers, der ihm im Grunde heidnisch, bluttrunken und kannibalisch erschien.

Ein strategisches Spiel

Montezuma betete fünf Nächte lang. Er betete zu Huitzilopochtli, dem er in jungen Jahren als Priester gedient hatte. Huitzilopochtli, dem göttlichen Trommler, dem Kriegsgott, verdankten die Azteken ihre Stärke und ihren Erfolg. Ihn flehte Montezuma inbrünstig an, er möge ihm ein Zeichen geben, was er nun tun sollte.

 Diese Fremden, die in Mexiko eingedrungen waren, unterschieden sich von allen menschlichen Wesen, die Montezuma je zuvor gesehen hatte. Würde Huitzilopochtli den Azteken weiterhin gewogen sein, falls Montezuma befahl, die Eindringlinge zu vernichten? Oder wollte er, dass Montezuma mit ihnen verhandelte und sich das Geheimnis ihrer Donnerrohre zu Eigen machte? Er war überzeugt, sich mit ihnen einigen zu können, und vielleicht würden sie ihm einige der Pferde für seinen Zoo überlassen, damit er sie züchten konnte. Diese Fremden gierten nach Gold – warum, wusste er nicht. Die Azteken schätzten dieses edle Metall, weil es schön, dekorativ und leicht zu bearbeiten war, aber Jadesteine galten ihnen als weit kostbarer – Montezuma versuchte zu begreifen, welche Bedeutung die Spanier dem Gold beimaßen.

Außer Zweifel stand für ihn ihre Frömmigkeit. Die Fremden beteten zu ihren Göttern: Sie knieten nieder vor dem Kreuz, einem für ihn bedeutungslosen Symbol, und vor der Statue der Frau mit dem Kind, die er verwunderlich fand. Auch wenn diese Symbole ihm nichts sagend und unscheinbar erschienen, hatten diese Götter den Spaniern in Tabasco und Tlaxcala gegen eine gewaltige Übermacht zu siegen geholfen. Sollte die Macht dieser bescheidenen Gottheiten etwa wirksamer sein als die von Huitzilopochtli, auf den sich das Aztekenreich stützte? Montezuma wusste es nicht – und bat seinen Gott um Rat.

Montezumas Gebet vollzog sich auf eine in den Augen der Spanier grässliche Weise. Im Tempel des Kriegsgottes, erbaut auf der höchsten Pyramide von Tenochtitlán, kniete Montezuma jede Nacht im Fackelschein vor einer Statue von albtraumhafter Gestalt nieder. Und er betete erst, nachdem seine Priester ein halbes Dutzend junger Menschen weiblichen wie männlichen Geschlechts geopfert hatten, bei denen es sich um Sklaven oder Kriegsgefangene oder als Tribut gelieferte Angehörige anderer Stämme handelte.

Huitzilopochtli forderte Menschenblut als Preis für seine Aufmerksamkeit – so besagte es die Überlieferung, und dieses Opfer musste auf unvorstellbar dramatische Weise dargebracht werden. Montezuma betete erst, wenn das Opfer dargebracht und der Gott ihm geneigt war. Nach dem Gebet, wenn der Geruch von menschlichem Blut noch schwer in der Luft lag und die gerade erst ausgerissenen Herzen auf den Rosten dampften, begann Montezuma, noch immer auf den Knien liegend, zu denken, denn oft sandte Huitzilopochtli sein Zeichen in Form eines Gedankens.

Zur gleichen Zeit ließ Cortés in dem ihnen zugewiesenen Palast eine Behelfskapelle einrichten, und Pater Olmedo las dort die Messe.

MITHILFE von Malinche und Aguilar ließ Montezuma erfragen, wer unter den Spaniern Cortés' Brüder, wer seine Kapitäne und welche von ihnen adliger, vornehmer oder niedriger Geburt seien. Sodann sandte er die entsprechenden Geschenke: schöne Goldskulpturen und Juwelen für die Hidalgos, die von Adligen überbracht wurden, weniger kostbare Geschenke für die Soldaten, von Montezumas Dienern überbracht, dazu einige Kleinigkeiten für die Matrosen und die wenigen Bediensteten, denn Azteken wie Spanier legten Wert auf die Beachtung sozialer Unterschiede.

Indessen gingen die Spanier daran, den Palastkomplex, den sie vorerst auch nicht verließen, zu sichern. Cortés gab Auftrag, die Eingänge zu schließen, Rampen für die Kanonen zu bauen sowie die leicht brennbaren Strohdächer der Dienerunterkünfte zu schützen, und er wies den Arkebusieren und Bogenschützen günstige Angriffspunkte an. Die Azteken nahmen weiterhin keine Notiz von den spanischen Aktivitäten, betrachteten diese als völlig bedeutungslos.

Tags darauf erschienen aztekische Adlige mit großem Gefolge und führten Gruppen von spanischen Kapitänen und Soldaten durch die große Stadt, die man auf 300 000 bis 500 000 Einwohner schätzte. Stolz und gemessen schritten die vornehmen Azteken voran und zeigten den Spaniern die imposanten Adelspaläste. Montezuma bestand darauf, dass die Häuptlinge der unterworfenen Stämme in seiner Hauptstadt lebten und ihre Frauen und Kinder zurückließen, falls sie sich entfernten – ein sehr effektives System der Absicherung durch Geiseln, dessen sich auch viele Monarchen auf der anderen Seite der Welt bedienten.

Der Palast, in dem Montezuma lebte – er hatte viele Residenzen in der Stadt wie im ganzen Land –, lag nicht weit von den Quartieren der Spanier entfernt. Dort gab es eine 3000 Krieger umfassende Wache und Postenketten, die ein Besucher durchschreiten musste, um sich der Residenz auch nur anzunähern. Tausende von Dienern warteten Montezuma auf, und für jede Mahlzeit wurden hunderte von Speisen zubereitet, aus denen er sich auf Empfehlung der Köche die wenigen wählte, die er zu kosten gedachte. Seine Frauen servierten ihm die Getränke. Bei den Mahlzeiten saßen einige ältere Häuptlinge mit ihm zu Tisch, aber sie sprachen nur selten ein Wort – als Zeichen seiner Gunst ließ Montezuma sie gelegentlich ein wenig von seinen Speisen kosten. Und während des Essens wurde er von Fußjongleuren unterhalten, die große Klötze durch die Luft wirbelten, und von Narren, bei denen es sich um Zwerge oder deformierte Krüppel handelte. Doch blieb alles im Rahmen einer strengen Etikette, da die Azteken wussten, dass Würde von Ernst begleitet sein musste, um Furcht einzuflößen.

Man zeigte den Spaniern auch den Zoo, in dem die wilden Tiere gehalten wurden, von denen es hieß, sie würden mit den Rümpfen geopferter Menschen gefüttert. Unter diesen Tieren gab es brüllende, fauchende Pumas, Jaguare und giftige Klapperschlangen. Sie sahen ein Vogelhaus, in dem gefährliche Raubvögel saßen, und eine andere Voliere, wo man Vögel hielt, deren prächtiges Gefieder Federschmuck lieferte. Man führte sie, was ihre besondere Aufmerksamkeit erregte, in die Schatzkammern, in denen der Tribut angehäuft wurde – Gold, Silber und Juwelen –, sowie in die Waffenarsenale neben den Pyramiden. Die Spanier bemerkten, dass die Leute von Tenochtitlán nicht bewaffnet gingen. Die Adligen erklärten, nur wenn die Götter bedroht seien oder wenn Montezuma zum Krieg aufrief, würden Waffen an das ganze Volk verteilt.

Besonders beeindruckt waren die Spanier von dem riesigen, wohl geordneten Markt, der streng überwacht, reglementiert und besteuert wurde – 20 Prozent des Verkaufserlöses gingen an die aztekischen Häuptlinge. Täglich versammelten sich hier 60 000 Menschen, die um unglaubliche Warenmengen handelten. Ganze Züge von Trägern brachten Nahrungsmittel und verschiedenste Utensilien aus den entfernten Provinzen, und aus allen umliegenden Städten und Dörfern trafen Leute per Kanu ein. An Lebensmitteln herrschte kein Mangel, wenngleich Bernal Díaz den Eindruck hatte, dass die unterste Schicht nur sehr wenig davon abbekam. Tabak, den die Spanier bis dahin nicht kannten, wurde in Papierröhren verkauft, die man nach dem Essen rauchte, und Arzneikräuter aller Art wurden feilgeboten. In einem anderen Bereich des Marktes fertigten die Bewohner einer nahe gelegenen Stadt Umhänge und Vorhänge aus Federn, wobei sie künstlerische, wundervolle Bilder in strahlenden Farben hervorzauberten. An einer anderen Stelle des Marktes arbeiteten die Goldschmiede und Juweliere so lange an ihren Skulpturen, bis sie absolut makellos waren. Cortés urteilte später im Gespräch mit Gómara über diese indianischen Künstler: „Wenige Völker haben eine solche Geduld, besonders wenn sie ein ebenso hitziges Temperament haben wie wir."

Ohne lange Erklärungen zeigten die aztekischen Adligen den Spaniern ihr Beinhaus, eine Art Totenarena, wo in übereinander liegenden Reihen und an Pflöcken befestigt die Schädel von über 136 000 gefangen genommenen und geopferten Kriegern ausgestellt waren. Andrés de Tápia, der mit einigen anderen Spaniern später an diesen Ort zurückkehrte, hat sie gezählt – jene nicht mitgerechnet, aus denen man, durch Mörtel verbunden, zwei Türme erbaut hatte.

Was den Spaniern auf Anhieb gefiel, waren die Ballspiele. In und um Tenochtitlán sowie in allen mexikanischen Städten waren Spielplätze ebenso sorgfältig angelegt wie die Theater im Griechenland der Antike. Diese rechteckigen Plätze wiesen Tribünen mit Steinsitzen für die Zuschauer auf, und die Endmauern enthielten Nischen

Ein *pelota*-Feld. Ein Ball aus Gummi musste mit Hüfte, Knie, Fuß oder Kopf – jedoch nicht mit den Händen – durch den steinernen Ring befördert werden, der jeweils auf beiden Seiten in der Mitte des Spielfeldes stand.

für Idole und behauene Symbolsteine. Das Spiel wurde mit einem Ball aus Gummi gespielt, der sprang, wie es die Spanier noch nie gesehen hatten. Die Spieler kickten den Ball mit ihren Hüften, Knien, Füßen und Köpfen, nicht jedoch mit den Händen, wobei es darum ging, den Ball durch ein steinernes Tor zu bringen, das jeweils auf beiden Seiten in der Feldmitte stand. Es war ein sehr schwieriges Spiel mit wenigen Treffern, da die Steintore sehr hoch und die Öffnungen dazwischen sehr schmal waren. Die Spieler, die schützende Polster trugen, zeigten trotz der dünnen Höhenluft keine Müdigkeit und wurden von den Zuschauern begeistert angefeuert. Die Spanier fanden an diesem Spiel sehr schnell Gefallen und schauten in fröhlicher Übereinstimmung mit den Azteken zu.

Alles in allem wurden die Spanier behandelt wie eine Gesandtschaft, die sich vorübergehend zu Besuch in der Stadt aufhielt. Montezuma und seine Häuptlinge glaubten, ihnen auf eine höfliche und zugleich vernünftige Weise Unterhaltung zu verschaffen und sie zugleich zu beeindrucken. Dass diese bärtigen, weißhäutigen Männer nun in der Hauptstadt wohnten, dass diese Fremden die Kühnheit besessen hatten, bis ins Herz des Reiches vorzudringen, deuteten die

Azteken als eindeutiges Zeichen dafür, dass beide Völker sich für einen Weg des Friedens entschlossen hatten. Irritiert waren sie lediglich von der Ausgelassenheit und Großspurigkeit, die die Spanier mit der Zeit an den Tag legten und die das Anstandsgefühl der Azteken verletzten.

WÄHREND Montezuma des Nachts betete, schmiedete Cortés seine Pläne. Was sollte er mit seiner Hand voll Männer in dieser riesigen Stadt tun? Sie hingen voll und ganz von Montezumas Wohlwollen ab, das er ihnen jeden Augenblick entziehen konnte. Würden die Brücken entfernt, waren sie vom Festland abgeschnitten. Blieben die Nahrungsmittel aus, mussten sie verhungern. Zudem waren sie so hoffnungslos in der Minderheit, dass man sie auf der Stelle vernichten konnte. Cortés wusste genau, was er wollte, aber er suchte nach dem geeigneten Mittel, seinen Plan zu verwirklichen.

Als Cortés eines Nachts seine Quartiere durchschritt, bemerkte er eine Mauer, die nicht nur frisch gekalkt, sondern auch neu errichtet zu sein schien. Er ließ sie deshalb im Schein der Fackeln von einigen seiner Männer durchbrechen. Dahinter verbarg sich eine Reihe fensterloser, abgeschlossener Räume, in denen der Schatz von Axayacatl, Montezumas Vater, lagerte, und Kisten voller Juwelen, Goldgegenstände aller Art und Federwerk stapelten sich dort. Cortés und seine Kapitäne standen sprachlos vor diesem unendlichen Reichtum: Hier waren mehr Geschenke, als sie überhaupt tragen konnten. Deshalb ordnete Cortés an, die Schatzkammern unangetastet zu lassen und die Mauer wieder zu schließen und frisch zu kalken.

Am Morgen des vierten Tages nach ihrer Ankunft in Tenochtitlán bat Cortés Montezuma, ihn zu empfangen. Der Herrscher entsprach seiner Bitte, und Cortés begab sich mit mehreren seiner Kapitäne und einer Schar von Soldaten zu Montezumas Palast. Nachdem sie eine Weile Belanglosigkeiten ausgetauscht hatten – Montezuma schien Cortés' unkonventionelle Art zu tolerieren –, sagte der Spanier, er und seine Kapitäne wünschten den Tempel des Huitzilopochtli auf der höchsten Pyramide der Hauptstadt zu besuchen. Montezuma zögerte – dies war sein Heiligtum –, doch dann stimmte er zu: Er selbst werde die Spanier am Nachmittag begleiten.

Dieser Ausflug war beschwerlicher als die Rundgänge mit den aztekischen Adligen. Montezuma wurde in einer Sänfte getragen, und die Spanier – Cortés, einige seiner Kapitäne und rund 100 Arkebusiere und Bogenschützen – waren vom Gefolge des Herrschers umgeben. Im Hof des Tempels, am Fuß der hohen Pyramide, stieg Montezuma aus seiner Sänfte und bat die Spanier zu warten, während er als Erster emporstieg und mit seinen Priestern sprach. Die Pyramide hatte 114 Stufen, die schwierig zu erklimmen waren, weil sie von ungleicher Höhe waren, und Montezuma standen beim Aufstieg viele seiner Diener zur Seite. Nach kurzer Wartezeit forderte man die Spanier auf zu folgen.

Ein ganzer Schwarm von Priestern kam die Stufen heruntergestürzt, es entwickelte sich ein scharfer Wortwechsel; und schon hatten die Kapitäne die Hände an den Schwertgriffen, die Arkebusiere und die Bogenschützen gingen in Angriffsstellung, bis sich herausstellte, dass Montezuma seine Priester angewiesen hatte, den Gästen bei diesem beschwerlichen Aufstieg behilflich zu sein. Als die Spanier endlich den Gipfel erreichten, was für sie aufgrund marschbedingter Wunden an Beinen und Füßen kein einfaches Unternehmen war, begrüßte Montezuma sie mit den Worten, der Aufstieg habe die Spanier hoffentlich nicht ermüdet. Cortés erwiderte, dass Spanier niemals müde seien.

Von hier oben eröffnete sich ein fantastisches Panorama – die Stadt mit ihren hunderten von Türmen, Dachgärten und ihrem Netz von Kanälen und Seen. Es war der schönste Überblick über die Stadt, den die Spanier bisher gesehen hatten. Hinsichtlich der Seen hatten die aztekischen Baumeister ein Meisterwerk vollbracht, indem sie die Seen durch Dämme voneinander abgetrennt, regulierbare Schleusen eingebaut und Kanäle eingezogen hatten, um den Wasserstand unter Kontrolle zu halten. Das Wasser aus keinem der Seen war trinkbar – selbst das der Süßwasserseen war zu brackig. Über ein aus Naturstein erbautes Aquädukt, das zwei tönerne Rohre enthielt, floss vom Berg Chapultepec am gegenüberliegenden Ufer Quellwasser in die Stadt, das als Trinkwasser durch Kristallröhren bzw. durch tönerne Röhren in der ganzen Stadt verteilt wurde. An den Ufern der Salzseen schürften die Azteken das Salz und formten es zu Brocken, die sie in ganz Mexiko, mit Ausnahme von Tlaxcala, vertrieben. Auf den Süßwasserseen schwammen die künstlichen Gärten, in deren Fertigung die Azteken Meister waren – sie häuften Erde auf verwobenes Dickicht und setzten Pflanzen darauf. Die Spanier waren so tief beeindruckt, wie Montezuma es sich erwartete.

Als Nächstes wurden sie durch die Innenräume der Tempel geführt, wo Montezuma ihnen die Grauen erregende, juwelengeschmückte, aus einem Stein gemeißelte Figur des Huitzilopochtli zeigte, die schwarz war von angetrocknetem menschlichem Blut. Ferner sahen sie die Statue von Tezcatlipoca, Huitzilopochtlis Bruder, sowie ein anderes Götzenbild, das aus Samen und Teig bestand und von dem es hieß, dass alles Leben von ihm ausging. Erstaunlicherweise ist weder ein Standbild von Huitzilopochtli noch von Tezcatlipoca oder dem Fruchtbarkeitsgott erhalten geblieben. Die Statuen anderer Götter dagegen haben – vor allem in der Ebene – überdauert. Dies mag auf Zufall beruhen, ein Beweis für die christliche Ausrottungswut sein oder auch auf Zerstörung durch die Hochlandindianer selbst zurückgehen, die über die mangelnde Unterstützung ihrer Götter enttäuscht waren.

Angesichts des für ihn abstoßenden Anblicks begann Cortés Montezuma zu erklären, er solle dem wahren Gott huldigen, denn sodann würde ihm noch größeres Glück widerfahren, und er bat darum, einen kleinen Bereich innerhalb des Tempels frei machen zu lassen, damit die Spanier ihr Kreuz und die Marienstatue aufstellen konnten.

Damit nicht genug, gab er Montezuma zu verstehen, dass dann ein stillschweigender Wettkampf zwischen den indianischen Götzen und dem wahren Gott stattfinden könnte – und Montezuma würde schon sehen, wer die Oberhand behielt. Der Aztekenherrscher indes wies dieses Ansinnen entrüstet von sich: Niemals würde er den Spaniern Zugang zum Heiligtum seiner Götter gewähren. Sie sollten nun gehen, und er konnte sie auch nicht begleiten, wie es ihm die Höflichkeit eigentlich gebot, weil er zuerst die Götter besänftigen müsse.

So stiegen die Spanier die Stufen wieder hinab, und Cortés beschlich das unangenehme Gefühl, dass als Sühne für seine Unverfrorenheit nun wiederum Opfer dargebracht wurden.

AM FÜNFTEN Tag in Tenochtitlán fasste Cortés einen Plan, und am sechsten handelte er.

In seinem Besitz befand sich ein Brief, den man ihm nach Cholula gebracht hatte. Er stammte von Pedro de Ircio, der als Nachfolger von Juan de Escalante das Fort in Villa Rica befehligte. Einige Spanier waren getötet worden – sieben oder neun, doch alle Berichte enthalten hierüber unterschiedliche Angaben.

Offenbar hatten die Zempoalaner 50 Spanier veranlasst, gemeinsam mit ihnen eine andere Stadt anzugreifen, in der Nahuatl sprechende Indianer lebten, die von jeher Feinde der Zempoalaner und willige Vasallen von Montezuma waren.

Man wollte diese Indianer zwingen, Montezuma die Gefolgschaft aufzukündigen und einen Tribut in Gold an den König von Spanien zu zahlen – mit einem prozentualen Anteil für die Zempoalaner. In dem Kampf, der darauf folgte, hatten Juan de Escalante und einige andere Spanier ihr Leben verloren, die Spanier waren unterlegen, und Qualpopoca, der Häuptling dieser Indianer, leistete weiterhin Widerstand und hatte Pedro de Ircio zufolge in der ganzen Gegend verkündet, Montezuma selbst habe ihm befohlen, diese Fremden zu töten. Die Niederlage der Spanier hatte für Unruhe unter den Indianern gesorgt, da der Nimbus der Unbesiegbarkeit dahin war und sie jetzt nicht wussten, auf welche Seite sie sich schlagen sollten. Weil Nahrungsmittellieferungen nur noch unregelmäßig erfolgten, mussten die Spanier mit ihren Booten zum Fischen ausfahren.

Deshalb ließ Cortés Montezuma mitteilen, er habe mit ihm eine Sache von großer Wichtigkeit zu besprechen. Die Hälfte der spanischen Streitmacht blieb in den Quartieren zurück, die andere Hälfte begleitete ihren Anführer schwer bewaffnet hinaus. Auf dem Weg zum Palast des Aztekenherrschers stellte Cortés Gruppen von Arkebusieren und Bogenschützen an kritischen Straßenecken auf, weitere postierte er in den Höfen des Palastes. Obgleich die Spanier sonst immer offen bewaffnet gingen, verbargen sie nun ihre Waffen unter den Gewändern, um nicht die Aufmerksamkeit der aztekischen Wachen zu erregen. Mit 30 Mann – Kapitänen und Soldaten – betrat Cortés die Empfangshalle des Palastes.

Selbst in diesem Moment, mit dem Brief von Pedro de Ircio in der Tasche und einer klaren Strategie im Sinn, scherzte er mit Montezuma. Sie redeten über Frauen, denn Tecpan, Montezumas Palast, wurde von 1000, andere sagen 3000, Frauen geführt. Cortés fragte den Azteken nun, wie viele Frauen gleichzeitig von ihm schwanger seien, und er antwortete ihm, etwa 150. Montezuma rief ein junges Mädchen herbei, eine seiner eigenen Töchter, wie er sagte, und schenkte sie Cortés. Dieser wies sie jedoch mit der Entschuldigung zurück, er sei bereits verheiratet und Gott erlaube ihm nur eine einzige Frau, und gab das Mädchen an Pedro de Alvarado weiter, der unverheiratet und ein Frauenheld war. Was er nicht erwähnte, war, dass Malinche zu diesem Zeitpunkt vermutlich von ihm schwanger war.

Nach diesem Vorgeplänkel zog Cortés den Brief von Pedro de Ircio aus der Tasche und las ihn Montezuma sehr langsam vor, wobei er Aguilar und Malinche viel Zeit für eine ausführliche Übersetzung ließ. Er unterstrich die Behauptung von Qualpopoca, die Spanier seien auf Anordnung von Montezuma getötet worden, doch sagte er dem Herrscher, er sei, ganz im Vertrauen, davon überzeugt, dass Qualpopoca ein Lügner sei. Nie im Leben könne Montezuma einen solchen Befehl gegeben haben, schließlich sei die Gesandtschaft des Königs von Spanien überaus gastfreundlich empfangen worden und man verhandle bereits über Tributzahlungen.

Montezuma bestritt mit Nachdruck, jemals eine solche Anordnung gegeben zu haben. Er ließ einige seiner Edlen kommen, gab ihnen einen Siegelstein des Huitzilopochtli, den er von seinem Handgelenk abgenommen hatte, und sagte ihnen, sie sollten Boten an die Küste schicken und Qualpopoca herbringen lassen. Falls er Widerstand leistete, sollten aztekische Truppen aus Städten, die er ausdrücklich benannte, ihn übermannen und zum Gehorsam zwingen.

Das sei ja alles schön und gut, meinte Cortés, aber solange diese Angelegenheit nicht geklärt sei, müsse Montezuma die Spanier in ihren Palast begleiten. Selbstverständlich werde er mit äußerster Höflichkeit und mit all der Zuneigung behandelt werden, die ihm die Spanier für seine Großzügigkeit schuldeten, doch sein König werde es ihm niemals verzeihen, wenn er auf den Mord an den Spaniern nicht entsprechend reagierte. Montezuma könne und solle von Axayacatls Palast aus weiter sein Reich regieren, Bittgesuche entgegennehmen und Streitigkeiten schlichten – kurz, alle seine gewohnten Geschäfte weiterführen.

Dieser Schachzug war dermaßen gewagt, dass Cortés die Worte kaum herausbrachte. Er hielt manchmal inne, sagte ein oder zwei Minuten überhaupt nichts – und sprach dann weiter.

Montezuma begriff sehr wohl, dass er ein Gefangener sein würde. Im mittelalterlichen Europa war es durchaus Usus, einen Fürsten gegen Lösegeld oder zur Wahrung eines Vorteils als Geisel zu nehmen. Diese Praktik war im alten Griechenland und in Persien üblich gewesen, aber nicht in Mexiko, wo eine Niederlage fast immer mit dem Tod auf dem Opferstein einherging. Bestürzt, empört und beleidigt antwortete Montezuma, man könne ihn nicht gefangen nehmen.

Aber Cortés ließ nicht locker und erörterte mit Montezuma vier Stunden lang diese neue Ausgangslage. Er versicherte seinem Gegenüber, er werde kein Gefangener, sondern ein hoch geehrter Gast sein. Würde man schließlich einem Gefangenen erlauben, sein Reich weiter zu verwalten? Cortés wollte, ja er bestand darauf, dass Montezuma weiterregierte. Und sie besprachen diese Angelegenheit immer wieder von neuem und beleuchteten sie von allen Seiten. Es könne Montezuma doch nicht so unangenehm sein, für eine Weile im Haus seines Vaters zu leben? Wenn jeden Tag seine Adligen kamen und seine Anweisungen entgegennahmen?

Montezuma hatte bislang vergeblich auf ein Zeichen von Huitzilopochtli gewartet. Nachdem Cortés vier Stunden lang auf ihn eingeredet, ihn umschmeichelt und mit ihm verhandelt hatte, trug er den Sieg davon. Montezuma erklärte sich einverstanden, Gefangener der Spanier zu werden.

Eroberung durch Arglist

Fünf Monate lang hatte Cortés Erfolg mit seiner Taktik, das Aztekenreich mit Schlauheit und Geschick, gerissener Diplomatie und Zwang, Verschlagenheit und Arglist zu erobern – ohne Kampf und ohne viel Blut zu vergießen.

Montezumas Umzug in die Festung der Spanier war schnell geschehen. Nachdem der Herrscher sein Einverständnis erklärt hatte, gab er Anweisung, im Palast seines verstorbenen Vaters angemessene Räumlichkeiten herrichten zu lassen, was Scharen von emsigen Bediensteten innerhalb einer Stunde vollbracht hatten. Sodann wurde Montezuma, eskortiert von Cortés und den spanischen Kapitänen, in einer Sänfte von seinem eigenen Palast zum Quartier der Spanier getragen. Man machte bekannt, dass Montezuma vom nächsten Tag an in ebendem Palast Hof halten würde, von dem aus sein Vater regiert hatte. Daran war weiter nichts auszusetzen – man konnte es als Akt des Respekts betrachten.

Montezumas Gefolge jedoch war bestürzt. Man sah Krieger durch die Stadt eilen; in der Ferne hörte man Trommeln. Die Menschen drängten sich besorgt in den Straßen – der geregelte Lebensablauf der Azteken war gestört. Etwas Unerwartetes, Unangenehmes hatte sich ereignet, und dies konnte ein böses Omen sein.

Montezuma selbst versuchte dieses Unbehagen auszuräumen, indem er seiner Aristokratie versicherte, er habe diesen Schritt freiwillig getan. Cortés seinerseits beteuerte nach wie vor, Montezuma werde weiterhin die Regierung innehaben, dieses Abkommen sei nur vorübergehend in Kraft, bis die Angelegenheit mit Qualpopoca geklärt sei. Cortés und der König von Spanien bestünden sogar darauf, dass Montezuma sein Reich weiterregierte, und mehr noch: Cortés und andere Abgesandte des spanischen Königs würden neue Gebiete erobern und sie dem Aztekenreich angliedern. Unermüdlich wiederholte Cortés vor Montezuma diese Versprechungen.

Dennoch beabsichtigte er, die Aufmerksamkeit von der Gefangenschaft des Herrschers abzulenken, die dieser selbst wahrscheinlich als Zugeständnis an die Fremden wertete. Seit Cortés all diese vielen Kanus auf den mexikanischen Seen gesehen hatte, war er sich sehr stark der Gefahr bewusst, die ihnen vom Wasser her drohte. Deshalb erklärte er jetzt Montezuma, er wolle vier Brigantinen bauen, womit er dessen Interesse so sehr erregte, dass er ganze Bataillone von indianischen Arbeitern zur Verfügung stellte. Cortés setzte Spanier ein, die erfahrene Schiffsbauer waren. Während die Indianer Bäume fällten und die Planken zurichteten, machten die Spanier sich an den Bau der Rümpfe. Cortés sandte Leute nach Villa Rica, um Tauwerk und anderes Zubehör zu holen, das von den zerstörten Schiffen übrig geblieben war.

Sodann sagte er Montezuma, die Spanier wollten sehen, wo das Gold herkomme. Montezuma erwiderte, zum größten Teil stamme es von drei bestimmten Plätzen. Falls die Spanier neugierig darauf seien, diese Plätze zu sehen, werde er sie von seinen Häuptlingen dorthin führen lassen – es sei ein weiter Weg. Cortés zögerte kurz, seine kleine Streitmacht noch zu verringern, doch schien ihm der Preis das Risiko wert. Er wählte Leute aus, die sich mit dem Abbau von Erz auskannten, und schickte sie in Gruppen von jeweils drei oder vier Männern aus, das Gold an Ort und Stelle zu begutachten. Angeführt von aztekischen Häuptlingen, gefolgt von Scharen kriegerischer Träger, ohne Dolmetscher an der Seite, zogen diese kleinen Gruppen aus ins Unbekannte, gingen auf Expeditionen, die mindestens einen Monat dauern würden, mussten mit Menschen, die ihnen fremd und bedrohlich waren, Berge und Urwald überwinden. Und obwohl starr vor Angst, schritten sie ohne Zaudern voran, getragen von der Kühnheit dieser Unternehmung.

Cortés fragte Montezuma, wo es an der Küste einen guten Hafen gebe, in dem die Schiffe, die über den Ozean kamen, vor Stürmen geschützt ankern konnten. Obwohl er es nicht wusste, weil er niemals einen Hafen benötigt hatte, leistete Montezuma bereitwillig Hilfe. Er ließ seine besten Künstler die Küstenlinie abbilden und alle Buchten und Flussmündungen einzeichnen, in denen große Schiffe anlegen konnten.

Montezuma rechnete wohl damit, der König von Spanien, wenn es ihn gab, würde vielleicht selbst kommen und mit ihm in Verhandlung treten, bestimmt aber weitere weißhäutige Krieger. Cortés war nicht der Erste gewesen, wie Montezuma wusste, und würde auch nicht der Letzte sein. Wenn aber immer mehr kamen, würden sich da nicht unweigerlich Rivalitäten entwickeln? Stand nicht zu erwarten, dass zwischen den weißen Männern – nicht anders als unter Indianern – Hader und Streit entbrannten? Solche und ähnliche Gedanken müssen dem alternden Aztekenherrscher durch den Kopf gegangen sein.

Montezuma war sich, genau wie Cortés, einer Tatsache klar bewusst: Ein einziges Wort von ihm würde genügen, um die Spanier zu vernichten und dieser ganzen unerhörten Situation ein Ende zu bereiten, doch er sprach dieses Wort nicht aus. Montezuma hielt seine Audienzen mit der gleichen peinlichen Sorgfalt und Genauigkeit ab, wie er es immer getan hatte. Er zeigte sich in keiner Weise unter Furcht oder Zwang, regierte mit gewohnter Festigkeit und Würde. Trotz der betroffenen Blicke, die er manchmal auf den Gesichtern seines Gefolges wahrnahm, trotz des Getuschels auf dem Marktplatz ging das Leben in der aztekischen Hauptstadt weiter seinen gewohnten Gang. Cortés kam deshalb gut 20 Jahre später, als er Gómara seine Erinnerungen mitteilte, zu dem Schluss, Montezuma sei ein wenig mutiger Mann gewesen. Er habe um sein Leben gefürchtet und deshalb seine Armee nicht zum Kampf aufgerufen. Zur Zeit von Montezumas Gefangenschaft jedoch muss Cortés die Dinge anders beurteilt haben, wie aus seinem zweiten Brief an den König herauszulesen ist. Und auch die Fakten sprechen eine andere Sprache.

In seiner Jugend hatte Montezuma einige Jahre lang, wie unter aztekischen Adligen üblich, als Priester gedient, war sodann ein tatkräftiger Heerführer gewesen und hatte später als Herrscher sein Reich gewaltsam vergrößert. Montezuma hatte keine Angst, sein Leben zu riskieren – das hatte er schon in so vielen Schlachten bewiesen. Sehr viel eher ging es Montezuma darum, seine Beziehung zu diesen außergewöhnlichen Fremden auszuloten und zu intensivieren, da sie ihn interessierten und amüsierten. Montezuma – und so berichtete es Cortés seinem König in eigenen Worten – sah die Situation im Wesentlichen so, wie er sie sich selbst gewünscht hatte – als einen Versuch, zu einem Übereinkommen einer friedlichen Einigung zwischen Azteken und Spaniern zu gelangen. Montezuma war bereit, dem spanischen König Tribut zu bezahlen, mit anderen Worten, den Tribut, den er aus seinem Reich bezog, mit ihnen zu teilen. Im Austausch dafür erhoffte er sich, ihre Geheimnisse zu erfahren und Nutzen aus diesem Bündnis zu ziehen. Umso unsympathischer muss daher der Versuch der Spanier gelten, Montezuma im Nachhinein der Feigheit zu bezichtigen, um damit indirekt ihren eigenen Mut herauszustreichen.

20 Tage nach Montezumas Umzug in den Palast der Spanier traf Qualpopoca in Tenochtitlán ein. Allem Anschein nach war er ein bedeutender Herrscher, denn er kam in der Sänfte, begleitet von seinen Söhnen und einigen seiner Häuptlinge. Es war nicht schwierig gewesen, ihn zum Kommen zu bewegen, denn als aztekischer Vasall hatte er der Aufforderung sofort Folge geleistet. Als Qualpopoca Montezuma gestand, die Spanier getötet zu haben, wurde er Cortés überantwortet, dem er das gleiche Geständnis machte. Unter vier Augen befragt, ob er auf Anweisung von Montezuma gehandelt habe, antwortete er mit Nein, drückte sich indes etwas unklar aus. Montezumas Anweisungen waren wohl eher vage gewesen, was Cortés schon von jenen Stämmen wusste, denen er auf dem Weg ins Hochland begegnet war. Als Cortés Qualpopoca abschließend fragte, ob er tatsächlich Montezumas Gefolgsmann sei, antwortete ihm dieser mit der Frage, wessen Gefolgsmann er wohl sonst sein könne, da es ja keinen größeren Fürsten als Montezuma gebe.

Cortés verhängte über Qualpopoca, seine Söhne und Häuptlinge den Tod am Marterpfahl. Das Urteil wurde auf dem Marktplatz vollstreckt. Von dieser Hinrichtung existieren zwei unterschiedliche Berichte: Der erste besagt, Qualpopoca und seine Gefolgsleute seien lebendig verbrannt worden und das habe einige Aufmerksamkeit erregt, da diese Art zu töten bei den Azteken unbekannt war. Dem zweiten Bericht zufolge, den später ein anderer Konquistador abgab, wurden Qualpopoca und seine Gefolgsleute an Marterpfähle gebunden und von den Tlaxcalteken mit einer Salve von Pfeilen getötet, die Körper sodann samt Pfeilen und allem verbrannt. Der erste Bericht erscheint glaubhafter, einmal deshalb, weil er sich auf die Beschreibung der Zuschauer stützt. Zum anderen hätten die Azteken ihren erbitterten Feinden, den Tlaxcalteken, eine solche Gewalttätigkeit, wie im zweiten Bericht beschrieben, gar nicht erst erlaubt. Bei den Totonaken und den anderen Küstenindianern fiel das Exempel, das mit der Hinrichtung statuiert worden war, auf fruchtbaren Boden: Sie nahmen ihre Lieferungen an die Spanier in Villa Rica wieder auf.

Während der Befragung hatten Qualpopoca und seine Gefolgsleute schließlich unter Folter gestanden, Montezuma habe ihnen befohlen, Widerstand zu leisten und die Spanier zu töten. Und mit diesem Geständnis ging Cortés zu Montezuma, dem gegenüber er sich stets sehr kalkuliert verhielt, ging es ihm doch darum, den Herrscher zu verunsichern, seine Moral zu untergraben und ihn letztlich zu stürzen. Jetzt also warf er Montezuma seinen Verrat vor und ließ ihn in Ketten legen. Montezuma war außer sich vor Entrüstung – an diesem Punkt war das Bündnis zwischen Azteken und Spaniern im Grunde schon beendet, und Montezuma muss auf Mittel und Wege gesonnen haben, wie er das Zeichen zum Aufstand geben konnte. Doch gleich nach der Hinrichtung von Qualpopoca kam Cortés erneut zu Montezuma, befreite ihn eigenhändig aus den Ketten und bat ihn um Verzeihung. Er sagte, er habe ihm stets vertraut und nie wirklich Qualpopocas Lügen geglaubt.

In dieser seltsamen Beziehung zwischen dem Spanier und dem Azteken blieb auch Montezuma gelegentlich unerbittlich. Als Cortés und einige seiner Kapitäne erneut mit Montezuma zum Tempel des Huitzilopochtli emporstiegen, verkündete der Spanier mit übertriebener Vertraulichkeit nicht nur, er gedenke alle diese Idole niederzureißen, den ganzen Tempel zu säubern und die christlichen Symbole aufzustellen, sondern ging sogar so weit, Montezuma um Hilfe zu bitten: Er solle seinen Männern befehlen, die Götzenbilder zu zerschmettern. Aber Montezuma insistierte auf seiner unnachgiebigen Weigerung. Wenn diese traditionellen Götter nicht an ihrem Platz blieben, würden er und sein ganzes Volk sie bis aufs Blut verteidigen, erklärte er nachdrücklich, woraufhin Cortés still blieb.

Montezuma war durchaus nicht der Meinung, dass der Gott der Spanier bereits den Sieg über die indianischen Götter davongetragen habe. Er ging vielmehr davon aus, dass der Aufenthalt der Fremden zeitlich begrenzt sei. Schließlich konnte er jederzeit seine Meinung ändern, und er hatte Heere zur Verfügung, die seinen Willen durchzusetzen vermochten. Seine bisherigen Zugeständnisse bedeuteten ihm wenig. In den Palast seines Vaters umzuziehen, Gold und Geschenke zu verteilen, sich auf lange Gespräche einzulassen, die ihm selbst Spaß machten, selbst den Tribut zu teilen – das war eine Sache. Doch eine andere war es, seine Götter zu zerstören, und dazu war er nicht bereit.

Cortés wetterte weiter gegen die Menschenopfer, und um ihn zu besänftigen, versprach Montezuma, er werde sie einschränken. Doch in Wirklichkeit, so erfuhren die Spanier später, brachten die Priester in all diesen Monaten, in denen Cortés sich mit Arglist dieses Reiches zu bemächtigen versuchte, Nacht für Nacht Opfer dar, da Montezuma die Aufmerksamkeit des Gottes nie zuvor so dringend benötigt hatte. Und jede Nacht ging Montezuma – mit Wissen und Erlaubnis von Cortés – zum Tempel des Huitzilopochtli und betete.

MITHILFE der indianischen Arbeitskräfte waren die Brigantinen bald fertig gestellt – laut Cortés handelte es sich um vier, Bernal Díaz zufolge lediglich um zwei Schiffe. Es waren einmastige Schaluppen, und Cortés ließ die Segel, die man von der Küste heraufgebracht hatte, verkleinern und die Schiffe im Heck mit Wimpeln und Sonnensegeln verzieren. Auf jeder Schaluppe fanden 75 Mann und einige Pferde Platz; im Bug wurden Kanonen aufgestellt. Die spanischen Matrosen erprobten die Schiffe, die sich als schnell und wendig erwiesen. Alsbald forderte Cortés Montezuma zu einer Fahrt auf, die zu einer Insel gehen sollte, die dem Monarchen als Jagdrevier diente. So segelte Montezuma nun, von einer steifen Brise angetrieben und im Schatten des Sonnensegels ruhend, in einer Brigantine mit Kanonen im Bug und Arkebusieren und Bogenschützen im Heck, quer über den See. Sein Gefolge, das in Kanus mitpaddelte, blieb weit hinter ihnen zurück. Als Montezuma an Land ging, ließ Cortés zum Salut die Kanonen abfeuern – er hatte den Azteken nun gezeigt, dass die Spanier das Wasser zu beherrschen wussten.

Während die Spanier ihren Zugriff auf das Reich verstärkten, versuchten sie zugleich, ihrem Gefangenen Unterhaltung zu bieten. Sobald sich Menschen unterschiedlicher Kulturkreise begegnen, scheinen sie die Tendenz zu haben, wie Kinder miteinander umzugehen. So zählten die Spanier die Haare auf Montezumas Kinn – etwa sechs bis zehn schwarze Borsten, die einige Zentimeter lang waren. Und Montezuma brachte den Spaniern bei, wie man *totoloque* spielte, eine Art Knobelspiel, das den Spaniern ganz besonders gefiel, denn die Spielsteine waren aus purem Gold. Würfelte Montezuma mit Cortés, zählte einer seiner Neffen die Punkte für den Herrscher – und Alvarado tat das Gleiche für seinen Anführer, doch betrog Letzterer unablässig, indem er immer einen doppelten Vermerk machte, wenn Cortés einen Punkt gewann. Montezuma durchschaute den Schwindel und sprach das auch ganz offen aus – *yxoxol* war das aztekische Wort für betrügen –, aber trotzdem lachte man gemeinsam darüber. Gewann Cortés, gab er seinen Gewinn Montezumas Gefolge, und gewann Montezuma, gab er seinen Gewinn den spanischen Soldaten. Alle Azteken hatten Alvarado, den sie *Tonatiuh*, „die Sonne", nannten, gern.

Montezuma mochte besonders einen spanischen Jungen namens Orteguilla, der Cortés als Page diente und gemeinsam mit seinem Vater aus Kuba gekommen war. Da er das Nahuatl mit der spielerischen Selbstverständlichkeit aufnahm, wie Kinder eben sprechen lernen, entwickelte er sich schnell, obgleich weniger zuverlässig als Malinche und Aguilar, zu einem brauchbaren Dolmetscher.

Als Orteguilla eines Tages Cortés berichtete, die Tributzahlungen aus den gesamten Provinzen stünden an, erklärte Cortés dem Aztekenherrscher, er wolle Gold für den König von Spanien – entweder als Anteil am Tribut oder als eine Art Steuerzuschlag. Montezuma war einverstanden und ließ eine große Menge Gold in die Hauptstadt bringen und den Spaniern aushändigen.

Cortés wollte diese Schatzlieferung eigentlich unangetastet lassen, weil bereits mehr Gold vorhanden war, als sie überhaupt tragen konnten, und sich der Schatz des Axayacatl schließlich auch in greifbarer Nähe befand. Doch die meisten Soldaten begannen nach Monaten der Untätigkeit unruhig zu werden – sie befürchteten, das angesammelte Gold werde in den Taschen der Kapitäne und der Priester verschwinden. Sie wollten es aufteilen, und das taten sie, indem sie die Goldbarren und Goldkörner einschmolzen und neue Barren mit einer Prägung formten. Das Gold wurde auf mindestens 600 000 Pesos eingeschätzt. In gleicher Weise verfuhr man mit dem Silber; nur die Juwelen wurden nicht angerührt, da man ihren Wert nicht einzuschätzen wusste.

Diese Aufteilung allerdings führte zu einem schrecklichen Gezänk. Vorab wurde das königliche Fünftel beiseite gelegt, sodann das Fünftel von Cortés abgezogen. Anschließend folgte man einer Berechnung, nach der die Kapitäne und Priester mehr als die Reiter bekamen, die wiederum mehr als die Arkebusiere und die Bogenschützen; noch weniger erhielten die Soldaten und am wenigsten die Matrosen. Überdies musste ein gewisser Anteil für Velázquez und Cortés zurückbehalten werden, die als Erste Geld für die Flotte ausgelegt hatten. Einiges Gold stand zudem den Männern von Villa Rica zu, ein weiterer Anteil jenen, die man nach Spanien geschickt hatte, und ferner mussten jene entschädigt werden, die ihre Pferde verloren hatten. Für die einfachen Soldaten blieb zum Schluss so wenig übrig, dass viele von ihnen sich weigerten, ihren Anteil auch nur anzunehmen. Cortés beschwichtigte sie daraufhin, er sei vollauf bereit, jedem seiner treuen Gefährten den Anteil zu geben, von dem er glaubte, dass er ihm zustünde – denn dies sei erst der Anfang.

ALS DIE Spielwut ausbrach – diesmal ging es nicht um Totoloque, sondern um ein Spiel mit handgemalten Karten, die ein Seemann aus Valencia aus Trommelhaut hergestellt hatte –, kam es zu einem wüsten Streit unter den Spaniern, und Cortés musste einige von ihnen in Ketten legen lassen – darunter Velásquez de León –, bis die Gemüter sich wieder beruhigt hatten. Und die Azteken konnten beobachten, dass es um die Disziplin der Spanier geschehen war, sobald es um die Teilung der Beute ging.

Die Tage, Wochen und Monate verstrichen, und die Spannungen traten immer offener zutage. Die Kundschafter, die Cortés zur Besichtigung der Goldminen ausgeschickt hatte, kehrten unversehrt zurück und berichteten, die Azteken könnten sehr viel mehr Gold fördern, wenn sie nur bessere Methoden anwenden würden. Die Indianer schöpften den Schlamm in ausgehöhlte Kürbisse, spülten ihn mit Wasser aus und pickten sodann die Goldkörner heraus. An einem Platz in Oaxaca hatte ein Häuptling den Azteken den Zutritt zu seinem Gebiet verwehrt, weil er kein Gefolgsmann von Montezuma war. Zwar trieb er Handel mit den Azteken, doch misstraute er ihnen und hasste sie. Nur den Spaniern hatte er erlaubt, in sein Dorf zu kommen, wo sie sehr gut behandelt und mit Gold beschenkt worden waren. Überdies hatte man ihnen zu verstehen gegeben, dass dieser Stamm die Spanier im Kampf gegen die Azteken unterstützen würde. Das alles hörte Cortés nur allzu gern, bestätigte es ihn doch in der Annahme, dass weit mehr Unmut gegen die Azteken herrschte, als er ursprünglich geglaubt hatte.

Zugleich weigerten sich einige Häuptlinge, jetzt wo im ganzen Reich der Tribut eingetrieben wurde, diesen zu zahlen, weil ein Teil davon für die Spanier bestimmt sein sollte, und überall im Aztekenreich lehnten sich Häuptlinge dagegen auf, dass Montezuma diese Spanier duldete, ihnen Tribut zahlte und den Göttern nicht mehr in der altüberlieferten Weise diente – Montezuma konnte nicht mehr auf den gewohnten Gehorsam rechnen.

Es kam zu einer offenen Krise, als Cacama, Montezumas Neffe und Herrscher über die Stadt Texcoco am anderen Seeufer, seinem Fürsten die Stirn bot und den Spaniern den Krieg erklärte. Für Montezuma war dies ein harter Schlag. Cacama war häufig zu ihm nach Tenochtitlán gekommen und hatte ihn dringend gebeten, aus der Gefangenschaft zu entfliehen und gemeinsam mit seinem Volk diese Fremden zu töten oder aus dem Land zu vertreiben.

Obgleich Montezuma 18 Jahre lang regiert hatte, schien er keinen Sohn zu haben, der die legitime Nachfolge antreten konnte, und Cacama sah sich als Thronfolger. Überhaupt bleibt die Sache mit Montezumas Kindern ein wenig rätselhaft. In den Chroniken werden gelegentlich Söhne erwähnt, doch waren sie entweder unehelich und konnten die Thronfolge nicht antreten, oder sie waren keine leiblichen Söhne.

Was Cacama betraf, so wollte Cortés auf der Stelle mit seiner Armee, den Tlaxcalteken sowie Truppen, die Montezuma ihm zur Verfügung stellte, nach Texcoco marschieren. Aber Montezuma wusste besser als Cortés, welche Probleme sich beim Kampf in diesem Bergtal stellten, und mahnte zur Vorsicht: Texcoco sei aufgrund seiner befestigten Stellung am Seeufer schwer angreifbar. Vom Land her gebe es nur wenige und sehr enge Zugänge, und bei einem Angriff vom Wasser aus sei mit erbittertem Widerstand zu rechnen. Alle Seiten würden große Verluste erleiden, und es sei zudem durchaus möglich, dass noch andere Adlige und weitere Stämme Cacama unterstützten und der Aufstand Kreise ziehe. Allerdings gebe es, ganz im Vertrauen gesagt, eine Reihe hoch gestellter Männer in Cacamas Gefolge – darunter seine Brüder –, die Montezuma die Treue hielten. Schon seit vielen Jahren hatte Montezuma ihnen regelmäßig Geschenke geschickt, um ihrer Solidarität sicher zu sein für den Fall, dass Cacamas Ehrgeiz je über das Ziel hinausschießen würde. Montezuma schlug nun vor, ein Komplott mit diesen Brüdern zu schmieden und Cacama zu einem Treffen in Texcoco zu überreden.

Dort könne man ihn überwältigen, in ein Kanu zwingen und sodann nach Tenochtitlán bringen und wegen seiner Unbotmäßigkeit zur Rede stellen.

Cortés befolgte den Rat und hielt sich zurück. Montezuma sandte ein paar seiner Vertrauensleute als Boten über den See nach Texcoco, und es kam, wie er vorausgesagt hatte: Bei dem Treffen, das Cacamas Brüder arrangierten, wurde Cacama gefangen genommen und nach Tenochtitlán gebracht, wo Cortés ihn in Eisen legen ließ. Gemeinsam ernannten der Azteke und der Spanier sodann einen von Cacamas Brüdern zum Herrscher über Texcoco, und als sie in der darauf folgenden Woche Hinweise auf weitere bevorstehende Aufstände erhielten, verfuhren sie in gleicher Weise.

Seiner üblichen Taktik folgend, ging Cortés jedoch nachts zu Cacama und sprach mit ihm. Erinnerte ihn daran, dass sie sich bei ihrem ersten Treffen der gegenseitigen Freundschaft versichert hätten, und beteuerte ihm, alle Spanier seien ihm wohlgesinnt und eine gute Behandlung sei ihm gewiss, wenn er sich nur beruhigte. Cacama aber beschimpfte Cortés, seinen Gott und seinen König und schwor voller Wut, er werde sich rächen.

Als der sechste Monat dieser seltsamen Zeit anbrach, in der weiter nichts passierte, wurde es Cortés wie Montezuma klar, dass die Situation sich einem Wendepunkt näherte.

Cortés fragte sich, wie es jetzt weitergehen sollte. Wie konnte er all dieses Gold fortbringen? Wie konnte er sich mit den Karibischen Inseln und mit Spanien in Verbindung setzen? Wie konnte er wieder Kontakt mit der Welt aufnehmen, die ihm vertraut war? Keineswegs konnte er sich vorstellen, sein Leben auf Dauer in der Abgeschiedenheit des Hochlandes, in dieser barbarischen Umgebung zu verbringen, doch wusste er nicht einmal, ob der Schatz in Spanien überhaupt angelangt war und ob und wie der König sich zu dieser seiner eigenmächtigen Unternehmung geäußert hatte. Er hatte nicht die geringste Ahnung, was unterdessen in der spanischen Welt geschah. Aber er spürte, dass der Hass der Azteken auf ihn und seine Männer zunehmend wuchs – der Hass der aztekischen Priester, deren Götter man missachtete; der Hass der aztekischen Häuptlinge, von deren Tribut man sich Anteile abzweigte; der Hass des aztekischen Volkes, das die anhaltende Anwesenheit dieser Fremden mit Unwillen sah. Und Cortés wusste vor allem eins: In Tenochtitlán wie in den Städten am See und weiter im Landesinneren standen unermessliche Scharen von Kriegern bereit, deren Zahl in die hunderttausende ging und die nur auf ein Zeichen zum Angriff warteten.

Stärker noch als Cortés war es Montezuma bewusst, wie sehr die Azteken danach drängten, die Spanier anzugreifen, denn schließlich waren sie das gewalttätigste Volk, das je im Tal von Mexiko geherrscht hatte. Sechs Monate lang hatten sie sich zurückgehalten, doch nun wollten sie losschlagen. Dass man Cacama und die anderen abtrünnigen Häuptlinge in Ketten gelegt hatte, fachte die Wut der Azteken nur noch weiter an. Wiederholt sagte Montezuma zu Cortés, dass seine Aristokratie ihn in dem Moment, da er die Festung der Spanier verließe, zwingen würde, sie in einen Krieg gegen die Spanier zu führen, und dass man ihm, falls er dies ablehnte, die Regierungsgewalt entzöge. Deshalb blieb Montezuma lieber im Quartier und vertröstete seine Adligen immer von neuem damit, Huitzilopochtli habe ihm den Rat gegeben und versichert, der eingeschlagene Weg sei der beste für sein Volk.

Montezumas wahre Motive werden wohl für alle Zeit im Dunkeln bleiben. Vielleicht vermeinte er tatsächlich, dem Willen seines Gottes zu gehorchen; vielleicht auch verfolgte er als erfahrener Herrscher eigensinnig seine eigene Politik und glaubte, es würde ihm und seinem Volk von Nutzen sein, den Spaniern Aufenthalt zu gewähren. Oder vielleicht hatte er – falls er wirklich ohne männlichen Nachfolger, möglicherweise kinderlos und vielleicht zeugungsunfähig war – eine merkwürdige Zuneigung zu den Spaniern gefasst und wünschte sich eine Vermischung zwischen ihnen und seinem Volk. Es findet sich ein vager Hinweis darauf, dass es, entgegen seinen eigenen Auskünften, mit Montezumas Manneskraft nicht weit her war. Malinche erzählte Cortés – und dieser später Gómara –, dass die adligen Frauen in Montezumas Palast mit Kräutergetränken und anderen Mitteln abzutreiben versuchten, sobald sie sich schwanger fühlten – dies aber haben Frauen, die schwanger von Königen waren, im Verlauf der Geschichte nie getan. Mag sein, dass Montezuma, ohnehin nicht mehr jung und dazu von der Ahnung erfüllt, dass dem Aztekenreich eine grundlegende Veränderung und eine Vermischung der Völker bevorstanden, sich gerade deshalb ohne Widerstände der Vorsehung ergab.

Dennoch ging Montezuma endlich zu Cortés und bat ihn, Mexiko zu verlassen, da sein Volk nicht länger zurückzuhalten sei. Anlass war ein neuerlicher Frevel der Spanier gewesen: In einer Ecke des großen Tempels des Huitzilopochtli hatten sie ein Kreuz und die Statue von Maria mit dem Kind aufgestellt. Diesmal war es Montezuma nicht gelungen, die Priester von seiner eigenen Interpretation des göttlichen Willens zu überzeugen. Alle Priester hatten den Befehl ihres Gottes vernommen: Die Spanier mussten gehen.

Cortés versuchte, Zeit zu gewinnen. Später schrieb er dem König, er habe drei Möglichkeiten gesehen. Zum Ersten konnte er in Villa Rica Schiffe bauen und damit Verstärkung an Männern, Pferden und Vorräten aus Santo Domingo kommen lassen. Zum Zweiten dachte er an ein Bündnis mit jenen Stämmen, die sich von ihm eine Unterwerfung der Azteken erhofften – dies aber war ein Wunschdenken, denn die Spanier waren nun verstreut und nicht mehr viele und verfügten überdies nur noch über einen geringen Vorrat an Pulver und Geschossen. Die dritte Möglichkeit bestand darin, das gesamte aztekische Volk zum Übertritt zu zwingen, indem er die Götzenbilder zerstörte, das Blut in den Tempeln abwusch, im ganzen Reich Menschenopfer und Kannibalismus verbot und den christlichen Glauben einführte. Die letzte Überlegung stellte Cortés wohl nur an, weil das beim König opportun war; in Wirklichkeit scheute er sich, auch nur den Tempel säubern zu lassen, der dem spanischen Quartier am nächsten lag.

Vorerst antwortete Cortés, er werde Montezumas Wunsch nachkommen, sobald ein paar Schiffe gebaut worden seien, denn er und alle Spanier seien dem Monarchen überaus dankbar für all die Geschenke, die er ihnen gegeben, für all das Entgegenkommen, das er ihnen bewiesen und für das viele Gold, das er dem spanischen Volk dargeboten hatte. Cortés schickte zwei Schiffsbauer nach Villa Rica, die dort mit dem Bau der Schiffe beginnen sollten, und Montezuma stellte eine große Schar von Arbeitern als Helfer zur Verfügung. Doch nahm Cortés die Männer vor ihrer Abreise beiseite und vertraute ihnen an, es habe keinerlei Eile mit dem Schiffsbau, denn er war nicht gewillt, dieses reiche Land zu verlassen.

Das komplizierte Gleichgewicht fand ein jähes Ende durch einen Umstand, mit dem weder Cortés noch Montezuma gerechnet hatten. Eine Flotte von Schiffen war vor der Ostküste gesichtet worden und ging nun vor San Juan de Ulúa vor Anker. Läufer brachten Zeichnungen von dieser Flotte umgehend zu Montezuma, dem diese Neuigkeit höchst willkommen war – vielleicht griff Huitzilopochtli ja gerade noch rechtzeitig ein. Montezuma sandte Läufer mit kostbaren Geschenken für die Fremden an die Küste zurück und ließ die dort ansässigen, ihm verbündeten Stämme anweisen, sie freundlich zu empfangen und reichlich mit Nahrungsmitteln zu versorgen.

Drei Tage lang behielt Montezuma die Neuigkeit für sich und erzählte Cortés nichts davon, obgleich sie einander täglich sahen. Am vierten Tag wurde Cortés misstrauisch, da sich Montezuma, der in letzter Zeit sehr verdrießlich gewesen war, in Hochstimmung zeigte. Als Cortés deshalb am gleichen Tag noch einmal zurückkehrte, erzählte Montezuma ihm von der Ankunft dieser neuen Flotte und fügte hinzu, gewiss sei Cortés sehr glücklich darüber, dass er keine Schiffe mehr bauen müsse, um mit seinen Männern Mexiko zu verlassen. Nun konnten sie die Schiffe besteigen, die gerade eingetroffen waren – sobald Montezuma mit den Fremden die gebührlichen Höflichkeiten ausgetauscht hatte.

Montezuma zeigte Cortés die Zeichnungen von der Flotte und berichtete ihm die Einzelheiten, die seine Kundschafter ihm zugetragen hatten – 18 Schiffe waren es, 1400 Soldaten, davon 70 mit Feuerwaffen, 90 Bogenschützen, 80 Reiter, 20 Kanonen und Berge von Vorräten. Cortés benötigte keine Zeichnungen. Er wusste genau, dass Velázquez ihm diese Flotte nachgeschickt hatte.

Der falsche Mann für die Aufgabe

Pánfilo de Narváez, der Kommandeur der Flotte, war ein Vertrauter von Diego Velázquez und kannte Hernán Cortés seit langem, denn Jahre zuvor war Cortés unter dem Kommando von Narváez von Hispaniola nach Kuba gesegelt. Als Favorit von Velázquez hatte Narváez Cortés argwöhnisch im Auge behalten, als dieser ihm die Gunst des Statthalters streitig zu machen versuchte. Anders als Cortés, der ein unternehmungslustiger junger Teufelskerl gewesen war, schien Narváez in vieler Hinsicht ein Spiegelbild seines Herrn: stämmig, großmäulig und reizbar – doch im Gegensatz zu Velázquez war er tapfer und ausdauernd.

Drei von Cortés' Männern, die nach Goldminen Ausschau hielten, befanden sich gerade in der Nähe von San Juan de Ulúa, als die Flotte vor Anker ging und die Armee sich ausschiffte. Diese drei rannten auf die Neuankömmlinge zu, spürten, wie zum ersten Mal nach so vielen Monaten die Furcht von ihnen abfiel, warfen sich vor Narváez nieder und dankten Gott, dass er ihnen zu Hilfe eilte. Narváez lud sie zu Wein und spanischem Essen ein, und in angeregter

Gesellschaft ergingen sich die drei – obwohl sie bis jetzt mutig und auf eigene Faust die Gegend erforscht hatten – in Strömen von Klagen: Cortés habe alle seine Männer tyrannisiert, er habe sie in die tollkühnsten Abenteuer hineingetrieben, und alle seine Männer fürchteten, ihre Heimat nie wiederzusehen.

Als dann Montezumas Boten mit Geschenken und Nahrungsmitteln eintrafen, konnten sich die drei Überläufer mühsam, in Nahuatl radebrechend, mit den Indianern verständigen. Sie übermittelten ihnen die Nachricht, die Narváez ihnen auftrug: Cortés sei ein abtrünniger Verräter, gesucht vom Statthalter von Kuba sowie vom König von Spanien, und eine große Streitmacht sei ausgeschickt worden, um Cortés tot oder lebendig zurückzubringen. Sobald Narváez Cortés und alle Männer, die ihm hörig waren, gefangen genommen oder getötet habe, werde er den Indianern alles zurückgeben, was ihnen fortgenommen worden sei, und sie würden fortan ihre Ruhe haben.

Die drei Abtrünnigen erzählten Narváez auch, über wie wenige Männer Cortés verfügte, wie gering sein Vorrat an Pulver und Geschossen war und dass seine Männer über ganz Mexiko verstreut seien. Überdies erklärten sie genau, wo die spanischen Streitkräfte in der Aztekenhauptstadt untergebracht waren, ferner, dass Cortés 40 oder 50 Kilometer weiter nördlich in einer Bucht die Stadt Villa Rica de la Vera Cruz gegründet hatte, in deren Fort sich 60, 70 oder auch 100 Spanier aufhielten. Daraufhin schickte Narváez eine Gesandtschaft aus, die aus einem Priester, einem Notar und einem adligen Verwandten von Velázquez bestand und die die Übergabe des Forts verlangen sollte.

ZU JENER Zeit wurde Villa Rica von einem jungen Kommandanten befehligt, der sich sehr schnell die Wertschätzung von Cortés erworben hatte. Als die Expedition begann, war Gonzalo de Sandoval mit Anfang zwanzig zu jung gewesen, als dass man ihm einen Posten von Bedeutung übertragen hätte. Er stammte wie Cortés aus Medellín, doch kannte der 13 Jahre Ältere den Jungen von früher her nicht oder konnte sich nicht an ihn erinnern. Nach neun Monaten in Mexiko hatte Sandoval sich jedenfalls aufgrund seiner kämpferischen Fähigkeiten, seines Mutes und seiner gesamten Persönlichkeit allgemeinen Respekt verschafft.

Sandoval erfuhr von der Gesandtschaft, noch bevor sie in Villa Rica eingetroffen war. Er schickte die älteren und am stärksten behinderten Männer in ein Dorf im Hinterland, wo befreundete Indianer wohnten, und behielt nur den zurück, der tatsächlich zu kämpfen in der Lage war. Als die Delegation nun eintraf und der Priester begann, Cortés des Verrates an Velázquez und am König zu beschuldigen, gebot Sandoval ihm zu schweigen. Als der Priester den Notar anwies, mit lauter Stimme die Briefe von Velázquez zu verlesen, die befahlen, Cortés solle sich ergeben, ließ Sandoval die drei Gesandten mit Netzen fesseln, die wiederum um lange Pfähle geschlungen wurden. In dieser überaus unbequemen Lage nahmen indianische Träger sie auf und brachten sie zu Cortés ins Hochland.

Als dieser vom Herannahen der merkwürdigen Gruppe erfuhr, gab er Order, Narváez' Abgesandte von ihren Fesseln zu befreien, und schickte ihnen Pferde entgegen. Dann hieß er den Priester, den Notar und den Verwandten von Velázquez in Tenochtitlán willkommen. Der Anblick der Stadt versetzte sie in großes Erstaunen, und als Cortés sie herumführte, erkannten sie sehr wohl, dass er hier Macht ausübte. Während Cortés ihnen erzählte, wie er dieses Land erobert hatte, welche Reichtümer er besaß und wie er nun die Indianer christianisierte, füllte er ihnen die Taschen mit Gold und Juwelen. Vollends geblendet waren die Abgesandten schließlich, als sie in den Quartieren der Spanier sahen, dass beim Kartenspiel ganze Haufen von Gold gesetzt wurden.

Sehr bald standen sie auf Cortés' Seite und erzählten, Narváez habe im Sturm auf dem Meer ein Schiff verloren, das samt seiner

Besatzung untergegangen sei. Für die Expeditionsarmee hatte Velázquez in ganz Kuba Männer angeworben – unter Zwang, denn sobald einer zögerte, hatte er gedroht, ihm seine Indianer zu nehmen. Deshalb gab es in dieser unter Druck rekrutierten Mannschaft viele, die verärgert waren. Überdies waren Narváez' Vollmachten, die Velázquez ihm brieflich übertragen hatte, zweifelhaft, denn die Mönche vom Orden des heiligen Hieronymus in Santo Domingo, die die königliche Gerichtsbarkeit innehatten und den Westindienrat repräsentierten, hatten sich gegen die Expedition von Narváez ausgesprochen und einen Richter namens Lucas Vásquez de Ayllon nach Kuba geschickt, der die Abfahrt von Narváez und seiner Armee zu verhindern suchen sollte. Die Hieronymiten befürchteten, dass ein Konflikt zwischen zwei rivalisierenden spanischen Streitmächten der Sache des Königs schaden und die Bemühungen der Spanier, das neue Land zu christianisieren und zu kolonisieren, zunichte machen könnte. Velázquez und Narváez indes hatten sich über die Bitten und Drohungen hinweggesetzt, und der Richter war Narváez sogar auf sein Flaggschiff gefolgt, weil er sich um jeden Preis bemühen wollte, beim Aufeinandertreffen der beiden Armeen ein Blutvergießen zu vermeiden.

Zum Dank für diese überaus interessanten Informationen packte Cortés auf der Stelle weiteres Gold zusammen, das die Gesandten dem Richter überbringen sollten. Und er ließ noch eine zusätzliche Ladung Gold bereitstellen für jene Männer in Narváez' Mannschaft, die ihrem Kommandanten wegen der Zwangsrekrutierung grollten. Noch einen zweiten außerplanmäßigen Passagier gab es auf Narváez' Flaggschiff: Andrés de Duero, Cortés' Partner, der von dem Schatz gehört hatte und sehen wollte, wie es um seinen Anteil stand.

Zum ersten Mal erfuhr Cortés jetzt auch, was aus Puertocarrero und Montejo geworden war, die er mit dem Schatz und der Gründungsurkunde von Villa Rica zum König nach Spanien geschickt hatte. Entgegen seinem Befehl hatte das Schatzschiff Kuba angelaufen, weil Montejo seiner Familie einen Besuch abstatten wollte. Obwohl man bald wieder abgelegt hatte, war das Gerücht von dem Schatz und der Gründungsurkunde für eine neue Stadt durchgesickert. Das bedeutete zugleich: Velázquez wusste, dass Cortés ihn in diesem Unternehmen kaltzustellen plante. Er hatte nicht nur erkannt, dass dieses Land tatsächlich eine Goldgrube war, sondern auch, dass Cortés mit der Gründung von Villa Rica die Vormacht über die Konquista erlangen und die Zustimmung des Königs gewinnen wollte.

Obzwar einige schnelle Schoner das Schatzschiff verfolgten, war es unbehindert in Spanien angelangt und die Ladung auf der Stelle sichergestellt worden. Die Botschafter hatten gehört, dass Briefe zwischen Velázquez und seinem Onkel, dem Bischof Fonseca, hin- und hergegangen waren und dass der Bischof Velázquez den Rat erteilte, diese Flotte zu schicken und Cortés gefangen zu nehmen oder zu töten.

SOBALD Cortés von der Ankunft der kubanischen Schiffe erfuhr, rief er seine Leute aus dem ganzen Land zusammen. Nur Juan Velásquez de León, der sich mit 150 Mann in Cholula befand, da die Indianer dort die Entrichtung ihres Goldtributs verweigerten, blieb, wo er war, denn somit war dieser Teil der Streitmacht auf dem Weg zur Küste stationiert.

Beide Seiten setzten alles daran, sich gegenseitig das Wasser abzugraben. Als die Gesandten aus Tenochtitlán zurückkehrten und Cortés als tapferen Spanier und guten Christen rühmten, brüllte Narváez sie nieder. Daraufhin gingen sie zu ihren Freunden und zeigten das Gold herum, das Cortés ihnen gegeben hatte, und der Richter Vásquez de Ayllon unternahm, nachdem er das für ihn bestimmte Gold in Empfang genommen hatte, einen neuen Versuch, Narváez davon zu überzeugen, dass die beiden spanischen Parteien sich einigen sollten – mit dem Resultat, dass Narváez den Richter mit Gewalt an Bord eines Schiffes mit Bestimmungsort Kuba bringen ließ. Auf See jedoch drohte der Richter dem Kapitän und den Matrosen, er würde sie alle hängen lassen, falls sie ihn nach Kuba brächten. Folglich steuerte man Santo Domingo auf Hispaniola an, wo er den Hieronymiten Bericht erstattete und für Cortés Partei ergriff.

Narváez sandte einen Brief an Velásquez de León in Cholula, bei dem es sich nicht nur um einen Gefolgsmann des Statthalters, sondern auch um seinen, Narváez', Schwager handelte. Er schrieb ihm, es sei seine Pflicht, mit all seinen Männern an die Küste zu kommen und sich der neu eingetroffenen Armee anzuschließen, doch dachte Velásquez de León, ein großer, starker und heißblütiger Mann, nicht im Traum daran, die Seiten zu wechseln. Zwar hatte er nach jenem Handel während des Kartenspiels, als Cortés ihn zur Strafe in schwere Ketten legen ließ, die ganze Nacht hindurch die schwere Kette unter lauten Beschimpfungen durch die Halle gezogen, aber er hatte andererseits an der Seite von Cortés so viele Gefahren durchgestanden, dass er ihn nun mochte und ihm vertraute. Und zuletzt kam es ihm nicht in den Sinn, das hart erkämpfte Gold seinem Schwager oder seinem Vetter in Kuba zu überlassen.

Narváez wechselte nun die Taktik: Er ließ seine Armee vor den Indianern an der Küste aufmarschieren, ließ alle Kanonen abfeuern und die Kavallerie vorstürmen – die Indianer schlugen sich auf seine Seite und übernahmen es, Montezuma Botschaften zu überbringen, in denen Narváez Cortés beschuldigte und den Indianern Gerechtigkeit, Rückerstattung des Goldes und Unabhängigkeit versprach. Montezuma im Hochland wusste nicht mehr, was er tun sollte. Diese Neuankömmlinge waren Cortés und seinen Männern an Zahl weit überlegen; sie hatten viel mehr Pferde und Kanonen, und sie verehrten ganz offenbar denselben Gott. Doch solange Cortés sich in der Hauptstadt aufhielt, waren Montezuma die Hände gebunden.

 Cortés schrieb einen langen Brief an Narváez und erinnerte ihn an ihre alte Freundschaft. Er listete seine erfolgreichen Taten auf, rühmte sich des Goldes, das er und seine Männer im Namen des Königs errungen hatten, und stellte ihm jene Fragen, die seinem juristisch geschulten Verstand von Wichtigkeit waren: Verfügte Narváez über einen Brief des Königs, der die Gründung von Villa Rica in Abrede stellte und Velázquez ermächtigte, dieses Land zu erobern und zu kolonisieren? Falls Narváez sich im Besitz eines solchen Briefes befand, musste Cortés gehorchen, und er würde sich mit seinen Männern dem Kommando von Narváez unterstellen. Konnte er diese ausdrückliche Vollmacht des Königs hingegen nicht vorweisen, dann befahl Cortés als rechtmäßig ernanntes Stadtoberhaupt und oberster Richter der neu gegründeten Stadt Villa Rica de la Vera Cruz ihm, seine Armee zu sammeln und wieder zu gehen, wobei er sich erbot, Narváez großzügig Hilfe zu leisten, wenn er vor der Abreise irgendetwas dringend benötigen sollte.

Cortés beauftragte Pater Olmedo, Narváez diesen Brief zur Küste zu bringen, doch Narváez setzte den Pater fest und verlegte sein Hauptquartier sodann nach Zempoala, wo er sich auf der höchsten Pyramide einrichtete, die, verglichen mit anderen, zwar nur bescheidene Ausmaße hatte, aber immerhin die ganze kleine Stadt überragte. Er postierte seine Kanonen auf den Stufen und brachte seine Männer in den besten Häusern unter.

Während Cortés von den Indianern Gold nur als Geschenk angenommen hatte – obgleich er ihnen manchmal mit Druck auf die Sprünge half –, beschlagnahmte Narváez alles Gold, das der fette Häuptling besaß, einschließlich der Schätze, die Cortés ihm geschickt hatte. Und er nahm die Mädchen, die Cortés und seinen Leuten einst zum Geschenk gemacht worden waren und die sie bei ihrem Aufbruch ins Hochland zurückgelassen hatten, und gab sie seinen Leuten. Er selbst ernannte sich zum Kommandanten der Armee, die hier im Namen des Statthalters von Kuba agierte, und vollzog eine eigene Stadtgründung.

Da er jedoch im Gegensatz zu Cortés nicht viel von juristischen Finessen verstand, ging er schlampig dabei vor und hielt sich nicht exakt an die Regeln der Siete Partidas.

ZWISCHENZEITLICH hatten die Männer in Villa Rica das Fort aufgegeben und sich in die Berge zu den Totonaken zurückgezogen. Als Cortés davon sowie vom partiellen Seitenwechsel der Indianer an der Küste erfuhr, beschloss er, dass nun die Zeit zum Handeln gekommen sei. Er ließ zur Verteidigung seiner Festung in Tenochtitlán, zum Hüten des angehäuften Schatzes und zur Bewachung Montezumas etwa 80 Soldaten mit fünf Pferden und allen Kanonen unter dem Kommando von Pedro de Alvarado zurück. Mit den übrigen Männern – und es können nicht mehr als 150 oder 200 gewesen sein – brach Cortés zur Küste auf. Zwar hatte Montezuma ihm 5000 Krieger angeboten, doch schienen diese berechtigterweise als nicht ausreichend vertrauenswürdig. Cortés' Anfrage in Tlaxcala, ob man ihm von dort Verstärkung schicken könnte, wurde dagegen ablehnend beschieden: Die Tlaxcalteken seien zwar bereit, ihm gegen die Azteken, aber nicht gegen andere Teules zu helfen. Obwohl sich Cholula Velásquez de León mit seinen 150 Leuten anschloss, zählte Cortés' Streitkraft nicht mehr als 300 Mann, die vermutlich über acht Pferde und keine einzige Kanone verfügten.

Unterwegs begegnete ihnen eine von Narváez geschickte Abordnung, und ein Notar wollte Cortés Papiere übergeben, in denen er aufgefordert wurde, sich zu ergeben. Weil dieser jedoch seine Zulassung als Notar nicht vorweisen konnte, untersagte Cortés ihm Verlesen und Übergabe der Papiere, stattdessen stieg er vom Pferd, legte dem Notar, einer furchtsamen Seele namens Alonzo de Mata, den Arm um den Hals und führte ihn unter seine Soldaten, wo er die schweren Goldketten und Goldreife bestaunen konnte, die die aztekischen Goldschmiede angefertigt hatten. Und natürlich gab er auch dem Notar eine kleine Menge Gold.

In der Begleitung des Notars befand sich Andrés de Duero, der seinem ehemaligen Partner sagte, er habe nicht die geringste Chance gegen Narváez, die von Velázquez ausgesandte Kampftruppe sei so stark, dass er besser aufgeben und um Milde bitten solle. Aber bereits während er sprach, erkannte Duero, dass Cortés nicht mehr der ehrgeizige, unerfahrene Abenteurer war, sondern zu verhaltener und dabei eiserner Härte gefunden hatte. Cortés hörte ihn an, gab ihm einen freundschaftlichen Klaps auf die Schulter, bestieg wieder sein Pferd und schickte den Notar und Duero zu Narváez zurück.

Unterwegs kamen Cortés erneut Botschafter von Narváez entgegen. Sie schlugen ein Gespräch vor, bei dem sich die beiden Kontrahenten, jeder zur Sicherheit von zehn Soldaten begleitet, von Angesicht zu Angesicht begegnen sollten. Wieder teilte Cortés großzügig von seinem Gold aus und erfuhr zum Dank von den Beschenkten, dass Narváez ihn im Verlauf dieser Unterredung festnehmen wollte – ganz wie es Cacama geschehen war. Cortés lehnte also dieses Treffen ab und forderte durch einen Boten Sandoval in der Totonaken-Stadt auf, sich ihm mit seinen Leuten anzuschließen. Gemeinsam mit der einstigen Besatzung des Forts stießen schließlich fünf Soldaten zu Cortés, die von Narváez abgefallen waren und sich zu Sandoval durchgeschlagen hatten.

Vermutlich plante Cortés, die Männer von Narváez durch Bestechung auf seine Seite zu ziehen. Er und alle seine Männer waren mit Gold beladen, sodass sie jederzeit, wenn es zu Kontakten mit Narváez' Truppe kam, ein paar Geschenke austeilen und damit ihre friedfertigen Absichten dokumentieren konnten. Cortés hoffte überdies, dass auch die Indianer an der Küste wieder auf seine Seite wechseln würden, sobald er auftauchte.

Doch am Ende waren es Naturgewalten, die Cortés ganz unerwartete Möglichkeiten eröffneten. Als er mit seinen Männern rund fünf Kilometer vor Zempoala stand und gerade das Nachtlager aufschlagen wollte, begann es zu regnen – ein tropischer Wolkenbruch, so laut, dass man nichts anderes hörte, ging nieder, und unter der Wolkendecke herrschte totale Dunkelheit. Cortés sah seine Chance und änderte auf der Stelle seine Strategie. Anstatt Schutz vor dem Unwetter zu suchen und sich für die Nacht unter den Decken zu verkriechen, befahl er den Weitermarsch. Die Männer, die aus dem Hochland in die Ebene zurückgekehrt waren, verspürten jetzt dem Aufstieg genau entgegengesetzte Reaktionen: Sie sprühten vor Energie und waren zu Taten fähig, die ihnen in der sauerstoffarmen Luft des Hochlandes unmöglich gewesen wären.

Narváez, der wusste, dass „Cortés und seine drei Katzen", wie er die kleine Armee verächtlich nannte, im Anmarsch waren, ließ alle seine Reiter aufsitzen und ritt mit ihnen hinaus, um den Weg zu blockieren. Doch als sich weit und breit niemand zeigte und sie in ihren Rüstungen und Ledergewändern endlich völlig durchnässt waren, führte Narváez die Kavallerie nach Zempoala zurück und stellte nur zwei Männer zur Wache auf.

Im Schutz der Dunkelheit und des Regens gelang es Cortés' Vorhut, einen dieser Posten gefangen zu nehmen. Sehr schnell entlockten sie ihm, wie Narváez seine Streitmacht verteilt hatte, wo die Kanonen aufgestellt, wie Kavallerie und Infanterie angeordnet waren. Cortés und seine Leute, bis ins Kleinste vertraut mit den Straßen, Alleen und Plätzen der Stadt, wussten nun Bescheid. Sandoval sollte mit 60 Männern den Tempel oben auf der Pyramide stürmen und Narváez, der dort sein Quartier hatte, gefangen nehmen. Mit dem Rest der Armee würde Cortés die Pyramide von unten decken und die Paläste und das ganze Gelände ringsum gegen Narváez' Truppen verteidigen.

In pechschwarzer Nacht und bei sintflutartigem Wolkenbruch drangen Cortés und seine Männer in Zempoala ein und stürmten bereits durch die wohlvertrauten Straßen, als der entflohene Posten endlich Alarm schlug.

Da Narváez' Männer wenig kampferprobt und durch die äußeren

Umstände stark behindert waren, hatten die Angreifer leichtes Spiel. Die Truppe unter Sandoval überwältigte im Handstreich die Wachen bei der Pyramide, Cortés' Leute erreichten die Pferde, bevor die Reiter überhaupt aufsitzen konnten, schnitten die Sattelgurte durch und sattelten die Tiere ab. Dann wandte sich Cortés der Artillerie zu. Weil die Kanoniere die Zündlöcher wegen des Regens mit Wachs gefüllt hatten, waren die Kanonen nicht unmittelbar einsatzbereit, und Velásquez de León, Lugo, Ordaz und andere Hauptleute entwaffneten die verwirrten und völlig verschreckten Artilleristen, während unter Cortés' Führung die Infanterie kampfunfähig gemacht wurde. Einer Gruppe von Kanonieren gelang es allerdings, hastig das Wachs zu entfernen und eine einzige Kugel abzuschießen, die zwei Männer von Cortés tötete. Narváez kam mit dem Schwert in der Hand brüllend und kampfbereit aus seinem Schlafzimmer gerannt, als ein Pikenier namens Pedro Sánchez Farfán ihn aufforderte, sich zu ergeben. Weil er sich weigerte, stürzte Farfán sich auf ihn und schlug ihm ein Auge aus.

Der Morgen dämmerte, und der Regen hörte auf. Es war eine trübe graue Dämmerung unter immer noch bedrohlich tief hängenden Wolken. Die tropische Luft lastete schwer auf den Spaniern. Die Männer von Narváez, nun besiegt und entwaffnet, waren zutiefst getroffen, dass Cortés sie mit so wenigen Leuten überwältigt hatte.

Cortés zeigte kein Mitleid mit Narváez, der laut stöhnte und das Blut in seiner Augenhöhle zu stillen versuchte. Er ordnete an, dass für alle Essen zubereitet werden solle, und sprach mit jedem einzelnen von Narváez' Kommandanten, die er fast alle kannte. Und wieder mischte er sich unter die besiegten Soldaten, verteilte großzügig Gold und beschrieb ihnen die Reichtümer, die sie zu erwarten hätten. Gegen Mittag warb Cortés unter Aufsicht eines Notars und mit vier Zeugen an der Seite Narváez' Soldaten an, die in einer langen Warteschlange standen.

GÖTTERDÄMMERUNG

Pedro de Alvarado war der Verzweiflung nahe. Von den 80 Mann, die Cortés in Tenochtitlán zurückgelassen hatte, waren viele alt, verletzt oder litten an der Ruhr. Zwei der fünf Pferde konnten nicht mehr galoppieren. Das Lager war gut befestigt, aber es erforderte viele Männer zur Verteidigung. Beim Wachwechsel hatte Alvarado häufig Schwierigkeiten, genügend Leute zusammenzubringen. Und es gab zu wenige für die Bedienung der Kanonen.

Nach dem Abzug von Cortés und seinen Soldaten änderten die Azteken merklich ihr Verhalten. Montezuma blieb in seinem Zimmer, und ständig trafen scharenweise aztekische Adlige ein, die betont harmlose Gesichter zur Schau trugen und mit ihm konferierten. Als Alvarado das Gespräch mit Montezuma suchte, scherzte der Herrscher nicht mehr wie gewohnt, und als er ihm ein Totoloque-Spiel vorschlug, zeigte Montezuma keinerlei Interesse. Die Spanier, die Cacama und die anderen Häuptlinge bewachten, die in Ketten lagen, mussten die aztekischen Adligen vertreiben, die mit den Gefangenen zu sprechen versuchten.

Offenbar waren die Azteken davon überzeugt, dass Cortés und seine Leute von der überlegenen Armee an der Küste vernichtend geschlagen werden würden. Und auch Alvarado hegte diese Befürchtung. Er und seine Männer hatten überdies allen Grund, um ihre Sicherheit zu bangen, denn was konnten schließlich 80 oder 120 Mann – die Zahlenangaben variieren wie so häufig – schon gegen hunderttausende grimmige, angriffslüsterne Indianer ausrichten? Es war ein Wunder, dass Cortés es im vergangenen halben Jahr mit einer erstaunlichen Kombination aus Einschüchterungstaktik und Diplomatie geschafft hatte, sich mit seinen 400 Spaniern in Tenochtitlán zu halten und sogar eine gewisse Macht auszuüben. Doch nun hofften die Azteken darauf, dass Narváez Cortés den Garaus machen und sodann den Azteken, in Erfüllung seines Versprechens, die volle Herrschaft über ihr Reich zurückgeben und wieder gehen würde. An dem Rest von Cortés' Besatzertruppe aber würden die Azteken nur allzu gern den aufgestauten Hass ablassen und sie den oft gekränkten Göttern opfern. Die Tlaxcalteken, die sich nach wie vor zusammen mit den Spaniern in der Hauptstadt befanden, bestätigten Alvarados Befürchtungen. Sie berichteten, im Tempel des Huitzilopochtli würden geschärfte Stäbe gesammelt, auf die man die Spanier stecken wollte, sobald man sie gefangen genommen und gehäutet hatte. Und sie erzählten Alvarado ferner, dass zum bevorstehenden Fest des Toxcatl ein Angriff der Azteken drohe. Hierbei handelte es sich um eine besonders schreckliche Zeremonie, bei der die Azteken tagelang wie die Wahnsinnigen tanzten und die traditionell in der Opferung feindlicher Krieger gipfelte, die man sodann verzehrte – den Tlaxcalteken war dies durch die Blumenkriege bekannt, die für Nachschub an zum Opfer bestimmten Kriegern gesorgt hatten.

Montezuma teilte Alvarado mit, das Fest des Toxcatl werde in dem weiten Hof am Fuß der Pyramide stattfinden, die vom Tempel des Huitzilopochtli gekrönt war, und die Spanier könnten gern daran teilnehmen. Alvarado, der keine weitere Bestätigung mehr brauchte, um zu wissen, was in der Luft lag, war an selbstständiges Handeln gewöhnt. Unter dem ungeheuren Druck dieser Situation war er nun stärker denn je gezwungen, auf eigene Faust zu handeln. Als Vorbild stand ihm Cortés' Meisterstück in Cholula vor Augen, wo die Spanier ebenfalls einer großen Übermacht angriffsbereiter indianischer Krieger inmitten einer bevölkerungsreichen Stadt gegenübergestanden hatten. Der Entlastungsschlag war so unerwartet und so heftig geführt worden, dass die Indianer niedergezwungen und von einer erneuten Erhebung abgehalten wurden.

DAS FEST des Toxcatl war beängstigend. Die Azteken hatten die größten Trommeln, die sie besaßen, rund um den Hof aufgestellt. Sie waren aus ausgehöhlten Baumstämmen gefertigt und mit kunstvollen Schnitzereien verziert und bemalt. Zahllose Trommler schlugen mit gleichmäßigen, intensiven, rhythmischen Schlägen auf sie ein, welche die Zuhörer in einen ekstatischen Taumel versetzten. Obwohl nur die vornehmen Azteken Zutritt hatten, waren es tausende, die zum Rhythmus der Trommeln tanzten, ohne je zu ermüden. Der Klang drang über den Hof hinaus, und in der ganzen Stadt stimmten die Menschen mit ihren eigenen Trommeln in den Rhythmus ein, wobei sie ihre Ekstase wahrscheinlich noch mit Pulque und Pilzen steigerten.

Als Alvarado in den Hof vordrang, hatte er seine Leute wohlorganisiert. Einige Gruppen blockierten die Ausgänge, während andere über die unbewaffneten Azteken herfielen. Arkebusiere und Armbrustschützen streckten mit systematisch abgefeuerten Salven die dicht gedrängten Indianer nieder, doch setzten die Spanier vor allem auf die Macht ihrer Schwerter und Piken. Die Trommler, durch ihre unablässigen Schläge selbst in Trance geraten, trommelten unbeirrt weiter, sodass die Angreifer ungehindert die Reihe entlangrennen und ihnen die Hände abschlagen konnten. Unaufhörlich hieben und stießen die Spanier zu, und die schreienden Azteken vermochten weder zu fliehen noch zurückzuschlagen – so berauscht waren sie noch von ihrem Tanz –, und am Ende war der Hof über und über mit blutigen Leichen übersät. Als die Spanier sich in ihre Quartiere zurückzogen, war der größte Teil des aztekischen Adels ausgelöscht.

Nachdem der Klang der Trommeln verstummt war, geriet die Stadt in Aufruhr. Die Bewohner von Tenochtitlán strömten durch die Straßen. Überall wurden Schreie laut, es habe ein Massaker gegeben. Aus allen Richtungen drängten aufgebrachte Menschenmassen auf die Mauern zu, hinter denen sich die Spanier verschanzten. Die Kanonen donnerten, die Arkebusiere und Armbrustschützen feuerten von den Brustwehren ihre Salven ab, und die Spanier verteidigten die Eingänge zu ihrer Bastion. Aber ringsum von den Hausdächern sowie von nahe gelegenen Türmen und Pyramiden hagelte es Steine, Pfeile, Spieße und Speere. Die Azteken setzten die Schuppen in Brand, in denen Vorräte lagerten, und versuchten während der Nacht, Gänge unter den Mauern zu graben. Wo immer der Durchbruch gelang, stürzten sie sich auf die Spanier – obsidianbesetzte Keulen gegen Stahlschwerter, Kupferlanzen gegen Eisenpiken. Die Brigantinen, die in den Kanälen vor Anker lagen, gingen in Flammen auf – die Spanier hatten sie nicht schützen können, weil es ihnen unmöglich war, ihre befestigte Stellung zu verlassen.

Während einer Kampfpause in der dritten Nacht nach dem Massaker gelang es einem von der Küste kommenden spanischen Boten, sich in die umkämpfte Festung hineinzustehlen – er brachte die Nachricht von Cortés' Sieg über Narváez. Doch Alvarado sandte ihn mit der Schreckensnachricht aus Tenochtitlán auf der Stelle zu Cortés zurück.

INDESSEN sann Cortés an der Küste darüber nach, wie er diese so listig begonnene, bisher mit wenig Blutvergießen verbundene Eroberung weiterführen sollte. 18 Schiffe standen ihm zur Verfügung, dazu sehr viel mehr Männer, Pferde, Waffen und Munition als zuvor, denn von Narváez und einigen starrköpfigen Hauptleuten abgesehen, die er weiter gefangen hielt, waren alle Männer seiner Anwerbung gefolgt. Cortés hatte gegen andere Stimmen darauf bestanden, dass seine eigenen Leute den früheren Soldaten von Narváez die Pferde und Sättel zurückgäben, zudem die Waffen und Rüstungen. Alles andere wäre für ihn Diebstahl gewesen. Dass er selbst den Indianern Tribute und Geschenke abnötigte, stand in seinen Augen auf einem anderen Blatt und widersprach nicht seinem unerschütterlichen Glauben an das Privateigentum.

Cortés verfolgte mehrere Pläne. Er ordnete eine Truppe ab, um an der Mündung des Pánuco einen Hafen vorzubereiten, eine andere wiederum sollte in Coatzacoalcos eine Festung bauen, die als Sammelpunkt für das Gold gedacht war. Er schickte Leute nach Jamaika aus, um dort weitere Pferde und Ausrüstung zu beschaffen. Jetzt, wo er in Gold bezahlen konnte, meinte er, von niemandem mehr eine Erlaubnis zu benötigen. Doch all diese aussichtsreichen Pläne mussten warten, als er die Nachricht von der verzweifelten Situation der belagerten Spanier in Tenochtitlán erhielt.

Schnell stellte er eine Armee von rund 1300 Soldaten zusammen, dazu Pferde, Kanonen und Scharen indianischer Träger, die ihm die wieder freundlich gesinnten Totonaken zur Verfügung stellten, und brach in aller Hast ins Hochland auf. Als ihnen auf dem Weg ins Aztekenreich keine Indianer begegneten, die Nahuatl sprachen, als sie die Orte und Felder entlang ihrer Route verlassen vorfanden, fürchtete Cortés bereits, seine Bastion in Tenochtitlán könnte gefallen sein. Um einen Hinterhalt zu vermeiden, schickte er Späher weit voraus und ließ sie auch nach den Seiten ausschwärmen.

In Texcoco am Ufer des Sees im Tal von Mexiko traf Cortés keinen einzigen Häuptling, der ihm vertraut gewesen wäre. Sie alle waren auf dem Fest in Tenochtitlán getötet worden, aber von den Bewohnern der Stadt erfuhren sie, dass die Spanier in der Hauptstadt noch am Leben waren. Als nämlich die Nachricht von Cortés' Sieg bekannt wurde, hatten die Azteken den Angriff eingestellt, und es herrschte nun ein angespannter Waffenstillstand.

Cortés kampierte in Texcoco. Über den See näherte sich in einem Kanu ein Spanier, der von mehreren aztekischen Adligen aus Montezumas Gefolge eskortiert wurde. Dieser Bote bestätigte Cortés, dass Alvarado und seine Männer noch standhielten, dass es ihnen jedoch an Nahrungsmitteln und Wasser mangelte. Die Adligen brachten eine Botschaft von Montezuma: Der Herrscher bedauere diese Kämpfe über die Maßen; er wisse, dass Cortés ihn dafür verantwortlich machen werde, aber er begrüße die Rückkehr von Cortés und werde seinem Volk befehlen, wieder genauso mit ihm zusammenzuwirken wie vor seiner Abreise an die Küste.

Cortés war keineswegs beruhigt. Am nächsten Tag rückten sie in dichter Formation zur Hauptstadt vor, verbrachten aber eine weitere Nacht am Seeufer. Am Mittag des nächsten Tages, nach der Messe, überquerten sie schließlich den Damm und zogen in die Stadt ein. Die Straßen waren so gut wie menschenleer; man sah nur einige wenige Leute in der Ferne vorüberhasten. Cortés bemerkte, dass einige der Brücken entfernt worden waren und dass man in manchen Straßen Barrikaden errichtet hatte. Im Lager der Spanier eilten ihm Alvarado und seine Männer voller Freude und mit Dankesrufen entgegen und setzten ihn von den Einzelheiten des Massakers in Kenntnis.

Im Hof erwartete sie Montezuma mit seinem Gefolge, um sie willkommen zu heißen. Aber Cortés, der die Bedrohlichkeit der Situation spürte und wusste, wie weit Montezuma Narváez entgegengekommen war, vermochte sich nicht zu verstellen und überschüttete die Männer aus Montezumas Gefolge, die an ihn herantraten, mit einem Schwall von Flüchen, die sie zwar nicht verstanden, deren Tonfall indes keinen Zweifel an seiner Gemütslage offen ließ. Montezuma selbst wollte er weder begrüßen noch empfangen, und so kehrte der Aztekenherrscher niedergeschlagen in seine Gemächer zurück. Cortés hatte den Eindruck, dass Montezuma und mit ihm sämtliche Bewohner der Stadt fürchteten, er würde sie bestrafen – und diese Furcht wollte er in keiner Weise mindern.

Kaum dämmerte der Morgen, schickte Cortés einen Reiter mit einem Brief zur Küste aus, doch kaum eine halbe Stunde später kam dieser Bote blutend zurückgaloppiert – Azteken hatten ihm aufgelauert, bevor er den Damm erreichte. Zwar war es ihm gelungen, ihnen zu entfliehen, aber überall, so berichtete er, entfernten die Azteken die Brücken, und in den Straßen wimmle es von Kriegern, die sich in den Häusern versteckt gehalten hatten. Sie riefen den Namen von Cuitlahuac, Montezumas Bruder, der ihr Anführer war. Noch während dieses Berichts wurde ohrenbetäubender Lärm laut, denn die Bevölkerung von Tenochtitlán schickte sich an, die Festung der Spanier zu stürmen. Aztekische Krieger drängten sich in den Straßen, standen aufgereiht auf den Stufen der Pyramiden und auf den Dächern und brachten endlich ihre erdrückende zahlenmäßige Übermacht zum Ausdruck. Sie schleuderten Steine und Speere, die eine große Wurfweite hatten; sie scharten sich um die Banner ihrer Häuptlinge, versuchten die Eingänge zu durchbrechen oder rannten mit Pechfackeln umher und suchten Feuer zu legen, wo sie nur konnten.

Cortés wusste jetzt, dass man ihn hinters Licht geführt hatte. Die Azteken hatten ihn nur deshalb ungehindert in die Stadt einziehen lassen, um ihn in die Falle zu locken. Sie wollten nicht nur Alvarado und seine Männer, sondern auch Cortés und seine Armee ihren Göttern zum Opfer bringen. Narváez' ehemalige Soldaten, die solche Horden von Indianern nie zuvor gesehen hatten, waren starr vor Entsetzen. Doch Cortés reagierte entschlossen, ohne auch nur einen Augenblick zu zögern. Er hieß seine Stammtruppe in Gruppen ausschwärmen, um jedes Eindringen der Azteken zu verhindern. Weil die äußeren Gebäude auf dem Palastgelände brannten, rissen die Spanier einen Teil der Außenmauer ein, um ein Ausbreiten des Feuers zu verhindern. Sodann schlugen sie im Kampf Mann gegen Mann die Azteken zurück, die in das Lager einzudringen versuchten.

In der Nacht ließ Cortés das Loch in der Mauer wieder schließen, und seine Männer konnten erneut Atem schöpfen. Aber im Morgengrauen griffen die Azteken wieder an, diesmal mit verstärkter Wut. Um den Ring der rund um den Palast des Axayacatl anstürmenden Azteken zu durchbrechen, stellte Cortés eine Reiterschwadron zusammen, mit der er einen Ausfall aus dem Fort versuchte. Doch wurden die Reiter in der Menge eingekeilt, sodass sie den Kriegern auf den Dächern leichte Zielscheiben für ihre Schleudersteine boten. Zugleich zerrte die Menge an den Zügeln und stach nach den gepanzerten Pferden und Reitern, wobei Cortés' linke

Hand von einem Keulenschlag zerschmettert wurde. Am Ende waren alle verwundet, und sie mussten in die Festung zurückkehren.

Die Kanonen donnerten unaufhörlich, und obgleich die Kanoniere mit jeder Kugel ein Dutzend Indianer niederstreckten, schien der Ansturm der Azteken nicht nachzulassen. Und ebenso wenig vermochten die Salven der Arkebusiere und Armbrustschützen die Reihen der Indianer zu lichten. Cortés sandte einen seiner Kommandeure mit 200 Infanteristen hinaus, die sich mit ihren Schwertern und Piken einen Weg durch diese Menschenmasse bahnen sollten, doch erging es ihnen nicht besser als der Kavallerie – verwundet und in erbärmlicher Verfassung wurden sie zurückgetrieben. Bernal Díaz schrieb: „Wären auch 10000 trojanische Hektoren und noch mehr Rolande dabei gewesen, uns wäre der Durchbruch dennoch nicht gelungen."

Während der Nacht ließ Cortés einige Leiterwagen mit Seitenwänden und Dächern aus starken Brettern versehen. In jedem Wagen sollten – auf diese Weise vor den Steinen, Pfeilen, Spießen und Speeren geschützt – etwa 20 Männer Platz finden, die mit Brechstangen ausgestattet wurden. Eskortiert von der Kavallerie, von Kanonen und Infanterie, wollte man die Wagen auf die Barrikaden zurollen, wo die Männer abspringen, die Barrikaden niederreißen und in die Häuser eindringen sollten, von deren Dächern aus die Azteken ihnen den größten Schaden zufügten. Den ganzen nächsten Tag arbeiteten die Zimmerleute an den Wagen, während die Soldaten ihre Stellungen an den Mauern und Eingängen hielten.

Am nächsten Morgen war es so weit: Die Wagen verließen, von einer starken Eskorte geschützt, die Festung, doch die Azteken auf den Dächern hielten Felsbrocken bereit, schoben oder warfen sie herab und zerschmetterten die Fahrzeuge. Die Spanier kämpften bis zur völligen Erschöpfung, durchbrachen ein paar Barrikaden und setzten einige Häuser in Brand, aber sie kamen gegen die Übermacht der Azteken nicht an und wurden samt ihren demolierten Wagen ins Lager zurückgetrieben. Jedes Mal wenn die Spanier einen Angriff zu kontern versuchten, wurden einige von ihnen getötet, die meisten verwundet, und einige gerieten lebend in Gefangenschaft.

Nach einigen Tagen erbitterten Gefechts ließ Cortés nach Montezuma schicken und verlangte, er solle dem Angriff Einhalt gebieten. Ihm war unklar, welche Rolle Montezuma spielte, denn er hatte sein Zimmer seit der Ankunft von Cortés nicht mehr verlassen. Da es sich im zweiten Stock in der Mitte des Palastes befand, war er durch das Feuer und die Gefechte im äußeren Bereich nicht bedroht. Es hieß, Cuitlahuac, Montezumas Bruder, sei nun der Heerführer. Trotzdem war Montezuma nach wie vor der Herrscher; er war derjenige, dem das Volk gehorchen musste, andernfalls würden dem aztekischen Sozialgefüge Halt, Disziplin, Ordnung und Glück verloren gehen.

MEHR als sechs Monate lang hatte Montezuma versucht, eine Übereinkunft mit Cortés zu finden, wobei er durchaus seine eigene Strategie verfolgte. Nun trat er hinaus in den Hof und stieg die Treppe zu einem Flachdach nahe der Außenmauer hinauf, wo seine Untertanen ihn sahen und von wo aus er zu ihnen sprechen konnte. Die Spanier deckten ihn mit ihren Schilden, bis er den Rand des Daches erreichte. Dann gaben sie ihn frei, und seine Gestalt wurde sichtbar.

Montezuma wurde von seinem eigenen Volk gesteinigt. Später sagten die aztekischen Apologeten, seine Untertanen hätten ihn nicht erkannt oder ihn aus Versehen beworfen. Aber solche Entschuldigungen sind sehr zu bezweifeln, denn die wild erregten aztekischen Krieger auf den Dächern, auf den Pyramiden und in den Straßen waren nicht mehr zu beruhigen – sie kämpften um ihre Freiheit und ihre Identität als Volk, dazu um die Erhaltung ihrer Besitztümer. Montezuma wurde mindestens dreimal getroffen, stürzte zu Boden und wurde unter dem Schutz ihrer Schilde von den Spaniern weggetragen.

Die Schlacht tobte unvermindert weiter, ja, die Azteken verstärkten ihren Ansturm noch. Montezuma lebte noch ein paar Tage, aber er ließ es nicht zu, dass man seine Wunden versorgte, und er verweigerte Essen und Trinken. Er war in tiefster Seele verletzt. Von seinem eigenen Volk zurückgestoßen, mag er seinen Untergang als Strafe des Huitzilopochtli verstanden haben oder als die Erfüllung des alten Omens oder als den Triumph des christlichen Gottes. Vielleicht war es auch einfach nur so, dass er sein Vorhaben, dem Leben der Azteken durch eine friedliche Vermischung mit diesen Fremden neuen Auftrieb zu geben, gescheitert sah.

Die Spanier betrauerten ihn, soweit ihnen überhaupt Zeit dazu blieb. Montezuma war ihnen gegenüber stets freundlich und großzügig gewesen. Und auch Cortés selbst, obgleich er unablässig seine Ränke geschmiedet hatte, wusste sehr wohl, dass er ohne Montezumas Entgegenkommen seine Pläne nie so weit hätte vorantreiben können. Deshalb scheint es keinen Grund zu geben, die von den Chronisten bezeugte Trauer der Spanier anzuzweifeln, wie einige Skeptiker dies getan haben.

Cortés ließ Montezumas Leichnam von einigen gefangen genommenen Azteken zu seinem Volk zurücktragen. Die Spanier öffneten ihnen die Tore und sahen sie in den Straßen von Tenochtitlán verschwinden. Sie erfuhren nie, was mit dem toten Herrscher geschah.

DIE SPANIER starben fast vor Hunger und Durst. Im Hof hatten sie einige Pflastersteine entfernt und einen Brunnen gegraben, der ihnen ein wenig Wasser lieferte, das nicht allzu brackig war. Zum Essen standen ihnen einige trockene, altbackene Tortillas zur Verfügung. Aber die Azteken bedrängten sie stärker denn je, da immer neue Truppen aus den nahe gelegenen Städten und Provinzen in die Hauptstadt strömten. Sie hatten nicht nur die Brücken entfernt und die Straßen blockiert, sondern sie rissen jetzt auch die Dämme ein. Damit war den Spaniern, da ihre Brigantinen verbrannt waren, auch der letzte Fluchtweg versperrt.

Von der Spitze einer Pyramide gleich neben der spanischen Festung verschafften sich die Häuptlinge einen Überblick über das spanische

Lager und dirigierten von dort aus den Angriff. Während die Eingeschlossenen immer schwächer wurden, wechselten die Indianer ihre Truppen ständig aus. Trotzdem wagten die Spanier den Angriff auf die Pyramide, die vom Tempel des Xipe Totec, des „gehäuteten Gottes", gekrönt war und wo sie als siegreiche Eroberer einst ein Kreuz und die Madonnenfigur aufgestellt hatten. Cortés, der sich wegen der unbrauchbaren linken Hand den Schild am linken Arm festband, führte seine Männer die Stufen zur Pyramide empor, während die Azteken Felsbrocken und Baumstämme auf sie herabrollten. Aber viele der Gesteinsbrocken und Baumstämme blieben hängen, und die Spanier nahmen den Tempel ein, aus dem die christlichen Symbole wieder entfernt waren. Sie setzten das Gebäude in Brand und töteten oder vertrieben die Häuptlinge samt ihren Kriegern.

In der Nacht verließ Cortés erneut das Lager und setzte weitere Häuser in der Nachbarschaft in Brand, von deren Dächern die Krieger sie angreifen konnten. Dann versuchte er tagelang, sich mit seinen Leuten einen Zugang zu dem Verbindungsdamm nach Tacuba, einer Stadt am anderen Seeufer, zu bahnen – dieser Damm war als Einziger erhalten geblieben. Wohl gelang es ihnen, sich den Weg bis hin zu einer Öffnung zu erkämpfen, an der eine Brücke entfernt worden war, und diese Lücke mit Trümmern eingerissener Häuser und Mauern zu füllen, doch in der Nacht entfernten die Azteken den Schutt und unterbrachen die Verbindung wieder.

Als Cortés begriff, dass ihre Lage in Tenochtitlán unhaltbar geworden war, begann er die Flucht vorzubereiten, solange der Damm nach Tacuba überhaupt noch vorhanden war. Er ließ den gesamten Schatz, den sie angesammelt hatten, in die Palasthalle bringen. Da es unmöglich war, alles mitzunehmen, ließ er das, was er als das königliche Fünftel einschätzte, auf eine Mähre und ein paar lahme Pferde laden. Er duldete auch, dass seine Männer sich die Taschen füllten, obgleich er ihnen riet, sich lieber mit den restlichen Nahrungsmitteln einzudecken. Bernal Díaz, der wusste, dass die Indianer die Jadesteine am allerhöchsten schätzten, steckte ein paar von den Chalchihuites unter den Brustpanzer und nahm ein paar goldene Dosen. Die Männer von Narváez beluden sich so sehr mit Gold, dass viele von ihnen ihre Waffen nicht mehr tragen konnten.

Cortés' Plan war folgender: Die Tlaxcalteken sollten die Spanier in der Nacht aus der Stadt hinaus und nach Tlaxcala führen, wo sie sich erholen und wieder Verbindung mit der Küste aufnehmen konnten. Die Zimmerleute hatten für ihre Flucht eine transportable Brücke gebaut, die man jeweils über die Zwischenräume im Damm legen konnte. 40 Tlaxcalteken waren nötig, um diese Brücke zu tragen. 200, die sich abwechseln sollten, wurden dazu abgestellt, wobei 150 Spanier sie abschirmten.

In einer Nebelnacht – wahrscheinlich am 10. Juli 1520 – öffneten die übrig gebliebenen Spanier, alle angegriffen und verwundet, die Tore ihres Forts und folgten ihren tlaxcaltekischen Verbündeten. Aber der Nebel bot ihnen nicht lange Schutz. Als bei der ersten Dammöffnung die Brücke aufgesetzt wurde, weckte der Lärm die Azteken. Zwar gelangten die Flüchtenden noch über diese erste Kluft hinweg, doch dann fielen die Azteken auch schon über sie her – und es gab acht solcher Dammöffnungen auf dem Weg nach Tacuba. Die Spanier konnten nicht zum Gegenangriff übergehen. Sie rannten – und sobald einer ausglitt, unter einem Steinwurf niederstürzte oder unter dem Gewicht des Goldes strauchelte, überwältigten ihn die Azteken. Viele sprangen bei den Dammöffnungen ins Wasser und versuchten watend oder schwimmend die andere Seite zu erreichen. Die Azteken drückten sie unter Wasser und ertränkten sie. Neben dem Damm schwammen reiterlose Pferde durch die seichten Gewässer.

Nach jeder Dammöffnung hatte sich die Anzahl der Spanier verringert. Cortés, Velásquez de León, Sandoval und die anderen Kommandanten versuchten die Truppen zusammenzuhalten und die Indianer abzuwehren – aber es war kein Kampf, es war eine wilde Flucht, bei der Alvarado die Nachhut bildete. Als sie endlich den letzten Dammabschnitt erreicht hatten, startete Cortés einen Angriff und durchbrach die Schlachtreihe der Azteken. Danach gelang es ihnen, das Ufer zu erreichen.

Cortés jedoch kehrte mit Sandoval noch einmal zurück, um einige umzingelte Gruppen zu befreien. Dabei trafen sie auf Alvarado, der sich völlig erschöpft, blutend und ohne Pferd noch jenseits der letzten Dammöffnung befand. In der Hand hielt er sein Schwert, in der anderen einen Aztekenspeer. Die Legende behauptet nur, Alvarado habe diesen Speer benutzt, um sich über dieses letzte Hindernis hinwegzuschwingen, und habe als letzter Spanier Tenochtitlán verlassen. Bernal Díaz kommentierte dies allerdings so, er habe erst von „Alvarados Sprung" gehört, als Jahre später ein spanischer Sänger ein Lied darüber dichtete.

Als der Tag anbrach, torkelten die Spanier auf den Hauptplatz von Tecuba, wo sie völlig erschöpft zu Boden sanken oder benommen herumirrten. Die Azteken hatten ihr Ziel, alle Spanier zu töten oder gefangen zu nehmen, weitgehend erreicht – nur etwa 400 Spaniern war die Flucht gelungen; 800 oder 900 hatten es nicht geschafft. Von den restlichen 24 Pferden war keines mehr fähig zu galoppieren. Mensch wie Tier waren ausnahmslos verwundet. Cortés, ohnehin durch seine zerschmetterte Hand beeinträchtigt, war am Knie getroffen und wollte nicht vom Pferd steigen, weil er fürchtete, nicht mehr aufsitzen zu können.

Sie hatten nicht nur alle Kanonen und alles Pulver verloren, sondern nahezu auch das ganze Gold. Geblieben waren ihnen nur jene Wertsachen, die sie am Leib trugen. Insbesondere die ehemaligen Soldaten von Narváez, die das meiste Gold an sich gerafft hatten, mussten für ihre Gier und ihre Unerfahrenheit bitter bezahlen, und die Überlebenden wollten lieber nicht darüber nachdenken, dass den gefangenen Spaniern nun der Tod auf dem Opferstein gewiss war. Velásquez de León war tot. Malinche hatte überlebt, ebenso zwei Töchter von Montezuma und ein paar adlige Indianerinnen, dazu ein oder zwei spanische Frauen, die sich in Begleitung der Männer von Narváez befunden hatten. Montezumas angebliche Töchter wurden später von spanischen Hidalgos geheiratet, und man gestand ihnen als gerechtes Erbe ausgedehnte Ländereien zu.

Cortés fürchtete, man könnte ihnen in Tacuba eine Falle stellen. Obwohl nur wenige aztekische Krieger in der Stadt zu sein schienen, hatten sie drei Spanier gepackt und getötet. Cortés befahl seinen Männern, sich zusammenzureißen, und sie machten sich auf in Richtung Tlaxcala. Weil die Tlaxcalteken, die sie aus Tenochtitlán hinausgeführt hatten, einem Hinterhalt der Azteken aus dem Weg gehen wollten, wählten sie einen wenig benutzten Pfad, was zwar sehr einsichtig war, jedoch den Nachteil hatte, dass man häufig orientierungslos herumirrte.

Dem Verhungern nahe und von den Azteken verfolgt, vermochten sie sich tagsüber nur wenige Kilometer weiterzubewegen. In der Nacht lagerten sie in und um ein paar Steinhäuser oder einen kleinen Tempel und stellten ringsum Wachen auf. Die Azteken umringten sie zwar, pfiffen und schrien, aber sie griffen in der Nacht nicht an. Noch in der Dunkelheit gab Cortés das Signal zum Aufbruch. Obwohl sie die Lagerfeuer brennen ließen, blieben sie nicht unbemerkt von den Azteken, die in den Orten entlang ihres Weges Krieger aufriefen, die letzten Teules zu vernichten. Auf diese Weise musste der Rückzug hart erkämpft werden, denn immer wieder waren trotz totaler Erschöpfung Ausfälle nötig, um die feindlichen Indianer in Schach zu halten.

Nach einem Tag voll unablässiger Kämpfe erreichte die dezimierte Truppe eine Stadt, aus der alle Einwohner flohen, sobald die Spanier in Sicht kamen. Dort fanden die hungrigen Soldaten einen Vorrat an Mais, den sie zum Teil kochten und gleich aßen, zum anderen Teil aber geröstet als Marschverpflegung mitnahmen.

Am folgenden Tag entdeckten sie auf einem Hügel, den sie passieren mussten, Indianer in drohender Haltung. Als die Reiter sich an die Verfolgung machten, stellten sie fest, dass sich auf der anderen

Seite des Hügels eine große Stadt befand. Auf felsigem Gelände, wo die Pferde nicht frei galoppieren konnten, entbrannte nun ein erbitterter Kampf, in dessen Verlauf Cortés der Helm abgeschlagen und er von zwei Schleudersteinen so heftig am Kopf getroffen wurde, dass er eine Gehirnerschütterung erlitt und das Bewusstsein verlor. Trotzdem fiel er nicht einmal vom Pferd, und die anderen Reiter brachten ihn zurück zum kläglichen Rest seiner Armee, wo er sich wieder erholte. Eines der Pferde war getötet worden, und den Spaniern gelang es, das tote Tier vom Schlachtfeld und mit sich bis zu einem Lagerplatz bei einer kleinen Pyramide zu ziehen, wo sie es, wie sie später sagten, mit Haut und Haaren verzehrten.

Für die Soldaten, die sich noch aufrecht halten konnten, ließ Cortés Krücken anfertigen. Die schwer Verwundeten wurden auf die Pferde gelegt, die zu lahm waren, um im Kampf weiterhin brauchbar zu sein. Manche Männer hielten sich an den Schwänzen der Tiere oder den Steigbügeln fest – nur um die Augen offen halten und weitermarschieren zu können.

So gelangten sie eines Morgens ins Otumba-Tal, in dem es von angriffsbereiten Kriegern nur so wimmelte – dies war die letzte Falle der Azteken. Ganz automatisch stellten die Spanier sich in ihrer Schlachtformation auf. Sie hatten keine Kanonen und keine Kampfgruppen von Arkebusieren mehr; nur noch wenige Armbrüste waren zu gebrauchen. Alles, was ihnen geblieben war, waren Schwerter, Dolche, Piken und ein paar Lanzen – und ihre Kampferfahrung. In der Mitte der rechteckigen Verteidigungsformation befanden sich die verwundeten Spanier und Tlaxcalteken sowie die wenigen Frauen. Wie immer bildeten die Reiter die Vorhut, galoppierten voran, um eine Bresche zu schlagen.

Was folgte, war mehr ein wilder Tumult denn ein regulärer Kampf. Die Azteken hatten zu diesem letzten Großangriff die Otomí aufgerufen, die in dieser Gegend lebten. Sie waren es nicht gewohnt, diszipliniert zu kämpfen. Dafür waren sie, da man ihnen reiche

Beute versprochen hatte, in so großer Masse erschienen, dass sich die Kriegsscharen aus den verschiedenen Otomí-Städten gegenseitig ins Gehege gerieten und es zu Streit und Raufereien kam. Auf diese Weise war es ihnen unmöglich, erfolgreiche Angriffe zu führen, und viele Otomí wurden niedergetrampelt oder gerieten in Panik. Dennoch dauerte der Kampf fast den ganzen Tag.

Als die spanischen Reiter einen Otomí-Häuptling mit gewaltigem Federschmuck und Banner erblickten, griffen sie an. Cortés schlug ihm das Banner aus der Hand, während Juan de Salamanca ihm den Federschmuck vom Kopf riss. Als Cortés den Häuptling auch noch mit dem Speer durchbohrte, brachen die Otomí den Kampf ab, rannten davon und überließen den Spaniern das Feld. Der Federschmuck des Häuptlings wurde später mit einem ausführlichen Bericht von Cortés an den spanischen König geschickt, der aufgrund dieses Vorfalls Jahre darauf Juan de Salamanca das Recht verlieh, den Federschmuck in seinem Familienwappen zu führen.

Als die erschöpften Truppen in dieser Nacht ihr Lager aufschlugen, konnten sie bereits die Berge von Tlaxcala sehen, doch war sich Cortés keineswegs eines freundlichen Empfangs gewiss. Nun, da sie sich geschlagen auf dem Rückzug befanden, vermittelte er den Tlaxcalteken nicht mehr wie einst die Hoffnung, er konne sie von der Tyrannei der Azteken befreien.

Am Morgen schleppten sie sich in ein tlaxcaltekisches Dorf, und die Dorfbewohner kamen heraus, um sie anzustarren. Cortés ließ die Verwundeten im Schatten lagern. Die tlaxcaltekischen Krieger und Träger in spanischen Diensten baten die Einheimischen um Essen, die diesem Wunsch, wenn auch widerwillig, nachkamen, aber darauf bestanden, in Gold bezahlt zu werden. Bald kamen Häuptlinge, angeführt von Xicotenga dem Älteren, dem man, da er blind war, den jämmerlichen Zustand der Spanier beschreiben musste. Ein zweiter tonangebender Häuptling war Mase Escasi. Diese beiden nun zeigten Mitleid mit den Spaniern: Sie hätten vom Kampf in Tenochtitlán gehört und seien im Begriff gewesen, die Spanier im Tal von Otumba mit einem Heer zu unterstützen. Sie hatten von der Falle der Azteken erfahren, doch sei es zu spät gewesen. Sie luden Cortés ein, in ihre Stadt zu kommen, wo man seine Männer gut versorgen würde, wo sie sich ausruhen und wo sie neue Kräfte schöpfen könnten.

Es dauerte drei Tage, bis die Spanier überhaupt fähig waren, die wenigen Kilometer bis zur Stadt zurückzulegen. Während dieser Zeit nun hatte Xicotenga der Jüngere, so hieß es später, die älteren Häuptlinge gedrängt, die Fremden zu töten und eine Annäherung an die Azteken zu suchen – ein Ansinnen, dem diese sich indes widersetzten. Sie waren überzeugt, dass die Azteken sich mit Gewissheit erbitterter denn je gegen Tlaxcala wenden würden, falls man ohne spanischen Schutz dastünde. Gewiss, die Spanier hatten eine Schlacht verloren, aber an der Küste befanden sich noch mehr von ihnen mit Waffen, Pferden und Schiffen. Allmählich begann es den Führern der Tlaxcalteken zu dämmern, dass das Meer, bisher Grenze und Ende ihrer indianischen Welt, den weißen Männern nicht nur als Zugang diente, sondern auch Nachschub lieferte. Während man von den Azteken nichts als gnadenlose Rache zu erwarten hatte, konnte man mit den Spaniern vielleicht zu einer vorteilhaften Einigung gelangen. Die Ältesten beschlossen deshalb, ihr Bündnis mit den Fremden nicht zu verraten. Später drang das Gerücht zu den Spaniern durch, Xicotenga der Jüngere sei bei einem hitzigen Streitgespräch von den anderen Häuptlingen die Stufen zum Palast seines Vaters hinabgeworfen worden.

Die erschöpften Truppen wurden auf die Häuser der Stadt verteilt. Die Soldaten nahmen bei einfachen Indianern Quartier, die Kommandanten wurden von den Häuptlingen aufgenommen. Cortés war Gast von Mase Escasi. Zum ersten Mal seit Wochen konnte Cortés seine Rüstung ausziehen und sich auf einem Bett niederlegen – sein Schädel war auf der linken Seite eingeschlagen.

Diese Schädelfrakturen sind zuverlässig belegt. Wie testamentarisch festgelegt, wurden Cortés' sterbliche Überreste im Hospital de Jesús in Mexiko-Stadt zur letzten Ruhe gebettet, wo sie über mehr als 250 Jahre in einem reich verzierten Sarg aufbewahrt wurden. Während des mexikanischen Unabhängigkeitskrieges zu Anfang des 19. Jahrhunderts brachte man die Gebeine, aus Furcht vor einer Schändung durch die Nationalisten, in ein Versteck, das mehr als ein Jahrhundert lang geheim gehalten wurde. Erst 1946 ging ein junger Spanier Hinweisen in alten Dokumenten nach und spürte die sterblichen Überreste von Cortés in einer dicken alten Mauer des Krankenhauses auf. Ein Team von Archäologen löste mit Sorgfalt Ziegel für Ziegel und stieß endlich auf eine Gruft, in der sich der Sarg von Cortés befand – eine beigefügte notarielle Erklärung bestätigte die Echtheit. Untersuchungen der Gebeine bestätigten dann auch die Schwere der Schädelverletzung.

Doch in Tlaxcala machte Cortés nicht nur sein Kopf zu schaffen. Regungslos und halb bewusstlos daliegend, musste er sich ohne Betäubung zwei Finger seiner verkrüppelten linken Hand amputieren lassen. Ein Spanier, der sich auf Wundbehandlung verstand, führte die Prozedur durch, desinfizierte die Stümpfe mit kochendem Öl und entfernte zudem Stein und Knochensplitter aus Cortés' Kopf. Darüber hinaus war ein Knie dunkelrot und aufs Doppelte angeschwollen, der ganze Körper von Blutergüssen, Pfeilwunden und Schnitten übersät. Der Eroberer von Mexiko lag hilflos, halb tot und in tiefer Bewusstlosigkeit hingestreckt auf einer indianischen Pritsche.

III Der Zerrspiegel der Schwarzen Legende

Fray Bartolomé de Las Casas

Bartolomé de Las Casas war ein unerbittlicher Ankläger von Hernán Cortés und setzte im Laufe seines außergewöhnlich langen Lebens mit Beharrlichkeit, religiösem Überschwang und wütender Polemik die so genannte Schwarze Legende in Gang. Las Casas wurde 1474, elf Jahre vor Cortés, geboren und starb 1566 im Alter von 92 Jahren, fast 19 Jahre nach Cortés. Mehr als 50 Jahre lang äußerte er sich mit großer Wortgewalt und in groß angelegten Schriften. Er war Cortés gegenüber entschieden im Vorteil, da seine moralische Lauterkeit nie infrage stand. Solange beide lebten, konnte Las Casas Cortés in der Wertschätzung seiner Zeitgenossen wenig anhaben. Erst nach dem Tod des Konquistadors begann die Saat, die er gesät hatte, aufzugehen. Las Casas drückte Cortés, den Spaniern und Spanien einen Stempel auf, der sich nie mehr ganz ausmerzen ließ.

In der Regel wird von Las Casas als Dominikanermönch gesprochen, doch trat er erst mit 49 Jahren in den Orden ein, und seine Jugendjahre weisen mancherlei Parallelen zu denen von Cortés auf: Auch er besuchte die Universität von Salamanca, erwarb dort im Gegensatz zu Cortés allerdings akademische Grade in Rechtswissenschaften und Theologie. Mit der Flotte von Nicolás de Ovando, die Cortés aufgrund besagten amourösen Unfalls verpasste, kam Las Casas nach Hispaniola, wo er eine *encomienda*, das heißt Land mitsamt Indianern, erhielt. Obwohl er sich in seinem Gewinnstreben nicht von den anderen Zuwanderern unterschied, behandelte er seine

Indianer mit größerer Milde, als allgemein üblich war. Nach einer Besetzung Kubas schloss er sich Velázquez an und erhielt eine weit bessere Encomienda, als er sie auf Hispaniola besessen hatte. Zum Dank ergriff er in Zukunft stets für Velázquez und gegen Cortés Partei.

Im Alter von 40 Jahren – vier Jahre bevor Cortés nach Mexiko segelte – spann Las Casas den Gedanken aus, dass die Indianer nicht nur grausam ausgebeutet wurden, sondern als Gottes unschuldige Geschöpfe auf Erden überhaupt nicht arbeiten dürften – afrikanische Sklaven oder weiße Leibeigene aus Andalusien sollten ihre Arbeit übernehmen. Darüber hinaus sei es die heilige Pflicht Spaniens und der Spanier, diese unschuldigen Seelen auf gewaltlosem Wege zu christianisieren, allein durch Belehrung und gelebtes Vorbild. Las Casas kannte zu dieser Zeit nur die erstaunlich ergebenen Insulaner, die den auf männliches Gehabe fixierten Spaniern verweichlicht vorkamen; er kannte nicht die kannibalischen Kariben der Äußeren Antillen und natürlich nicht die Indianer auf dem Festland, das noch gar nicht entdeckt war. Seinen theoretischen Darlegungen entsprechend, entließ Las Casas seine eigenen Indianer in die Freiheit und vertrat für den Rest seines Lebens die Sache dieses Volkes mit großer Beredsamkeit, aufrichtiger Überzeugung und leidenschaftlichem Einsatz.

In der Neuen Welt gab es jedoch kaum einen Priester, der fließend die indianischen Sprachen beherrschte. Die schrecklichen Rituale der indianischen Religion auf dem Festland ließen die Gefahr von Rückfällen bedrohlich erscheinen, und zudem hatte man es mit Millionen von Indianern zu tun, die in zahllose Stämme aufgeteilt und verstreut über das ganze riesige Land lebten. Angesichts solcher Probleme erklärten sich die meisten Priester mit der Entscheidung der Soldaten einverstanden, Bekehrung und Einführung des Christentums mit Gewalt zu erzwingen, woraufhin sich vor allem die Franziskaner und Dominikaner mit Hingabe der Aufgabe widmeten, den Indianern den Geist des Christentums einzuflößen und die indianische Gesellschaft mit den christlichen Bräuchen vertraut zu machen.

Eine weitere Überlegung der Konquistadoren, der sich die Geistlichkeit anschloss, bestand darin, dass man in der Neuen Welt Leute brauchte, die den Boden bestellten, die Erde aushuben oder die Lasten trugen. Und weil nur die Indianer zahlreich genug waren, all die anfallenden Arbeiten zu verrichten, erfand man das System der Encomienda. Die Indianer kamen in die Obhut von Spaniern, die sich verpflichteten, für ihre religiöse Unterweisung durch Priester zu sorgen – und nebenbei durften sie die Eingeborenen für sich arbeiten lassen. Natürlich kam es zu Ausbeutungen. Es gab Spanier, die in ihrer Goldgier die Indianer arbeiten ließen, bis sie tot umfielen, und manch einer der weißen Herren beging unentschuldbare Gräueltaten. Dies führte gelegentlich zu Rebellionen der Indianer, die zu ihrer angestammten Religion zurückkehren wollten – zu Götzendienst, Menschenopfer und Kannibalismus – und die zudem von Arbeit eine völlig andere Auffassung hatten als die Spanier.

Las Casas ging diese Situation auf typisch spanische Weise an, nämlich mittels unerbittlicher negativer Selbstkritik. Er wiederholte und übertrieb eine jede Geschichte, die er über die Grausamkeit der Spanier hörte; er bedauerte und verdammte jede Bestrafung, die die Spanier über die Indianer verhängten. Und er konzentrierte von Anfang an seine Schmähungen auf Hernán Cortés: Er verdammte ihn wegen seines Verrats an Velázquez; er klagte ihn an, vor seiner Abfahrt nach Mexiko das kubanische Schlachthaus geplündert zu haben – zu Unrecht vermutlich, wie Bernal Díaz' anders lautende Version bezeugt; er beschuldigte ihn, die Cholulaner ohne jeden Grund niedergemetzelt zu haben, obgleich er die Umstände nicht kannte, und er hatte weder Verständnis für die Angst noch die Gefahr, in der sich Cortés und seine Männer befunden hatten.

Im Laufe seines Lebens kehrte Las Casas häufig nach Spanien zurück, wo er seine Landsleute in Amerika verunglimpfte, um Mitleid und Wohlwollen für die Sache der Indianer warb und sich sogar unmittelbar an den König wandte. Karl V., stets interessiert an der

Erörterung von Gewissensfragen, veranlasste Dispute zwischen Las Casas und bedeutenden christlichen Philosophen, in denen ein moralisch vertretbarer Umgang der Rassen miteinander definiert werden sollte. Und natürlich hörte man Las Casas mit großem Interesse zu.

Für die spanische Regierung stellte sich das Problem, Verwaltungsrichtlinien ausgeben zu müssen für Völker, die auf der anderen Seite der Welt eine hoch stehende Kultur entwickelt hatten, die sich von der europäischen allerdings grundlegend unterschied. Rechtlich gesehen betrat man hier Neuland.

Die katholische Kirche, die die zu rettenden Seelen unterworfener Völker mit Respekt betrachtete, hatte die spanische Regierung gedrängt, die Sklaverei zu missbilligen und ihr jede rechtliche und moralische Unterstützung zu verweigern. Als Kolumbus aus der Neuen Welt einige Indianer mitbrachte und äußerte, diese schüchternen Eingeborenen seien ideale Sklaven und man solle mehr davon importieren, befreite Königin Isabella per Edikt die gefangenen Indianer. Unter diesen Freigelassenen befand sich übrigens auch ein indianischer Junge, der Las Casas während seiner Studienzeit in Salamanca diente – sein Vater, der Kolumbus auf seiner zweiten Reise begleitete, hatte ihn mitgebracht.

In der Neuen Welt sah die Situation anders aus: Hier stand der Bedarf an Arbeitskräften dem Edelmut entgegen. Das System der Encomienda stellte einen Kompromiss dar – man verhinderte eine regelrechte Sklaverei, christianisierte und hatte dennoch Arbeitskräfte zur Verfügung, die für die Erschließung des Landes allenthalben dringend benötigt wurden. Las Casas' vehemente Anklage war auch der Anlass dafür gewesen, dass Kardinal Jiménez, bis zur Regierungsübernahme des jungen Königs Mitregent, die Ordensbrüder vom Konvent des heiligen Hieronymus nach Hispaniola sandte, um den Ausschreitungen der Spanier in der Neuen Welt nachzugehen. Als die Hieronymiten jedoch Regeln für die Encomienda aufstellten, anstatt sie abzuschaffen, wie Las Casas gefordert hatte, klagte er sie wütend an. Er selbst fand einen Kontrahenten in Toribio de Benavente, einem selbstlosen Franziskaner, der von Nahuatl sprechenden Indianern Motolinía, der Arme, genannt wurde, da er immer barfuß ging und seine Soutane zerlumpt war.

Motolinía gehörte einer Gruppe von zwölf Mönchen, Priestern und Laienpriestern an, die der König – auf Bitte von Cortés – in die Neue Welt gesandt hatte, um die Indianer zu christianisieren. Motolinía lehrte, predigte, lebte ein christliches Beispiel und taufte über 4000 Indianer. Obgleich Motolinía ebenfalls die grausamen Praktiken der spanischen Siedler verurteilte, beklagte er sich bitter darüber, dass Las Casas auf einer Probefrist für die Indianer beharrte, da er der Meinung war, dies würde die Taufe der erwachsenen Indianer ins Unendliche hinauszögern. Waren Indianer oder welche Völker auch immer geneigt, sich Christus zuzuwenden, dann wollte Motolinía ihnen das auf jeden Fall und auf der Stelle ermöglichen. Diese widerstreitenden Meinungen brachten Franziskaner gegen Dominikaner auf, leidenschaftliche Spanier gegen leidenschaftliche Spanier. Las Casas gab nicht nach.

Der König gewährte Las Casas endlich das Recht, in Venezuela ein Utopia zu begründen. Aber dieser Idealstaat, den er zu errichten versuchte, scheiterte an heftigen Streitigkeiten, von denen schließlich Spanier wie Indianer angewidert waren. Und selbst die Priester, die sich in Las Casas' Begleitung befanden und allein durch Lehren und Vorleben zu bekehren versuchten, waren enttäuscht. Als Las Casas älter und älter wurde und immer wieder mit Vorträgen und Schriften auf tendenziöse Weise alle möglichen Geschichten wiedergab, die er je erlebt oder gehört hatte, wurden diese Erzählungen von den Gräueln der Spanier in Europa begierig aufgenommen. Alle Feinde des spanischen Reiches – England, Frankreich, die Niederlande und die italienischen Stadtstaaten – hörten solche Darstellungen nur allzu gern, da sie die Grausamkeit und den Fanatismus Spaniens bestätigten.

Mehr als ein Jahrhundert nach der Eroberung Mexikos entstanden Stiche, auf denen zu sehen war, wie die Spanier friedliche Indianer niedermetzelten. Viele dieser Kunststecher wussten nicht einmal, wie Indianer aussahen, und zeichneten kahlköpfige Geschöpfe, doch trotz des mangelhaften Kenntnisstandes fanden diese Stiche eine weite Verbreitung und werden noch heute gezeigt. Die Diffamierung Spaniens und der Spanier erreichte einen Höhepunkt 1588 nach der Niederlage der spanischen Armada. Im Bestreben, seine Herrschaft auszudehnen, war Spanien englischem Vormachtsdenken in die Quere gekommen. Obwohl es in erster Linie englische Freibeuter waren, sollten nun die Spanier als Verräter an den Werten der europäischen Kultur herhalten, um die Aufmerksamkeit von sich selbst abzulenken.

Diese Verleumdungskampagne, die später als Schwarze Legende bezeichnet wurde, stellte die Spanier als zügellose Teufelsknechte dar. Die Wahrheit sah vielmehr so aus, dass Spanien sich im 17. und 18. Jahrhundert friedlich auf seinen Einflussbereich in Lateinamerika beschränkte, während England und Frankreich rücksichtslos ihre Kolonien in Nordamerika, Afrika und Asien auszudehnen versuchten. Selbstredend ließ die Schwarze Legende keinen Raum für das Eingeständnis, dass es den Spaniern, seit sie in die Neue Welt eingedrungen waren, sehr wohl darum ging, die Seelen der Indianer zu retten. Andere Völker, die später amerikanischen Boden betraten, hatten weniger christliches Sendungsbewusstsein. Trotzdem geistert die Schwarze Legende noch heute durch die Hirne, und ihre Klischees werden wie eh und je in historischen Romanen und Kostümfilmen verbreitet.

Damit sollen die Geschehnisse der Vergangenheit nicht idealisiert werden, doch sollte man zumindest die Augen nicht davor verschließen, dass Berichte oftmals in zweckdienlich entstellter Weise überliefert wurden.

IV Der bedauerliche Triumph

KNAPPER SIEG DER SOLIDARITÄT

Ein Spanier nach dem anderen starb auf seinem Lager in Tlaxcala und folgte damit den hunderten nach, die im Verlauf des Rückzugs den Tod gefunden hatten. In diesen letzten mörderischen Tagen und Nächten waren auf beiden Seiten unendlich viele Menschenleben zu beklagen gewesen. Ernst betrachteten die Tlaxcalteken den regungslos daliegenden Cortés.

Sie waren Leiden gewöhnt und wussten, dass auch der unglückliche Ausgang einer Schlacht mit Gleichmut hingenommen werden musste. Geduldig kümmerten sie sich um die Spanier, brachten Wasser und Essen, versorgten die Wunden, soweit sie es vermochten, verbrannten die Leichen und beerdigten die Überreste. Obwohl es unter den tlaxcaltekischen Verbündeten ebenfalls viele Opfer gegeben hatte, waren die meisten – mit Gold beladenen – Träger am Leben geblieben – ein Beweis für ihre Zähigkeit und Geschicklichkeit.

Besonderen Grund zur Trauer hatte Mase Escasi, der Velásquez de León seine Tochter gegeben hatte – keiner von beiden hatte überlebt. Auch zwei vermutliche Kinder Montezumas, die die Spanier begleitet hatten, waren getötet worden – ein junger Mann, den Cortés für den einzigen gesunden Sohn Montezumas hielt, sowie eine schwangere Tochter. Malinche dagegen war auf der Flucht nicht ernsthaft verwundet worden. Sie flößte Cortés ein wenig Wasser und Nahrung ein und pflegte ihn.

Nach einer Woche war Cortés fähig, sich aufzusetzen, doch hatte er Kopfschmerzen, und die Narben an den Schädelfrakturen juckten unerträglich. Als man ihm auf die Füße half, wurde ihm schwindlig, und jeder Muskel seines über und über mit Wunden bedeckten Körpers schmerzte. Auch die anderen Spanier rappelten sich langsam wieder auf und humpelten, auf ihre Gastgeber gestützt, in den Höfen und Häusern umher. Viele von ihnen allerdings gesundeten nie mehr ganz und blieben als Krüppel in Tlaxcala. Dass überhaupt eine so große Zahl der Verletzungen ausheilen konnte, dürfte sicherlich nicht zuletzt der trockenen, klaren Bergluft zu verdanken sein – in einem Regenwaldgebiet hätte es mit Gewissheit mehr Infektionen gegeben. Die 24 übrig gebliebenen Pferde erholten sich ebenfalls auf den kühlen Weiden.

Die tlaxcaltekischen Häuptlinge luden Cortés zu einem Gespräch und erklärten ihm, welche Gegenleistungen sie für ihre Hilfe erwarteten. Sie hatten keine großartigen Ambitionen, ihren Machtbereich auszudehnen, es war ihnen nicht darum zu tun, die Nachfolge der Azteken anzutreten. Aber sollte es den Spaniern doch noch gelingen, die Vorherrschaft zu erringen, so verlangten die Häuptlinge für sich und ihr Volk die dauerhafte Befreiung von jeglichem Tribut, einen Anteil an der Beute und die Herrschaft über zwei Provinzen, die an ihr Land angrenzten. Cortés stimmte zu. Obgleich die einzelnen Punkte dieses Abkommens nie genau festgelegt wurden, hielt Spanien das den Tlaxcalteken gegebene Versprechen im Wesentlichen ein. Sie waren während der ganzen Zeit der spanischen Herrschaft in Mexiko – fast 300 Jahre lang – von den Tributleistungen ausgenommen.

Cortés hielt eine Lagebesprechung mit seinen Hauptleuten ab, und sie kamen zu einem niederschmetternden Ergebnis. Als Cortés weiland in Richtung Küste gezogen war, um Narváez die Stirn zu bieten, hatte er einen Teil des Goldes, mit dem er Narváez' Soldaten bestechen wollte, sowie Vorräte an Kleidung in der Obhut einiger verwundeter

Spanier in Tlaxcala zurückgelassen. Diese Bestände waren nach Aussage der Tlaxcalteken später von einem spanischen Kommandeur abgeholt worden, der Cortés von der Küste Nachschub in die aztekische Hauptstadt bringen wollte. Die ganze Truppe war auf ihrem Weitermarsch niedergemetzelt worden, und die Goldkisten gingen verloren. Die Tlaxcalteken hatten überdies gehört, dass noch zahlreiche weitere spanische Reiter von der Küste gekommen und im Glauben, die Wege nach Tenochtitlán seien sicher, nicht durch Tlaxcala gezogen waren. Sie alle wurden aus dem Hinterhalt überfallen und getötet, denn sämtliche mit den Azteken verbündeten Stämme befanden sich in Kampfbereitschaft.

Die Spanier hatten keine Ahnung, ob die spanische Niederlassung an der Küste noch bestand. Cortés schickte deshalb ein paar seiner kräftigsten Männer auf den besten Pferden nach Villa Rica, begleitet von tlaxcaltekischen Führern, die sie über verborgene Pfade leiten sollten, um den feindlichen Stämmen auszuweichen. Bald kam die erlösende Nachricht: Villa Rica hatte durchgehalten, die Totonaken waren an der Seite der Spanier geblieben.

Doch nun drängten viele Kommandeure Cortés – darunter so mutige und vertrauenswürdige wie sein alter Partner Andrés de Duero –, baldmöglichst zur Küste zu ziehen. Dort konnte man gemeinsam mit der Besatzung des Forts die Verteidigungsstellung halten, während Schiffe Hilfe von den Inseln holten. Dieser Vorschlag war in seiner Logik nicht zu widerlegen, denn den Spaniern in den Bergen waren fast keine Waffen geblieben – keine Kanonen, kein Pulver, keine Hakenbüchsen –, dies musste der richtige, vielleicht der einzige Moment für einen strategischen Rückzug sein.

ÜBER zwei Wochen waren vergangen, seit die Spanier in Tlaxcala Zuflucht gesucht hatten. Wiewohl sein Körper noch Spuren der Verletzungen aufwies, arbeitete Cortés' Geist glasklar. Versuchten sie jetzt, an die Küste zu fliehen, würden sie niemals durchkommen. Ein paar Boten mit Führern konnte dies auf Schleichwegen gelingen, nicht aber einer Armee, die – reduziert, wie sie war – sich zudem nur langsam voranbewegen konnte und ständigen Angriffen ausgesetzt sein würde. Außerdem war Cortés unsicher, ob die Tlaxcalteken sie überhaupt ziehen ließen, wenn sie merkten, dass die Spanier aus Angst vor den Azteken davonliefen. Höchstwahrscheinlich würden auch diese Indianer über sie herfallen, denn alle wussten, dass Xicotenga der Jüngere, obwohl er sich dem Willen der älteren Häuptlinge gefügt hatte, seine Männer nach wie vor in Bereitschaft hielt.

Wie Cortés später dem König schrieb, zitierte er vor seinen Kommandeuren das spanische Sprichwort: „Fortuna ist stets dem Kühnen gewogen", und äußerte die Überzeugung, dass sie letztlich siegen würden. Weshalb er sich dessen so sicher war? Sie waren schließlich Christen, also würde Gott sie nicht verlassen; und sie waren Spanier und schuldeten diesen Dienst und ihr Leben dem König, der sie im Fall ihres Sieges mit Ruhm und Reichtümern belohnen würde. Was Cortés indes niemals aussprach: Erbaten sie jetzt Hilfe aus Kuba, erfuhr Velázquez von seiner Verwundbarkeit.

Cortés äußerte kein Misstrauen gegen jene, die ihm widersprachen, noch stellte er ihre Motive infrage. Trotzdem ließ er ihnen keine Wahl: Sie mussten seine Pläne akzeptieren oder ihm den Gehorsam verweigern – im Krieg ein schweres Verbrechen. Am Ende einer erregten Diskussion beschlossen die zwischen Ärger und Verzweiflung schwankenden Kommandeure, bei der Stange zu bleiben. Nicht etwa, weil Cortés sie vom Gegenteil überzeugt hätte, nicht etwa, weil sie seiner Beredsamkeit unterlegen wären – und nicht, weil sie sich fürchteten, ihm den Gehorsam zu verweigern. Sie stimmten zu, weil sie und Cortés zu Kameraden geworden waren. Wie so oft im Krieg hatte die Solidarität gesiegt.

Während sich die Spanier in Tlaxcala erholten, fragten sich Cortés und seine Männer, wieso die großen Heere aus Tenochtitlán sie nicht verfolgten, wieso Tlaxcala nicht angegriffen oder schwer belagert wurde, wieso man ihnen diese Zeit der Ruhe ließ. Sie wussten zu diesem Zeitpunkt nicht, dass in weiten Teilen Mexikos eine Pockenepidemie wütete, die ein schwarzer Matrose aus Narváez' Flotte eingeschleppt hatte und die sich mit rasender Geschwindigkeit von der Küste ins Binnenland ausbreitete. Tlaxcala wurde vor der Seuche deshalb bewahrt, weil dort ohnehin stets eine Art Belagerungszustand mit weitgehender Isolation herrschte.

Die Indianer, da sie dieser Krankheit nie zuvor ausgesetzt gewesen waren, verfügten über keine Abwehrkräfte. Zusätzlich trugen sie zur schnellen Verbreitung der Seuche insofern bei, als sie die Gewohnheit hatten, fast jede Krankheit durch Bäder zu lindern. Entweder nahmen sie Gemeinschaftsbäder, oder sie benutzten nacheinander das gleiche Wasser. Bestieg jemand mit einer offenen Entzündung das Bad, steckten sich alle an, die ihm folgten. Unter diesen Umständen war es für die Spanier ein Glück, dass sie niemals badeten; Schmutz und Blut wuschen sie ab, wenn sie konnten, aber im Übrigen waren sie der Überzeugung, dass Bäder schwächend wirkten.

In Tenochtitlán starb Cuitlahuac an der neuen Krankheit, der während Montezumas Gefangenschaft zum Kriegsführer der Azteken aufgestiegen war und nach dessen Tod die Nachfolge übernommen hatte. Aller Wahrscheinlichkeit nach wurden die gefangenen Spanier bei Cuitlahuacs Krönungszeremonie geopfert.

NACH 20 Tagen in Tlaxcala war Cortés wieder fähig zu reisen. Die Wunden heilten, der Schmerz blieb auf die betroffenen Stellen begrenzt und schwächte nicht mehr seinen ganzen Körper. Er wusste, es galt nun den Respekt der Indianer zurückzugewinnen – er musste wieder Furcht einflößen. So beschloss er, ein Exempel in Tepeaca zu statuieren, einer ausgedehnten Provinz, etwa 40 Kilometer von Tlaxcala entfernt in Richtung Tenochtitlán gelegen. Die Tepeacaner gehörten dem aztekischen Bündnis an und bildeten das Bollwerk gegen Tlaxcala. Zur Zeit von Cortés' Erfolgen hatten sie dem spanischen König Treue gelobt, doch kaum waren die Spanier aus Tenochtitlán vertrieben, schlugen sie sich erneut auf die Seite der Azteken, und Krieger aus der Hauptstadt trafen zu ihrer Verstärkung ein. Erwiesenermaßen hatten die Tepeacaner zwölf Spanier getötet, die sich auf dem Weg von der Küste nach Tenochtitlán befanden.

Cortés schickte tlaxcaltekische Boten nach Tepeaca: Er befahl die Erneuerung des Gelöbnisses an den spanischen König. Folgten sie dieser Aufforderung, werde er ihnen den Verrat vergeben; andernfalls würden sie ihre verdiente Strafe erhalten. Höhnisch antworteten die Tepeacaner, dass sie Opfer für ihre Götter benötigten, denn ihre „Vorräte" aus den Blumenkriegen seien erschöpft – die Spanier sollten nur kommen.

Cortés stellte alle auf, die sich auf den Beinen halten konnten – insgesamt etwa 400 Mann. Die 17 einsatzfähigen Pferde wies er seinen besten Reitern zu, und er selbst übernahm die Führung der Kavallerie. An Waffen war nichts geblieben als Schwerter, Piken, Lanzen, Dolche und Rüstungen. Wie immer wurde vor dem Abzug die Messe gehalten. Unerwarteterweise beschloss Xicotenga der Jüngere, sie mit 40000 Kriegern zu unterstützen. Ihn hatte die unverschämte Antwort der Tepeacaner beleidigt, und sein Stolz konnte nur im Kampf Genugtuung finden.

Während Spanier und Tlaxcalteken gen Tepeaca zogen, trafen sie auf riesige Truppen aus Cholula und einer Cholula benachbarten Stadt. Die Cholulaner erzählten Cortés, Cuitlahuac habe Montezumas Politik der Verständigung mit den Spaniern offiziell widerrufen und aztekische Statthalter und Armeen in alle Provinzen rund um Tenochtitlán geschickt, wo hemmungslos geplündert, gestohlen und vergewaltigt werde. Die Azteken zwangen sogar die Männer zuzuschauen, wie sie ihren Frauen, Schwestern, Töchtern Gewalt antaten. Und sie versklavten die jungen Frauen und die Kinder. Daher konnte es nicht verwundern, dass die Cholulaner die geregelte Verwaltung durch die Spanier vorzogen und sich mit ihren Nachbarn nun Cortés anschlossen. Dies war die erste gute Nachricht, die Cortés seit seiner Niederlage in Tenochtitlán vernahm. Und er hieß die Cholulaner herzlich willkommen.

In blinder Siegesgewissheit hatten Tepeacaner und Azteken weder an strategisch günstigen Engpässen noch auf Hügeln Verteidigungsstellungen vorbereitet. Schmähungen schreiend und Waffen schwingend, standen sie in Schlachtreihen auf ebenen Mais- und Agavenfeldern vor ihrer Stadt – einem idealen Terrain für die spanische Kavallerie. Zwar hatten die Pferde einiges an Wendigkeit eingebüßt und reagierten zu Anfang panisch auf die hohen Stangen und die scharfen Spitzen, aber Cortés und seine geschickten Reiter gewöhnten die Tiere rasch wieder an Angriff, Kehrtwendungen und Verfolgung. Der Sicherheit wegen operierten die Reiter in Dreiergruppen und zielten mit ihren Lanzen direkt ins Gesicht: Zum einen wirkte das Furcht erregender, zum anderen wurde dadurch vermieden, dass die Lanze in einem Körper stecken blieb und vielleicht verloren ging. Auch die spanische Infanterie focht mutig und mit großer Schlagkraft, und von den Seiten stürmten die heulenden Tlaxcalteken und Cholulaner wie ein Wirbelwind heran, dabei prompt auf jedes Kommando von Cortés reagierend.

Nachdem die Spanier und ihre Verbündeten sich den Weg in die Hauptstadt von Tepeaca erzwungen hatten, brannten sie die Tempel auf den Pyramiden nieder, stürzten die Götzenbilder, zerschlugen die Opfersteine und stürmten weiter zu den anderen Städten der Provinz. In einem erbarmungslosen Feldzug, der fast drei Wochen dauerte, schlugen die verbündeten Streitkräfte jeglichen Widerstand nieder. Die aztekischen Truppen ließen die Tepeacaner im Stich und flohen zurück in ihre Hauptstadt. In diesem ganzen Feldzug verloren die Spanier nicht einen einzigen Mann und nur ein Pferd; die Tlaxcalteken und die Cholulaner, die weniger diszipliniert und manchmal übereifrig kämpften, erlitten größere Verluste.

AUF DEM Hauptplatz von Tepeaca waren nun aller Augen auf Cortés gerichtet. Er hatte die Bewohner all jener Orte zusammentreiben lassen, von denen er wusste, dass man dort Spanier getötet hatte – und es waren nicht wenige. In einer dieser Städte hatte man 15 Spanier aufgefordert, Rast zu machen, und sie dann im Schlaf getötet. Was würde Cortés jetzt tun? Die Tlaxcalteken und die Cholulaner hofften auf Rache; die Masse der Tepeacaner zitterte vor seinem Urteil.

Cortés hatte Strafe angedroht, doch mit welcher körperlichen Schmach konnte er dieses Volk überhaupt züchtigen? Die Indianer waren an die Schrecken der Schlacht gewöhnt, und ihre Rituale gipfelten in einem Exzess von so barbarischer Grausamkeit, wie ihn sich die Spanier in ihren schlimmsten Träumen nicht ausgemalt hatten. Dennoch musste Cortés den Indianern jetzt eine Lektion erteilen. Sie hatten nicht etwa tapfer ihre Häuser gegen Fremde verteidigt, die sie unterwerfen wollten – die Spanier hatten alle Hochachtung vor kühnen Kämpfern –, sie hatten dem spanischen König Treue versprochen und waren wortbrüchig geworden. Cortes wusste, was er zu tun hatte.

Er versklavte die Tepeacaner. Die Sklaverei war eine unter Indianern übliche Art der Demütigung, ein althergebrachter Brauch, der von allen Stämmen anerkannt und ohne Widerspruch hingenommen wurde. Die Sklaven wurden gebrandmarkt mit dem Buchstaben „g" für *guerra* (= Krieg), quer durchgestrichen und mit zwei Punkten versehen. Cortés ließ alle brandmarken – die überlebenden Männer aus den Städten, in denen man Spanier getötet hatte, Frauen und Kinder. Schlimmer als dieser Vorgang selbst war die Endgültigkeit der Sklaverei – davor entsetzten sich die Tepeacaner.

Diese Aktion diente vor allem der Abschreckung. Cortés wusste genau, dass die Krone die Sklaverei ablehnte und dass diese Maßnahme schwerlich von Dauer sein konnte – und wirklich wurde die Verhängung der Sklaverei über die Tepeacaner später rückgängig gemacht. Trotzdem tat die Strafe ihre Wirkung. Alle Indianer – auf seiner Seite die Tlaxcalteken, Cholulaner und deren Nachbarn, auf der anderen Seite die Tepeacaner und die Azteken, die aus der Ferne zusahen – akzeptierten sein Urteil. Mit der gewohnten Präzision in juristischen Dingen teilte Cortés ein Fünftel der Sklaven dem König zu und übergab sie den Spaniern, die zu Stellvertretern des Königs ernannt worden waren. Ein Fünftel der Sklaven beanspruchte er für sich selbst und teilte die übrigen nach festen Prozentsätzen seinen Hauptleuten und den verbündeten Tlaxcalteken und Cholulanern zu. Wie immer bewunderten die Indianer, mit welcher Umsicht die Spanier vorgingen, doch verhedderten diese sich diesmal in ihrer eigenen Routine. Aus einem nicht bekannten Grund begannen sie sich nämlich um die Verteilung der gebrandmarkten Sklaven zu zanken.

Manche Spanier behaupteten, die Sklavinnen, die sie zum Brandmarken geschickt hätten, seien nicht dieselben, die sie zurückbekommen hätten. Einer der ehemaligen Soldaten von Narváez schwor, er habe der indianischen Frau, die er für sich beanspruchte, einen Schal umgeschlungen, der einst seiner Mutter gehörte. Zurückgekommen sei eine ganz andere Frau ohne Schal – wo war nun der Schal seiner Mutter geblieben? Bernal Díaz war einer von denen, die vorschlugen, dass die Frauen jeweils an den Höchstbietenden versteigert werden sollten und das königliche Fünftel dann von dem auf diese Weise angehäuften Gold abzuziehen sei. Die Männer von Narváez waren ihrerseits der Meinung, Cortés habe keinen Anspruch auf ein weiteres Fünftel, da schließlich nicht zwei Könige den Rahm abschöpfen dürften. Im Übrigen wollten die ehemaligen Männer von Narváez wissen, wo das Gold überhaupt herkommen sollte? Die Männer von Cortés gaben zu, dass jeder von ihnen ein paar Barren in der Tasche trug. Und so gingen die Streitereien ins Unendliche weiter.

 Die erschöpften Spanier hatten mehr indianische Frauen, als ihnen überhaupt dienlich sein konnte. Diplomatisch gestand Cortés ihnen zu, dass man beim nächsten Mal eine Auktion veranstalten werde. Was das Gold anging, so solle nun jeder hergeben, was er hatte, und man würde es neu verteilen. Aber niemand gab irgendetwas her. Trotz dieses Gezänks wurden jedoch niemals Stimmen laut, Cortés als Oberbefehlshaber abzulösen.

Der Feldzug gegen Tepeaca hatte Cortés klar gemacht, dass er seine Stellung nun auf dem Weg nach Tenochtitlán festigen musste. Und so gründete er getreu den Regeln der Siete Partidas eine weitere Stadt, berief einen Stadtrat, ließ Gründungsurkunde und Satzungen schreiben, benannte die erforderlichen Beamten und ordnete den Bau von Festung, Kirche und Lagerhaus an, genau wie er es in Villa Rica getan hatte. Er nannte diese neue Stadt *La Villa de Segura de la Frontera*, die Stadt zur Sicherung der Grenze.

Der zweite Anlauf

Der Feldzug gegen Tepeaca hatte auch insofern Erfolg gebracht, als der Weg von Segura de la Frontera im Hochland nach Villa Rica an der Küste nunmehr offen und sicher war, denn die Stämme entlang des Weges verhielten sich still und behandelten die durchziehenden Spanier mit Respekt.

Cuitlahuac und nach seinem Tod sein Nachfolger Guatémoc zogen aus Tenochtitlán große Armeen ab, um die Bergpässe rund um das Tal von Mexiko abzusichern und die Garnisonen in den benachbarten Provinzen zu stärken. Cuitlahuac war ein überaus kriegerischer Anführer gewesen und hatte neue Waffen erfunden. Die spanischen Schwerter, die man in der Nacht der spanischen Niederlage erbeutet hatte, ließ er zu langen Gestängen zusammenfügen, mit denen man die Pferde angreifen konnte. Zudem gab er extra lange Kupferlanzen in Auftrag. Doch was die Indianer noch nicht herausgefunden hatten, war die Methode, wie sie wirksam gegen die Kavallerie angehen konnten – nämlich die Lanze in die Erde zu rammen und sie dem anrennenden Pferd so fest entgegenzuhalten, dass es sich daran aufspießte. Der Vorteil, den die Azteken aus den Verbesserungen der Waffen zogen, wurde jedoch nivelliert durch Einbrüche in ihrem Bündnissystem, denn verärgert über die Plünderungen aztekischer Truppen, erhoben sich die verbündeten Stämme.

CORTÉS in Segura de la Frontera erhielt von den Spaniern in Villa Rica eine Reihe von Berichten, die zeigten, dass dies ein absolut historischer Moment war. Immer mehr Europäer kamen in der Neuen Welt an, und hätte Cortés nicht so eisern durchgehalten, wären ihm zweifellos andere zuvorgekommen. Cortés wusste, dass Francisco de Garay, der Statthalter von Jamaika, versuchen wollte, an der Mündung des Pánuco nördlich von Villa Rica eine Siedlung zu errichten, doch mussten zwei seiner Schiffe Zuflucht in Villa Rica nehmen; eines war gesunken, nachdem sie auf dem Pánuco von Indianern angegriffen und zurückgetrieben worden waren. Cortés ordnete an, man solle Garays Leute mit Vorräten versorgen und ihnen bei der Abreise behilflich sein, wenn sie dies wünschten. Andernfalls sollte man sie mit Goldgeschenken veranlassen, sich der Armee von Cortés anzuschließen. Wie zu erwarten, ließen sie sich anwerben und stießen bald zu Cortés in Tepeaca.

Überdies war in Villa Rica ein Schiff mit Nachschub aus Kuba eingetroffen. In der Annahme, dass es Narváez zweifelsohne gelungen war, Cortés zu überwältigen, sandte Velázquez weitere Männer und Ausrüstung. Der Kommandant des Schiffes, Pedro Barba, wurde von den Männern in Villa Rica herzlich willkommen geheißen. Sodann zeigten sie ihre Waffen und verkündeten, sie seien Gefolgsleute von Cortés. Sie erklärten den eben Eingetroffenen die

Situation und gaben ihnen ein wenig Gold – mit dem Resultat, dass Hauptleute und Mannschaft des Versorgungsschiffes sich ebenfalls für diesen Dauerkreuzzug anwerben ließen. Acht Tage später traf unter dem Kommando von Rodrigo Morejón de Lobera ein weiteres Versorgungsschiff aus Kuba ein. Offenbar hatte Velázquez eine ganze Reihe von Schiffen mit Nachschub für seinen Vertrauensmann und Kommandanten auf den Weg gebracht, den Cortés längst ins Gefängnis geworfen hatte. Offiziere und Mannschaft dieses zweiten Schiffes wurden auf die gleiche Weise angeworben, und man brachte die Ladung an Land.

Kurze Zeit darauf lief in den Hafen ein großes, schwer beladenes Schiff aus Spanien ein, das einem Händler gehörte, der sich selbst an Bord befand. Er hatte von den Goldschätzen in dem neu entdeckten Land gehört und brachte nun Waren, die er verkaufen wollte – vor allem Pulver, Kanonen und Feuerwaffen. Die Männer in Mexiko, die lange keine Nachrichten mehr aus Spanien erhalten hatten und nicht wussten, was indessen mit Puertocarrero, Montejo und dem Schatz geschehen war, erfuhren nun, dass der Westindienrat unter der Leitung von Bischof Fonseca, dem Onkel von Velázquez, über alle für die Neue Welt bestimmten Waren eine Handelssperre verhängt hatte. Um dieses Embargo zu umgehen, war der Händler zu den Kanarischen Inseln gesegelt, um erst dort die Waren zuzuladen, die er zuvor aus Spanien herausgeschafft hatte. Auf Anweisung von Cortés bezahlten ihm die Spanier in Villa Rica die gesamte Ladung in Gold.

Von der Küste ins Hochland kam nun eine Versorgungslinie in Gang, über die nach und nach der verzweifelt benötigte Nachschub geliefert wurde: Schnur für die Armbrüste, Pulver in Mengen, Geschütze aller Art – dazu Männer und Pferde, darunter trächtige Stuten. Pedro Barba, ein alter Freund von Cortés, wie sich herausstellte, erhielt nach einer vertraulichen Zusammenkunft in Segura de la Frontera das Kommando über die Armbrustschützen. Alle Männer von Rang, die neu angekommen waren, wurden belohnt und erhielten wichtige Aufgaben zugeteilt.

Da Cortés jetzt über die Basis verfügte, die Konquista fortzusetzen, und Velázquez' Rivalität inzwischen mit weit geringerer Besorgnis sah, verfasste er einen weiteren Brief an den König, in dem er seine Niederlage eingestand und zugleich von neuem Aufschwung und neuen Erfolgen berichtete. Mit einem der vielen nun verfügbaren Schiffe sandte er einige seiner Hauptleute nach Spanien, den Brief zu überbringen. Gleichzeitig übergab er ihnen Gold, mit dem sie weitere Vorräte kaufen sollten. Wenn auch in der Nacht des Rückzugs aus Tenochtitlán der größte Teil des riesigen angehäuften Schatzes verloren gegangen war, so standen Cortés immerhin noch jene Goldbarren als Kapital zur Verfügung, die tlaxcaltekische Träger herausgeschafft hatten. Andere Kommandeure segelten nach Jamaika und Hispaniola, um dort ebenfalls Briefe zu überbringen – so an den Rat der Hieronymiten – und um Pferde zu kaufen. Überdies wagte Cortés es nun, Andrés de Duero mit Gold nach Kuba zu schicken, für das er neue Vorräte einhandeln sollte. Bei seinem alten Partner, der Sekretär von Velázquez gewesen war, konnte er sich darauf verlassen, dass er dem Unmut des Statthalters Widerstand entgegensetzen konnte. Duero nahm auch einen Brief an Cortés' Frau La Marcaida mit – zweifellos ein Billett voll artiger Formulierungen, Höflichkeiten und Nettigkeiten.

AUS EINER Stadt, die oberhalb von Cholula gelegen war, kamen Häuptlinge zu Cortés nach Segura de la Frontera und baten ihn um Hilfe gegen eine Aztekenarmee. Sie sagten, 30000 Krieger lagerten rund um die Stadt, während die Anführer es sich in den besten Häusern der Stadt bequem gemacht hätten. Sie wollten Cortés und seine Männer heimlich in ihre von einer Festungsmauer mit starken Bastionen umgebene Stadt schleusen, um dort die aztekischen Häuptlinge unschädlich zu machen, bevor ihre Krieger zu Hilfe eilen konnten.

Cortés ordnete eine Truppe von 300 Mann Fußvolk und Kavalleristen ab, die er dem Kommando des kampferprobten Cristóbal de Olid unterstellte, der seinerseits Hauptleute seiner Wahl bestimmte – hauptsächlich Männer, die früher unter Narváez gedient hatten. Diese Streitmacht machte sich mit den besten Pferden und vielen tlaxcaltekischen Hilfskräften auf den Weg und erreichte innerhalb eines Tages das etwa 40 Kilometer entfernte Cholula. Die von den Azteken besetzte Stadt lag etwa weitere 25 Kilometer talaufwärts. In Cholula traten jedoch Indianer an Olid heran und warnten ihn: Man wolle sie in eine Falle locken, die Azteken planten, ihnen den Rückzug abzuschneiden, sobald sie in der Stadt waren, und sie niederzumetzeln, während sie sich in den engen, gewundenen Zugängen durch den Festungswall befanden. Die ehemaligen Männer von Narváez fürchteten eine weitere erbitterte Schlacht und redeten so sehr auf Olid ein, dass dieser zögerte und sowohl die Häuptlinge der besetzten Stadt als auch die Indianer, die ihn gewarnt hatten, zu Cortés nach Segura de la Frontera schickte.

In Segura nahm Cortés die Indianer ins Kreuzverhör. Er war zu einem Experten in dieser Art der Befragung geworden, seit sich bei ihm ein intuitives Einfühlungsvermögen für den Charakter der Indianer herausgebildet hatte. Seine ursprüngliche Verachtung für die Indianer gehörte längst der Vergangenheit an – ihr Mut hatte ihn für sie eingenommen. Inzwischen neigte er zu der Annahme, dass sie ähnlich dachten wie er, dass sie kühn und listenreich stets ihren eigenen Interessen nachgingen.

Jetzt also ließ er jeden der Indianer unter Bewachung in einen gesonderten Raum bringen, ging sodann mit Malinche und Aguilar von einem zum anderen, plauderte mit ihnen in lockerem, freundschaftlichem Ton, redete ihnen gut zu oder drohte Folter an, verglich die Aussagen und deckte Widersprüche auf. Und endlich kam er zu dem Schluss, dass alle diese Indianer die Wahrheit sagten; nur hatte Olid jene missverstanden, die ihn vor einer Falle zu warnen schienen.

Sie hatten ihm lediglich beschrieben, wie sie die Anführer der Azteken fangen oder töten wollten.

Daraufhin begab sich Cortés selbst mit einer Truppe seiner Veteranen nach Cholula und übernahm das Kommando. Die Spanier folgten exakt dem ursprünglichen Plan, die einheimischen Indianer verhielten sich, wie sie es versprochen hatten, und die Spanier konnten einen weiteren bedeutenden Sieg verbuchen. Bei den getöteten aztekischen Heerführern schien es sich um hoch stehende Mitglieder der Aristokratie zu handeln, denn die Rüstungen, der Federschmuck und die Waffen, die man den Toten abgenommen hatte, waren schwer von Gold und kostbaren Steinen.

Nach seiner Rückkehr nach Segura de la Frontera bestimmte Cortés einen Kommandanten, der mit 60 Mann den weiteren Bau des Forts überwachen und die neu gegründete Stadt halten sollte. Dann kehrte er nach Tlaxcala zurück, wo er den nächsten Punkt seines Plans in Angriff nahm. Im Hochland gab es reichlich Holz, und Cortés ordnete an, dass dort 13 Brigantinen gebaut und in Einzelteilen über die Berge hinab zu den Seen von Mexiko gebracht werden sollten. Obendrein ließ er alles verbliebene Zubehör jener Schiffe, die er in Villa Rica abgetakelt hatte, von der Küste heraufbringen, und selbst die Schiffe, die inzwischen wieder zu seiner Verfügung im Hafen lagen, mussten als Materiallieferanten herhalten. Schließlich zogen Cortés' hervorragende Schiffsbauer sowie alle Schmiede samt ihrem Arbeitszeug von der Küste ins Hochland, wo tausende von Indianern für die Arbeit bereitstanden.

Cortés dachte nicht im Traum daran, ein weiteres Mal auf dem Damm nach Tenochtitlán seinen Mut zu beweisen, um dort am Ende belagert und ausgehungert zu werden. Beim nächsten Mal wollte er selbst der Belagerer sein, das ganze Land rund um die Insel besetzen und diese Stadt von ihren Lebensadern abschneiden, während er mit seiner Streitmacht am Ufer abwartete und mit seinen Schiffen jeden Handel über das Wasser verhinderte.

UMZINGELUNG

Unter der Führung ihres jungen Herrschers Guatémoc erwartete die aztekische Aristokratie in Tenochtitlán nichts sehnlicher, als es erneut mit Cortés und seinen Soldaten aufzunehmen, nachdem das durch die Pockenepidemie entstandene Problem der Thronfolge gelöst war. Die Pocken hatten sich übrigens inzwischen bis nach Cholula und sogar bis nach Tlaxcala ausgebreitet, wo Mase Escasi an der Seuche starb.

Die Anführer der Azteken befahlen, in allen Städten und Orten im Tal von Mexiko neue Verteidigungsstellungen zu bauen, Gräben auszuheben, die am Grund mit zugespitzten Stäben besteckt wurden, und entlang der Wege, die ins Tal hinabführten, Hinterhalte zu legen. Seit Cortés' Sieg in Tepeaca wussten die Azteken, dass er sich im Anmarsch befand. Guatémoc ließ in allen Provinzen des Reiches die Botschaft verbreiten, sämtliche Spanier, die man sichtete, seien auf der Stelle anzugreifen und zu töten. Er sandte den Häuptlingen der unterworfenen Stämme Gold und Juwelen und versprach, sie für die kommenden Jahre vom Tribut zu befreien. Zudem setzten sich weitere aztekische Armeen in Marsch.

Spaniern wie Azteken ging es darum, den Respekt wiederherzustellen, den man ihnen früher entgegengebracht hatte, und die einen wie die anderen versuchten es, indem sie Furcht verbreiteten. Doch war dies für die Azteken schwieriger, weil die unterworfenen Stämme sich, anders als zur Zeit der Eroberung, nicht mehr alle einschüchtern ließen, sondern sich an die Spanier wandten und sich mit ihnen, besonders seit dem Sieg in Tepeaca, gegen die Azteken verschworen.

Die Indianer besaßen kein Gefühl der Rassenzugehörigkeit, keinen stammübergreifenden Gemeinschaftssinn. Vor der Ankunft der Spanier hatten sie gar nicht gewusst, dass es außer Indianern noch andere menschliche Wesen gab. Für sie galt allein die Unterscheidung nach Stämmen, die in Aussehen, Sprache, Verhalten ihren Ausdruck fand – und sie bedeutete ihnen alles. Stamm gegen Stamm gingen sie mit einer solchen Grausamkeit vor, wie sie den Spaniern nie zuvor begegnet war. So beinhaltete zum Beispiel der Tribut, den Guatémoc vorübergehend auszusetzen versprochen hatte, als Teil der Zahlung junge Männer und Frauen, die den Göttern dargebracht werden sollten. Da die Azteken niemals ihre eigenen Leute opferten, ihr Bedarf jedoch unendlich groß war, bedurfte es zusätzlich der Blumen- und der Eroberungskriege, um weitere Opfer zusammenzubringen. Während der ersten Jahre von Montezumas Herrschaft unternahmen die Azteken Vorstöße bis ins heutige Nicaragua, um dort Gefangene zu machen. In der Beziehung der Spanier zu den verschiedenen Indianerstämmen fehlte dagegen diese Grausamkeit. Den Indianern erschien die Religion der Spanier, die sich seltsamerweise auf eine Frau mit Kind, das Kreuzsymbol, Blumen und brennende Kerzen konzentrierte, in gleicher Weise fremdartig wie anziehend.

NUR ZWEI Stämme entlang des Weges von Segura de la Frontera nach Villa Rica gehorchten Guatémoc und lauerten den vorbeiziehenden Spaniern auf. Cortés, der sich noch immer in Tepeaca befand, sandte 200 Fußsoldaten samt einer großen Truppe von stets kampfbereiten Tlaxcalteken aus, um den Weg zu sichern. Man schrieb Mitte Dezember 1520. Im Hochland waren die Tage klar, frisch und trocken, die Nächte zwar kalt, aber bei entsprechender Kleidung erträglich. Der Boden war fest, sodass die Pferde nicht einsanken – ein ideales Wetter für den Krieg.

Immer mehr Stämme schlossen sich an, vor allem solche, deren Häuptlinge ihr Volk verlassen und den Azteken auf ihrem Rückzug gefolgt waren. Der Übergang von einer Herrschaft zur nächsten gestaltete sich bei den Indianern stets schwierig; deshalb begrüßten sie die Entscheidungsfreudigkeit von Cortés und nahmen sie auch in Anspruch. Er sprach salomonische Urteile. Um den Streit zwischen einem Bastard und einem legitimen Erben zu schlichten, ließ er beispielsweise den legitimen Erben, der zehn Jahre alt war, zum Häuptling ernennen, den Bastard hingegen zum Regenten, bis der Junge volljährig war. Nach dem Tod von Mase Escasi in Tlaxcala stimmte Cortés zu, dass sein Land seinem Sohn übertragen wurde, der erst zwölf oder dreizehn Jahre alt war. Xicotenga der Jüngere, der Mase Escasis Land am liebsten annektiert hätte, wurde hingegen ausgeschaltet.

Zwei Tage vor Weihnachten kehrte Sandoval zurück. Seine Mission war erfolgreich beendet, und er brachte die Häuptlinge, die Guatémocs Befehl befolgt hatten, als Gefangene mit. Doch Cortés verzieh ihnen, nachdem sie versprochen hatten, sich erneut den Spaniern anzuschließen, und ließ sie als freie Männer zu ihren Stämmen zurück. Obwohl er ihren Beteuerungen keinen Glauben schenkte, hatte er sich zum Grundsatz gemacht, die Versprechungen der Indianer immer wieder zu akzeptieren, da er hoffte, dass sie ihm am Ende aus reinem Eigennutz die Treue halten würden. Überdies fehlte es ihm an Männern, um den Gehorsam im Land mit Gewalt zu erzwingen.

ZWEI Tage nach Weihnachten machte Cortés Bestandsaufnahme. Er hatte 40 Reiter, 550 Mann Fußvolk – 80 davon waren Armbrustschützen und Arkebusiere –, dazu acht oder neun Kanonen und einen beunruhigend kleinen Vorrat an Pulver. Diese Streitmacht war nur wenig größer und in gewisser Hinsicht schwächer als jene, mit der er in Mexiko gelandet war – und sie war ungleich kleiner und schwächer als die Armee, mit der er nach dem Sieg über Narváez nach Tenochtitlán zurückgekehrt war. Nichtsdestotrotz war er zum

Krieg entschlossen und erklärte den Männern die Regeln, an die sie sich halten mussten, wenn sie in das Tal von Mexiko zurückkehrten, um Tenochtitlán zu erobern. Sie würden siegen, weil sie Christen seien, die gegen heidnische Barbaren kämpften, sagte er ihnen. Er erinnerte sie daran, dass die Azteken trotz ihres Treueschwurs Verrat begangen und viele Spanier umgebracht hätten; dass sie entschlossen seien, alle Spanier zu töten, und dass den Azteken auch jene Indianer entgegenständen, denen die Spanier bisher geholfen hatten und die nun treue Freunde waren.

Alle diese Gegebenheiten stellten den Regeln der Siete Partidas und den Forderungen der spanischen Krone zufolge triftige Gründe zum Angriff dar. Cortés fügte diesen Rechtfertigungen eine Reihe von Verboten hinzu, von denen er die meisten bereits zu Anfang ihrer Expedition, nach der Landung in Cozumel, ausgesprochen hatte: Kein Spanier durfte je den Namen Gottes schmähen, nicht mit einem anderen Spanier streiten oder um seine Waffen oder sein Pferd wetten, die zu kostbar als Spieleinsatz waren. Er durfte keine Frau vergewaltigen, keinen Indianer außerhalb der Schlacht berauben oder verletzen – es sei denn, eine Plünderung wurde aus guten Gründen angeordnet. Es war untersagt, befreundete Indianer auf irgendeine Weise zu beleidigen oder einen Indianer, der als *tameme*, als Träger, zur Verfügung stand, als Sklaven zu benutzen. Ziel der Spanier musste es sein, dieses unaufgeklärte Volk zu veranlassen, Christus und den König bereitwillig anzunehmen, und nichts zu tun, was seine freiwillige Unterwerfung verhindern konnte.

Die Tlaxcalteken hörten Cortés' Rede an seine Armee. Malinche und ein paar Spanier, vor allem junge Pagen, die ein wenig Nahuatl gelernt hatten, übersetzten für sie. Unter den Tlaxcalteken machte sich angesichts einiger Regeln solch große Überraschung breit, dass sie den Cholulanern und den Tepeacanern davon berichteten und die Neuigkeit sich bald von Stamm zu Stamm verbreitete und schließlich bis nach Tenochtitlán gelangte.

Eroberer, die keine Frauen vergewaltigen? Die Indianer vergewaltigten stets die Frauen eines besiegten Stammes, um die Männer zu beschämen und zu entwürdigen. Die Spanier hingegen nahmen nur die Frauen, die man ihnen schenkte, die ihnen ergeben entgegenkamen, und die Frauen von Stämmen, die sie bestraften, aber selbst in solchen Fällen zeigten sie wenig Grausamkeit. Und als Eroberer akzeptierten sie nur den zwar oftmals gewaltsam eingeforderten Tribut, verboten aber hemmungslose Plünderungen, die allen Indianern vertraut waren. Und diese weißhäutigen Fremden betrachteten nicht einmal jene als Sklaven, die den Indianern höchstens als Lastenträger brauchbar schienen.

Am 28. Dezember 1520 brachen die Spanier gemeinsam mit 20000 tlaxcaltekischen Kriegern – die Träger nicht mitgerechnet – von Tlaxcala aus auf und begannen den Aufstieg in die Berge. Sie hatten drei Pässe zur Auswahl: den ersten, der leicht zugänglich war und am häufigsten begangen wurde; den zweiten, im Anstieg schwierigeren und den dritten, der extreme Schwierigkeiten bot und nur äußerst selten genommen wurde. Cortés vermutete, dass hier am wenigsten Angriffe der Azteken zu befürchten seien – und er behielt Recht. Seine Truppen litten nachts zwar unter der Kälte, aber der Feind hatte auf diesem Pass keine Leute aufgestellt.

Als sie sich in der Kälte des frühen Morgens an den Abstieg machten, sichteten die acht Reiter sowie einige Soldaten, die die Vorhut bildeten, dass der Weg durch erst kürzlich gefällte Baumstämme blockiert worden war. Und auch hinter dieser Barriere fanden sich weitere Wegsperren. Als ein Bote diese Nachricht überbrachte, eilte Cortés umgehend herbei. Da, abgesehen von den in regelmäßigen Abständen errichteten Barrieren, kein Hinterhalt zu erkennen war, beschloss Cortés, auf dieser Route zu bleiben, und wies die Tlaxcalteken an, vor der heranziehenden Armee die Baumstämme fortzuräumen. Endlich gelangten sie auf einen freien Weg und zu einem Grat, von dem aus sie auf das Tal von Mexiko hinabblickten.

Wieder sahen sie die miteinander verbundenen Seen, umgeben von Feldern und Obstgärten, die nun im Winter mehr braun als grün waren; sie sahen die Bergkette, die das Tal umschloss und die von Vulkanen und schneebedeckten Gipfeln durchsetzt war. Städte lagen am Rand dieser Seen, und inmitten des größten Sees erkannten sie das kostbarste Juwel des Reiches, die strahlende Hauptstadt Tenochtitlán. Die aztekischen Städte unterschieden sich grundlegend von europäischen – sie wirkten streng geplant, geometrisch angelegt und strahlten eine seltsam große Ruhe aus. Niedrige Häuser mit Flachdächern standen Reihe an Reihe, und diese Anlage vermittelte ein Gefühl von Weite und friedlichem Gleichmaß. Dazwischen ragten die Pyramiden empor, die mit ihren strahlend weiß gekalkten, gleichmäßig dreieckigen Seiten gleißend im Sonnenlicht standen. Die geraden Alleen und die rechteckigen Plätze waren gepflastert, und in die Alleen mündeten enge, gewundene, ungepflasterte Seitenstraßen ein.

Die Europäer berührte der Reiz dieser Architektur über die Maßen. Jene Spanier, die Tenochtitlán im Guten wie im Schlechten bereits kennen gelernt hatten, erinnerten sich wieder daran, dass diese Hauptstadt mit ihrer Vielfalt kunstvoller Häuser der Stolz des Aztekenreichs war. Und jeder der Betrachter hegte die romantische Vorstellung, sie nun zu erobern – allen voran Cortés. Schon einmal war er nahe daran gewesen, dieses Tal mit all seinen Reichtümern zu besitzen. Jetzt war er fest entschlossen, es nicht mehr zu verlassen, bevor er nicht endgültig gesiegt hatte.

ALS DIE heranziehenden Heere entdeckt wurden, strömten die Truppen der Azteken, die den Gegner an den leichter zu begehenden Pässen erwartet hatten, zu ihren Stellungen in der Tiefebene zurück. In den Städten an den Hängen brannten die Feuer, und Rauchzeichen stiegen hoch in den Himmel, in dem sich kein Lüftchen regte. Überall im Tal wurden immer mehr solcher Rauchfahnen sichtbar, die die Invasoren ankündigten. Dennoch stürmten die Spanier, im Hochgefühl des Ausblicks, der einen Vorgeschmack auf den Preis verhieß, mutig die Berge hinab.

Cortés hatte Texcoco, Cacamas Stadt, als Basis gewählt, fast so groß wie Tenochtitlán und am äußersten östlichen Ufer dieser Seenkette gelegen. Umgeben von reichem Ackerland, versorgte es sich selbst – einen Damm zur Hauptstadt gab es nicht, und zwischen dem texcocanischen Teil des Sees, Tenochtitlán und den Städten an den südlichen und westlichen Ufern befand sich ein sehr breiter, von Einschnitten unterteilter Deich. Die Spanier begriffen dieses System der untereinander durch Kanäle verbundenen Seen nur begrenzt. Die Süßwasserseen wurden vom Schmelzwasser aus den Bergen gespeist, die Salzwasserseen waren konstant, was zur Folge hatte, dass der Pegel der Salzwasserseen im Winter einen weit höheren Stand hatte als der der Süßwasserseen.

Nachdem die Spanier auf einem anderen Weg als erwartet ins Tal gekommen waren, stellte man sich ihnen nicht sofort entgegen, denn die Azteken pflegten auf überraschende Wendungen nicht prompt zu reagieren. So zogen die Spanier und ihre Verbündeten mit leichtem Unbehagen, aber unangefochten gen Texcoco, und nur aus der Ferne vernahmen sie kriegerisches Geschrei. In der Nacht lagerten sie in einer Stadt, aus der alle Bewohner geflohen waren, und wie immer nahmen sie sich Mais, Geflügel und Hunde zur Nahrung. Am nächsten Morgen zogen sie weiter.

Cortés hatte keine Ahnung, welcher Empfang sie in Texcoco erwartete – ob die Texcocaner sich furchtsam ergeben, offen gegen sie kämpfen oder ob sie versuchen würden, sie in einen Hinterhalt zu locken. Doch ein paar Kilometer vor Texcoco kamen ihm vier Häuptlinge entgegen, die auf einer Stange ein schweres goldenes Banner trugen, das sie Cortés, nachdem sie ihm höflich ihre Ehrerbietung erwiesen hatten, als Zeichen ihres erneuten Bündnisses mit ihm und dem spanischen König entgegenzunehmen baten. Für alle Schwierigkeiten, die man ihm bereitet hatte, machten sie das Volk von Tenochtitlán verantwortlich und brachten ihre Hoffnung zum Ausdruck, er möge ihren Stamm und ihre Stadt verschonen. Über Malinche ließ Cortés ihnen sagen, in dieser Provinz seien viele Spanier getötet worden und man habe ihnen die Schätze, die Geschenke des großen Montezuma, genommen! Zwar könne man die Toten nicht wieder zum Leben erwecken, aber er verlange den Schatz zurück. Falls sie ihm den Schatz wiedergäben, würde er ihnen ihre früheren Verbrechen verzeihen. Die Texcocaner erwiderten, das Volk von Tenochtitlán habe den ganzen Schatz geraubt, aber wenn Cortés und seine Männer sich in den behaglichen Gartenpalästen, die am Rande von Texcoco für sie bereitstünden, einrichten wollten, würden sie mit ihrem Oberhäuptling sprechen und zusehen, was sie tun konnten, um den Schatz zurückzubekommen.

Bei dem derzeitigen Herrscher von Texcoco handelte es sich nicht um jenen Bruder Cacamas, dem Cortés auf Empfehlung von Montezuma die Macht übergeben hatte, sondern um den zweiten, der ebenfalls dem Komplott gegen Cacama zugestimmt hatte. Dieser hatte nun, bestärkt durch Cuitlahuac oder Guatémoc, den von Cortés und Montezuma eingesetzten Bruder umgebracht und die Herrschaft an sich gerissen. Cortés lehnte es folglich ab, die Gartenpaläste zu beziehen, und erklärte stattdessen, er beabsichtige das Zentrum von Texcoco zu besetzen. Willfährig eilten die Häuptlinge in ihre Stadt zurück, um alles zu seinem Empfang vorzubereiten.

Mit aller Vorsicht führte Cortés seine Armee in die Stadt, wo man neben der höchsten Pyramide geräumige Quartiere für sie vorbereitet hatte. Obwohl sie nur wenige Leute in den Straßen sahen, befahl Cortés seinen Leuten, unverzüglich alle Vorsichtsmaßnahmen zur Verteidigung zu ergreifen. Er verbot ihnen überdies streng, sich aus dem Lagerbereich zu entfernen, und wies die Tlaxcalteken an, sich ganz in der Nähe zu halten. Alvarado und Olid schickte er zur Pyramide hinauf, um die Stadt von oben in Augenschein zu nehmen.

Die spanischen Kommandeure sahen, dass Texcoco von seinen Bewohnern verlassen war. Auf dem See wimmelte es von tausenden von Kanus voller Menschen, die sich und ihr Hab und Gut nach Tenochtitlán in Sicherheit brachten. Auf den Wegen, die ins Hinterland und die Wälder in der Umgebung führten, strömten schwer beladene Indianer. Die Straßen von Texcoco waren leer. Ganz offensichtlich planten die Azteken erneut, die Spanier auszuhungern, ihnen und ihren Verbündeten eine Stadt ohne Nahrungsmittel oder andere Hilfe zu überlassen.

Als Cortés diesen Bericht erhielt, schickte er eine Reiterschwadron aus. Sie sollte die Führungsschicht, die ihm unterwegs entgegengekommen war, zu ihm bringen, doch auch diese Männer hatten sich in ihren Kanus bereits nach Tenochtitlán abgesetzt. Die ergebene Begrüßung und das Goldbanner, das sie ihm als Geschenk dargebracht hatten, waren nur eine List gewesen, um die Besetzung der Stadt hinauszuzögern, in der nur ein paar Leute von niedrigem Rang zurückgeblieben waren.

Doch Cortés war es gar nicht um die Aristokratie zu tun. Was er brauchte, war das Volk – die Frauen, die Tortillas backten und Geflügel und Fisch garten, die Bauern, die ihnen Mais und andere Feldfrüchte lieferten. Aber er brauchte einen Herrscher, der das Volk zurückrief. Nun hatte Cortés einen adligen texcocanischen Jungen im Gefolge, den die Spanier bei ihrer Flucht mit sich genommen hatten. Es hieß, der Junge sei der Enkel eines großen texcocanischen Herrschers vor Cacama, und er war deshalb bemerkenswert, weil er in der Gesellschaft der Spanier ihre Sprache gelernt und die Taufe empfangen hatte. Da Cortés sein Taufpate war, hatten ihn die Spanier überschwänglich Don Fernando Cortés genannt. Cortés berief diesen Knaben nun zum neuen und rechtmäßigen Herrscher von Texcoco.

Als sich diese Nachricht verbreitete, wagten sich die einfachen Texcocaner, die sich nicht nach Tenochtitlán geflüchtet, sondern in den Wäldern und im Buschwerk am See verborgen hatten, in die Stadt zurück, um den Jungen zu sehen. Da er ihnen gefiel, sie seinen Anspruch auf die Herrschaft respektierten und vermutlich seitens Cacamas und seiner Brüder schlechte Behandlung erfahren hatten, kehrten immer mehr Menschen zurück. Innerhalb weniger Tage war Texcoco wieder bevölkert, auf den Öfen dufteten die Tortillas, Getreidesäcke wurden durch die Straßen geschleppt, und die Spanier und ihre Verbündeten erhielten regelmäßig Nahrungslieferungen.

Cortés' Politik, auf Gewalt weitgehend zu verzichten und die Stämme stattdessen zu freiwilliger Unterwerfung zu bewegen, zahlte sich aus: Innerhalb von drei Tagen kamen die Häuptlinge aus zwei nahe gelegenen Städten, entschuldigten sich für ihr Verhalten in der Vergangenheit und boten ihm erneut ihre Gefolgschaft an. Cortés hieß sie willkommen, und in den folgenden Tagen brachten ihm diese Häuptlinge an Pfähle gebundene Sendboten, die aus Tenochtitlán gekommen waren und ihnen wegen ihres Bündnisses mit den Spaniern die schlimmsten Strafen angedroht hatten.

Alle Seiten nahmen Zuflucht zu Lügen, wenn auch die meisten davon recht fadenscheinig waren. Die aztekischen Boten stritten alle Drohungen ab, behaupteten vielmehr, die Häuptlinge nur gebeten zu haben, zwischen Azteken und Spaniern zu vermitteln.

Cortés setzte erneut auf Erfolg durch List und ließ die aztekischen Boten frei, damit sie in einem Kanu nach Tenochtitlán zurückkehren konnten. Dort sollten sie Guatémoc ausrichten, er, Cortés, sei sich im Klaren darüber, dass Cuitlahuac, der nun tot war, den Krieg gegen die Spanier in Gang gesetzt habe. Er wolle lediglich das Einverständnis wiederherstellen, das zur Zeit von Montezumas Herrschaft bestanden hatte.

Doch der Plan funktionierte nicht. Aus Tenochtitlán kam keine Antwort.

ETWA eine Woche später, nachdem die Spanier ihre Stellungen in Texcoco befestigt hatten, stellte Cortés einen Stoßtrupp zusammen, der aus 200 Fußsoldaten, Reitern, Armbrustschützen und Arkebusieren bestand, dazu 4000 oder 5000 Tlaxcalteken, und machte sich auf den Weg nach Iztapalapa, etwa zwei Tagesmärsche entfernt am See gelegen und eine der beiden Städte, die einst Cuitlahuac beherrscht hatte.

Vor seinem Aufbruch musste Cortés wieder einmal in den eigenen Reihen durchgreifen. Vor allem unter den ehemaligen Männern von Narváez hatten sich Angst und Missmut breit gemacht, man wollte sich an Velázquez um Hilfe wenden. Cortés, nachdem er die Verschwörer ausfindig gemacht hatte, beschloss zwar, der Sache kein allzu großes Gewicht beizumessen, doch befahl er, zur Wiederherstellung der Disziplin, die Hinrichtung eines einzigen der Verschwörer, eines einfachen Soldaten namens Antonio de Villafaña, der aus Zamora stammte. Diese Exekution appellierte an die Einsicht aller. Die Männer wussten, dass ihre ständigen Streitereien nicht in Meuterei und Handlungsunfähigkeit ausarten durften, da sie sonst verloren waren. Nach der Hinrichtung brach der Stoßtrupp nach Iztapalapa auf, geführt von einigen Häuptlingen, die der junge texcocanische Herrscher ihnen an die Seite gestellt hatte.

Iztapalapa erschien den Spaniern als eine außergewöhnlich schöne Stadt, die blendend weiß auf dem Wasser zu schwimmen schien. Sie bestand zur einen Hälfte aus Häusern am Seeufer und zur anderen aus Pfahlbauten im Wasser, zwischen denen Kanäle hindurchführten. Nachdem sie die Nacht über in den Hügeln kampiert hatten, näherten sich die Spanier kurz nach Sonnenaufgang Iztapalapa, wo sich ihnen die einheimischen Krieger, verstärkt durch Truppen aus Tenochtitlán, entgegenstellten. Erst nach einer mörderischen Schlacht, die den ganzen Tag andauerte, zogen sich die Verteidiger an Land oder in Kanus auf den See zurück. Erschöpft und siegestrunken besetzten die Spanier und die Tlaxcalteken die am Ufer gelegenen Häuser.

Doch plötzlich erklang ein Brausen, und die Häuser wurden von schnell ansteigendem Wasser überflutet. Die Azteken hatten einen Deich geöffnet, der diesen Süßwassersee vom benachbarten Salzwassersee trennte, und nun drang eine gewaltige Flut über Iztapalapa herein. Nur die texcocanischen Häuptlinge, die sich in Begleitung der Spanier befanden, begriffen, was vor sich ging. Sie schrien und gestikulierten, man müsse auf der Stelle die Stadt verlassen und sich auf die Hügel flüchten. Dabei ging, zumal die Dunkelheit anbrach, den Tlaxcalteken, die gerade die Häuser plünderten, ein großer Teil ihrer Beute verloren. Die Spanier schnallten noch schnell ihre Rüstungen fest, während sie alle durch das Wasser wateten, das durch die Straßen strömte, und oftmals in die nun überschwemmten Gräben stolperten, die die Azteken als Fallen für sie vorbereitet hatten.

Mehrere der Tlaxcalteken, die ausnahmslos nicht schwimmen konnten, ertranken, und eine jämmerlich anzuschauende, völlig durchnässte Armee schleppte sich im Dunkeln bergan. Cortés empfand Scham darüber, dass er in die Falle geraten war. Als er im Morgengrauen seine Armee wieder um sich sammelte, landeten die Azteken im Hochgefühl ihres Erfolgs in Kanus an, und Spanier und Tlaxcalteken mussten sich in ungeordneter Formation und unter den Jubelschreien der Azteken ihren Weg fast bis zurück nach Texcoco hart erkämpfen.

In Tenochtitlán dachte man nicht an Frieden. Guatémocs Schweigen auf Cortés' Botschaft und die Falle von Iztapalapa machten das nur allzu deutlich. Cortés sehnte sich zurück nach Montezumas Beredsamkeit, die einen Brückenschlag zwischen ihnen durch das Gespräch erlaubt hatte – die einzige Möglichkeit, diese beiden Völker miteinander zu verbinden, ohne dass eines das andere zerstörte.

Die Niederlage der Spanier in Iztapalapa verhinderte jedoch nicht, dass immer wieder Häuptlinge zu Cortés nach Texcoco kamen, die um Verzeihung baten und ihre Gefolgschaft anboten. Stets berichteten sie das Gleiche: Truppen aus Tenochtitlán hatten sich in ihren Städten oder in der Nähe festgesetzt und unterdrückten sie, und sie baten die Spanier darum, die Azteken zu vertreiben. Cortés, dem klar war, dass diese Stämme in abgelegenen Gebieten sich immer auf die Seite dessen schlugen, den sie für den Siegreicheren hielten, der aber andererseits über nicht genügend Männer verfügte, die er abstellen konnte, beruhigte die Bittsteller, so gut er es vermochte, und bemühte sich, zwischen einigen dieser unterworfenen, gleichzeitig untereinander verfeindeten Stämme Frieden zu stiften, um sie im Widerstand gegen die Azteken zu verbinden.

Zwar gelang es, die Azteken, als sie sich Texcoco näherten, zu vertreiben, doch gab es Probleme, da es den Spaniern an Pulver mangelte – ein großer Teil war bei der Überflutung von Iztapalapa unbrauchbar geworden. In dieser Situation brachte ein Bote die Nachricht, dass in Villa Rica ein Schiff mit großem Nachschub an Pulver, Waffen sowie weiteren Männern und Pferden eingetroffen war. Überdies berichtete er, dass die in Tlaxcala gebauten Brigantinen fast fertig gestellt seien.

Daraufhin sandte Cortés Sandoval mit einer schlagkräftigen, aus Kavallerie und Infanterie bestehenden Streitmacht zusammen mit dem Boten nach Tlaxcala zurück und wies seinen Kommandanten in Villa Rica brieflich an, die Pulvervorräte nach Tlaxcala bringen zu lassen und ihm außerdem alle Spanier zu schicken, die dazu bereit seien. Wie immer köderte Cortés die Männer mit Gold, doch schrieb Bernal Díaz später, die Freiwilligen hätten niemals diese Entscheidung getroffen, wenn sie geahnt hätten, was auf sie zukam. Tatsächlich hatte Cortés nach der Schlacht von Tepeaca einigen Männern erlaubt, sich von der Expedition zurückzuziehen. Jetzt schickte er aus eigenem Antrieb einen Teil der Tlaxcalteken mit Sandoval nach Hause zurück, da es trotz des reichen Ackerlandes rund um Texcoco allmählich schwierig wurde, die ganze Armee mit Nahrung zu versorgen.

Auf dem Rückweg nach Tlaxcala verließ Sandoval die übliche Route, um sich in einer Stadt, die unter der Besetzung durch eine aztekische Truppe litt, umzuschauen. Er fand dort schlachtbereite Azteken vor, die Spanier und Tlaxcalteken gemeinsam in die Flucht zu schlagen vermochten. Nahe der Stadt entdeckten Sandoval und seine Männer in einem Dorf jedoch die schauerlichen Überreste einiger Spanier, und die Einheimischen beschrieben ungerührt, was vorgefallen war: Die rund 50 Spanier, ehemalige Männer von Narváez und angeführt von einem Mann namens Juan Juste, waren von einheimischen Indianern unter dem Vorwand, ihnen helfen zu wollen, in eine Felsenge gelockt worden, wo die Reiter absteigen und ihre Pferde führen mussten. Dort wurden sie von Indianern, die sich auf beiden Seiten hinter Felsen versteckt hielten, angegriffen, die meisten von ihnen getötet und einige gefangen genommen und ins Dorf verschleppt. In einem der Häuser fanden Sandoval und seine Männer eine von Juan Juste mit Holzkohle an die Wand gekritzelte Botschaft: *Hier wurde der unglückliche Juan Juste gefangen gehalten.* Im Tempel zeigten die Indianer ihnen das Blut der Spanier, das von den Priestern rund um die Idole verspritzt worden war. Unmittelbar vor den Götzenbildern hingen die gegerbten Felle von fünf Pferden samt der Hufeisen sowie Skalps von zwei Spaniern samt Bärten. Es geschah nämlich nicht selten, dass man den Opfern gleich nach der Tötung die Haut abzog, wobei die Priester sich die noch blutigen Gesichtshäute aufsetzten.

Wenn indianische Häuptlinge zu Cortés kamen, ihre Verbrechen gestanden und um Verzeihung baten, fiel es ihm oft schwer, die Beherrschung zu wahren, doch blieb er mit eiserner Selbstkontrolle bei seiner wohl überlegten Politik, jedes Angebot von freiwilliger Unterwerfung anzunehmen. Entsprechend handelte jetzt Sandoval. Zwar ließ er die Idole zerschlagen und einige der Dorfbewohner bestrafen, verschonte aber die Häuptlinge, obgleich diese die Verantwortung zu tragen schienen. Vielmehr akzeptierte er, Cortés' Taktik folgend, deren überschwängliche Versprechungen, den Spaniern erneut Gefolgschaft zu leisten.

Unvermeidlich allerdings mehrten sich auf beiden Seiten die Verbrechen gegen die Menschlichkeit, ging den Gegnern in diesem Konflikt jedwede Toleranz verloren – einem Konflikt von weit größerer Tragweite, als sie selbst überhaupt ahnten. Azteken wie Spanier wurden immer maßloser und gewalttätiger in ihrem Hass.

IN TLAXCALA fand Sandoval die fertigen Brigantinen vor. Die Leitung über die Schiffsbauer hatte Martin López aus Sevilla. Als dritter Sohn eines Hidalgos, der kaum ein Erbe erwarten durfte, hatte er sich für ein Abenteurerleben entschieden und sich, wie die meisten Kommandanten und Soldaten, die über einiges Vermögen verfügten, an der Finanzierung der Expedition beteiligt. Nachdem die Brigantinen auf dem Fluss in der Nähe von Tlaxcala, den man zu diesem Zweck extra aufgestaut hatte, erprobt worden waren, ließ López sie wieder in ihre Einzelteile zerlegen. 8000 tlaxcaltekische Träger sollten sie nun nach Texcoco bringen, begleitet von 8000 Kriegern zu ihrem Schutz und weiteren 2000 Tamemes, die die Nahrungsmittel trugen. Einer der älteren Häuptlinge, Chichimecatecle, übernahm die Führung. Sandoval war hocherfreut, schickte einen Reiter mit Cortés' Brief nach Villa Rica und eskortierte die Tlaxcalteken mit seiner Streitmacht nach Texcoco.

Die Kolonne – so berichtete Cortés mit Stolz dem König – war über acht Kilometer lang, und über 80 Kilometer mussten die Einzelteile der 13 Schiffe über unebenes Gelände getragen werden. Man marschierte in strenger Ordnung, damit die Kolonne sich nicht unnötig auseinander zog. Die Spanier bildeten Vor- und Nachhut, die tlaxcaltekischen Krieger deckten die Seiten. Obwohl mehr Rauchsignale denn je über dem Tal von Mexiko zu sehen waren, griffen die Azteken nicht an, während die zerlegten Schiffe die Berge hinabgetragen wurden. Cortés war strahlender Laune, als die Kolonne

Texcoco erreichte, und gab Anweisung, die Schiffe so schnell wie möglich zusammenzubauen. Ferner ließ er einen Kanal graben, damit man die Brigantinen leichter vom Stapel lassen konnte.

Chichimecatecle und seine Krieger waren in Schlachtstimmung, doch stand man erneut vor der Schwierigkeit, genügend Nahrungsmittel für dieses riesige Tlaxcalteken-Heer zu beschaffen. Cortés stellte deshalb eine erstklassige Truppe zusammen, die er selbst anführte: 25 Reiter einschließlich der Kommandeure Alvarado und Olid, 300 Schwertkämpfer und Pikeniere, 50 Armbrustschützen und Arkebusiere, dazu sechs Feldgeschütze und 30 000 Tlaxcalteken zu ihrer Begleitung. Nachdem er Sandoval das Kommando über das Basislager übergeben hatte, brach er zu einer Unternehmung auf, deren Plan er aus Angst, die Tenochtitláner könnten vorgewarnt werden, niemandem enthüllte.

Sein Ziel war Tacuba, wo die Spanier nach ihrer Flucht aus Tenochtitlán den ersten Halt eingelegt hatten. Es war neben Tenochtitlán und Texcoco einer der drei Orte, aus denen sich das aztekische Bündnis entwickelt hatte. Am westlichen Seeufer liegend, verlief von hier der kürzeste und wichtigste Damm, der Tenochtitlán mit dem Festland verband. Nachdem die Verbündeten die erste Stadt am See überrannt hatten und die Einwohner in Kanus geflohen waren, fanden sie alle Städte auf dem Weg nach Tacuba verlassen vor.

In Tacuba hingegen stellten sich ihnen die Azteken kriegerisch entgegen. Aufgrund der Größe der Stadt konnten die Spanier sie nicht im Ganzen besetzen oder angreifen, und deshalb duldete Cortés es, dass die Tlaxcalteken brandschatzten und plünderten und damit für das zuvor in Tacuba Erlittene gründlich Vergeltung übten. Cortés gedachte, diesen Ort, durch den der größte Teil der Versorgungsgüter für Tenochtitlán floss, auf eine harte Probe zu stellen. Bei der Erreichung seines nächsten Ziels sollte wieder einmal eine List helfen.

Cortés führte seine Reiter, gefolgt von der Infanterie, auf den Damm nach Tenochtitlán bis zur ersten Stelle, wo eine Brücke entfernt war. Mit der brennenden Stadt Tacuba im Rücken wandte er sich nun an die Azteken, die auf der anderen Seite standen. Als sie sich allmählich beruhigten und aufhörten, ihre Kriegsschreie auszustoßen und ihre Pfeile, Spieße und Steine zu werfen, ließ Cortés sein Anliegen von Malinche übersetzen: Ob ein Adliger von Rang unter ihnen sei, mit dem er sprechen könne?

Die aztekischen Krieger antworteten ihm, sie seien alle Adlige, und dokumentierten damit den Stammesstolz einer hierarchisch gegliederten Gesellschaft. Cortés sagte, er wolle nur das Einverständnis wiederherstellen, das in der Vergangenheit Basis ihres Zusammenlebens gewesen war. Höhnisch fragten sie, ob er sich einen neuen Montezuma erwarte, der ihm Gehorsam leisten werde.

Cortés war enttäuscht, dass die Azteken das Gespräch verweigerten, dass es ihm nicht gelang, über diese Kluft hinweg eine Verbindung herzustellen. Einer von Cortés' Männern rief spontan, sie würden sich auf diese Weise dem Hungertod aussetzen, denn man werde sie auf ihrer Insel von allen Nahrungsmitteln abschneiden. Obgleich Cortés nicht vorgehabt hat, seine Strategie zu enthüllen, ließ er Malinche den Zuruf übersetzen.

Die Azteken antworteten verächtlich, sie hätten genügend zu essen, und warfen ein paar Tortillas ins Wasser, für den Fall, dass die Spanier hungrig seien. Und sie fügten hinzu, falls sie je Hunger bekämen, würden sie Spanier und Tlaxcalteken verspeisen. Cortés, wohl wissend, dass er ein guter Redner war, versuchte wiederholt, den Azteken mit sanften Worten ihre Angriffslust auszureden. Seine Aussagen wurden von Malinche geschickt übersetzt und durch eigene kleine Zusätze bekräftigt.

Nichts half indes, und man kehrte unverrichteter Dinge um. Spanier und Tlaxcalteken hielten Tacuba sechs Tage, zerstörten es zum Teil und mussten fast unablässig Angriffe der Azteken abwehren. Schließlich führte Cortés die beutebeladenen Tlaxcalteken und seine eigenen Männer, die gleichfalls nicht mit leeren Händen gingen, nach

Texcoco zurück. In der irrigen Meinung, die Belagerer hätten sich geschlagen gegeben, machten die Azteken sich an die Verfolgung. Jetzt wählte Cortés eine andere Taktik: Er ließ seine Armee weiterziehen, legte sich jedoch mit seiner Kavallerie auf die Lauer, um die Azteken, sobald sie in Verfolgung der Armee dahergerannt kamen, anzugreifen. Damit hatten sie sich von störenden Angriffen befreit und kehrten nach Texcoco zurück. Ein großer Teil der Tlaxcalteken, einschließlich Chichimecatecle, trat von dort aus den Heimweg an.

WÄHREND er mit seinen Soldaten und einer wachsenden Zahl von Indianern, die sich gegen die aztekische Herrschaft auflehnten, Tenochtitlán einzukreisen versuchte, musste Cortés seine unterschiedlichen Zielsetzungen gegeneinander abwägen. Die Brigantinen, die man in Texcoco beinahe wieder völlig zusammengebaut hatte, mussten verteidigt werden. Dreimal waren des Nachts aztekische Krieger per Kanu aus Tenochtitlán gekommen, um die Schiffe zu verbrennen, aber jedes Mal konnten sie rechtzeitig entdeckt und in die Flucht geschlagen werden. Ein weiteres Augenmerk galt der Nachschubroute in Richtung Tlaxcala und Küste, die unbedingt offen gehalten werden musste. Wieder und wieder sandte Cortés Sandoval mit seinen Männern aus, um den Weg, vor allem in der großen Provinz Chalco, die sich östlich der Seenplatte befand, zu sichern, bis es den Chalcanern schließlich im Verein mit einstmals verfeindeten Nachbarstämmen gelang, ohne Sandovals Hilfe eine Aztekenarmee zu besiegen. Offenbar begann das Bündnis gegen die Azteken, das Cortés den Bergstämmen aufgedrängt hatte, zu funktionieren. Wann immer Sandoval gefangene aztekische Häuptlinge mitbrachte, ließ Cortés sie nach Tenochtitlán zurückkehren, um vor Guatémoc seine Bitte zu wiederholen, aber die Antwort war Schweigen.

Ermutigende Nachrichten kamen hingegen von den Spaniern in Villa Rica. Mindestens drei weitere Schiffe mit Nachschub an Männern, Pferden, Waffen und Pulver waren eingetroffen. Ganze Züge von Spaniern und totonakischen Trägern befanden sich bereits auf dem Weg in die Berge.

Unter den Spaniern, die jetzt in Texcoco eintrafen, war ein Adliger namens Julián de Alderete. Er war mit seinem Schiff von Spanien nach Hispaniola gesegelt, wo die Hieronymiten ihn zum königlichen Schatzmeister ernannt hatten, der für die ordnungsgemäße Ablieferung des königlichen Fünftels zu sorgen hatte. Alderete rühmte sich, ein erfahrener Armbrustschütze zu sein, und Cortés hieß ihn herzlich willkommen. Alderete brachte aus Spanien interessante Neuigkeiten mit: zum einen, dass Puertocarrero und Montejo vom König empfangen worden seien, und zum anderen – was noch wichtiger war –, dass Bischof Fonseca, der Onkel von Velázquez, einiges von seinem Einfluss auf die flämischen Ratgeber des Königs eingebüßt hatte.

Cortés überließ Sandoval das Kommando über das Basislager und zog mit einer neuen Streitmacht, die zehntausende indianische Verbündete begleiteten, aus, um die Seenplatte in diesem weiten Teil von Mexiko zu erforschen. Es war wichtig und an der Zeit, auf Erkundung zu gehen, denn bislang hatte Cortés eher zufällig und intuitiv gehandelt, und seine Vorstellung von den geographischen Gegebenheiten im Süden und Westen des Seensystems war nur sehr verschwommen. Vom östlichen Rand der Berge indes boten sich unendlich weite Panoramablicke.

Wenn sie auf Indianer trafen, fiel es Cortés schwer, sie einzuschätzen. Waren es Azteken selbst? Handelte es sich um Stämme, die sich jeweils auf die stärkere Seite schlugen, oder um solche, die gegen die Herrschaft der Azteken rebellierten, und damit um potenzielle Verbündete der Spanier? Als sie im Grenzland zwischen der Provinz Chalco und dem Territorium der Azteken eine Reihe einsamer Plateaus entlangmarschierten, entdeckten sie, dass sich auf diesen kahlen Hügeln die Bewohner ganzer Dörfer – Männer, Frauen und Kinder – versammelt hatten, die ein fürchterliches Kriegsgeschrei veranstalteten und die Waffen schwangen. Obwohl an weiteren

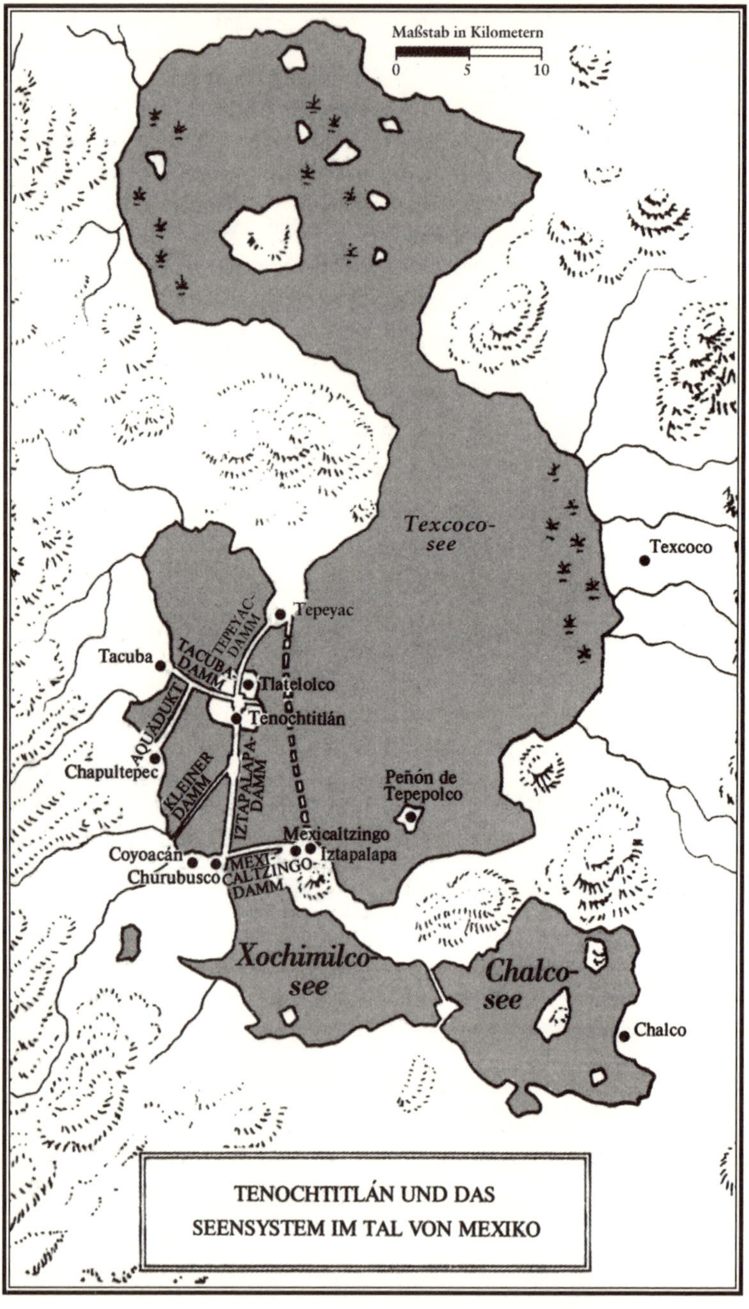

TENOCHTITLÁN UND DAS
SEENSYSTEM IM TAL VON MEXIKO

Auseinandersetzungen mit regionalen Stämmen im Grunde nicht interessiert, befahl Cortés eher widerwillig den Angriff, doch war die Attacke alles andere als erfolgreich. Die Indianer rollten Felsblöcke herab, die zu Geschossen zersplitterten, und schalteten damit die Kavallerie aus. Einen Tag lang rannten die Spanier vergeblich gegen die Anhöhen an. Des Nachts litten sie unter Durst, da es in diesem Gebiet kein Wasser gab. Während die Pferde am nächsten Morgen zu einer einige Kilometer entfernten Quelle geführt wurden, griffen die Spanier erneut an. Neuankömmlinge wie Pedro Barba und Julián de Alderete erhielten nun ihre Feuertaufe, und es gelang ihnen schließlich, ein Plateau einzunehmen, das die anderen überragte und von dem aus sie ihre Armbrüste und Arkebusen abschießen konnten.

An diesem Punkt schienen die Indianer aufzugeben. Die Männer stellten ihr Geschrei ein und warfen keine Geschosse mehr. Hingegen traten die Frauen vor und machten seltsame Gebärden: Sie hielten ihre Hände, eine über der anderen, parallel zum Boden vor sich ausgestreckt, schlugen die Handflächen zusammen, drehten die Hände um und schlugen erneut die Handflächen gegeneinander. Staubbedeckt, bitteren Durst leidend und zu Tode erschöpft, fühlten die Spanier sich in höchste Anspannung versetzt. Die Fußsoldaten um Bernal Díaz murmelten, dies seien Zeichen des Teufels. Wieder andere meinten, diese Gesten deuteten den Koitus an, vielleicht in einer Stellung, die den Spaniern nicht vertraut war. Zum guten Schluss stellte sich heraus, dass es sich lediglich um ein indianisches Zeichen der Unterwerfung handelte: Pantomimisch stellten die Frauen dar, wie sie Tortillas zubereiteten, womit sie ausdrücken wollten, dass sie sich nun Frieden wünschten und das Festessen beginnen könne. Der Hintergrund: Die Indianer auf diesen Plateaus hatten sich nicht mit Wasservorräten eingedeckt und starben fast vor Durst.

Seinem eisernen Prinzip folgend, akzeptierte Cortés ihr Treuegelöbnis, wenn es ihn auch nicht überzeugte. Wie es seine Gewohnheit war, erteilte er den besiegten Indianern eine strenge Lektion, die ihnen klar machen sollte, dass sie dieses Unheil sich selbst zuzuschreiben hatten. Gleichzeitig verbot er seinen Männern jegliche Plünderung, und handele es sich auch nur um ein Getreidekorn, schickte sodann die zahlreichen Verwundeten, die neben acht Toten zu beklagen waren, nach Texcoco zurück und zog weiter.

Durch einen Einschnitt in den Bergen führte Cortés seine Streitmacht über steiles Gelände 600 Meter hinab in die Ebene von Morelos und auf die Stadt Cuernavaca zu. Warum er diesen Weg wählte, ist unbekannt. Eine Bedrohung der Seenplatte im Tal von Mexiko konnte nämlich von diesem weit niedriger gelegenen Gebiet aus nicht vermutet werden. Vermutlich hatten Kundschafter – über 50000 von ihnen waren über das Land verteilt, da sich unterwegs immer mehr indianische Verbündete anschlossen – berichtet, dass Guatémoc in Cuernavaca eine riesige Armee stationiert habe. Und da Cortés plante, die Hauptstadt der Azteken zu belagern, wollte er kein so großes Heer im Rücken haben.

WIE BEI den meisten Expeditionen hofften die Spanier auch diesmal, dass man ihnen keinen Widerstand entgegensetzen würde. So wurden sie in der hübschen kleinen Stadt Oaxtepec von einem Häuptling willkommen geheißen, der weise auf eine Auseinandersetzung verzichtete und sie in seinem eigenen Palast unterbrachte, der Cortés und seinen Männern außerordentlich gut gefiel. Die weiten Tür- und Fensterstürze aus Hartholz waren mit Schnitzereien verziert, die Mauern in regelmäßigem Muster aus unterschiedlichen Steinen errichtet; hauchdünne Vorhänge verdeckten die Eingänge, und von den Azoteas, den Dachterrassen, hingen üppig blühende Pflanzen.

Die ausgedehnten Palastgebäude lagen inmitten eines Parks, der sich über mehrere Quadratkilometer erstreckte. Nachdem sie in einem gewissen Umkreis Wachen aufgestellt und ihre Verteidigungsmaßnahmen getroffen hatten, konnten die Spanier endlich ihre Rüstungen ablegen und Kühlung suchen. Während sie die schattigen, von vielfarbigen Blumenbeeten gesäumten Wege entlangschlenderten, erinnerten sie sich der heimatlichen Patios und der Keramikwaren von Talavera, bewunderten die ungewöhnlichen Farbkombinationen der Indianer und ihr Talent, Gewebe und Muster aufeinander abzustimmen. Überall fanden sich verstreut Gartenpavillons und Aussichtsplätze, und an diesen Orten der Muße waren die weiß gekalkten Mauern und Säulen mit fantastischen stilisierten Abbildungen von Antilopen, Vögeln, Insekten und Blumen bemalt.

Die Gegend von Cuernavaca ist eine der schönsten der Welt und weist das ganze Jahr über ein angenehmes Klima auf. Obwohl der April – und dies war der April 1521 – einer der wärmsten Monate des Jahres ist, herrschte hier auf einer Höhe von rund 1500 Metern eine angenehme Kühle.

In diesen seltenen Momenten der Entspannung begriffen die Spanier, dass die Indianer eine große Ruhe in sich trugen, die ihrem eigenen Charakter eher fremd war. Sie waren geborene Kämpfer und Abenteurer, wie gemacht für einen Kreuzzug wie diesen. Um Paläste und Gärten anzulegen, Schnitzereien zu fertigen und Edelsteine zu bearbeiten, bedurfte es dagegen einer beachtlichen Geduld und Ausgeglichenheit. Obwohl solche Paradiese der herrschenden Klasse vorbehalten waren, schien die Freude an künstlerischen Dingen aus dem Volk zu kommen, und ganz offenbar fehlte den Indianern jener anmaßende Drang nach individueller Selbstbestätigung, wie er den Spaniern zu Eigen war. In Momenten wie diesen verspürten die Spanier trotz aller Fremdheit eine große Zuneigung zu den Indianern und ahnten vielleicht eine künftige viel versprechende Vermischung voraus.

VON OAXTEPEC aus zogen die Spanier mit ihren indianischen Verbündeten weiter, brannten Städte nieder, die vielleicht ebenso hübsch wie Oaxtepec, aber nicht zur Unterwerfung bereit waren. Sie kämpften sich durch die Schluchten östlich von Cuernavaca und überrannten und zerstörten die dortige aztekische Bastion.

Als Cortés erkannte, dass diese Region für das Seengebiet rund um Tenochtitlán nicht von Bedeutung war, wandte er sich mit Entschlossenheit nach Norden, um auf dem nächsten Weg ins Tal von Mexiko zurückzukehren – und erlebte dabei fast eine Katastrophe. Diese Route über einen mehr als 3000 Meter hohen Pass führte durch einsames, unfruchtbares Gebiet und war weder den Spaniern noch ihren Verbündeten bekannt. Einige verdursteten, andere erfroren in den eiskalten Nächten. Trotzdem stiegen sie weiter bergan. Als ihnen die Nahrungsmittel ausgingen, aßen sie Artischocken, die sie nicht kannten und an deren scharfen Spitzen sie sich Zunge und Rachen zerschnitten.

Als sie erschöpft von den Bergen talwärts taumelten, fanden sie sich am Südrand des Tals von Mexiko wieder – in Xochimilco, einer schönen, großen Stadt, größtenteils auf einem Süßwassersee gelegen, der über einen Kanal mit dem größeren See von Tenochtitlán verbunden war. Sie befanden sich also ganz in der Nähe der aztekischen Hauptstadt. Die Städte und Orte am südlichen und westlichen Ufer des Sees waren mit Tenochtitlán verbündet, und Guatémoc hatte beschlossen, dass es nun Zeit sei, Rache zu üben. Rauchzeichen stiegen gen Himmel, und von Haus zu Haus wurden die Krieger zu den Waffen gerufen und vom Nahen der Spanier verständigt. Xochimilco war mit verschiedenen Nachbarorten über Dämme verbunden und von vielen breiten und tiefen Kanälen durchzogen. Zusätzlich hatte man neue Gräben ausgehoben, in denen spitze Pfähle steckten, und neue Verteidigungsanlagen errichtet. Ausgehungert und halb verdurstet, plünderten Spanier, Tlaxcalteken und andere indianische Verbündete die außerhalb gelegenen Häuser auf der Suche nach Essen und Wasser.

Sie erreichten Xochimilco gegen acht Uhr morgens, denn Cortés

pflegte auf allen Feldzügen nach Möglichkeit vor Sonnenaufgang loszumarschieren. Beim ersten Kanal erwartete sie eine riesige Menge kampfbereiter Azteken. In dem Gefecht, das nun folgte, gelang es den Spaniern nicht, sich ihren Weg über den Kanal zu erkämpfen, obgleich die Arkebusiere und die Armbrustschützen unablässig Salven in die Menge schossen. Ganze Bataillone, jedes 10 000 Krieger stark, griffen die Spanier von den Seiten an. Cortés befahl den Reitern, zwei Schwadronen zu bilden und jeweils nach einer Seite hin zu kämpfen.

Bernal Díaz zufolge, dessen Aussagen über Cortés alle zwischen Lobpreisung und Klage schwanken, tobte die Schlacht stets dort am heftigsten, wo Cortés sich gerade befand, denn auch die Azteken versuchten stets, den Anführer gefangen zu nehmen. Das Pferd von Cortés brach vor Erschöpfung unter ihm zusammen. Als die Azteken Cortés daraufhin umkreisten, wehrte er sich mit Schwert und Lanze. Ein tlaxcaltekischer Krieger und ein junger Spanier namens Cristóbal de Olea eilten ihm zu Hilfe, doch wurde Olea eine klingenbewehrte Keule auf den Kopf geschmettert. Weitere Reiter und Soldaten, darunter Bernal Díaz, kämpften sich zu dem Bedrängten durch, brachten das verstörte Pferd wieder auf die Beine und retteten Cortés, der erneut am Kopf verletzt war, vor den Azteken. Fürs Erste schien es besser, sich an einen halbwegs sicheren Platz zurückzuziehen, wo man die Wunden versorgen konnte, aber die Azteken warfen sich auf die Zurückweichenden, bis die Reiterschwadron, die die andere Seite verteidigt hatte, zurückschlug und der Angriff für den Augenblick abflaute.

Im Schutz eines von einer Steinmauer umgebenen Hofes brannten die Spanier ihre Wunden mit heißem Öl aus. Olid, der die zweite Reiterschwadron kommandiert hatte, rann das Blut in Strömen aus einer Kopfwunde; Olea war lebensgefährlich verletzt. Alle Männer sowie die Pferde waren verwundet. Erneut brachen Azteken in den Hof ein, und die Spanier mussten sich verzweifelt wehren. Die Reiter kletterten auf ihre Pferde und kämpften, wo sie sich gerade befanden, die Infanterie formierte sich zu Schlachtreihen, und mit vereinten Kräften gelang es schließlich, die Azteken zu vertreiben.

Nachdem sie sich eine Straße hinuntergekämpft hatten, gelangten die Spanier zu einem noch ausgedehnteren Hof am Fuß einer Pyramide. Da es bereits später Nachmittag war, wollte Cortés Ausschau nach einem Ort halten, an dem sie sich für die Nacht verschanzen konnten. Als er zu diesem Zweck Männer auf die Pyramide schickte, machten diese eine Besorgnis erregende Entdeckung: Auf dem Wasser näherte sich eine Flotte von rund 2000 Kanus, die weitere Krieger heranbrachte.

Die ganze Nacht hindurch arbeiteten die Spanier und ihre Verbündeten wie die Besessenen. Wo die Brücken über die Kanäle entfernt worden waren, ließ Cortés die Tlaxcalteken diese Lücken mit Schutt und Steinen füllen, damit die Pferde sie überqueren konnten. Entlang der Ufer des Hauptkanals stellte er Wachen auf, die die Azteken am Landen hindern sollten. Cortés und seine Kommandeure machten unablässig Kontrollgänge, zwei von Narváez' Männern wurden ausgepeitscht, weil sie eingeschlafen waren.

Die Schlachtrösser blieben gesattelt. Da die Arkebusiere all ihr Pulver, die Armbrustschützen ihre Pfeile verbraucht hatten, sammelten die Spanier, die den Hauptkanal bewachten, jetzt Steine, die ihnen zur Verteidigung dienen sollten, bevor sie im Nahkampf ihre Schwerter einsetzen konnten. Die ganze Nacht hindurch fertigten die Armbrustschützen, die zur Reserve Schäfte, kupferne Pfeilspitzen und Federn mitgebracht hatten, neue Pfeile. Zweimal während dieser Nacht näherten sich Azteken in Kanus, deren Paddel umwickelt waren, dem Hauptkanal, aber sie zögerten zu landen, da sie nicht wussten, wie stark die Spanier die Ufer verteidigten. Die ganze Flotte landete dann an einer anderen Stelle, wo sie sich mit einem neuen Heer aus dem Landesinneren vereinigte.

Im Morgengrauen entbrannte die Schlacht erneut, und die Tlaxcalteken nahmen fünf aztekische Anführer gefangen, die gestanden, dass Guatémoc weitere Bataillone aufgerufen hatte, die aus allen Gebieten rund um den See herangezogen kamen. Griffen die Azteken mit ihrer Kanuflotte zugleich vom Wasser aus an, konnte man die Spanier in die Zange nehmen, ganz wie die Spanier es selbst schon so oft mit den Indianern getan hatten. Alle zusammen bildeten sie schließlich eine gewaltige Phalanx, die den Spaniern gegenüberstand. Voran gingen die Häuptlinge mit erbeuteten spanischen Schwertern, die zu langen Gestängen zusammengebunden waren, und prahlten lautstark, dass sie den Gegner nun mit seinen eigenen Waffen töten würden. In einem erbitterten Kampf gelang es den Spaniern zwar, die Reihen der Indianer zu durchbrechen, doch verteilten die aztekischen Krieger sich daraufhin lediglich in der ganzen Stadt. Von den Häuptlingen, die sie diesmal gefangen nahmen, erfuhren sie, dass Guatémoc vom See wie vom Land her weitere Truppen schicken und diesen Angriff so lange fortsetzen wolle, bis die Spanier endgültig überwältigt seien.

Am späten Nachmittag flaute das Gefecht allmählich ab, da beide Seiten erschöpft waren. Nach Beratung mit seinen Hauptleuten beschloss Cortes, sich am nächsten Tag aus Xochimilco zurückzuziehen, bevor die Azteken ihren Druck weiter verstärkten. Mit der gesamten spanischen Armee konnten sie sich der Auseinandersetzung stellen, nicht aber mit diesem Erkundungstrupp. In der Nacht plünderten eine Reihe von Spaniern und Tlaxcalteken Paläste in Xochimilco und kehrten mit Gold, Silber und ganzen Ballen von Kleidungsstücken zurück. Als andere das Gleiche tun wollten, gerieten sie in einen Hinterhalt der Azteken, die mit Kanus gekommen waren. Vier Spanier wurden gefangen genommen und über den See zu Guatémoc gebracht, der ihnen das Geständnis abpresste, wie wenige sie waren und dass alle Spanier und Pferde Verletzungen erlitten hatten.

Guatémoc ließ die Gefangenen opfern, ihre Herzen und ihr Blut den Göttern darbringen und sandte jedem der Stämme, die sich gegen ihn gewandt hatten, einzelne Körperteile – Arme, Beine oder Köpfe.

Vor Sonnenaufgang sammelten sich die Spanier und ihre Verbündeten zu einer fest formierten Verteidigungskolonne und erkämpften sich den Weg aus Xochimilco hinaus. Wohl versuchten die Azteken, die Kolonne von hinten anzugreifen, doch Cortés bildete mit der Kavallerie die Nachhut und schlug sie in die Flucht, sodass die Spanier sich zurückziehen konnten. Vereinzelt wurden sie noch angegriffen, und in einem dieser Scharmützel gerieten zwei weitere Spanier, junge Pagen, in aztekische Gefangenschaft. Cortés und seine Reiter, die die Nachhut bildeten, waren in einen Hinterhalt der Azteken geraten. Drei Pagen waren hinter der Kolonne hergeeilt, um Hilfe zu holen, doch nur der flinkste entkam den Azteken. Cortés schaffte es schließlich, den Überfall abzuwehren, bevor Verstärkung kam. Obwohl er es gewohnt war, Männer in der Schlacht fallen zu sehen, ging ihm der Verlust der Jungen so nahe, dass er nicht sprechen konnte – er wusste, welches Schicksal sie erwartete.

Mitten in einem Wolkenbruch – die Regenzeit hatte eingesetzt – erreichten sie Tacuba, wo sie wieder einmal, wie in der Nacht ihrer Niederlage, durchnässt Zuflucht auf dem Hauptplatz suchten. Sie zogen weiter durch Städte, aus denen die Einwohner bei ihrem Anmarsch geflohen waren, und erreichten, nachdem sie sich einige Tage mühsam durch tiefen Schlamm gekämpft hatten, endlich Texcoco, wo Sandoval ihnen an der Spitze einer starken Truppe entgegengeritten kam.

Die Erkundung der Seenplatte hatte viele Männer, Energie und Pulver gekostet. Allerdings konnte Sandoval mit der guten Nachricht aufwarten, dass Männer, Pulver und weiterer Nachschub aus Villa Rica eingetroffen seien. Und was von besonderer Bedeutung war: Die Brigantinen waren fertig gestellt und konnten zu Wasser gelassen werden.

DIE VÖLLIGE VERNICHTUNG

Cortés hatte erkannt, dass die Azteken nur vom Wasser aus zu besiegen waren. Die Eroberung konnte gelingen, wenn sie die Seen im Tal von Mexiko unter Kontrolle bekamen. Diese Einsicht setzte ein taktisches Umdenken voraus, denn von Natur aus waren die Spanier kein Volk von Seefahrern. Anders als die Kreter und Phönizier oder später die Wikinger, Engländer und Portugiesen, deren Expeditionen und Eroberungen immer übers Meer erfolgten, übten sie ihre Herrschaft im Wesentlichen an Land aus.

Nun aber verlieh die See den Spaniern Stärke – das wurde auch den Indianern, die sich höchstens zum Fischen in Küstennähe hinauswagten, langsam deutlich. Und es dauerte eine Weile, bis sie erkannten, dass diese Hand voll spanischer Invasoren sich über das Meer ständig mit Nachschub eindecken konnte. Die Bedeutung der Seen hatte Cortés bereits in seinen Gesprächen mit Montezuma erkannt und deshalb die ersten vier Brigantinen bauen lassen, die die Azteken verbrannt hatten. Ihm war klar geworden, dass er den Azteken die Möglichkeit nehmen musste, die Spanier von ihren Kanus aus anzugreifen und übers Wasser immer wieder frische Vorräte und Nachschub heranzuschaffen.

Bei den so genannten Brigantinen handelte es sich um andere Schiffe, als man gemeinhin unter diesem Begriff versteht: Es waren schwere Schiffe mit geringem Tiefgang. Zwölf waren rund 13 Meter und eines 14,50 Meter lang; die maximale Breite betrug etwa 2,70 Meter. Genauere Angaben zu diesen Brigantinen fehlen bei den Chronisten. Nach Zeichnungen zu urteilen, die auf Augenzeugenberichten beruhen, scheinen es Einmaster mit Lateinsegel gewesen zu sein, doch könnte es sich auch um Zweimaster mit Rahsegeln gehandelt haben, wobei das Lateinsegel den Vorzug der leichteren Manövrierbarkeit gehabt hätte. War es windstill, konnten die Schiffe, mit sechs Ruderern auf jeder Seite, wie Galeonen gerudert werden.

Die Schiffe wurden zu einem Fluss gebracht, der zirka einen Kilometer vom See entfernt war. Zwangsläufig tauchte später die Frage auf, warum sie nicht gleich am Seeufer zusammengesetzt wurden, wo man sie leicht zu Wasser lassen konnte, doch gibt es eine Reihe plausibler Erklärungen dafür. Die Tlaxcalteken hatten zweifellos angeraten, einen Ort fern des Seeufers zu wählen, wo man Angriffen der Kanus aus Tenochtitlán nicht ausgesetzt war. Überdies mussten López und seine Zimmerleute noch einige neue Spanten für die Schiffe anfertigen, und der Wald erstreckte sich nicht bis zum See. Um die neuen Spanten zu krümmen oder um denen, die auf dem Transport ihre Form verloren hatten, erneut ihre Wölbung zu geben, musste das Holz vorab im Wasser eingeweicht werden; zudem benötigten sie fest stehende Pfähle, gegen die sie die Spanten biegen konnten. All diesen Bedürfnissen entsprach das Flussufer genau.

Nachdem die in Einzelteile zerlegten Brigantinen wieder zusammengesetzt waren, mussten die Spalten zwischen den Planken mit Flachs, Hanf und Baumwolle gefüllt und, damit diese Abdichtungen sich im Wasser nicht lösten, mit Fett behandelt und abschließend mit Pech überzogen werden. Gómara zufolge wurde dieses Fett den Leichen von Indianern entnommen, die kurz zuvor in der Schlacht getötet worden waren. Zwar hatten die Spanier schon menschliches Fett verwendet, um ihre Wunden auszubrennen, doch bereitete ihnen diese Methode, ihre Schiffe abzudichten, eine gewisse Übelkeit.

Da der Fluss, der über felsigen Boden strömte, für den Transport der Schiffe nicht geeignet war, musste über eine Entfernung von gut einem Kilometer ein Kanal bis zum See gegraben werden, für den eine Breite von etwa 3,70 Meter und eine ebensolche Tiefe erforderlich waren und dessen Seiten durch Planken befestigt werden sollten, damit die Ränder nicht in dem Moment einstürzten, wenn das Wasser aus dem See eindrang. Diese Arbeiten an dem Kanal, der dem Lauf eines alten Bewässerungsgrabens folgte, wurden in Angriff genommen und von 40 000 Indianern, die sich jeweils in Schichten von 8000 Männern abwechselten, verrichtet. Und als der Zusammenbau der Brigantinen beendet war, war auch der Kanal fertig. Es ist eine erstaunliche Tatsache, dass alle indianischen Stämme stets in der Lage waren, für anfallende Arbeiten riesige Mengen von Hilfskräften aufzubringen, die ihre Aufgaben immer gut und bereitwillig erledigten. Und denkt man an die Dämme und Deiche, die Pyramiden, die Stadtbauten am Land wie auf dem Wasser, so sind diese Leistungen für ein Volk, das noch keine Eisenwerkzeuge kannte, phänomenal.

Nach seiner Rückkehr nach Texcoco musste Cortés sich vor allem anderen um die Bemannung der Schiffe kümmern – ein Problem, denn die Spanier ruderten nicht gern und blieben alle miteinander lieber an Land. Jedes der Schiffe brauchte etwa 25 Mann Besatzung, zwölf, die rudern konnten, die Segel setzten und auf dem Schandeck kämpften, dazu zehn oder zwölf Armbrustschützen und Arkebusiere, die die Kanus ins Visier nahmen, sowie einen oder zwei Artilleristen, einen Kapitän und einen Mann im Ausguck. Da niemand sich freiwillig meldete, ließ Cortés zum Appell antreten und kommandierte alle Männer auf die Schiffe ab, die je als Matrosen gedient hatten, zusätzlich all jene, die wenigstens zum Fischen ausgefahren waren. Als immer noch ein paar fehlten, wählte er solche aus, die aus Hafenstädten kamen. Zu Kapitänen ernannte er Männer von Stand, die sich um seine Gunst bemühten wie etwa Pedro Barba, andere, die ehrgeizig und willfährig waren wie Juan Jaramillo, und wieder andere, die eingestanden, einige Segelerfahrung zu haben.

WÄHREND Cortés' Erkundungsexpedition rund um die Seen war in Texcoco ein Brief eingetroffen, dessen Inhalt ihn bei seiner Rückkehr sehr freute. Zu jener Zeit, als er Montezuma als Geisel hielt und noch hoffte, das Land auf friedliche Weise erobern zu können, hatte er kleine Gruppen seiner Leute in alle Teile Mexikos geschickt, die nach Häfen, Goldminen und Plätzen für Niederlassungen Ausschau halten sollten. Nachdem die Spanier aus Tenochtitlán vertrieben worden waren, ging Cortés davon aus, dass sie wohl alle getötet worden seien, und auf die meisten traf dies wohl auch zu. Dieser Brief indes, der von Indianern zuerst nach Tepeaca gebracht worden war, enthielt ein Lebenszeichen von zwei jungen Spaniern, die Cortés in die Provinz Oaxaca geschickt hatte, die nicht der Herrschaft der Azteken unterstand. Der Brief besagte, dass diese beiden Kundschafter sich nach der spanischen Niederlage zu militärischen Führern dortiger Stämme gemacht hatten – der Zapoteken oder Mixteken nämlich, die einen wie die anderen hervorragende Kämpfer und bis auf den heutigen Tag von unabhängigem Geist – und dass sie sich in erbitterter Auseinandersetzung mit den ringsum lebenden, Nahuatl sprechenden Stämmen befanden. Bei der Lektüre des Briefes musste Cortés unwillkürlich an den Seemann aus Palos denken, der gemeinsam mit Aguilar Schiffbruch erlitten hatte, sodann zu einem Anführer der Indianer wurde und sich vom Christentum lossagte. Diese Spanier hingegen – das ging aus dem Brief klar hervor – waren Christus und dem König treu geblieben. Sie ersuchten ihn nun, ihnen mindestens 30 spanische Soldaten zu schicken, damit sie den Ring der Feinde durchbrechen konnten. Cortés bat sie in seiner Antwort, noch ein wenig länger durchzuhalten.

Ende April 1521 wurde der zum See führende Kanal geöffnet, die Brigantinen konnten zu Wasser gelassen werden, und Cortés musterte die Streitmacht, die ihm zur Verfügung stand. In der Parade zogen über 900 Spanier an ihm vorbei, 86 davon zu Pferde, 118 mit Armbrüsten oder Hakenbüchsen, die restlichen mit Lanzen, Piken, Schilden, Schwertern und Dolchen. Sie hatten drei schwere Eisenkanonen und 15 kleine Kanonen, in der Hauptsache bronzene Feldgeschütze und Falkonette, etwa 1000 Pfund Pulver und eine große Menge von Geschossen. Alles in allem war diese Streitmacht weder so groß noch so gut ausgerüstet wie jene, die Cortés nach seinem Sieg über Narváez nach Tenochtitlán geführt hatte, doch dafür hatte er inzwischen seine Strategie verbessert.

Er schickte die Mannschaften auf die Brigantinen und ließ in den Bug jeweils ein Feldgeschütz setzen. Die schweren Kanonen, die über Land mühsam zu transportieren waren, wurden ebenfalls an Bord gebracht. *La Capitana*, die größte der Brigantinen, diente als Flaggschiff, von dessen Topp ein zerfetztes Banner wehte.

Seine verbliebenen Männer teilte Cortés sodann in drei Truppen ein, die jeweils aus rund 200 Leuten und einer Mischung aus Kavallerie, Armbrustschützen, Arkebusieren und Fußsoldaten bestanden. Zu Kommandeuren ernannte er Alvarado, Olid und Sandoval, denen 75 000 Indianer als Verstärkung zur Verfügung standen. Cortés bat überdies sämtliche Stämme, die ihm je Gefolgschaft angeboten hatten, alle verfügbaren Krieger für die Belagerung von Tenochtitlán zu schicken.

Immer mehr Indianer strömten herbei: Tlaxcalteken, angeführt von Chichimecatecle und Xicotenga dem Jüngeren, dazu weitere Texcocaner. Aus Cholula und Chalco kamen Krieger, und alle waren sie erregt von der Aussicht auf dieses Gefecht, gierten nach Beute und vor allem danach, ihre alte Rechnung mit den Azteken zu begleichen. Auch diese indianischen Verbündeten wurden auf die drei Kommandanten aufgeteilt, und es dauerte etwa zehn Tage, bis die drei Truppen durchorganisiert, die Vorräte verteilt und die Brigantinen ausgestattet waren, die von den jeweiligen Mannschaften entlang der Küste erprobt wurden.

Während dieser Zeit setzte sich Xicotenga der Jüngere ab, ohne jedoch die Männer mitzuführen, die unter seinem Banner standen, jenem weißen Vogel mit den ausgestreckten Schwingen. Er entfernte sich heimlich eines Nachts mit nur einigen seiner Gefolgsleute.

Erst am Morgen, als Chichimecatecle nach ihm sehen wollte, bemerkte man seine Abwesenheit und vermutete, er sei auf dem Heimweg nach Tlaxcala.

Für diesen Treuebruch gab es unterschiedliche Erklärungen. Die überzeugendste Erklärung ist vielleicht die, dass Xicotenga als einziger Tlaxcalteke, wenn nicht gar als einziger Indianer, spürte, was vor sich ging – die dauerhafte Unterwerfung unter eine fremde Rasse.

Welcher Art seine Beweggründe auch gewesen sein mögen, über die selbst die Tlaxcalteken nie Klarheit erhielten – Cortés wie Chichimecatecle prangerten ihn als Verräter an. Cortés, der Xicotenga stets als unzuverlässig eingestuft hatte und sehr wohl wusste, welche Unruhe er nun in Tlaxcala stiften konnte, schickte eine Schwadron von Reitern aus, die ihn unterwegs abfingen, bevor er die Stadt erreichen konnte, und sodann hängten.

Jeder der drei Truppenkommandeure erhielt eine besondere Mission zugeteilt, die wiederum miteinander koordiniert werden mussten. Alvarado und Olid sollten von Texcoco aus gegen den Uhrzeigersinn den See in Richtung Tacuba umkreisen, das am Ausgangspunkt des wichtigsten Damms nach Tenochtitlán lag, und Alvarado sollte diesen Damm blockieren und verteidigen. Olids Aufgabe bestand darin, nach Coyoacán weiterzuziehen und diesen Ort zu halten, der über eine Verbindung zu dem Damm von Iztapalapa nach Tenochtitlán verfügte. Sandoval wiederum sollte abwarten, bis die anderen ihre Stellungen bezogen hatten, da Cortés erst dann die aztekische Verteidigungstaktik beurteilen konnte. Anschließend sollte Sandoval von Texcoco im Uhrzeigersinn um den See ziehen, Iztapalapa einnehmen und den dortigen Damm blockieren. Falls diese drei Manöver gelangen, war der Versorgungsfluss über die Dämme in die Hauptstadt weitgehend blockiert. Der einzige Damm, der offen blieb, verband Tenochtitlán mit Tepeyac am Nordufer, und er wurde nicht sehr häufig benutzt.

 Bei der Erarbeitung dieser Strategie hatten sich Cortés und seine

Hauptleute auf die Erfahrungen aus ihrem halbjährigen Aufenthalt in Tenochtitlán gestützt, als sie sich frei in der Stadt bewegen und genau beobachten konnten, wie die Versorgung organisiert wurde. Und diese lief neben dem Transport über die Deiche über tausende von Kanus ab, doch bevor Cortés gegen die Kanus anging, wollte er mit seinen Brigantinen in Texcoco abwarten, bis die Stellungen an den Ausgangspunkten der drei Dämme gesichert waren.

Obgleich die Insel von Tenochtitlán schier barst vor aztekischen Kriegern, ergriff Guatémoc nicht die Initiative – nicht eine der spanischen Truppen wurde angegriffen. Ob die Azteken angesichts der spanischen Manöver, angesichts der Brigantinen verwirrt waren – darüber lassen sich nur Spekulationen anstellen. Jedenfalls versicherte Guatémoc seinen Kriegern, sie würden siegen, da ihr Kriegsgott Huitzilopochtli es so bestimmt hatte. Um seinen Glauben an den Sieg der Azteken noch stärker zu unterstreichen, befahl Guatémoc, alle Spanier zu opfern, die er zu diesem Zweck in Käfigen gefangen hielt, darunter auch die beiden Pagen von Cortés. Nachdem man auf diese Weise Huitzilopochtli gehuldigt hatte, beschloss Guatémoc abzuwarten, bis die Spanier eine Schwachstelle erkennen ließen.

Auf solch verzögerte Reaktion, die er bereits aus Erfahrung kannte, hatte Cortés bei der Ausarbeitung seiner Strategie gebaut. Doch auch die Pläne der Spanier verliefen nicht immer glatt, denn oft gerieten sie sich wegen unbedeutender Kleinigkeiten in die Haare. In der ersten Nacht nach dem Aufbruch aus Texcoco, als sie in einer von allen Einwohnern verlassenen Stadt Rast machten, stritten sich Alvarado und Olid so erbittert darüber, wem von beiden das beste Haus in der Stadt zukäme, dass es fast zum Zweikampf gekommen wäre. Man schickte daraufhin einen Reiter zurück zu Cortés nach Texcoco, der auf der Stelle einen Vermittler aussandte. Es war dies ein Mönch namens Pedro Melgarejo, und Cortés hätte keine bessere Wahl treffen können.

Melgarejo war ein Franziskaner, der im Februar in Villa Rica eingetroffen war und einen großen Vorrat an Ablässen mitgebracht hatte, vor allem päpstliche Bullen, bedruckt mit dem offiziellen Siegel. Jedem Spanier, der ein solches Papier kaufte, wurde die volle Absolution von jeder Sünde garantiert, die er im Zusammenhang mit der Eroberung der so genannten Neuen Welt begangen hatte. Melgarejo verkaufte diese Ablässe in Windeseile an die spanischen Soldaten, die er in Villa Rica und auf dem Weg ins Hochland traf, und er war bereits ein reicher Mann, als er in Texcoco eintraf. Er gewann Cortés' Vertrauen und zeigte während der Offensive an der Seite der Spanier bewundernswerten Mut. Als Melgarejo schließlich mit seinem Vermögen nach Spanien zurückkehrte, vertraute Cortés ihm 10000 Goldpesos für seinen Vater in Medellín an. Obwohl es bei der Übergabe zu Unstimmigkeiten kam – Martín Cortés stritt sich mit mehreren der Boten, die ihm Geld von seinem Sohn brachten –, pflegte Melgarejo weiterhin eine freundliche Beziehung zu Cortés. Für den geschickten Melgarejo, der später eine herausragende Kirchenkarriere machte, war es ein Kinderspiel, den Streit zwischen Alvarado und Olid zu schlichten.

Nach dieser Nacht, in der sie nur wenig geschlafen hatten, führten Alvarado und Olid ihre Truppen nach Tacuba, das sie verlassen vorfanden. Während Alvarado und seine Männer die Stadt und den Zugang zum Damm besetzten, zogen Olid und seine Truppe weiter am Ufer entlang zum Hügel von Chapultepec, wo sie einen Angriff der dortigen Indianer abwehrten, und zerstörten sodann den Aquädukt, über den das frische Quellwasser in die Hauptstadt floss. Damit war Tenochtitlán, der reichen, von schwimmenden Gärten umgebenen Stadt im See, das Trinkwasser abgeschnitten. Wahrscheinlich gab es zwar einige kleine Quellen auf der Insel Tenochtitlán, denn andernfalls hätte man sich dort ursprünglich kaum angesiedelt, doch reichte dies für die schnell angewachsene Bevölkerung längst nicht mehr aus. Von Chapultepec zog Olid weiter und besetzte Coyoacán, das sie wie Tacuba von seinen Bewohnern verlassen vorfanden.

 Sobald Cortés Nachricht vom planmäßigen Verlauf der Operation erhielt, gab er das Zeichen zum Abmarsch für Sandoval, der auf der anderen Seite des Sees Iztapalapa besetzen sollte. Die Azteken, die Tacuba und Coyoacán verlassen und den Aquädukt nicht besser verteidigt hatten, schienen bislang in keiner Weise begriffen zu haben, dass Cortés Tenochtitlán in den Würgegriff zu nehmen gedachte. Doch Cortés sah voraus, dass sie seine Strategie nunmehr endlich durchschauen und in Iztapalapa, dem letzten der Belagerungspunkte, in die Offensive gehen würden. Und wirklich kamen sie in großer Zahl über den Damm geströmt, um sich Sandoval entgegenzustellen, aber die Spanier erzwangen sich den Weg nach Iztapalapa, durchbrachen die Vorhut der Azteken und verlagerten die Schlacht auf den Damm von Mexicaltzingo, der Iztapalapa mit Coyoacán verband.

An Bord der *La Capitana* führte Cortés indessen seine Flotte über den See, um Sandoval und seinen Männern Hilfe zu leisten. Heerscharen von aztekischen Kriegern beobachteten auf der Insel Tenochtitlán, wie die schweren Schiffe mühsam vorwärts gerudert werden mussten, denn zum Segeln war die Brise zu schwach. In den Kanälen der Hauptstadt warteten indessen 5000 große Kanus voller kampfbereiter Krieger. Cortés, der als Oberbefehlshaber das unbestrittene Talent hatte, sich blitzartig auf die Gegebenheiten einer Schlacht einzustellen, behielt zu Lande oder zu Wasser stets einen kühlen Kopf und änderte auf der Stelle seine Befehle, wenn es sich als notwendig erwies. Als er Richtung Iztapalapa fuhr, passierte er die kleine Insel Peñón de Tepepolco, das Jagdrevier der Aztekenherrscher, das er einst mit Montezuma auf einer der ersten Brigantinen besucht hatte. Nun wimmelte es auf dieser felsigen Insel von Azteken, und von einer kleinen Anhöhe aus wurden Rauchsignale zu den Orten am Ufer und in die Berge ausgeschickt. Weil diese Rauchzeichen ihn beunruhigten, ließ Cortés die Brigantinen wenden und an die Insel heranfahren. Mit 150 Männern ging er an Land, nahm nach erbittertem Kampf den Hügel und löschte die Signalfeuer. Von der Höhe beobachteten sie, dass tausende von

Kanus die Kanäle von Tenochtitlán verließen und mit höchster Geschwindigkeit auf sie zupaddelten – höchste Zeit für die Spanier, sich wieder an Bord der Brigantinen zu begeben.

Doch hielt Cortés die Schiffe dicht vor der Insel, um sich der aztekischen Kanuflotte zu stellen. Die Spanier mussten weiterhin rudern, denn mittlerweile herrschte eine fast völlige Flaute. Vorsichtig näherten sich die Azteken in ihren Kanus und hielten außerhalb der Schussweite dieser seltsamen Schiffe an. Sie zögerten, während weitere Kanus zu ihrer Hilfe herangepaddelt kamen. Cortés, der auf eine abschreckende Wirkung der Schiffe setzte, zögerte, die Kanonen abfeuern zu lassen, solange die Brigantinen in der Bewegung gehindert waren, und höhnisch paddelten die Azteken von einer Seite auf die andere, als wollten sie ihre eigene Wendigkeit beweisen und die Spanier provozieren, auf bewegliche, schwer zu treffende Ziele zu schießen.

Doch plötzlich erhob sich eine Brise, die vom Land kam, die Segel blähte und die Brigantinen mit wachsender Geschwindigkeit durchs Wasser schießen ließ. Die Ruderer zogen die Ruder ein und die Schwerter aus der Scheide. Nach verzweifelten Schlachten erzählten die Spanier häufig, ihnen sei der heilige Jakobus erschienen, und sie hätten gesehen, wie er zu Pferde an ihrer Seite kämpfte. An solchen Visionen darf man zweifeln, aber diese Brise war ganz real, und die Brigantinen drängten mitten in diese sich ständig vergrößernde Flotte von Kanus hinein, während die Kanonen im Bug abgefeuert wurden und die Arkebusiere und Armbrustschützen nach beiden Seiten feuerten. Innerhalb weniger Minuten wimmelte es im Wasser von zerstörten, sinkenden Kanus und von hilfeschreienden, ertrinkenden Azteken. Die Segelschiffe brausten nun über den See wie aus dem Wasser geborene, entfesselte Schlachtrösser, und sie zerschlugen die kriegerische Formation der Azteken.

Begünstigt durch den Wind, verfolgten sie die Kanus durch einen Deich, der von weiten Wasserstraßen durchzogen war. Sie jagten die wie wahnsinnig paddelnden Azteken meilenweit über den See, bis es den Verfolgten endlich gelang, in die Kanäle der belagerten Hauptstadt zu entkommen. Da immer noch eine starke Brise wehte, führte Cortés die Brigantinen jetzt nach Süden, den Deich entlang, der nach Iztapalapa führte. Olid in Coyoacán und Sandoval in Iztapalapa hatten die Wasserschlacht beobachtet, und als sich abzeichnete, dass die Spanier mit ihren Brigantinen eindeutig die Oberhand behielten, führten beide ihre Kavallerie und Infanterie auf die Deiche.

Die Truppen trafen sich bei Xoloc, jener Bastion, durch die die Spanier bei ihrem ersten Besuch in Tenochtitlán einmarschiert waren. Als Cortés sah, dass die auf den Deichen kämpfenden Spanier jeweils an den Dammeinschnitten in Schwierigkeiten gerieten, fuhr er mit seinen Brigantinen dicht heran und setzte die Kanonen zur Beseitigung der Barrikaden ein, die die Azteken auf beiden Seiten der Öffnung errichtet hatten. Er trieb die indianischen Krieger zurück, während die Spanier hinüberschwammen oder -wateten. Als der Tag zur Neige ging, befanden sich die Spanier unverändert auf dem Vormarsch.

Um das Vorrücken der auf den Deichen kämpfenden Spanier zu beschleunigen, fasste Cortés nunmehr die Einnahme der Bastion ins Auge, wo die Deiche aufeinander trafen. Deshalb segelte er voraus und setzte Männer an Land, die diese Bastion erobern sollten. Es war dies ein gewagtes Unternehmen, und die anfangs verblüfften Azteken warfen sich auf die 30 bis 40 Spanier, die den Damm blockierten. Zu ihrer Unterstützung ließ Cortés eine der drei schweren Kanonen von der *La Capitana* auf den Damm hieven, auf die andrängende Menge richten und befahl seinen Leuten, sich zurückzuziehen. Die Kanone wurde abgefeuert, doch entzündete der Kanonier in seiner Aufregung nicht nur das Pulver in der Kanone, sondern das gesamte Pulver, das zur Reserve hinter dem Geschütz aufgehäuft war. Es kam zu einer fürchterlichen Explosion, die beide Seiten betäubte. Die Kugel schlug in der Menge der Azteken ein, tötete viele von ihnen und versetzte die übrigen in Angst und Schrecken.

Das Pulver, das hinter der Kanone explodierte, tötete zwar niemanden, nicht einmal den Kanonier, aber es fegte viele Spanier vom Damm hinab ins Wasser. Durchnässt und noch unter Schock, kletterten sie auf den Damm zurück, während die verschreckten Azteken sich nach Tenochtitlán zurückzogen, um sich zu sammeln und zu beraten. Als die Dämmerung sich herabsenkte, schickte Cortés so viele Männer an Land, wie er nur missen konnte, und beließ nur eine Notbesatzung an Bord der Brigantinen, denn er wusste, dass die Azteken normalerweise nachts nicht kämpften. Falls es ihm gelang, diesen Verbindungspunkt der Dämme zu halten, würden am Morgen auch die Truppen aus Coyoacán und Iztapalapa da sein.

Doch in dieser Nacht griffen die Azteken gegen ihre Gewohnheit an. In der Dunkelheit stürmten sie in einer riesigen Horde von Tenochtitlán über den Damm herbei – sie schrien, bliesen auf Pfeifen, Hörnern und Muscheln und schlugen die Trommeln. Enttäuschung und Panik trieben sie voran, denn sie begannen die Bedrohlichkeit dieser Belagerung zu spüren. Im Gegenzug feuerten die Brigantinen die Kanonen ab und die auf dem Damm aufgereihten Arkebusiere und Armbrustschützen ihre Salven. Anders als bei früheren Kämpfen, als die Spanier auf den Dämmen stets den Pfeilen, Steinen und Speeren der aztekischen Krieger in ihren Kanus ausgesetzt und damit in ihrer Bewegung stark beeinträchtigt waren, vermochten die Spanier jetzt mit Leichtigkeit ihre Stellung zu halten – die Brigantinen waren es, die den Unterschied ausmachten.

Gegen Morgen traf der erwartete Nachschub aus Iztapalapa und Coyoacán ein. Als einige von Sandovals Männern auf dem Mexicaltzingo-Damm Schwierigkeiten hatten, die Öffnungen zu überwinden, an denen man die Brücken entfernt hatte, ließ Cortés zwei Brigantinen genau in diese Lücken hineinsegeln und damit eine Pontonbrücke bilden, über die die Spanier mit ihren Pferden von einer Seite zur anderen wechseln konnten. Und als ein Teil von Olids Truppe von Azteken attackiert wurde, die in Kanus von der anderen

Seite des von Iztapalapa heranführenden Damms angriffen, zu der die Brigantinen keinerlei Zugang hatten, ließ Cortés einen Teil dieses Damms niederreißen, schickte vier der Brigantinen durch diese Bresche, die die Kanus auf der Stelle in die Flucht schlugen.

Die erbitterte Schlacht zu Wasser und zu Land dauerte eine Woche lang. Die Azteken schickten tausende von Kanus aufs Wasser, denen sich die Brigantinen entgegenstellten. Gleichzeitig kam aus Texcoco eine große Flotte mit Kriegern, die auf der Seite der Spanier kämpfen wollten. Der junge König von Texcoco, Cortés' Patenkind Don Fernando, hatte die Texcocaner zum Kampf an der Seite der Spanier aufgerufen, und angeführt von Don Fernandos Brüdern, reagierten diese nun mit wachsendem Enthusiasmus.

Andererseits schlugen sich viele der Häuptlinge in den Orten rund um den See, die Cortés Gefolgschaft geschworen hatten, wieder auf die Seite von Guatémoc, und so mussten die Spanier in ihren Stellungen in Iztapalapa, Coyoacán und Tacuba an zwei Fronten fechten: zum einen entlang der Dämme, um sich den Weg nach Tenochtitlán zu erzwingen, zum anderen auf dem Festland, wo sie nach Lebensmitteln suchen und gegen Krieger aus den Orten am Seeufer ankämpfen mussten. Die Schlacht spitzte sich zu, komplizierte sich auch, da auf beiden Seiten viele tausende von Indianern standen, denn aus dem Hinterland strömten immer mehr Indianer herbei, die sich in der Hoffnung auf große Beute Cortés anschlossen.

Von Tacuba aus kämpfte sich Alvarado über den Damm zu dem Weg vor, der direkt auf den großen Marktplatz der Hauptstadt führte. Die Azteken leisteten verzweifelten Widerstand, beseitigten alle Brücken und verschanzten sich hinter Barrikaden, die sie auf der anderen Seite der Breschen errichtet hatten. Cortés schickte zwei Brigantinen zu Hilfe, die die Azteken ins Sperrfeuer nahmen, sodass Alvarado mit seinen Männern die Lücken überqueren konnte. Anschließend füllten die Tlaxcalteken Schotter auf, doch schaufelten die Azteken nachts, wenn Alvarado sich in sein Basislager zurückzog, den Schotter ins Wasser und machten die Öffnungen wieder frei.

Während dieser Kampf noch hin und her ging, schickte Alvarado an Cortés, der sich in oder bei der Bastion Xoloc aufhielt, die Botschaft, dass auf dem einzigen nicht umkämpften Damm zwischen Tenochtitlán und Tepeyac an der Nordküste ein reger Verkehr herrschte – die Azteken schafften auf diesem Weg Nahrungsmittel und Wasser in ihre Hauptstadt, und vor allem in der Nacht pendelten viele Kanus hier entlang. Diesen Damm hatte Cortés ursprünglich offen gelassen, weil er nicht über genügend Männer für eine Blockade verfügte. Seine Streitmacht war bereits auf gefährlich kleine Scharen reduziert, da er sie auf drei Landtruppen und die Besatzung für die Schiffe aufgeteilt hatte. Auch hatte er gehofft, die Bewohner von Tenochtitlán würden auf diesem Weg die Stadt verlassen, nachdem sie den erfolgreichen Einsatz der Brigantinen wie die Errichtung der Basislager erlebt hatten. Waren sie einmal auf dem Festland, konnte die spanische Kavallerie angreifen und die Armee der Azteken zerschlagen. Mit dem aztekischen Lehnswesen wäre es dann zwar ein für alle Mal vorbei, doch diese traumhafte Stadt auf der Insel, die zugleich eine fantastische Festung war, würde unzerstört überdauern. Allerdings hatte Cortés keinerlei Gewissheit, dass Guatémoc und seine Leute überhaupt an Flucht dachten, denn solange der Damm nach Tepeyac geöffnet blieb, konnten sie sich weiter versorgen, konnten Christus und dem König die Stirn bieten und noch mehr Spanier töten.

Cortés gab Sandoval deshalb eher ungern den Befehl, er solle sich trotz seiner Verletzung – eine Lanze hatte ihm den Fuß durchbohrt – um den See nach Tepeyac begeben. Mit einer Truppe, die aus Spaniern und indianischen Verbündeten bestand, zog Sandoval zu Alvarados Lager in Tacuba, kämpfte sich weiter bis Tepeyac vor und besetzte den Ort. Sogleich schickte Cortés Sandoval drei der Brigantinen über den See, die Tag und Nacht Patrouille fuhren und damit jeglichen Verkehr über den Damm blockierten.

Damit war Tenochtitlán völlig abgeschnitten, und Cortés begann die Schlinge enger zu ziehen. Täglich drangen die Brigantinen in die Hauptstadt vor und segelten direkt in die breiteren Kanäle hinein. Das kleinste der Schiffe mit dem geringsten Tiefgang, die *Busca Ruido* („Suche nach Kampf"), fuhr jeweils voraus. Einige der Kanäle waren zu seicht, andere hatten die Azteken am Grund mit Stäben versehen, aber die Spanier bekamen schnell heraus, welche der Wasserstraßen passierbar waren. Rund um die große Stadt landeten sie nun an und setzten Häuser in Brand, doch war Tenochtitlán im Wesentlichen aus festem Naturstein und Ziegeln erbaut und ging nicht so leicht in Flammen auf.

Als Erste drang eine schlagkräftige Streitmacht unter Cortés, mit Olid als Unterkommandeur und verstärkt durch große Truppen von Texcocanern und Chalcanern, in die Stadt ein. Den ganzen Morgen und einen Teil des Nachmittags hatten sie damit zu tun, die Kanäle zu überqueren, wo die Brücken zerstört waren. Im Zentrum jedoch fanden sie noch intakte Brücken vor, denn die Azteken hätten nicht im Traum daran gedacht, dass die Spanier so schnell und so weit vordringen könnten. Während Cortés und die Reiter – aus Furcht, ihre Pferde im Hagel der Bogenschützen und Speerwerfer zu verlieren – nur zögernd vorrückten, stürmten Infanterie und Kavallerie samt den indianischen Verbündeten übereifrig voran und gerieten in einen Angriff der Azteken. Sie ließen ihre Kanone im Stich und wurden zurückgedrängt bis zu einem Punkt, an dem sich die Straße verbreiterte und die Reiter endlich angreifen und die Nachhut bilden konnten. Die Kanone wurde von den Azteken feierlich in den See gestürzt.

Dass es den Spaniern überhaupt gelungen war, bis in die Hauptstadt vorzudringen, war eine so bedeutsame Leistung, dass jetzt Häuptlinge aus Xochimilco und von den Otomí-Stämmen in den Bergen eintrafen und Cortés ihre Gefolgschaft anboten. Er sagte ihnen, sie sollten mit all ihren Kriegern zum Sturm auf Tenochtitlán kommen, und gab ihnen drei Tage Zeit. Er benutzte diese Pause, um die Verwundeten zu versorgen, seine eigenen Männer nach dem erzwungenen Rückzug zu beruhigen und um neue Vorräte heranzuschaffen.

Als Cortés in die Hauptstadt zurückkehrte, stellte er fest, dass die Azteken sämtliche Dammöffnungen, die seine Indianer mit Schotter gefüllt hatten, wieder frei gemacht hatten. Zudem hatten sie neue und stärkere Befestigungen zu beiden Seiten der Kanäle erbaut, sodass sie nunmehr selbst mithilfe der Brigantinen schwerer zu überwinden waren. Diesmal untersagte Cortés es seinen Leuten, unbedacht vorzupreschen. Auf den Plätzen und in den breiteren Straßen ließ er die Kavallerie vorausreiten, und die Spanier gaben den indianischen Verbündeten Deckung, die jede Dammlücke mit Steinen und Ziegeln füllten und so sorgfältig abdichteten, dass man sie so leicht nicht wieder öffnen konnte. Lediglich die Tlaxcalteken ließen sich nicht davon abhalten, in die Häuser einzudringen und die Azteken auf den Dächern anzugreifen. Inzwischen hatte Cortés den aztekischen Adligen Botschaften gesandt, in denen er ihnen eine Einigung ohne Ergebung anbot. Man könne diesen Kampf beenden, ohne dass die eine Seite siegte und die andere sich gedemütigt fühlte – worunter Cortés natürlich eine Schlichtung in seinem Sinne verstand. Aber die Azteken schwiegen weiterhin.

Cortés kam zu dem Schluss, dass die Azteken niemals zum Nachgeben bereit wären. Sie würden sich weigern, auch nur einen Teil des Schatzes herauszugeben, den die Spanier in jener Nacht ihrer Flucht aus Tenochtitlán verloren hatten, und dies war für ihn eine der Friedensbedingungen, die noch vor der Festsetzung einer regulären Tributzahlung stand. Aus seiner Sicht blieb ihm deshalb keine andere Wahl, als mit der Zerstörung fortzufahren. Er konnte nur darauf hoffen, dass die Azteken sich angesichts einer unvermeidlichen Niederlage zum Frieden bereit erklären würden.

Als Cortés ins Lager zurückkehrte, erschienen die Häuptlinge von sechs Städten am See, die die Seite wechseln wollten. Sie hatten die

Xochimilcaner mit der Beute prahlen hören, die sie sich von den Azteken holen würden, und überdies plünderten die Spanier wie ihre indianischen Verbündeten die Orte rund um den See. 1563 forderten die Xochimilcaner übrigens, man müsse sie für 2000 Kanus und 12000 Männer entschädigen, die sie Cortés zur Verfügung gestellt hatten. Jedenfalls wollten die anderen Städte am See nicht zurückstehen und sammelten sich unter dem spanischen Banner. Mittlerweile verfügte Cortés über so viele indianische Verbündete, dass sie auf den Dämmen häufig übereinander stolperten – ein Grund, sie nachts immer auf das Festland zu schicken.

Inzwischen war der Mai zu Ende, der Juni begann, und den Spaniern fehlten Häuser, um sich nachts vor dem Regen zu schützen. Deshalb errichteten indianische Hilfskräfte aus den Städten am See Behelfshütten, die die Spanier *ranchos* nannten. In den spanischen Lagern fehlte es auch an Verpflegung. Bislang hatten sie von Tortillas gelebt, die ihnen niemals ausgingen, und von Grünzeug, das die Indianer am Ufer pflückten und kochten. Nun forderte Cortés von den Städten am See Nahrungsmittel, und sie erhielten frischen Fisch in reichlichen Mengen und reife Kirschen, die im milden mexikanischen Klima jährlich zweimal geerntet werden. Und als die Kirschenzeit vorbei war, aßen sie Kaktusfrüchte.

TAG FÜR TAG drangen die drei spanischen Kolonnen von ihren Basislagern an den Dämmen so weit wie möglich in die Stadt vor, zogen sich wieder zurück, rückten vor, zogen sich wieder zurück, denn ihre Stellungen in Tenochtitlán konnten sie angesichts der zahlenmäßigen Überlegenheit des Gegners nicht halten. Allerdings zeigten die Azteken langsam Erschöpfungserscheinungen: Sie waren halb verhungert, litten unter dem Trinkwasserentzug und der Wirkung des brackigen Wassers, das sie nun tranken. Und jede Nacht öffneten sie weniger der zugeschütteten Kanäle, und für die Spanier wurden von Tag zu Tag mehr Straßen passierbar.

Unter den drei spanischen Kolonnen begann sich eine Art Wettbewerb zu entwickeln. Alvarado, der von Westen kam, hatte sieben Kanäle zu überqueren, die breitesten und die schwierigsten. Dafür wies Tlatelolco, der Stadtteil, in den er vordrang, die Gegend um den Markt nämlich, breite Alleen auf, in denen die Gefahr eines Angriffes von den Dächern geringer war. Sandoval, der von Norden kam, musste sich durch einen Stadtteil mit engen Gassen und dicht gedrängten Häusern kämpfen, wo er unter ständigem Beschuss von den Dächern stand. Cortés focht sich von Süden her durch die Stadtviertel der Adligen und musste gegen Massen von aztekischen Kriegern angehen, die sich auf den Dächern und hinter den Steinwällen der Palastgelände drängten. Nach vielen Tagen ständiger Kämpfe gelangte Cortés endlich zu den Häusern der regierenden Azteken an den großen Plätzen, die er gemeinsam mit seinen Männern und den verbündeten Indianern plünderte und sodann in Brand setzen ließ – darunter auch den Palast des Axayacatl, in dem die Spanier zu Anfang gewohnt hatten. In der Nähe standen einige sehr schöne Gebäude, die Montezumas Volieren enthielten. Cortés, der wusste, wie stolz die Azteken darauf waren, brannte auch diese Gebäude nieder.

Einen großen Teil ihrer Truppen hatten die Azteken im Bereich des Marktes konzentriert, wo sie zweifellos ihre Verteidigungsposition aufbauen wollten. Ursprünglich war Tlatelolco eine unabhängige Stadt gewesen, von der Insel, auf der Tenochtitlán erbaut war, durch mehrere Wasserläufe getrennt, doch waren Tlatelolco und Tenochtitlán im Laufe der Urbanisierung miteinander verschmolzen. In der Nähe des riesigen, von Arkaden gesäumten Marktplatzes stand eine der höchsten Pyramiden der Insel. Die Menschen im Tal von Mexiko erwarteten stets, dass ihnen ihr Herrscher von dieser Pyramide in Tlatelolco seine Zeichen sandte. Und von der Höhe dieser Pyramide dirigierten die aztekischen Feldherren diese Schlacht, bei der es um das Überleben ihrer Herrschaft ging.

Auf den Pyramiden befanden sich Tempel, in denen von den Priestern Menschenopfer dargebracht wurden.

Alvarado war es müde, Tag für Tag die Dammöffnungen und die Kanäle erneut zu füllen; zudem stand er unter dem Druck seiner Männer, die als Erste den Marktplatz erreichen wollten. Deshalb beschloss er, sein Lager nach Tenochtitlán zu verlegen. Als er dieses Vorhaben in die Tat umsetzte, fielen die Azteken zum Schein zurück und lockten ihn auf einen Damm im Stadtinneren, der zum Marktplatz führte. Dort hatten sie eine über 100 Meter breite Öffnung vorbereitet. Das Wasser ging den Männern an der tiefsten Stelle gerade bis zur Brust, und der Boden war einigermaßen eben. Da die Azteken sich zurückzogen und Alvarado einen unmittelbaren Sieg vor Augen sah, ließ er seine Männer durch diese Lücke waten. Als jedoch 40 oder 50 Spanier ohne Kavallerie auf der anderen Seite erschienen, stürzten tausende von aztekischen Kriegern aus ihren Verstecken in den Häusern hervor, und aus den kleinen Kanälen kamen hunderte von Kanus voller Krieger. Die Azteken blockierten nun die Wasserstraße, die die Spanier durchwatet hatten, und zwangen diese in einen anderen Kanal, wo das Wasser zwei bis drei Meter tief war und wo die Azteken Löcher in den Boden gegraben und zugespitzte Pfähle eingesetzt hatten. Aus ihren Kanus heraus griffen sich die indianischen Krieger Spanier, die im Wasser schwammen, erstachen oder erschlugen viele von ihnen und nahmen fünf gefangen. Die Reiter, Alvarado voran, konnten ihnen nicht helfen, da sie es nicht wagten, die Pferde ins Wasser zu treiben. Nur ein Reiter, der gerade aus Spanien gekommen war, versuchte die Kluft zu überqueren – er und sein Pferd wurden auf der Stelle getötet.

Die Azteken hatten den Vorteil genutzt, in einer Stadt zu kämpfen, die ihnen wohlvertraut war und die sie nachts unter alleiniger Kontrolle hatten. Für die Schlacht auf dem Wasser hatten sie zudem eine neue Taktik entwickelt. In Ufernähe trieben sie Pfähle in den schlammigen Ufergrund, deren Spitzen sich unmittelbar unter der Wasseroberfläche befanden. Am frühen Morgen schickten sie dann mit Reisig beladene Kanus als Köder aus, die den Anschein erwecken sollten, sie brächten heimlich Nahrungsmittel oder Wasser in die Hauptstadt. Sobald die Spanier diese Kanus erblickten, machten sie sich mit den Brigantinen an die Verfolgung, wurden von den Kanus in das Gewirr der Pfähle gelockt, wo sie mit den Rümpfen stecken blieben. Zwei der Brigantinen gingen auf diese Weise in die Falle, wobei eines der Schiffe verloren ging. Das zweite konnte von Juan Jaramillo, dem Kapitän einer anderen Brigantine, wieder flottgemacht werden. Doch wurden viele Spanier von den festsitzenden Schiffen herabgezerrt und gefangen genommen oder getötet, darunter auch Pedro Barba, einer der Kapitäne.

Cortés hatte die eiserne Regel aufgestellt, beim Einfall in Tenochtitlán nur so weit vorzudringen, wie die Kanäle für den Rückzug mit Schotter angefüllt waren. Umso aufgebrachter reagierte er auf die Nachricht von Alvarados Niederlage, zumal dieser gelungene Schlag Guatémoc frischen Auftrieb geben und den Widerstand verlängern würde, ja, die Azteken gar zu einer neuen Offensive veranlassen konnte. Eskortiert von einigen Reitern, machte Cortés sich deshalb über Land auf den Weg zu Alvarado, der sich mit seinen Männern indessen in einem neuen Lager etabliert hatte – an einem gut zu verteidigenden Platz in Tenochtitlán, nahe dem Damm nach Tacuba. Doch wie immer, wenn es um Alvarado ging, legte sich Cortés' Zorn sehr schnell, vor allem als er sah, wie weit sein Landsmann aus der Estremadura schon in die aztekische Hauptstadt vorgedrungen war und welche Bravourstücke er vollbracht hatte.

Als Cortés in sein Lager zurückkehrte – und es war keineswegs ungefährlich, mit nur wenigen Reitern den See zu umkreisen –, bestürmten seine Männer ihn erneut: Sie wollten mit Gewalt nach Tenochtitlán vordringen und sich als Erste auf die Beute stürzen, die sie sich rund um den Markt erwarteten. Als Wortführer dieser angriffslustigen Truppe tat sich Alderete, der königliche Schatzmeister, hervor, der nach einigen Monaten in Mexiko genügend Erfahrung gesammelt zu haben glaubte und endlich Gold sehen wollte. Cortés verstand die mit Enthusiasmus vorgetragenen Argumente und hörte sie sich an. Alderete vertrat die Meinung, der Widerstand der Azteken werde unter dem verstärkten Druck zusammenbrechen. Er schwang flammende Reden im Lager und gewann bald die allgemeine Zustimmung. Unabhängig davon war Cortés inzwischen zu der Überzeugung gekommen, dass es nach Alvarados Schlappe besser sei, in die Offensive zu gehen, bevor die Azteken im Hochgefühl ihres Sieges dies ihrerseits taten. Aus diesem Grund stimmte er einem vereinten Angriff aller Truppen auf den Marktplatz zu.

Das strategische Konzept sah vor, dass Sandoval nur eine Notbesatzung auf dem Tepeyac-Damm zurücklassen und sich mit dem größten Teil seiner Truppe Alvarado anschließen sollte. Gemeinsam sollten sie sodann mit ihren indianischen Verbündeten und mit sechs Brigantinen als Deckung nach Tlatelolco vordringen, wo als Erstes die Lücken im inneren Damm, an dem Alvarado mit seinen Männern gescheitert war, so dauerhaft wie möglich aufzufüllen waren. Anschließend galt es, sich zum nahe gelegenen Marktplatz vorzukämpfen, ohne indes unnötige Wagnisse einzugehen. Cortés hatte den weitesten Weg zu überwinden und sandte deshalb die Brigantinen voraus, die von 3000 indianischen Kanus unterstützt wurden. In seinem Brief an den König berichtete Cortes, dass er insgesamt

13 Brigantinen zur Verfügung hatte. Falls diese Zahl wirklich zutrifft, muss es gelungen sein, jene Brigantine zurückzugewinnen, die auf den Pfählen der Azteken aufgelaufen war. Die Spanier hatten mittlerweile eine Taktik entwickelt, diese Fallen der Azteken unschädlich zu machen. Sie warteten auf guten Wind und segelten dann mit voller Kraft, unterstützt noch von den Ruderern, so kraftvoll in die Pfähle hinein, dass diese sich aus dem schlammigen Boden lösten.

Sodann teilte Cortés seine Streitmacht in drei Truppen ein, die jeweils von tausenden indianischer Verbündeter unterstützt wurden und die sich über die größten Straßen in Tenochtitlán auf den Marktplatz zu bewegen sollten. Er übergab Alderete das Kommando über eine dieser Truppen und beauftragte ihn, den breitesten der Wege zu nehmen, sorgfältig alle Dammeinschnitte aufzufüllen und die Barrikaden niederzureißen. Zusätzlich stellte er ihm zwölf Männer zur Verfügung, die mit Spitzhacken Häuser einreißen und auf diese Weise den notwendigen Schutt beschaffen sollten. Das Kommando über die zweite Truppe übertrug er an zwei Offiziere, die er anwies, eine engere Straße zu nehmen, und teilte ihnen zwei der großen Kanonen zu. Er selbst führte die dritte Truppe an, die sich auf der schmalsten der Straßen entlangbewegen musste, die überdies schwer befestigt war. Zur Beseitigung der Barrikaden nahm er leichtes Feldgeschütz mit.

Zu Anfang erbrachte dieser Angriff auf drei Fronten guten Erfolg: Die Tlaxcalteken konnten die Azteken von den Dächern vertreiben, Cortés versuchte mit seinen Männern die Hinterhalte in den Seitenstraßen aufzubrechen. Besonders rasch kam die Truppe von Alderete voran, doch als die Soldaten Schüsse von Alvarados und Sandovals Einheiten hörten, die dicht beim Marktplatz kämpften, stürmten sie bis zu einer Dammbresche vor, die gut dreieinhalb Meter breit und etwa zweieinhalb Meter tief war. Hastig sammelten sie Schilf und warfen es ins Wasser, bis dieses Schilfbett dicht genug war, um sie zu tragen. Einer nach dem anderen sprang nun auf die andere Seite, worauf die Azteken mit einer solchen Wut und in so großer Zahl über sie herfielen, dass die Männer voller Entsetzen den Rückzug antraten, doch versanken sie, weil das Schilf durchweicht war und nachgab, im Wasser.

Genau in diesem Moment kam Cortés herangeritten, um sich ein Bild von der Lage zu machen. Er stieg vom Pferd und versuchte, die Flucht der Soldaten aufzuhalten, doch wurden diese von den Azteken auf der anderen Seite bedrängt und stießen ihre Kameraden ins Wasser, die am Rand standen, bis es im Wasser von verzweifelt herumpaddelnden Spaniern nur so wimmelte. Cortés konnte nichts weiter tun, als immer wieder einen seiner Männer vor dem Ertrinken zu retten. Die Azteken dagegen drängten im Hochgefühl ihres Sieges nach, sprangen ins Wasser, wo sie weit in der Überzahl waren, und kämpften die Spanier nieder. Aus nahe gelegenen Kanälen eilten zudem Kanus herbei, die die Spanier aus dem Wasser fischten.

Diese Niederlage war weit schlimmer als die von Alvarado, weil sie sehr viel mehr Opfer gekostet hatte, und die wenigen, die es zu Cortés auf die andere Seite schafften, hatten ihre Waffen verloren und standen wehrlos den angreifenden Azteken gegenüber. Cortés, der zu Fuß mit dem Schwert focht, geriet in die Hände der Azteken, wurde jedoch, wie schon zuvor in Xochimilco, von seinem Adjutanten Olea freigekämpft, nur verlor der Retter diesmal dabei sein Leben. Mit etwa 15 Spaniern, die sich mit Schwertern, Schilden und ein paar Waffen verteidigten, die sie den Azteken abgenommen hatten, versuchte Cortés den Rückzug. Den Reitern, die er als Nachhut zurückgelassen hatte, war der Weg durch die dicht gedrängte Menschenmenge versperrt; auch der Versuch, Cortés ein Pferd zu schicken, scheiterte mehrfach. Ein Reiter wurde von einem Pfeil in den Hals getroffen, bevor er sein Ziel erreichte. Zwei Reiter rutschten auf der Straße, die schmierig war von Schlamm, Wasser und Blut, mit ihren Pferden in den Kanal – einer von ihnen wurde samt seinem Pferd auf der Stelle getötet, den anderen Reiter und sein Tier konnten die Spanier auf der anderen Seite herausziehen. Als Cortés endlich auf ein Pferd klettern konnte, war er unfähig weiterzukämpfen, koordinierte nur noch den Rückzug auf den Damm.

In ihrem Siegestaumel schlugen die Azteken einigen Spaniern den Kopf ab und warfen ihn den abziehenden Truppen nach. Sobald sie den Damm erreicht hatten, gelang es Cortés, eine aus Reitern, Kanonen und Feldgeschützen bestehende Verteidigungslinie aufzustellen und so die Azteken abzuwehren.

Die Spanier hatten gewaltige Verluste erlitten: Über 60 Soldaten waren getötet oder gefangen genommen worden; sie hatten sieben oder acht Pferde verloren, dazu mehrere Kanonen und Feldgeschütze und viele Handwaffen. Die indianischen Verbündeten waren zum großen Teil von den Azteken überwältigt und niedergemetzelt worden. Alle überlebenden Spanier waren verwundet; Cortés selbst war aufs Übelste mitgenommen, hatte schwere Verletzungen am Bein und konnte sich kaum auf den Füßen halten. Eine Zeit lang glaubte man zudem, dass auch die Brigantinen verloren und die Männer von Sandoval und Alvarado überwältigt worden seien. Folglich herrschte im Lager tiefste Niedergeschlagenheit.

Zur gleichen Zeit kämpfte Alvarado mit seinen Soldaten, darunter Bernal Díaz, in der Nähe des Marktplatzes, Sandoval mit seinen Männern an nahe gelegener Stelle. Eine Ahnung von der Katastrophe, die Cortés widerfahren war, bekam Alvarado, als sich ihnen siegestrunkene aztekische Truppen entgegenstellten, die neue Banner entfalteten und die Köpfe von fünf getöteten Spaniern hochhielten, die an Haaren und Bärten zusammengebunden waren. Die Azteken schrien, sie hätten Cortés und Sandoval getötet und würden nun alle Fremden auslöschen. Alvarado, ohne Kenntnis des tatsächlich Vorgefallenen, rief seine Vorhut zurück und zog sich mit seinen Leuten in wohl geordneter Formation in das Lager zurück, das er in Tenochtitlán an der Einmündung des von Tacuba kommenden

Damms eingerichtet hatte. Alvarado hatte seine Lektion gelernt – die Dammöffnungen, über die er sich zurückzog, waren sämtlich abgesichert –, und es gelang ihm, sein Lager mit Kanonen, Feldgeschützen und mit den Salven der Arkebusiere und Armbrustschützen zu verteidigen. Sandoval, der ebenfalls von Azteken angegriffen wurde, die Köpfe von Spaniern triumphierend hochhielten, zog sich unter heftigen Kämpfen, bei denen es viele Verwundete gab, in Richtung auf den Tepeyac-Damm zurück, wo sich eine bessere Verteidigungsposition bot.

Cortés, der in Erfahrung bringen wollte, was mit Alvarado geschehen war, sandte Andrés de Tápia mit einer Reiterschwadron um den See. Auf dem gleichen gefährlichen Weg ritt Sandoval zu Cortés, und als er in dessen Lager eintraf, machte Cortés Alderete gerade wütende Vorhaltungen. Immerhin war nun schnell abgeklärt, dass alle drei Truppen trotz beträchtlicher Verluste überdauert hatten. Mit Erleichterung hörte Cortés, dass die Brigantinen in Sicherheit waren.

AN DIESEM Tag gegen Ende Juni, zu Beginn der Dämmerung, begannen die Azteken, ihren Triumph aller Welt und ihren Göttern deutlich zu machen. Von ihrem Lager in Tlatelolco konnten Alvarado und seine Männer genau beobachten, was vor sich ging. Auf der Höhe der großen Pyramide neben dem Marktplatz wurde Kopal abgebrannt, und es erhob sich eine gelbe Rauchsäule. Dieser duftende Rauch breitete sich über das ganze weite Tal aus und war ein Zeichen für das Volk, dass ein großer Sieg errungen war. Und er war ein Zeichen des Dankes an die Götter. Aus Muschelhörnern erklangen tiefe, abgehackte Laute, und vor dem Tempel auf der Pyramide wurde eine große Trommel geschlagen, begleitet vom schrillen Klang der Glocken, Pfeifen und Tamburine. Das Getrommel der aztekischen Herrscherkaste war in ganz Tenochtitlán zu hören und rief das Volk auf, für den Sieg zu kämpfen, den ihnen die Götter versprochen hatten.

Jetzt zwang eine Gruppe von Priestern das erste Opfer die steilen Stufen zur Pyramide empor. Der Spanier war nackt, und sein weißer Körper schimmerte in der Dämmerung. Nachdem der lange, langsame Anstieg vollbracht war, wandten die Priester den Spanier der zuschauenden Menge zu, setzten ihm einen Federschmuck auf den Kopf und gaben ihm in jede Hand eine Feder. Und nun tanzte der Spanier auf der Plattform vor den aztekischen Idolen: vor Huitzilopochtli und seinem Bruder Tezcatlipoca. Starr vor Furcht, machte er schlurfende Tanzschritte, schwenkte die Federn, bewegte ruckweise den Kopf, um die strahlenden Farben seines Kopfschmuckes zu zeigen. Vielleicht hatte man ihm Pilze oder Pulque gegeben, um ihn dazu zu bewegen, doch dürfte die Furcht ausgereicht haben.

Während das erste Opfer oben tanzte, wurde ein zweiter Spanier, ebenfalls weiß und nackt, von einer weiteren Gruppe aztekischer Priester die Stufen zum Tempel hinaufgeführt. Oben angekommen, erhielt er ebenfalls einen Kopfschmuck, bekam Federn in die Hand gesteckt und tanzte gemeinsam mit seinem Landsmann vor den aztekischen Götzen.

Seitlich der Stufen hinauf auf die Pyramide und rings um den Tempel auf ihrer Höhe wurden Fackeln entzündet. Die Plattform war nun hell erleuchtet, die tanzenden weißhäutigen Männer waren in blendendes Licht getaucht – erbarmungswürdig und anrührend in ihrer Nacktheit. Ein Spanier nach dem anderen wurde die Stufen zum Tempel emporgeführt – die Azteken hatten viele Gefangene gemacht –, bis die Terrasse vor den Idolen angefüllt war mit tanzenden, sich drehenden Opfern, während die Priester an den Seiten Spalier standen.

Nach einer Stunde gab einer der höchsten Priester das Zeichen zur Beendigung des Tanzes, doch unaufhörlich wurden die Trommeln geschlagen, erklangen Glocken und Tamburine. Die Priester nahmen den Tänzern Kopfschmuck und Federn ab, zerrten das erste Opfer auf den Opferstein und warfen es mit gespreizten Gliedern auf den Rücken. Der Oberpriester trat vor, hielt das Feuersteinmesser hoch über seinen Kopf und stieß es in die Brust des Opfers, durchschnitt den Brustkorb, senkte die Hand in die Öffnung, zog das noch zuckende Herz heraus und hielt es hoch empor, während das Volk von Tenochtitlán in Begeisterungsschreie ausbrach. Ein anderer Priester trug sodann das Herz in den Tempel und legte es vor den Idolen nieder, während wieder andere Priester Kopf und Gliedmaßen abschnitten und den aufgeschlitzten Rumpf mit ein paar verächtlichen Tritten in die Tiefe schickten.

So wurden nacheinander alle Spanier geopfert, die den Göttern zur Freude getanzt hatten, und anschließend begann die ganze Prozedur von neuem, denn noch mehr Opfer wurden nackt die Stufen empor und in den Tod geführt. Die ganze Nacht brannten die Fackeln, dröhnten die Trommeln. Cortés berichtete später dem König: „Es war, als würde die Welt untergehn." Am Morgen, der auf das Opferritual folgte, ließ Guatémoc eine Proklamation verkünden: Die Götter versprächen, dass binnen acht Tagen alle Spanier tot sein würden. Die Botschaft wurde von Azteken ausgerufen, die sich in ihren Kanus kühn den Belagerern näherten und den Spaniern gegarte Gliedmaßen der Geopferten zuwarfen, dabei schrien, sie sollten sie doch essen, falls sie hungrig seien.

Innerhalb der nächsten Tage zogen die indianischen Verbündeten aus den Lagern ab – sie wollten in den Bergen abwarten, was nach Ablauf dieser acht Tage geschehen würde. Nur ein paar hundert Texcocaner gehorchten dem Befehl ihres christlichen Kindkönigs und blieben unter dem Kommando eines seiner Brüder bei Cortés. Ferner harrte bei Alvarado Chichimecatecle mit etwa 80 Tlaxcalteken aus.

In Wirklichkeit waren die Azteken in Tenochtitlán über die Maßen geschwächt, was die Spanier nicht wissen und auch ihre Verbündeten nicht abschätzen konnten. Die Hauptstadt war seit über 45 Tagen ohne Trinkwasser. Die Einwohner waren dem Verhungern nahe und krank vom Genuss des brackigen Wassers, denn das

Wasser, das die Azteken jetzt während der Regenzeit täglich in irdenen Töpfen auffingen, reichte bei weitem nicht aus. Die Bewohner von Tenochtitlán sahen aus wie lebende Tote; ihre letzte Kraft hatten sie in der wütenden Schlacht aufgebraucht.

Der Schrecken gehörte zum Leben der Azteken wie die Luft zum Atmen; und in dem Bestreben, die Spanier zu entmutigen, steigerte Guatémoc jetzt noch den Schrecken – ähnlich wie Cortés seinen Druck verstärkt hatte, um die Azteken zu entmutigen. Im Herrschaftsbereich der Azteken lebten Stämme, die nach den Maßstäben der Azteken wie der meisten anderen Stämme als barbarisch galten – aus irgendeinem Grund hatten sie sich weder in die Masse der anderen Indianer integriert noch deren Bräuche übernommen. Die primitivsten und am meisten verachteten und gefürchteten dieser Indianer waren jene, die in der Stadt Malinalco unweit von Cuernavaca lebten, und andere, die in und um Matalcingo in der Nähe des Otomígebietes auf dem Weg nach Tlaxcala zu Hause waren. Guatémoc befahl diesen primitiven Stämmen, ihre Nachbarn anzugreifen, weil diese die Spanier unterstützt hatten, und ihm in Tenochtitlán zu Hilfe zu eilen, wenn sie einen Anteil von der Beute wollten. Azteken, die in ihren Kanus die Lager der Spanier passierten, kündigten ihnen die Grausamkeiten an, die sie von diesen Barbaren zu erwarten hatten.

Bald darauf kamen Häuptlinge aus Cuernavaca zu Cortés, die loyal geblieben waren, und baten ihn um Hilfe gegen die Indianer aus Malinalco, die sie angriffen. Cortés, obwohl er selbst Hilfe brauchte, obwohl er seine ohnehin geschwächte Streitmacht ungern weiter reduzieren mochte und viele seiner Kommandeure ihn warnten, musste berücksichtigen, dass die ehemaligen indianischen Verbündeten in den Hügeln jeden seiner Schritte genau beobachteten. Zudem hing die Versorgung seiner Truppen von den verbündeten Städten ab, und vor allem wollte er sich nicht nachsagen lassen, dass die Spanier Angst vor den Barbaren hätten. Aus diesem Grund wies er Andrés Tápia an, die Häuptlinge mit einer kleinen Truppe nach Cuernavaca zu begleiten.

Die Expedition verlief rasch und erfolgreich, denn verstärkt durch tausende von einheimischen Kriegern besiegten die Spanier problemlos die primitiven Malinalcaner, die weder Ordnung noch Disziplin kannten. Zwei Tage nachdem Tápia und seine Männer ins Lager zurückgekehrt waren, erschienen Otomí-Häuptlinge und baten Cortés um Hilfe, da ihre in der Nähe von Matalcingo gelegenen Städte ebenfalls von den Barbaren angegriffen wurden. Im Gegenzug versprachen sie Cortés dauerhafte Gefolgschaft. Diesmal wurde Sandoval mit einer etwas größeren Truppe ausgeschickt, der sich Otomí aus den Bergen anschlossen; und auch in diesem Fall gelang es, die Barbaren in die Flucht zu schlagen. Als der Häuptling dieses primitiven Stamms sich in der Folge ergab und den Spaniern seine Gefolgschaft anbot, folgte Sandoval der Politik von Cortés und akzeptierte. Die Barbaren hielten ihr Wort und marschierten gemeinsam mit Sandoval zurück, um auch von Cortés Verzeihung zu erbitten. Zur Bestürzung von Guatémoc stellte Cortés sie an einigen Barrikaden auf, wo sie von den Azteken gesehen werden konnten.

DIE VON Guatémoc vorhergesagte Zeit verging, und an jedem Tag setzten die Azteken ihr Opfergemetzel auf der großen Pyramide von Tlatelolco fort: Insgesamt wurden etwa 70 Spanier geopfert. Als der achte Tag verstrichen war, wagten die indianischen Verbündeten sich wieder aus den Bergen hervor. Vor allem die Tlaxcalteken waren beschämt, dass sie vor einer aztekischen Drohung zurückgeschreckt waren. Ohne sich mit Alvarado oder Cortés abzustimmen, machte Chichimecatecle sich jetzt eine Taktik der Spanier zu Eigen, stellte 400 Tlaxcalteken in Schlachtreihen auf und hieß sie ihre Pfeile in Salven abschießen. Ganz ohne die Hilfe der Spanier führte er seine Krieger sodann über den Tacuba-Damm. Mit den Bogenschützen an der Spitze fochten die Tlaxcalteken eine den ganzen Tag lang währende grimmige Schlacht mit den Azteken und zogen sich am Abend mit ebenso vielen toten Azteken zurück, wie sie selbst Leute in der Schlacht gelassen hatten. Für die Spanier war dieses Ereignis ein Indiz dafür, dass es um die Stärke der Azteken nicht mehr übermäßig gut bestellt war.

Während der Ruhepause, die auf die Niederlage der Spanier folgte und in der sich beide Seiten von ihrer Erschöpfung erholten, riefen die Azteken am Iztapalapa-Damm nach einem Gespräch. Malinche und Aguilar begleiteten Cortés bis zum ersten Einschnitt. Im Verlauf der nun folgenden Verhandlung forderte Cortés die Azteken erneut auf, sich unter Bedingungen zu ergeben, die ihre Würde nicht verletzen sollten. Das Tributsystem war ihnen schließlich vertraut, ja, es war ihre eigene Erfindung. Nur sollten sie jetzt dem spanischen König Tribut leisten. Die Azteken ihrerseits boten den Spaniern freien und ungehinderten Abzug an, wenn sie sich bereit erklärten zu gehen. Cortés antwortete, er werde die Lager nicht abbrechen, die Brigantinen würden weiterhin die Versorgung der Hauptstadt mit Essen und Trinkwasser verhindern, und die Barbaren, die Guatémoc zu Hilfe gerufen hatte, kämpften nun aufseiten der Spanier. Er beschwor die Azteken, ihren Widerstand aufzugeben, der sie nur in den sicheren Tod führen würde. Keine Seite vermochte die andere zu überzeugen, und die Friedensverhandlungen wurden abgebrochen.

Cortés beschloss daraufhin, Tenochtitlán dem Erdboden gleichzumachen. Die Spanier wollten nicht länger an Gebäuden vorüberziehen, von deren Dächern aus sie angegriffen werden konnten. Bei ihrem erneuten Vormarsch würden sie die Stadt langsam, aber sicher zerstören. Sie würden alles niederreißen, was ihnen in den Weg kam – Barrikaden, Paläste, Häuser, Hütten, Tempel –, und mit dem Schutt alle Öffnungen füllen, die sie zu überwinden hatten. Cortés entwarf diese Strategie nur mit Bedauern, gab er damit seine Traumstadt doch dem Untergang preis. Aber er wusste, wie wenig Kraft ihm und seinen Männern noch geblieben war – sie waren fast ebenso erschöpft wie die Azteken, und wenn sie nicht bald zum Erfolg gelangten, konnte die Konquista endgültig scheitern.

Folglich rief er alle Häuptlinge der verbündeten Stämme auf, ihm von ihrem Ackerland Arbeiter mit Grabstöcken zu schicken. Bei diesen *coas*, die von den Indianern noch heute anstelle von Spaten verwendet werden, handelt es sich um Stöcke mit zugespitztem Querstück, und damit sollten indianische Arbeiter systematisch die Stadt niederreißen.

DIE SCHLACHT begann, und Tag um Tag verging. Die Azteken hatten einige neue Verteidigungsmittel ersonnen: Die Plätze und breiteren Straßen wurden von Felsbrocken versperrt, um die Pferde in ihrer Bewegung zu hindern; ferner waren einige der Straßen zugemauert. Trotzdem reagierten die Spanier nicht mit überstürzter Hast, sondern bewegten sich langsam vorwärts, verwendeten Sorgfalt auf den Abriss der Häuser und die Auffüllung der Kanäle. Sie wollten kein weiteres Mal scheitern.

Neben seinem strategischen Genie kam Cortés sein Einfühlungsvermögen in die Denkweise der Indianer zugute; er hatte im Lauf der Zeit ein Gespür für ihre emotionalen Bedürfnisse entwickelt. Während seine Streitmacht sich vorwärts kämpfte, stieg Cortés auf die Höhe der Pyramide und blieb eine Weile dort oben stehen, wo ihn alle sehen konnten. Auf den Schädelgestellen in den brennenden Tempeln hinter ihm befanden sich die Köpfe der geopferten Spanier, und er wollte, dass alle Indianer zuschauten, wie er nun inmitten der aztekischen Hauptstadt seine Rache nahm. Er verspürte keine Schadenfreude, doch spürte er instinktiv, dass die Indianer Personifizierungen brauchten. Sie brauchten eine Gestalt, die sie wieder erkennen konnten und die für die Konquista stand. Da ihre Religion den Indianern keine Gottesvorstellung vermittelte, wie die Christen sie kannten, tendierten sie dazu, ihre Könige und Priester zu vergöttlichen – und aus ebendiesem Grund präsentierte sich Cortés auf solche Weise. Er wusste, die Indianer würden in ihm den Mann sehen, der im Guten wie im Schlechten für ihr Schicksal stand.

Die Spanier merkten jetzt, dass die ausgehungerten Tenochtitlaner nach jeder nur essbaren Wurzel und Pflanze suchten. Nachts fingen sie mit bloßen Händen an den seichten Stellen Fische aus dem See und zogen alles heraus, was essbar sein konnte. Sie lösten Balken aus ihren Häusern und verwendeten sie als Feuerholz; sie hatten Rinde von den Bäumen abgeschält. Massen von Menschen irrten durch die Stadt, vor allem Frauen und Kinder, die dem Hungertod nahe waren. Als die spanischen Reiter durch die Straßen ritten, stießen die Menschen in der Menge Klagelaute aus. Sie waren kraftlos, wollten und konnten nicht kämpfen, dennoch gaben sie nicht auf und baten nicht um Gnade. Ohne Befehl von ihrem Herrscher, von Guatémoc, waren sie selbst der Unterwerfung unfähig.

In jenen Teilen der Stadt, die von den Azteken noch gehalten wurden, standen zwar bewaffnete Krieger auf den Dächern, doch waren auch sie nicht fähig, kraftvoll Widerstand zu leisten: Weil sie zudem nur noch wenige Steine, Speere, Spieße oder Pfeile hatten, zogen sie sich langsam in Richtung auf den Marktplatz zurück. Dagegen schwärmten nun täglich zur Unterstützung der Spanier indianische Verbündete in die Stadt – Cortés schätzte, dass über 150 000 Indianer auf seiner Seite kämpften. Inzwischen bot Tenochtitlán, über dem die Flammen loderten, wie Cortés schrieb, einen *traurigen Anblick*.

Eines Morgens sah Cortés mit Erstaunen, dass von den beiden Pyramiden in der Nähe des Marktplatzes schwarzer Rauch aufstieg und nicht der gewohnte gelbe Kopalrauch, mit dem Guatémoc seine Signale ausschickte, doch konnte er nicht zum Marktplatz gelangen, da auf diesem Weg noch mehrere Kanäle zu füllen waren. Alvarado dagegen hatte seine Reiter von einem anderen Standort aus bis an den Rand des Marktplatzes geführt, wo sie die Tempel auf den Pyramiden in Flammen setzten. Bevor die Azteken ihm den Weg abschneiden konnten, hatte Alvarado sich wieder zurückgezogen. Bald war auch der letzte Kanal aufgefüllt, der Cortés und seine Truppe fern gehalten hatte, und gemeinsam mit Alvarados Männern konnten die aztekischen Krieger aus ihren Stellungen auf dem Marktplatz vertrieben werden.

Cortés stieg jetzt auf die hohe Pyramide von Tlatelolco, und im Überblick über diese einst so wunderschöne und jetzt zerstörte Stadt sah er, dass inzwischen sieben Achtel von Tenochtitlán von den Spaniern und ihren Verbündeten eingenommen worden waren. Tausende von Azteken drängten durch die engen Straßen zur Seeseite von Tlatelolco, wo alle Häuser auf Pfählen im Wasser standen. Hier, wo die Kavallerie sie nicht erreichen konnte, wollte der Rest der aztekischen Armee noch standhalten. Cortés sah, dass sich in diesem Bereich die aztekischen Krieger bereits dicht auf den Dächern drängten und dass noch Unzählige dorthin unterwegs waren. In der Mitte dieses Stadtteils befand sich eine Lagune, in der man alle verbliebenen Kanus – es waren noch hunderte – gesammelt hatte. Cortés gelangte zu dem Schluss, dass sich die aztekische Armee, solchermaßen in den Häusern auf dem Wasser eingepfercht, nicht lange halten konnte.

Durch einen gefangenen Azteken ließ er wiederum die Botschaft überbringen, doch lieber aufzugeben. Von den Befehlshabern kam die Antwort, sie würden sich nie im Leben ergeben, sie würden kämpfend sterben, und falls man sie angriff, würden sie alles ins tiefe Wasser werfen, was von Wert war. Aus diesem Grund und weil sie fast kein Pulver mehr hatten, beschloss Cortés, auf einen Angriff zu verzichten. Er stimmte dem Vorschlag eines seiner Männer zu, eines Zimmermanns aus Sevilla, der meinte, er könne mit ein wenig Hilfe eine Wurfmaschine bauen, um Felsbrocken in den Seebezirk zu schleudern.

Während die Maschine gebaut wurde, ritt Cortés mit seinen Kommandeuren durch die Straßen der Stadt, und sie sahen mit Betroffenheit die überall aufgehäuften ausgezehrten Leichen.

Als der Katapult fertig gestellt war, wurde er auf ein steinernes

Podest hochgewunden, schleuderte einen einzigen Felsbrocken, der dicht beim Platz niederfiel, und brach auseinander. Ohne Pulver und Katapult mussten sich die Spanier nun mit Armbrüsten, Piken und Schwertern vorwärts kämpfen. Die Pferde waren in einem Viertel, in dem die Häuser auf Pfählen standen, nicht von Nutzen. Wieder forderte Cortés die Azteken auf, sich zu ergeben – wiederum ohne Erfolg. Alvarado griff mit seinen Leuten die Verteidigungsposition der Azteken von einer Seite an, Cortés mit seiner Streitmacht von der anderen. Trotz ihres verzweifelten Widerstandes wurden die Azteken nun überwältigt, und die indianischen Verbündeten, die nachdrängten, töteten die aztekischen Krieger, Frauen und Kinder, alte Menschen – jeden, auf den sie trafen. Cortés berichtete dem König, dass an diesem Tag über 12 000 Menschen niedergemetzelt wurden.

Am Morgen ging die spanische Infanterie erneut zum Angriff über. Hinter ihnen drängten sich die indianischen Verbündeten, die bis vor kurzem noch Gefolgsleute der Azteken gewesen waren, und die Reiter bildeten die Nachhut. Die Azteken sandten Cortés einen Boten, wollten in dieser Lage eine Unterredung. Die Leute um Cortés baten ihn zu verhandeln. Obgleich gnadenlos in der Schlacht, waren sie doch angerührt vom Anblick der Frauen und Kinder, die vor ihren Augen starben. Die Spanier – unter denen sich auch Priester befanden – fürchteten um ihre eigenen Seelen. Cortés selbst wünschte sich nichts mehr, als dass die Azteken sich ergaben. Aber er hatte sehr wohl begriffen, dass Guatémoc und seine maßgeblichen Häuptlinge zum Durchhalten entschlossen waren, und falls sie nicht kapitulierten, konnte auch die Masse des Volkes sich nicht ergeben. Dennoch sprach er über eine Barrikade hinweg mit zwei weniger hoch gestellten Vertretern der Azteken. Sie baten ihn, sie alle zu töten und ihrem Elend ein Ende zu bereiten. Cortés seinerseits bat sie, sich zu ergeben, was sie ohne Befehl von Guatémoc nicht konnten. So verging ein ganzer Tag mit ergebnislosen Verhandlungen.

WÄHREND der Nacht kam Cortés eine neue Idee. Am Morgen ließ er einen aztekischen Adligen zu sich kommen, von dem es hieß, er sei von Stand, und der von einem Verwandten seines Patensohnes, des Herrschers von Texcoco, gefangen genommen worden war. Cortés fragte ihn, ob er bereit sei, Guatémoc sein Friedensangebot zu unterbreiten, und er stimmte zu. Eine spanische Reiterschwadron eskortierte den Adligen, der ernsthaft verwundet war, zu der Barrikade, wo er von den anderen Azteken respektvoll empfangen wurde. Cortés erfuhr erst später, dass Guatémoc diesen Mann, als er ihm die Botschaft von Cortés überbrachte, auf der Stelle auf den Opferstein geschickt hatte. Und die einzige Antwort, die die Spanier bekamen, waren herausfordernde Schreie der Krieger von den Dächern und ein Hagel von Spießen, Steinen und Speeren. Dies war der zweite Tag der Verhandlungen.

Am nächsten Tag ritt Cortés an der Spitze seiner Armee zu der Barrikade und ließ seine Botschaft an die hohen aztekischen Adligen ausrufen, die er persönlich kannte. Er warnte sie, dass er sie innerhalb einer Stunde überwältigen könne, und versicherte ihnen, sie könnten Frieden haben und dennoch ihre Würde bewahren, wenn Guatémoc kommen und mit ihm reden würde. Die aztekischen Adligen traten vor, bestätigten niedergeschlagen die Richtigkeit dieser Botschaft und sagten, sie würden sie ihrem Herrscher übermitteln. Am Nachmittag kehrten sie zurück und sagten, da es schon spät sei, werde Guatémoc am Morgen auf den Marktplatz kommen, um mit Cortés zu sprechen. Mit dieser Mitteilung endete der dritte Tag der Verhandlungen.

Am nächsten Tag ließ Cortés auf dem Podest in der Mitte des Marktplatzes einen behelfsmäßigen Tisch aufstellen. Er war nur von einem minimalen Geleitschutz begleitet, Alvarado hielt seine Leute zurück, und die indianischen Verbündeten hatten sich, wie die Azteken es verlangt hatten, auf die Dämme zurückgezogen. Aber Guatémoc kam nicht. An seiner Stelle erschien eine Abordnung hoher aztekischer Kriegsführer. Cortés setzte ihnen Speisen vor, und während sie mit Heißhunger aßen und tranken, versicherte Cortés ihnen erneut, dass er Guatémoc keineswegs demütigen wolle. Doch war Guatémoc der Einzige, der den Frieden herbeiführen konnte. Und Cortés betonte, dass nur ein persönliches Treffen zwischen Guatémoc und ihm selbst den beiden rivalisierenden Vertretern der Macht den Weg öffnen könne, ein schreckliches Ende, ein Verbrechen, eine Sünde zu vermeiden.

Als die Azteken in ihr Lager zurückkehrten, gab er ihnen Essen und Getränke für Guatémoc mit. Nach zwei Stunden kamen sie auf den Marktplatz zurück, übergaben Cortés ein paar Baumwollgewänder und brachten die Antwort von Guatémoc: Er werde niemals kommen. Trotzdem bat Cortés sie, seine Botschaft ein weiteres Mal vorzutragen, was sie zu tun versprachen.

Am nächsten Tag erschienen die aztekischen Führer in aller Frühe und verkündeten, Guatémoc wolle nun endlich mit Cortés auf dem Marktplatz reden. Cortés, der zunehmend der Doppelzüngigkeit der Azteken misstraute, ordnete seine Streitkräfte an wie zuvor und wartete stundenlang. Als weder Guatémoc noch seine Vertrauten kamen, gab er alle Hoffnung auf und rief Alvarado mit seinen Männern sowie die indianischen Verbündeten herbei.

Es war bereits früher Nachmittag, und die Azteken glaubten vielleicht, dass sie einen weiteren Tag Aufschub gewonnen hatten, doch traten die Spanier jetzt zum Sturm auf die letzte Zuflucht der Azteken an. Als sie sich am Abend zurückzogen, war das Viertel dermaßen mit Toten übersät, dass sie über die Leichen laufen mussten. Den Azteken waren keine Barrikaden oder Dammöffnungen mehr geblieben, hinter denen sie sich verschanzen konnten.

Während der Nacht verbesserte Cortés seine Strategie. Sandoval kommandierte die Brigantinen und sollte sie am Morgen auf ein Zeichen hin, einen Schuss aus einer Hakenbüchse, durch eine Enge in die Lagune rudern lassen, wo die Azteken ihre Kanus versammelt hatten. Alvarado und seine Leute sollten Cortés auf dem Marktplatz erwarten. Cortés würde alle schweren Kanonen mitbringen und mit dem Pulver, das ihnen geblieben war, den letzten verzweifelten Widerstand der immer noch zahlreichen Azteken brechen. Ein jeder von ihnen sollte Ausschau nach Guatémoc halten.

Als Cortés am Morgen von einem Dach am Rande des Marktes die Lage abschätzte, sprach er erneut mit adligen Azteken, die er kannte. Wieder gingen sie, um mit Guatémoc zu reden, und ein Adliger, der höchste der aztekischen Kriegsführer, kehrte mit Guatémocs Antwort zurück. Es war unverändert die gleiche: Guatémoc wolle lieber sterben, als vor Cortés zu erscheinen und seinen Kopf zu beugen. Cortés ließ die Arkebuse abfeuern.

Es war ein konfuses, schreckliches Ende der Belagerung. Die gesamte überlebende Bevölkerung von Tenochtitlán war auf ein äußerst kleines Gebiet zurückgedrängt. Die Menschen, die so dicht zusammengepfercht waren, dass sie stehen mussten, stürmten aus den Häusern und rannten in die engen Straßen. Hier und da hielten noch Scharen von Kriegern aus, doch hatten sie keine Steine, die sie werfen, keine Pfeile, die sie abschießen konnten, und kaum Kraft, um ihre Keulen und Speere zu gebrauchen. Im Gedränge stürzten Frauen und Kinder ins Wasser. Die Spanier waren bisweilen mehr damit beschäftigt, ihre indianischen Verbündeten zurückzuhalten, als gegen die Azteken zu kämpfen, aber die Indianer, die Feinde oder Untertanen der Azteken gewesen waren, zeigten kein Erbarmen.

Als die Brigantinen in die Lagune einliefen, zeigten die Krieger in den Kanus weder den Wunsch noch die Energie zum Widerstand. Ein Kanu, in dem einige besonders gut gekleidete Azteken saßen, wurde fortgestakt. Einer der Kapitäne näherte sich mit seiner Brigantine und hieß seine Bogenschützen in Stellung zu gehen, woraufhin die Azteken Ergebung signalisierten. Spanier sprangen an Bord des Kanus und nahmen Guatémoc gefangen. Garcí Holguín nahm das Verdienst für sich in Anspruch, aber Sandoval stand über ihm, und über Sandoval stand Cortés. Später wurde Cortés das Privileg gewährt, Guatémoc in sein Wappen aufzunehmen.

Guatémoc war 18 Jahre alt. Wie auch Könige und Herrscher in anderen Teilen der Welt, war er in dem Glauben erzogen worden, dass er nicht seinem Volk, sondern seinen Göttern zu dienen habe. Diese Götter hatten den Azteken über lange Zeit Schwindel erregende Siege beschert, aber sie hatten ihn im Stich gelassen. Sie hatten ihre Macht verloren und er damit die seine.

Als Guatémoc vor Cortés gebracht wurde, bat er ihn mit verstörter Stimme um das, was er sich erwartete – dass Cortés ihn töten lassen würde. Instinktiv fürchtete sich Guatémoc vor einer langen Agonie, er deutete auf den Dolch in Cortés' Gürtel und forderte ihn auf, schnell zuzustoßen. Cortés – verärgert darüber, dass es ihm nicht gelungen war, diese Zerstörung und dieses Blutbad mithilfe von Diplomatie und Gesprächen zu vermeiden – wandte sich abrupt von ihm ab und den Spaniern und ihren Verbündeten zu, die im Begriff waren, Tenochtitlán zu überrennen.

Wie viele Menschen in der Zeit der Belagerung ihr Leben verloren, ist unabschätzbar. Eingeborenen Zeugen zufolge, die von spanischen Priestern in den Jahren erzogen wurden, die unmittelbar auf die Konquista folgten und in denen die Erinnerungen noch frisch waren, starben 240 000 Azteken, darunter fast der gesamte Adel. Von den 200 000 Texcocanern, die aufseiten der Spanier kämpften, sollen fast 30 000 gefallen sein. Gómara schrieb, was Cortés sagte: 100 000 Azteken seien getötet worden, doch sind in dieser Zahl nicht jene enthalten, die an Hunger oder Krankheit starben. Und bei keiner dieser Zahlen ist die Rede von Frauen und Kindern.

Die Belagerung hatte 75 Tage gedauert, und Tenochtitlán fiel am 13. August 1521. Im christlichen Kalender war es der Tag des heiligen Hippolytus. Und dem heiligen Hippolytus wurde die erste Kirche geweiht, die man dort erbaute.

V Der Zerrspiegel des Nationalismus

Die Wiedergeburt Mexikos

Im zweiten Jahrzehnt des 19. Jahrhunderts, nachdem Napoleon seinen Bruder Joseph auf den spanischen Thron gesetzt hatte, lebte in Mexiko eine nationalistische Bewegung auf. Mit Joseph Bonaparte als spanischem König sahen die Kolonisten in Mexiko keinen Anlass mehr, dem Mutterland weiter die Treue zu halten, und so kam es zu einer Revolution, die jener vergleichbar ist, die zur Abtrennung der Vereinigten Staaten von England geführt hat. Wenngleich viele Dinge, die als symbolisch für Spanien galten, wie Embleme, Sitten und Gebräuche, jetzt verteufelt wurden, behielten das spanische Recht, das spanische Gesellschaftssystem und der Katholizismus doch ihre Geltung. Mexiko wurde lediglich politisch unabhängig.

Anders verhielt es sich mit der mexikanischen Revolution, die ein Jahrhundert später stattfand – sie war ein echter sozialer Umbruch, ein regelrechtes Erdbeben. Aus dieser Revolution im zweiten Jahrzehnt des 20. Jahrhunderts wurde das moderne Mexiko geboren, das sich selbst zu einem sozialistischen Staat erklärte, unabhängig vom Einfluss der Kirche und über die Maßen stolz auf sein indianisches Erbe. Während dieser Zeit suchte man mit Macht nach den Gebeinen von Cortés, um sie als Symbol für die Vorherrschaft der weißen Rasse schmähen zu können.

Man sollte nicht verschweigen – wie es in Wirklichkeit häufig geschieht –, dass Cortés nach der Konquista als historisches Erbe eine 300 Jahre andauernde Zeit der Stabilität und des Friedens hinterließ. Während dieser Epoche gab es in Mexiko wenig Unfrieden und keine Aufstände oder revolutionären Ansätze größeren Stils, obwohl mit Sicherheit Ungerechtigkeiten existierten, die in der Regel Anlass zu sozialem Aufruhr geben. Die Antwort ist seltsamerweise, dass jene beiden Prinzipien, die Cortés dem Land als unabdingbar auferlegt hatte, den Frieden bewahrten – der Katholizismus und das spanische Recht. Der Katholizismus befriedigte das Bedürfnis des Volkes nach religiösen Werten. Das spanische Recht garantierte die Ordnung: Ordnung, nicht soziale Gerechtigkeit war das Anliegen der Siete Partidas. Diese bemerkenswert lange Zeit des Friedens in Mexiko und in ganz Lateinamerika war die *Pax Hispanica.*

Eine andere Erklärung für die Pax Hispanica ist vielleicht noch wesentlicher. Als die Spanier nach Mexiko kamen, waren sie bereits ein Volk, das eine starke Mischung aufwies: Blut der Mauren, der Juden, der Westgoten, Römer, Griechen und Phönizier war in das der alten Iberer eingegangen. Und es war unvermeidlich, dass sich die leidenschaftlichen Spanier nun im großen Ausmaß mit den Indianern vermischten. Cortés und Malinche waren nicht die einzigen Exponenten. Die Spanier, die an der Konquista beteiligt waren, ließen sich – vielleicht mit Ausnahme von Sandoval – alle oft und gern mit Indianerinnen ein. Auf diese Vermischung setzten auch die zahllosen indianischen Verbündeten, die Cortés unterstützt hatten. Die in sexueller Hinsicht unbefangenen Indianer hofften darauf, dass die beiden Rassen sich vermischen und ihre Stärken vereinen würden.

MEXIKO ist ein Land voller Wunder, gesegnet mit einer Vielzahl unterschiedlicher Klimazonen. In der Schwüle der tropischen Ebenen, der anregenden Luft des Hochlandes, an den Gestaden des Meeres sowie an schattigen Wüstenplätzen wurden Spanier und

Indianer zu Mexikanern. Als die Pax Hispanica am Anfang des 19. Jahrhunderts mit dem Unabhängigkeitskrieg ihr Ende fand, gab es in Mexiko zwei Drittel mehr Mestizen als reinblütige Indianer. Auch die mexikanische Revolution stützte sich auf diese Vermischung der Rassen. Selbst 50 Jahre später hieß es in Mexiko noch, dass „nur ein Dunkelhäutiger zum Präsidenten gewählt" werden könne.

Kaum zu glauben, dass die gewalttätige Konquista am Ende doch noch zu einer relativ friedlichen Vermischung der Rassen führte.

VI Siegeskapricen

Die Vereinigung der Welten

Als Guatémoc kapitulierte, zeigte sich, in welchem Maß das aztekische Volk alle Hoffnung, allen Glauben und alle Handlungsfähigkeit in der Person eines Herrschers verkörpert gesehen hatte: Die bisher unbesiegbaren Götter, mit denen Guatémoc Zwiesprache hielt und in deren Namen er zum Volk sprach, waren gedemütigt und schwiegen – und abrupt brach jeglicher Widerstand der Azteken zusammen, löste sich auf in wilder Konfusion. Das aztekische Volk gab einfach auf. Die überlebenden Krieger stiegen ohne Waffen von den Dächern herunter, gingen auf die Straßen hinaus und ließen alle Verteidigungsanlagen im Stich. Männer in der Blüte ihrer Jahre, Greise, alte Frauen und junge mit ihren Säuglingen auf dem Rücken, Halbwüchsige und Kinder, die sich an ihre Mütter klammerten – alle drängten sie hinaus aus dem Stadtviertel Tlatelolco, wo man sie zusammengepfercht hatte, und strömten auf den Marktplatz. Viele hasteten weiter, um nach ihren Häusern in anderen Teilen der Stadt zu sehen.

Die Spanier brauchten eine Weile, bis sie begriffen, dass der Widerstand völlig zusammengebrochen war. Dann aber durchzuckte sie blitzartig ein einziger Gedanke: Wo war ihr Gold, der Schatz, den sie in der Nacht ihrer Demütigung verloren hatten, das Gold, das in Säcken und Truhen vom Rücken ihrer Pferde gefallen, abgeworfen oder heruntergezerrt worden war? Es war ihr Gold – Gold, das Montezuma ihnen geschenkt hatte. Hinzu kamen ihre Anteile an den Tributen, die Montezuma eingetrieben hatte, der Schatz von Montezumas Vater sowie Geschenke von untergebenen Stämmen – und die Spanier wollten alles wiederhaben!

Die verbündeten Indianer dachten an näher Liegendes und plünderten ohne Zustimmung der Spanier mit größter Begeisterung die von den Azteken verlassenen Pfahlbauten. Ja mehr noch, sie unterzogen die Azteken ausnahmslos Leibesvisitationen und fanden bei den meisten von ihnen etwas Gold oder Jade. Die Männer hatten das Gold im Mund, unter dem Lendentuch oder im Anus versteckt, die Frauen unter ihren Röcken, in den Höhlungen ihres Geschlechts oder ebenfalls im Anus. Die verbündeten Indianer, auf solche Tricks gefasst, zogen den Azteken die Zungen heraus und hielten sie fest, während sie mit den Fingern ihren Mund abtasteten oder in andere Körperöffnungen stießen. Und sie fanden Gold – immer nur ein bisschen, doch es summierte sich. Folglich taten es ihnen die Spanier nach kurzem Zögern nach.

Trotz aller Anstrengungen der verbündeten Indianer wie der spanischen Soldaten gelang vielen Azteken die Flucht vom Marktplatz; einige entkamen in Kanus, andere versteckten sich im Schilf und verbargen dort ihre Habe. Doch Cortés und seinen Anführern ging es weniger um kleine Goldstücke, die einzelne Azteken besitzen mochten – weshalb sich die spanischen Offiziere auch nicht an diesem irrwitzigen Goldsuchspiel beteiligten –, sie suchten den ganzen Schatz, den sie verloren hatten, der ihnen jedoch gehörte! Der gierigste unter den Spaniern war Alderete, der königliche Schatzmeister, der von allem, was er für den König an sich brachte, seinen eigenen Lohn abzweigte. Er fand, dass er für all die Gefahren und Schrecknisse, die er auf sich genommen hatte, bisher nicht angemessen entschädigt sei.

Also wandten sich Cortés und die spanischen Hauptleute an Guatémoc und einen prächtig gewandeten aztekischen Führer aus dem Gefolge des Herrschers und fragten sie direkt nach dem Verbleib des

Schatzes. Als die Azteken nicht antworteten, banden die Spanier den Adligen an einen Pfahl und bereiteten alles für seine Verbrennung vor. Noch immer verharrten die beiden Azteken in ihrem Schweigen. Mehrfach entfachten die Spanier das Feuer, löschten es wieder und wiederholten ihre Frage – vergebens. Ungerührt, ja sogar mit einigen verächtlichen Bemerkungen, sah Guatémoc schließlich seinem Kriegsführer beim Sterben zu. Danach erhitzte man Öl oder Fett bis zum Siedepunkt, legte Guatémoc auf den Rücken, die Füße an einen Stock gebunden, zog ihm die Sandalen aus und wiederholte die Frage. Als er immer noch nicht antwortete, wurden ihm die Fußsohlen verbrannt. Da er diese Marter jedoch für wenig Erfolg versprechend hielt, machte Cortés damit ein Ende.

Er hatte eine weiter reichende Strategie im Sinn, denn er gedachte Guatémoc ähnlich wie Montezuma zu benutzen – als Machtsymbol, dem die Azteken nur schwerlich den Gehorsam verweigern würden. Allerdings hatte er zu seinem eigenen Verdruss keine Idee, wie man den verlorenen Schatz wiederfinden konnte. Als das Gerücht aufkam, der Schatz sei unter dem Fußboden in Guatémocs Palast vergraben, ließ er den Fußboden aufreißen – und fand gar nichts. Andere Gerüchte gerieten in Umlauf, und jedes Mal jagten er und seine Anführer grimmig durch die von Trümmern übersäte Stadt, ohne bedeutende Reichtümer, geschweige denn den Schatz zu entdecken. Schließlich teilte Guatémoc lakonisch mit, man habe den gesamten Schatz in den See geworfen.

Als man ihn aufforderte, die genaue Stelle zu bezeichnen, deutete er auf einen bestimmten Punkt. Obwohl Bernal Díaz und einige andere gute Schwimmer sofort tauchten und obwohl sie ein paar Gegenstände mit nach oben brachten, war nichts von Bedeutung dabei. Jetzt hob unter den Soldaten die typisch spanische Gerüchteküche an: Cortés, seine Anführer, die offiziellen Contadores und die Priester hätten den Schatz bereits beiseite geschafft und führten mit ihrer Suche nur eine Scharade auf. Dann wieder hieß es, die Spanier auf den Brigantinen fänden im Schilf und auf dem Grund des Sees alle erdenklichen wertvollen Gegenstände, und die Brigantinen lägen unter dem Gewicht des Goldes bereits tief im Wasser.

Zudem herrschte nach der Kapitulation zunächst Unsicherheit darüber, was mit den Azteken geschehen sollte. Zunächst begann man damit, vor allem gut aussehende Frauen und junge Männer, die noch kampftauglich waren, zu brandmarken, doch dann ließ man sie ziehen, denn es waren ihrer zu viele. Mittlerweile war der Leichengestank in der Stadt so schrecklich geworden, dass die Spanier sie aus Angst um ihre Gesundheit verlassen wollten. Schließlich ließ Cortés große Scheiterhaufen an den Straßenecken der zerstörten Stadt errichten, und man gestattete den Azteken, ihre Toten zu verbrennen, um die Luft vom Gestank zu reinigen.

Als die verbündeten Indianer Tenochtitlán schließlich mit reicher Beute verließen, gab Cortés Order an seine Männer, ebenfalls in ihre Lager zurückzukehren – Alvarado nach Tacuba, Sandoval nach Tepeyac, und er selbst zog mit dem größten Teil des Heeres nach Coyoacán. Damit war die einstmals märchenhafte, jetzt aber fast verödete Stadt wieder den Azteken überlassen, die jetzt nicht mehr viel mehr waren als eine Hand voll ausgehungerter, bemitleidenswerter Gestalten.

In Coyoacán hielt Cortés blumige Ansprachen an die abziehenden Truppen der verbündeten indianischen Krieger, dankte ihnen und sicherte ihnen Privilegien zu. Die Indianer hatten nicht nur Gold angehäuft, sondern auch Dinge, die die Spanier nicht haben wollten oder übersehen hatten – feine Baumwollkleider, wertvolle Steine und Federumhänge, vor allem die mit den leuchtenden Schwanzfedern des Quetzal, eines Vogels, der in Yucatán und Mittelamerika heimisch ist – der Name des Gottes Quetzalcoatl setzt sich zusammen aus dem Namen des Vogels, der das königliche Federkleid lieferte, und dem der Schlange mit den Reißzähnen. Die verbündeten Indianer waren also vollauf zufrieden und schleppten in ihren

Säcken auch Gliedmaßen von Azteken fort, um ihre daheim gebliebenen Familien an der Rache teilhaben zu lassen.

Die abgekämpften Spanier ruhten sich in ihren Lagern aus. Wie immer feierten sie ihren Sieg, stritten und prahlten, doch fehlte es diesmal an alkoholischen Getränken, und fürs Essen standen lediglich Vorräte zur Verfügung, die ihnen Indianer aus der Umgebung lieferten und deren sie mehr als überdrüssig waren. In dieser Situation erreichte sie die Nachricht, dass in Villa Rica ein Schiff aus Kuba mit einer Ladung Wein und lebenden Schweinen an Bord eingelaufen sei. Cortés schickte den Boten sofort mit dem Befehl an die Küste zurück, den Wein und die Schweine unverzüglich ins Hochland zu schaffen, dazu alles, was man im Hafen auftreiben könne, um dem Essen den gewohnten Geschmack zu geben, vor allem Essig und richtiges Brot.

Als alles im Hochland eingetroffen war, fand ein richtiges Festessen statt. Cortés war gern ein guter Gastgeber. Doch trotz aller Bemühungen reichten die Tische am Tag der Siegesfeier, zu der sich auch alle Spanier aus Tacuba und Tepeyac in Coyoacán eingefunden hatten, nur für die Hälfte der Armee. Aber die spanischen Frauen kochten, die Essensgerüche waren die Düfte der Heimat und benebelten die Köpfe der Konquistadoren wie Wein. Die Spanier fühlten sich berauscht, noch ehe das Fest begonnen hatte, und bald darauf, nach einem Schlückchen echten Weins, „sprangen Leute über die Tische, die vorher kaum aufrecht gehen konnten", wie Bernal Díaz berichtet. Die Musik fuhr ihnen in die Glieder – selbst bandagierte Beine wurden wieder beweglich, und Männer, die nicht einmal mehr ein sauberes Hemd besaßen, tanzten in der Rüstung. So mancher fing an von Dingen zu träumen, die er lange unterdrückt hatte. Vergessen waren all der Streit, die Gerüchte über einen Schatz, den man nicht gefunden hatte, das ganze mürrische Gezänk. Armbrustschützen stellten sich vor, mit goldenen Pfeilen in die Sonne zu schießen, und Fußsoldaten sahen sich auf dem Rücken von Pferden mit goldenem Zaumzeug sitzen.

Dieses Fest, so hofften alle, bedeutete das Ende des tödlichen Kampfgeschehens und öffnete der spanischen Lebensfreude in diesem Land die Tür – wenngleich sich Cortés am nächsten Morgen, trotz oder vielleicht gerade wegen seines Katers, taktvoll bei Pater Olmedo entschuldigte. Sobald alle wieder nüchtern seien, so versprach er ihm, werde er eine feierliche Messe zelebrieren lassen, bei der alle Spanier um Absolution bitten würden.

NACHDEM man in den Ruinen von Tenochtitlán den großen Schatz nicht gefunden hatte, zog Cortés es vor, die Festsetzung des Endwertes und die Verteilung des Goldes hinauszuzögern, denn er hoffte immer noch, man könne mehr entdecken oder an sich bringen. Weil seine aufsässigen Soldaten aber wissen wollten, was ihnen zustand, wurde eine erste Schätzung vorgenommen. Alles Gold, das man offiziell kassiert hatte, wurde taxiert und dann aufgeteilt: ein Fünftel für den König, ein Fünftel für Cortés, soundso viel für jeden Anführer, soundso viel für die Priester einschließlich Melgarejo, soundso viel für die Beamten. Cortés musste zudem für verlorene Pferde entschädigt werden, die ihm seinen Angaben zufolge persönlich gehört hatten. Danach blieb für die einfachen Soldaten so wenig übrig, dass unter den verärgerten Kavalleristen und Infanteristen ein schrecklicher Tumult ausbrach – mit am lautesten protestierte Bernal Díaz – und sie auf ihren armseligen Anteil zugunsten der „Lahmen, Tauben, Blinden und vom Schießpulver Versengten" verzichteten.

Es gelang Cortés, die erhitzten Gemüter zu beruhigen, indem er ihre Aufmerksamkeit auf dieses riesige Land lenkte. Auch wenn bei den Azteken nichts mehr zu holen war – wahrscheinlich hatten sie all ihre Goldvorräte für die Bezahlung jener Stämme aufgebraucht, die die Blockade der Spanier unterliefen und Tenochtitlán mit Vorräten und Wasser versorgten –, so waren da noch all die Gold- und Silberminen. Die Spanier, die sich im Erzabbau auskannten und die

Minen besichtigt hatten, waren voller Verachtung für die Abbaumethoden der Indianer gewesen. Zwar ließ sich nicht abschätzen, inwieweit der Ertrag dieser Minen zu steigern war, doch würde das Gold von nun an direkt in die Taschen und Truhen der Spanier fließen. Schließlich hielt Cortés als Oberbefehlshaber ihnen noch die Landschenkungen vor Augen: Jeder einzelne Spanier würde zur Belohnung ein Stück dieses Landes erhalten – als Encomienda, als privates Lehen also.

Als eine Delegation von Indianern aus der weiter westlich gelegenen Provinz Michoacán zu Cortés kam, empfing er sie in allen Ehren und war überaus erfreut, dass sie seine Oberhoheit anerkannten. Zum einen fiel ihm damit eine dem Vernehmen nach reiche Region kampflos zu, zum anderen hatte er gehört, dass Michoacán einen Zugang zum südlichen Meer besaß. Der Gedanke an das südliche Meer faszinierte Cortés und beschäftigte ihn seit der Zerstörung Tenochtitláns. Er selbst hatte dieses Meer noch nicht gesehen, doch kannte er es aus Beschreibungen. Dieses so genannte südliche Meer – in Wirklichkeit war es das westliche, der Pazifik – musste sich im Westen Mexikos befinden. Damit wurde in den Köpfen der Spanier, und nicht nur in dem von Cortés, der Traum des Kolumbus wieder lebendig: dass man nur weit genug nach Westen segeln müsse, um zu den Reichtümern des wahren Indiens zu gelangen.

DIE NACHRICHT vom Sieg der Spanier in Tenochtitlán verbreitete sich rasch von Villa Rica nach Kuba, Hispaniola und zu den anderen Inseln der Karibik, ja, die Bedeutung dieses Sieges hallte bis Spanien wider. Eine Folge davon war, dass Ende 1521 – Cortés und seine Männer, die noch immer in Coyoacán lagen, fragten sich bereits, wie es nun weitergehen solle – zwei Schiffe aus Hispaniola im Hafen von Villa Rica einliefen. An Bord des größeren befand sich ein Edelmann namens Cristóbal de Tápia, der, kaum an Land gegangen, verkündete, dass er nun der Gouverneur von Neuspanien sei und die entsprechenden Papiere in der Hand habe. Zufällig hielt sich Pedro de Alvarado gerade in Villa Rica auf, um der Preistreiberei im Hafen, wie sie von den dort ansässigen Spaniern gepflegt wurde, Einhalt zu gebieten. Weil Alvarado – als ranghöchster Offizier – das Kommando innehatte, legte Tápia ihm einige der Papiere vor, die besagten, Tápia sei als Gouverneur zu empfangen und anzuerkennen. Nachdem er alles langsam und sorgfältig durchgelesen hatte, erklärte er Tápia, er (Alvarado) sei nicht in der Lage, die Richtigkeit von Papieren von so großer Tragweite zu beurteilen; deshalb müsse der gesamte Rat von Villa Rica einberufen werden, um die Authentizität der Papiere zu prüfen und die Art der Amtsübertragung festzulegen. Tápia, obschon er keinen Grund sah, so viel Zeit zu vergeuden, akzeptierte, denn Alvarado schien ihm ein Mann zu sein, mit dem nicht gut Kirschen essen war.

Während die Zusammenkunft des Rates im Schneckentempo organisiert wurde – unnötig zu sagen, dass ein Reiter im Galopp zu Cortés unterwegs war –, mischte sich Tápia unter die Spanier im Hafen und suchte sich die aus, die mit Narváez gekommen waren oder die in irgendeiner Verbindung zu Velázquez standen. Jedem, den er für beeinflussbar hielt, überreichte er eine Kopie eines Briefes von Bischof Fonseca, der all jenen, die mit Tápia kooperierten, eine Belohnung versprach, jenen aber, die sich ihm entgegenstellten, schreckliche Bestrafung androhte.

Weil seine Pferde noch unter den Folgen der Seekrankheit litten, konnte Tápia nicht sogleich zu Cortés ins Hochland aufbrechen, um seine Papiere zu präsentieren. Deshalb schrieb er einen Brief, den Alvarado zu Cortés bringen ließ. Darin teilte Tápia mit, er besitze versiegelte Briefe, die er ihm persönlich überbringen wolle, sobald seine Pferde sich erholt hätten.

Als Cortés noch über den Brief nachsann, hatte Tápia sich bereits auf den Weg ins Hochland gemacht. Cortés ließ ihn deshalb durch

Sandoval und einige andere gefürchtete Anführer, darunter der hoch talentierte Fray Melgarejo, abfangen. Die Kommandeure lotsten Tápia höflich, aber bestimmt von seinem Weg ab und führten ihn nach Zempoala. Dort lasen sie auf Rat von Melgarejo seine Dokumente bis auf die versiegelten Briefe Zeile für Zeile und legten sich sodann das Blatt, das angeblich eine königliche Vollmacht war, zum Zeichen ihrer Unterwerfung und ihres Respekts auf den Kopf. Doch hinterfragten sie die Absichten des Königs in Neuspanien: Sie bezweifelten, dass Bischof Fonseca den König über den wirklichen Stand der Dinge unterrichtet hatte; sie stellten die Motive des Bischofs infrage, der bekannt dafür war, dass er Velázquez favorisierte. Und schließlich sagten sie, sie könnten sich auf keinen Fall fügen, solange die Wünsche des Königs nicht deutlicher gemacht würden, und jagten Tápia damit einen gewaltigen Schreck ein. Schließlich forderten sie bei Cortés ein paar Goldbarren für Tápia an, gaben ihm diese im Tausch gegen einige Schwarze, die er mitgebracht hatte, seine drei Pferde und das kleinere der Frachtschiffe.

Als sie Tápia jedoch nach Villa Rica zurückbrachten, wo er an Bord des ihm verbliebenen Schiffes gehen sollte, bestand er störrisch darauf, man müsse ihm erlauben, Cortés seine versiegelten Dokumente persönlich vorzulegen.

Mittlerweile näherte sich das Jahr seinem Ende. Die ganze Angelegenheit hatte sich so lange hingezogen, dass einige Ratsherren von Villa Rica dazu tendierten, Tápia entgegenzukommen und ihn als Statthalter zu akzeptieren. Jetzt verlor Sandoval die Geduld und suchte „mit 50 unserer härtesten Männer“ die wankelmütigen Räte auf. Anschließend ging Sandoval zu Tápia und forderte ihn auf, sein Schiff zu besteigen und nach Hause zu fahren, andernfalls würde man ihn mit einem Kanu zurückschicken.

Damit war Bischof Fonsecas erster Schachzug vereitelt. Als Tápia in Hispaniola ankam, schalten die Hieronymitenmönche ihn sehr, hatten sie ihm doch, wie zuvor schon Narváez, davon abgeraten, nach Mexiko zu gehen, da dies nur Zwietracht unter den Spaniern säen würde. Wenn die Spanier untereinander stritten, würden die Eingeborenen sich erheben, und diese Eroberung, die Spanien und der Kirche Ruhm und reiche Gewinne versprach, konnte ernsthaft in Gefahr geraten. Doch von all diesem Tohuwabohu erfuhr der König nie etwas, denn der König war in Deutschland – und Tápia behielt das Gold für sich.

Zu Beginn des Jahres 1522 hatte Cortés eine Ruhepause. Als Malinche ihm einen Sohn gebar, sah er darin ein Zeichen göttlichen Wohlwollens und nannte das Kind Martín, nach seinem eigenen Vater. Nach langen Beratungen beschlossen Cortés und seine Anführer, Tenochtitlán wieder aufzubauen. Man hatte sich diese Entscheidung schwer gemacht, denn das am Seeufer gelegene Coyoacán bot ein besseres Klima und ließ sich besser verteidigen. Doch war Tenochtitlán seit Generationen das Zentrum des Lebens in diesem Teil der Welt, und die Spanier wollten diesen Ort, den die Aura der aztekischen Monarchie umgab, nun für sich.

Für die Aufbauarbeiten wurden die überlebenden Azteken eingesetzt; zusätzlich bat man freundlich gesinnte Stämme wie die Texcocaner um Hilfe. Cortés verlegte seinen Sitz von Coyoacán zurück auf die Insel und überwachte persönlich die Anlage des neuen Ortes, da er nur zu gern den Glanz dieser Traumstadt, die er geliebt und zerstört hatte, wieder aufleben lassen wollte. Doch es war unvermeidlich, dass nun eine spanische Stadt entstand mit Kirchen, wo sich früher Tempel über Pyramiden erhoben. Auch das geometrische Stadtbild war nicht wiederholbar, und wo früher die strengen aztekischen Rituale das Leben der Menschen bestimmt hatten, herrschten nun Hast und Umtriebigkeit der Spanier.

Zu Anfang des Jahres 1522 nahm Cortés seinen dritten Brief an den König in Angriff. Er legte darin Rechenschaft ab über seine Unternehmungen vom Zeitpunkt der Vertreibung aus Tenochtitlán an. Er beschrieb die Qualen, die er und seine Leute durchgemacht hatten, doch ging er auf ihren Triumph nicht näher ein. Seine Schilderung endete mit seinem jüngsten Entschluss, das südliche Meer zu erkunden, dabei vielleicht eine Verbindung zur Karibik zu entdecken und sodann gen Westen zu segeln, auf der Suche nach den Gewürzen und den Schätzen des Orients.

Im Mai war der Brief an den König fertig zur Unterzeichnung, doch zögerte Cortés, ihn abzuschicken. Man wusste wenig über die aktuelle Lage in Spanien und nichts über die Haltung des Königs. Und Cortés sagte sich, dass der sicherste Weg, die Gunst des Königs zu erlangen und damit die Bedrohung durch Velázquez und den Bischof Fonseca auszuschalten, immer noch der sei, dem König eine weitere große Schiffsladung an Schätzen zu senden, die ihm den Wert des eroberten Gebietes deutlich beweisen würden. Bis jetzt wusste er allerdings nicht genau, ob die letzte kostbare Sendung den König überhaupt erreicht hatte. Hinzu kam, dass die Schätze, die Cortés derzeit präsentieren konnte, sich im Vergleich zu dem verlorenen Schatz bescheiden ausnahmen – ein Grund, die Vorbereitung einer Schatzflotte, die auch den dritten Brief zum König bringen sollte, noch hinauszuzögern.

In jenen Tagen trafen zahlreiche Spanier in Neuspanien ein, ja, sie fielen förmlich ein in das neue Land. In den Häfen der Ostküste gingen Schiffe von den verschiedenen Inseln und aus Spanien vor Anker. Einer der besten Ankerplätze war die Mündung des Pánuco an der Küste nördlich von Villa Rica. Dort hatte Francisco de Garay, der Gouverneur von Jamaika, mehrmals versucht, eine Siedlung zu errichten, war jedoch jedes Mal von den dort ansässigen Indianern vertrieben worden. Cortés beschloss deshalb, Pánuco selbst zu unterwerfen, stellte eine starke spanische Streitmacht und 40000 indianische Hilfssoldaten auf, unterwarf Pánuco in einer schwierigen militärischen Operation und kehrte nach Tenochtitlán zurück.

Es war im August 1522, als erneut ein Schiff von den Inseln an der Ostküste Mexikos anlandete. Von der Strömung die Küste Yucatáns herabgetrieben, hatte der Kapitän den ersten möglichen Hafen, Coatzacoalcos, angesteuert, statt weiter nach Villa Rica zu segeln. Sandoval, der in Coatzacoalcos gerade einen Aufstand der Indianer niedergeschlagen hatte, war zufällig zur Stelle und sah zu, wie dieses Häuflein Goldgräber der zweiten Stunde ausgeschifft wurde. Hoch zu Ross beobachtete er, wie die Beiboote zahlreiche modisch gekleidete Herren und einige Damen sowie haufenweise Gepäck ans Ufer brachten. An Bord machte er wertvolle Pferde aus. Zu seinem Erstaunen kam eine dieser eleganten Damen stolzen Schrittes auf ihn zu und verkündete, sie sei Catalina Suárez Marcaida de Cortés, die Gattin des Oberbefehlshabers. In ihrer Begleitung befanden sich eine Schwester und ihr Bruder Juan. Die Schwester mag in der Hoffnung in dieses Land gekommen sein, einen goldschweren Konquistador zum Ehemann zu bekommen. Catalinas Bruder Juan war mit von der Partie, weil er früher einmal mit Cortés einen Landbesitz geteilt hatte, und Juan stützte darauf nun seinen Anspruch auf die Hälfte aller Gebietseroberungen von Cortés.

Sandoval war verdutzt. Mit der Ankunft von La Marcaida hatte niemand gerechnet. Also empfahl er ihnen allen, sich zunächst von ihrer Reise zu erholen und es sich so bequem wie möglich zu machen, und schickte gleichzeitig einen reitenden Boten in halsbrecherischem Galopp zu Cortés, um ihn zu benachrichtigen. Cortés – mit seinem und Malinches Kind auf den Knien – nahm die Nachricht mit der Gelassenheit eines erfahrenen Feldherrn entgegen, der schon mit so mancher unliebsamen Situation fertig geworden war. Cortés wusste nicht, inwieweit die Ankunft der Suárez-Familie auf das Konto ihres Schirmherrn Velázquez ging, doch er vermutete, zu einem nicht unerheblichen Teil. Nichtsdestotrotz ordnete er an, seine Frau und ihr Gefolge in Coatzacoalcos mit allem nur möglichen Komfort zu umgeben. Und Sandoval sollte sie, sobald er eine angemessene Eskorte zusammengestellt hatte, ins Hochland bringen.

Auf diese Weise erzwang Catalina ihre eheliche Wiedervereinigung. Als sie in der Hauptstadt eintraf, ließ Cortés ihr ein bequemes Quartier herrichten und ihr zu Ehren Festlichkeiten planen. Und alle Konquistadoren, die zur Stelle waren, beäugten sie neugierig. La Marcaida war eine laute Person, die an Asthma litt und schon bald mit vielen von Cortés' Kommandeuren in Streitereien geriet – die von den Chronisten ausführlich aufgezeichnet wurden.

Jedem gegenüber betonte sie, dass alles, was Cortés gehörte, ihr Eigen sei; die rechtmäßigen Ansprüche der anderen galten ihr dagegen nichts. Vier oder fünf Tage nach ihrer Ankunft gab Cortés einen Ball für sie. Nach üppigem Essen und Trinken und ausgelassenem Tanz, der sie in der ungewöhnten Höhe angestrengt hatte, entspann sich ein wütender Wortwechsel zwischen ihr und einem der Kommandeure, den Cortés schließlich damit beendete, dass er ihr mitteilte, er wolle absolut nichts von ihrem Besitz.

Nach dem Streit zogen Cortés und seine Frau sich zur Nacht zurück – und sie starb. Anwesende Ärzte, die zu diesem Zeitpunkt der Konquista ebenfalls bereits in Neuspanien eingetroffen waren, diagnostizierten, dass Catalina an einem schweren Asthmaanfall gestorben sei, ausgelöst durch zu viel Hektik und Feierei in der dünnen Hochlandluft. Trotzdem klagte ihr Bruder Cortés daraufhin des Mordes an, weil seine Schwester Würgemale an der Kehle habe. Nach Aussage der Ärzte rührten diese Flecken jedoch von ihren Atemkrämpfen her.

Die klatschsüchtigen spanischen Soldaten fanden natürlich Gefallen an dem Gerücht, Cortés habe sie umgebracht, auch wenn Bernal Díaz überzeugend argumentierte, dass es Cortés als einem spanischen Edelmann wohl niemals in den Sinn gekommen wäre, seine Gattin zu ermorden. Die Wogen glätteten sich, doch ganz verstummte das Geflüster nie.

Im Oktober oder November beschloss Cortés, dass er nun gut daran täte, endlich den dritten Brief und die angesammelten Schätze an den König abzuschicken. Als man den Wert des eingeschmolzenen Goldes berechnete, war der Anteil des Königs, der nach dem Fall von Tenochtitlán 26 000 Castellanos betragen hatte, auf 37 000 angewachsen. Überdies teilte man ihm mit, dass in seinem Namen zahlreiche Sklaven in Mexiko gehalten wurden. Neben dem Gold übersandte man ihm eine Auswahl von Wunderdingen: indianische Schilde aus Flechtwerk, die mit Pumafellen bespannt, mit Federn gesäumt und mit Gold eingefasst waren; haselnussgroße Perlen, die aber geschwärzt waren, da die Küstenindianer die Austern ins Feuer legten, um die Muscheln zu öffnen; ein faustgroßer Smaragd, der spitz zulief wie eine Pyramide; zahlreiche Figuren, die die Spanier bei indianischen Goldschmieden in Auftrag gegeben hatten – lebensgroße Vögel aus Gold, Fische, Antilopen, Blumen und Früchte – sowie goldene Teller und Becher für die königliche Tafel, ferner Truhen voller Nasenringe und Lippenspieße mit Goldeinlagen. Die Sammlung, die auch fantastische, mit Edelsteinen besetzte Masken und aztekische Götterfiguren enthielt, war von unschätzbarem Wert.

Als die Schätze im Dezember auf drei Karavellen geladen wurden, waren die Frachträume bis zum Rand gefüllt. Auf dem größten der Schiffe sollten Cortés' Gesandte mitsegeln, die neben dem Bericht an den König noch ein weiteres Schreiben mitführten, in dem die Ratsherren der neuen Hauptstadt explizit um die königliche Billigung der bereits zugeteilten Encomiendas baten.

Man ersuchte den König , einen erfahrenen Edelmann zu senden, der all die Wunder begutachten und die Leistungen der Konquistadoren bestätigen sollte. Bauern sollten mit Saatgut und Zuchtvieh kommen und gottesfürchtige Priester, um die Indianer zu bekehren. Insbesondere bat man den König ausdrücklich, niemanden zu schicken, der zu Konfusion und Zersplitterung beitragen könnte: also keine muslimischen oder jüdischen Konvertiten, die in ihre alten religiösen

Bräuche zurückfallen und die Indianer verwirren könnten, und vor allem keine Advokaten. Viele Konquistadoren, so auch Cortés, gaben persönliche Briefe und Gold an ihre Familien zu Hause mit.

Zu seinen obersten Gesandten ernannte Cortés Alonso de Ávila und Antonio de Quiñones, die von weiteren ausgewählten Mitgliedern der spanischen Armee, darunter Fray Melgarejo, begleitet wurden. Dass Cortés selbst nach Spanien reiste, stand nicht zur Diskussion. Er musste in erster Linie seine Eroberung sichern, Eindringlinge wie Tápia abwehren und sein persönliches Ansehen bei den Indianern festigen. Darüber hinaus war er sich bewusst, dass der wahre Wert Mexikos nicht in dem Schatz lag, den er gerade abschickte, sondern in den zukünftigen Erträgen aus diesem Land. So wünschte er seinen Abgesandten und der Flotte *buen viaje*, gute Reise, und viel Glück.

Sie hatten es nicht.

Östlich der Azoren wurden die spanischen Schiffe von französischen Freibeutern angegriffen, die die langsamen Karavellen mit ihrer wertvollen Fracht kaperten. Damit fiel der Schatz, der für den spanischen König bestimmt war, in die Hände des Königs von Frankreich. Allerdings hatte Cortés einen oder zwei Monate zuvor seinen Sekretär mit einer Kopie seines Briefes auf einem schnelleren Schiff nach Spanien geschickt, und dieses Schiff kam durch. Doch die Kopie von Cortés' drittem Brief mitsamt der Inventarliste des Schatzes sollten das Einzige bleiben, was Karl V. je davon zu Gesicht bekam.

Der Anspruch der Krone

Die Konquistadoren verspürten ein unbestreitbares Verlangen, sich vom König unabhängig zu machen. Sie wussten, dass sie bei der Eroberung dieses weiten Landes mit seinen wilden, heidnischen Bewohnern nur auf Gott und sich selbst vertrauen konnten. Sogar das finanzielle Risiko hatten sie allein getragen. Dennoch bedienten sie sich in den Mitteilungen an den König aller von der Etikette vorgeschriebenen Formulierungen wie *Höchster und Mächtigster, Eure Kaiserliche Majestät, Dero ergebene Diener und Vasallen Dero Königliche Hände und Füße küssen*. Unter dem schönen Schein flackerte jedoch die Versuchung, dem König für gar nichts zu danken und sich jeder Verpflichtung ihm und seinen hinterlistigen Regierungsbeamten gegenüber zu entledigen. Würden die Konquistadoren über diesem von ihnen eroberten Land ihre eigene Flagge hissen und es weiterhin so verwalten, wie sie es für richtig hielten? Hätten sie genügend Gold und Silber und andere Zahlungsmittel, um all das kaufen zu können, was sie benötigten? Sie könnten es sich bei Händlern in der Karibik, in Spanien oder sonst wo in Europa besorgen. Es bestand kein Mangel an Lieferanten, die gegen Gold bereitwillig an sie verkaufen würden. Und mehr und mehr Spanier würden ihnen zuströmen – ja, sie taten es bereits jetzt, mit oder ohne Erlaubnis des Königs oder seiner Beamten. Ritter, Soldaten, Priester, Bauern aus Andalusien und anderen Provinzen – alle kamen sie zahlreich und gern.

Die Konquistadoren verspürten nämlich nicht die geringste Lust, die Kontrolle über ihr Land abzugeben. Ihrer Meinung nach waren sie, die sich an Ort und Stelle befanden und mit den regionalen Bedingungen vertraut waren, am meisten befähigt, die Regierung und die Verwaltung zu übernehmen.

Dem König gegenüber leisteten sie nur Lippenbekenntnisse, zumal dieser Carlos – oder Karl, wie er sich selbst nannte – nicht einmal Spanisch sprach. In Flandern geboren, war Französisch seine erste, Deutsch seine zweite Sprache. Von der Familie seines österreichischen Vaters an einem habsburgischen Hof erzogen, verstand er sich selbst in erster Linie als Oberhaupt des gesamten Heiligen Römischen Reiches Deutscher Nation.

Karl V. (1500–58), Kaiser des Heiligen Römischen Reiches Deutscher Nation, als Karl I. König von Spanien

Nicht einer der narbenbedeckten Eroberer hatte diesen Herrscher jemals gesehen, und es war für sie nur schwer zu ertragen, im Namen des Königs vom Bischof Fonseca und dessen Untergebenen im Westindischen Rat Einschränkungen hinzunehmen. Cortés und seine Männer nahmen es dem Bischof übel, dass er Schiffsfrachten in die Neue Welt mit einem Embargo belegt hatte, um ihnen den Nachschub abzuschneiden. Sie waren begierig darauf, mit einem Sack voll frisch geprägter Goldmünzen zu klimpern und den Bischof herauszufordern.

Doch waren die Konquistadoren wie alle Spanier von Natur aus Traditionalisten und konnten sich letztlich nicht darauf einigen, die Tradition der Monarchie einfach abzuwerfen, so unerfreulich diese zurzeit in ihren Augen auch sein mochte. Als überzeugte Spanier, stolz durchdrungen von spanischem Geist, wollten sie sich zudem nicht ernstlich von Spanien lossagen. Was sie verunsicherte, war vor allem die Tatsache, dass sie nicht wussten, ob sie dem König vertrauen konnten, denn bislang hatten sie von seiner Seite nicht die geringste Bestätigung erhalten. Mexiko war ein Pulverfass, nur die Lunte war noch nicht angezündet.

Cortés machte weiter, als hätte er die Zustimmung des Königs in der Tasche.

Er entsandte Truppen an die Westküste, um am südlichen Meer Werften zu errichten, und ordnete den Bau zweier Karavellen an. Gleichzeitig bereitete er Expeditionen vor, um die Provinzen südlich von Mexiko zu erobern. Damit wollte er erreichen, dass an beiden Küsten nach einer Passage zwischen Pazifik und Karibischem Meer gesucht werden konnte. Von Zeit zu Zeit mussten Aufstände der Indianer niedergeschlagen werden, gelegentlich fielen auch die Spanier übereinander her, stritten um Gold oder Encomiendas. Und Cortés musste des Öfteren bei den Ratsversammlungen der Städte eingreifen, die jetzt mehr und mehr gegründet wurden, um die Besetzung des Landes zu legitimieren.

Eines Tages überbrachte man ihm die Nachricht von einer Amazoneninsel vor der Westküste – Anreiz zu solchen Fantasien boten wohl die außergewöhnlich großen Indianerfrauen von Tehuantepec an der Westküste Südmexikos. Und die Ausschmückungen stammten wahrscheinlich von einem Spanier, der ein Kapitel von *Amadis de Gaula* mit dem Titel *Sergan des Esplandian* gelesen hatte, denn in diesem Abenteuerroman wurde einmal mehr die antike Sage von den hoch gewachsenen, gebieterischen Kriegerinnen aufgegriffen. Cortés hielt die Nachricht immerhin für wichtig genug, um sie an den König weiterzuleiten. Er selbst war besessen von der Verheißung des Pazifiks.

Was ihn beunruhigte, war der Schwachpunkt Pánuco. Er hatte Pánuco nicht zuletzt deshalb niedergeworfen, um den einzigen Ort an der Ostküste zu besetzen, an dem Francisco de Garay, der Statthalter von Jamaika, vielleicht noch einmal versuchen würde, mit königlicher Billigung einen Stützpunkt zu errichten. Die Pánuco-Expedition war Cortés teuer zu stehen gekommen, weil er dabei kein Gold erbeutet hatte. Sein Ansinnen, sich die Auslagen aus dem königlichen Fünftel zurückerstatten zu lassen, war von den dafür zuständigen Leuten rigoros abgelehnt worden. Zur Begründung führten sie an, Cortés habe mit dieser Operation nicht die spanische Sache fördern, sondern lediglich Garay ausstechen wollen.

Im Hochsommer 1523 erfuhr Cortés, dass Garay, Velázquez und Kolumbus' nicht mehr ganz junger Sohn, Diego Colón, in Kuba ein Komplott schmiedeten und einen weiteren Vorstoß nach Pánuco vorbereiteten. Der wohlhabende Garay hatte eine Flotte aus elf Schiffen zusammengestellt und warb mit Velázquez' Hilfe eine Armee an, die er völlig auf sich einschwor. Sie stand unter dem Kommando von Velázquez' Neffen Juan de Grijalva, der offenbar die Gunst seines Onkels zurückgewonnen hatte. Die Armee umfasste 150 Reitern und 400 oder mehr Fußsoldaten – insgesamt wohl rund 850 Spanier, reichlich ausgestattet mit Geschützen, Feuerwaffen und Vorräten und begleitet von einer großen Schar Indianer aus Jamaika. Velázquez beteiligte sich nur ungern an diesem Wagnis, nachdem ihn Cortés' Sieg über Narváez an den Rand des Ruins gebracht hatte. Auch glaubte er nicht daran, dass Garay der Aufgabe gewachsen war.

Als Cortés von Garays Eroberungsflotte erfuhr, war er ans Bett gefesselt, da er sich zwei Monate zuvor, bei einem Sturz vom Pferd, einen Arm gebrochen hatte. Er fühlte sich geschwächt, da ihn die Schmerzen kaum schlafen ließen. Trotzdem stand er auf, ordnete an, sein Bett zusammenzupacken, und rief Alvarado zu sich, der gerade mit einer größeren Streitmacht nach Guatemala aufbrechen wollte. Stattdessen schickte Cortés ihn jetzt nach Pánuco und folgte selbst mit weiteren starken Truppen später nach.

Es war etwa um Mitternacht des ersten Tages nach ihrem Abmarsch – Cortés hatte sich gerade wenig bequem niedergelassen und versuchte zu schlafen –, als zwei Reiter aus der Hauptstadt ihn mit einer Eskorte und Führern einholten. Cortés hatte diese beiden Männer viele Jahre lang nicht gesehen. Es waren sein Cousin Rodrigo de Paz und ein weiterer Verwandter namens Francisco de Las

Casas. Sie waren von Spanien nach Villa Rica gekommen, hatten Cortés in der Hauptstadt gesucht und waren ihm schließlich auf dem Weg nach Pánuco gefolgt. Jetzt händigten sie ihm Dekrete aus, die der König Anfang April unterzeichnet hatte und in denen er ihn als Gouverneur und Oberbefehlshaber von Neuspanien bestätigte. Gleichzeitig ermächtigte der König Cortés, Encomiendas zuzuteilen und jedermann, allen voran Francisco de Garay, zu untersagen, in die von Cortés eroberten Gebiete einzudringen.

Diese Dekrete waren der erste Beweis königlicher Zustimmung, den Cortés bisher gesehen hatte. Und er fühlte sich bis in die Tiefe seiner erschöpften Seele erlöst. Sein geschundener und zerschlagener Körper brach förmlich zusammen vor Erleichterung und Zufriedenheit. Und Cortés meinte es nun wirklich ernst, als er dem König später schrieb: *Ich küsse die Königlichen Füße Eurer Kaiserlichen Majestät hunderttausendmal.* Er war so erleichtert, dass er am nächsten Morgen sein Bett zusammenpacken ließ, wieder in die Hauptstadt zurückkehrte und es Alvarado überließ, mit Garay fertig zu werden. Die königlichen Dekrete aber wurden in der Hauptstadt auf seinen Befehl von einem Ausrufer öffentlich verlesen.

FÜR GARAY nahm die Angelegenheit in Pánuco einen kläglichen Verlauf. Voller Begeisterung steuerte er die Küste an und schickte seine Leute aus, den Indianern mitzuteilen, dass er und nicht Cortés der spanische Statthalter sei, dem sie Gehorsam schuldeten. Und dass er Cortés für sein Vergehen bestrafen werde. Gleichzeitig begannen Garays Männer die Bevölkerung auszuplündern – bis die Kavallerie auf Alvarado traf. Bei einer verabredeten Zusammenkunft informierte Alvarado Garays Anführer, dass Cortés die Bestätigung des Königs erhalten habe und nunmehr offiziell Gouverneur sei. Der Kommandeur der Reiter wollte dies zunächst nicht glauben, trotzdem kamen Garays Männer alle der Aufforderung nach, ihre Waffen und Pferde zu übergeben. Garay selbst marschierte über Land durch ein Sumpfgebiet, von Moskitos und Fledermäusen drangsaliert und zudem dem Hungertod nahe, weil sie alle Indianerdörfer verlassen vorfanden. Grijalva ankerte mit dem größten Teil der Flotte in der Mündung des Pánuco, etwa 25 Kilometer von der Garnisonsstadt entfernt, die Cortés stromaufwärts gegründet hatte. Als der dortige Kommandant Grijalva eine Abschrift des königlichen Dekrets zeigte, konnte dieser im Gegenzug nur die alte Genehmigung des Bischofs Fonseca als Autorisation für Garays Unternehmen vorweisen. Grijalva reagierte verstockt, doch zwei seiner Schiffsführer gaben nach und bereiteten alles vor, um stromaufwärts zu fahren, und trotz Grijalvas Drohungen, auf die Schiffe zu feuern, liefen die Mannschaften schließlich zu Alvarado über. Alle Schiffe segelten zur Stadt, wo der Kommandant der Garnison Grijalva und andere Anhänger von Velázquez, die als Schiffsoffiziere gedient hatten, festnahm.

Garay ließ sich die Abschrift des königlichen Dekrets in einem Dorf im Landesinneren zeigen. Er war so krank, dass er auf einer Bahre getragen werden musste, und wusste überdies, dass Cortés endgültig den Sieg davongetragen hatte. Deshalb schlug er vor, seine Männer zu sammeln, mit seiner Armee weiterzusegeln und sich anderswo niederzulassen. Das einzige Problem dabei war, dass seine Truppen ihm nicht länger folgen oder gar gehorchen wollten. Die Kavalleristen hatten ihre Pferde ebenso gegen Gold verkauft wie die Fußsoldaten ihre Waffen – zu den irrwitzigen Preisen, die in Mexiko dafür geboten wurden. Als Cortés' Kommandant in der Stadt ausrufen ließ, Garays Leute sollten sich zur Abfahrt versammeln, flohen sie in die Indianerdörfer im Landesinneren und versteckten sich dort.

Sie waren der Meinung, ihren Kontrakt erfüllt und ihren Schwur gehalten zu haben, indem sie mit nach Pánuco gekommen waren. Eine Verpflichtung, noch irgendwohin anders zu marschieren, sahen sie nicht.

Garay bat, ja flehte förmlich darum, zu Cortés gebracht zu werden. Er hatte alles verloren – sein Vermögen, seine Armee, seine Flotte. Als man Cortés Garays Wunsch übermittelte, willigte er ein, Grijalva und die anderen Parteigänger von Velázquez dagegen ließ er kraft königlichen Dekrets aus Mexiko verjagen. Auf dem Weg ins Hochland dachte sich Garay eine typisch spanische Lösung seiner Probleme aus: eine Hochzeit, und zwar zwischen seinem ältesten Sohn und Alleinerben und einer unehelichen Tochter von Cortés, einem kubanischen Mädchen mit Namen Doña Catalina Cortés oder Pizarro. Die Mutter des Mädchens, Leonor Pizarro, eine in Kuba lebende Spanierin, war bei der Geburt des Kindes selbst fast noch ein Kind gewesen. Cortés, der das Mädchen offiziell als Tochter anerkannt hatte, fand Gefallen an Garays Vorschlag.

Auf diesem Weg zu potenziellen Verwandten geworden, feierten Cortés und Garay fröhlich ihre Versöhnung in Cortés' neuem Palast in der Hauptstadt von Mexiko. Doch Garay starb – laut Bernal Díaz an einer für Mexiko typischen Art von Lungenentzündung, die ganz plötzlich aufzutreten pflegte und an der schon viele Spanier in Texcoco und Coyoacán gestorben waren.

In der Folge dieser Ereignisse, die in Garays Tod gipfelten, erhoben sich die Indianer in der Provinz Pánuco gegen alle Spanier. Hunderte von Garays Männern, die sich in den Dörfern versteckt hatten, wurden von den Indianern getötet; die Garnisonsstadt wurde belagert und nahezu überrannt.

Cortés musste Sandoval mit einer starken Streitmacht entsenden, um die Rebellion niederzuwerfen – was Sandoval auch gründlich besorgte. Er trieb 350 indianische Dorfoberhäupter und Adlige zusammen und nahm zehntausende einfacher Indianer gefangen. Die einfachen Indianer ließ er laufen, doch mussten sie zuschauen, wie er ihre Anführer verbrannte.

Damit war die Ordnung in Pánuco wiederhergestellt.

DIE SÜHNE

Nachdem Cortés mit Verspätung zum Statthalter, Oberbefehlshaber und „Distributor" von Neuspanien ernannt worden war und er diese Ämter dankbar angenommen hatte, deutete sich ein entscheidender Gangwechsel in der Eroberungsmaschinerie an. Solange Cortés, unter Berufung auf eine fragwürdige Legitimierung, seine Männer in die Weiten eines bis dahin unbekannten Reiches führte, hatte man an ihrer Loyalität gegenüber der spanischen Krone zweifeln dürfen; doch jetzt, nach der Legalisierung ihrer Unternehmungen, wurden die potenziell abtrünnigen Konquistadoren zu getreuen Dienern von Krone und Kirche.

Cortés, weiterhin seinem Entdecker- und Erobererdrang folgend, konzentrierte sich nun auf das südliche Meer. Spaniens großer Rivale Portugal dominierte im Orient. Um ihn von Europa aus zu erreichen, segelten die Portugiesen in Richtung Süden rund um Afrika und dann weiter nach Osten. Cortés, dem die Weite des Pazifiks nicht bewusst war, hoffte, dass er von Mexiko aus nur nach Westen segeln müsse, um den Orient zu erreichen und den Portugiesen die Vorherrschaft streitig machen zu können. Allerdings gedachten auch andere, in dieses Duell einzugreifen. Als Cortés' zweite Schatzladung für den spanischen König von französischen Piraten erbeutet und zum König von Frankreich gebracht wurde, äußerte dieser, wo es um Himmels willen geschrieben stehe, dass der Rest der Welt zwischen Portugal und Spanien aufgeteilt werden müsse.

Cortés Streben war außerdem auf die Eroberung Guatemalas und Honduras' südlich von Mexiko gerichtet. Indes konnte er nicht wissen, dass dort nur wenig Gold und Silber zu holen war. Auch konnte er nicht ahnen, dass die mühsamen Expeditionen in diese Regionen die Kräfte der Konquistadoren erschöpfen würden, zumal die Neuankömmlinge den Härten solch gefährlicher Unternehmungen nicht gewachsen waren.

Wenige Tage vor Garays Tod entsandte Cortés Alvarado mit einer starken Armee nach Guatemala und kurz darauf eine weitere bedeutende Streitmacht unter dem Kommando von Olid nach Honduras. Während Alvarado über Land nach Guatemala zog, erwarb Cortés für Olid und seine Männer eine Flotte, die sie nach Honduras bringen sollte. Derartige Expeditionen auszurüsten war kostspielig – Hufeisen beispielsweise kosteten in Mexiko mehr als ihr Gewicht in Silber. Und trotz der Flut an Zuwanderern fehlte es Cortés häufig an Männern, was nicht zuletzt an seinen zahlreichen Erkundungstrupps lag.

Als rechtmäßiger Vertreter des Königs, praktisch als Vizekönig von Mexiko, stand Cortés offiziell auch an der Spitze der Verwaltung, was ihn mit zusätzlichen Problemen belastete. Vor seiner Ernennung zum Distributor hatten die Spanier bei der Zuteilung von Encomiendas nicht lange herumkritisiert, wusste doch jeder, dass es sich nur um eine Übergangslösung handelte. Nun, da Cortés mit einer offiziellen Ermächtigung ausgestattet war, hatte beinahe jeder gegen die ihm zugeteilte Encomienda etwas einzuwenden.

Man stritt über die immer vagen Grenzziehungen, über die Qualität der Minen und der dazugehörigen Bauernhöfe, die Zahl der Indianer in den Dörfern und anderes mehr. Solche und ähnliche Streitereien entzweiten die Spanier, die, als Siedler über ganz Mexiko verstreut, die Kontrolle über ihr Land zu wahren suchten.

Die größte Freude des Jahres 1524 bereitete Cortés der Wiederaufbau der Hauptstadt. Er beaufsichtigte die großzügige Anlage des neuen Hauptplatzes, des *zócalo*, mit den breiten Straßen, die hiervon abzweigten und an deren Kreuzungen Denkmäler stehen sollten. Der Palast, den Cortés für sich selbst errichten ließ, war umgeben von einem weitläufigen Grundstück mit hohen Verteidigungswällen.

Die Steinmauern des Palastes selbst waren dick genug, um einem Kanonenbeschuss standzuhalten. Das Innere des Palastes war geprägt von einer Bogenarchitektur, die an Kirchengewölbe erinnerte oder an spanische Kastelle, nur dass sie nicht so hoch aufragend, sondern um Innenhöfe angelegt waren, in denen es grünte und blühte. Aztekische Gärtner legten Wasserläufe an, sodass man überall Kaskaden rauschen hörte. Cortés, der sich nun in der Gunst des Königs sonnte, richtete sich, seiner neuen Position entsprechend, einen erlesenen Haushalt ein – mit Verwaltern, Wächtern, Lakaien und Scharen von Dienern und Dienerinnen. Indianische Silberschmiede mussten für seine Tafel das gleiche Geschirr anfertigen wie das, das er dem König geschickt hatte.

Unter den Indianern, für die in der neuen Hauptstadt gesonderte Stadtteile reserviert waren, begann sich eine gereizte Stimmung breit zu machen. Cortés führte dies darauf zurück, dass die drei indianischen Fürsten, die er gefangen hielt, und allen voran Guatémoc, der ihnen nach wie vor ergebenen Bevölkerung heimlich aufrührerische Botschaften schickten. Deshalb nahm er die drei Gefangenen künftig auf seinen Gängen durch die Stadt mit, behandelte sie mit aller Hochachtung, ohne jedoch auf schwere Bewachung zu verzichten. Damit präsentierte er den Indianern ihre vier Autoritätspersonen gleichzeitig und demonstrierte überdies seine Überlegenheit.

Unabsichtlich verschärfte Cortés selbst das Encomienda-Problem, indem er eine Reihe von Bestimmungen erließ, die darauf abzielten, die Ausbeutung zu drosseln und langfristige Entwicklungen zu begünstigen, was viele Spanier ihm sehr verübelten. So forderte er zum Beispiel, dass jeder *encomendero* mindestens acht Jahre auf seinem Land bleiben müsse. War er verheiratet, musste er seine Frau innerhalb von 18 Monaten nach Mexiko kommen lassen. Hatte er hingegen keine Frau, wurde er ermutigt zu heiraten, was nicht zuletzt den ausgeprägten Hang der Spanier zu Liebesabenteuern mit Indianerinnen einschränken sollte. Cortés machte sogar das Angebot, dafür zu bezahlen, wenn man junge Frauen aus „altchristlichen" Familien als angehende Bräute aus Spanien brächte, womit Frauen gemeint waren, unter deren Großeltern sich keine Mauren oder Juden befanden. Letzteres ist ein Beleg für Cortés' provinzielles Denken, stammten doch sogar einige der berühmtesten Prälaten in Spanien aus Familien konvertierter Juden, und auch unter seinen eigenen Männern war eine Reihe von Juden, die als gute Kameraden galten und selbstverständlich akzeptiert wurden. Außerdem forderte Cortés, dass jeder Encomendero sich bereit erklären müsse, den Kirchenzehnten zu bezahlen, um die Missionstätigkeit des Klerus sowie den Bau von Kirchen und Klöstern zu unterstützen. Um die Erhebung des Kirchenzehnten effektiv abzuwickeln, wurde das Recht zum Eintreiben dieser Abgaben an den Meistbietenden versteigert. Dieser konnte dann die Gelder einziehen, sich selbst seine Auslagen ersetzen und den Gewinn einstreichen, bevor er den verbleibenden Erlös an die Kirche weiterleitete.

In seinem vierten Brief an den König erbat Cortés seine Zustimmung zu diesen Vorschriften und ersuchte wie immer darum, dass man ihm Bauern mit Saatgut und Zuchtvieh schickte. Überdies drängte er darauf, den freien Güterverkehr nach Neuspanien zu gestatten. Den Beamten des Rats von Westindien sollte Karl V. verbieten, Handelsbeschränkungen zu erlassen, und den spanischen Händlern auf den Inseln befehlen, Zuchtstuten nach Mexiko zu bringen – man hielt sie nämlich zurück, um die exorbitanten Pferdepreise in Mexiko hoch zu halten. Das ökonomische Bild, das Mexiko nach der Eroberung bot, war geprägt von steigender Inflation und hemmungsloser Habgier.

In zweierlei Hinsicht waren Cortés und der König sich ähnlich: Beide waren sie empfänglich für die Lockung des südlichen Meeres, als läge dort die nächste gottgewollte Herausforderung, ihre nächste verdiente Belohnung. Ebenso teilten sie eine tief empfundene, wenn auch deutlich unterschiedliche Religiosität.

Cortés war durch und durch Spanier. Er hatte niemals daran gezweifelt, dass es nicht seine Kühnheit oder Stärke, sondern sein Glaube gewesen war, der ihm und Spanien den Sieg beschert hatte. Dennoch waren ihm die irdischen Seiten des spanischen Lebens wohlvertraut, sie waren ein Teil von ihm selbst – die sinnlichen Freuden in all ihrer Zügellosigkeit. Er wusste, wie es um den spanischen Klerus des frühen 16. Jahrhunderts stand; er wusste, dass Priester, entgegen ihrem Gelübde, Frauen hatten, Kinder zeugten und sie mit Familiengütern versorgten. Er wusste, dass viele Geistliche, vielleicht sogar die meisten, ebenso käuflich waren wie alle anderen, wie er selbst. Trotzdem hing er unerschütterlich einem reinen Glauben an.

Cortés flehte den König an, nur keusche Geistliche nach Neuspanien zu schicken, um die Indianer zu bekehren und die Spanier im Gottesdienst anzuleiten. Er wünschte sich Priester, die ihren Gelübden und Prinzipien treu blieben, und warnte davor, Bischöfe zu entsenden, die zur Selbstglorifizierung tendierten.

Weder Cortés noch der König zweifelten daran, dass die Christianisierung der Indianer eine stichhaltige Legitimation für die Eroberung war, nur dass Karl seine Religiosität anders erlebte als Cortés. Als König und Kaiser war er durchdrungen von der Idee, dass es seine persönliche Bestimmung sei, das größte christliche Reich zu schaffen, das die Welt je gesehen hatte. Und diese Sache war für ihn von so überragender Bedeutung, dass alle gelegentlich erforderlichen Skrupellosigkeiten, Bestechungen und Intrigen daneben nicht ins Gewicht fielen. Obwohl er mit dem wenig frommen Verhalten des Klerus wie des Adels keineswegs einverstanden war, zeigte auch er sich weltlichen Freuden gegenüber nicht abgeneigt. So hatte er einige außereheliche Affären und einen illegitimen Sohn, dessen Existenz er viele Jahre lang verheimlichte. Doch waren seine Promiskuität und seine Abweichungen vom eigenen Ideal, den Maßstäben seiner Zeit entsprechend, entschuldbar als Ausdruck menschlicher Schwäche. Die Reinheit seines Glaubens zeigte sich auf fast dramatische Weise am Ende seines Lebens. Nachdem er ein halbes Jahrhundert hindurch seine ganze Kraft dafür eingesetzt hatte, den Gedanken eines universalen christlichen Reiches neu zu beleben, dankte Karl bei bester Gesundheit zugunsten seines Sohnes Philipp als spanischer König und im Heiligen Römischen Reich zugunsten seines Bruders Ferdinand ab. Er zog sich zurück in eine Villa neben dem Kloster San Jerónimo de Yuste in der Estremadura, wo er die letzten Jahre seines Lebens in Meditation verbrachte.

Im Herbst 1523 trafen die ersten beiden vom König ausgesandten Geistlichen in Mexiko ein. Es waren Flamen, Mönche des Franziskanerordens. Sie hießen Johann van den Auwera und Johann Dekkers. Die Entsendung von Pater Dekkers bedeutete eine besondere Auszeichnung für die Konquistadoren, die sie wahrscheinlich gar nicht zu schätzen wussten, denn er war der Beichtvater Karls gewesen. Da die Spanier in Mexiko die flämischen Namen nicht richtig aussprechen konnten, machten sie sich die Sache leichter und nannten die beiden Padres Juan de Ayora und Juan de Tecto. Im folgenden Frühjahr traf eine größere Delegation ein, die aus zehn Franziskanermönchen, darunter Motolinía, und zwei Laienbrüdern bestand, und man nannte sie „die zwölf Apostel". Nachdem Cortés die bewusst gewählte Armut dieser Franziskaner eingehend beobachtet hatte, beschloss er, dass ihm gefiel, was er sah. Und er führte ein Ritual ein, dem alle Spanier in Mexiko zu folgen hatten: Er näherte sich den Mönchen mit dem Hut in der Hand, kniete vor ihnen nieder und küsste den Saum ihrer zerschlissenen Kutten. Die Indianer, zuerst erstaunt über so viel Ehrerbietung, machten es schließlich den Spaniern nach, und schon bald konnten die Franziskaner unter den Indianern mit großem Erfolg und in großem Ausmaß missionieren.

Unter den Männern und Frauen, die nun ins Land strömten, befanden sich unvermeidlich auch Gegner von Cortés. Dazu gehörten im Besonderen: ein königlicher Schatzmeister, ein königlicher Rechnungsführer, ein königlicher *veedor* und ein königlicher *faktor*. Diese vier Männer, die auf den ersten Blick normale Verwaltungsbeamte zu sein schienen, waren in Wirklichkeit Geheimagenten des Westindischen Rates, der immer noch von Bischof Fonseca beherrscht wurde. Einer dieser Agenten sollte verschlüsselte Informationen an den Rat weiterleiten, wo allgemein eine vorgefasste Meinung gegen Cortés herrschte und alles, was in Mexiko geschah, von vornherein als Beweis für Illegalität und unloyales Verhalten galt. In Mexiko erregten die vier Neuankömmlinge zunächst kein Aufsehen. Sie nahmen unauffällig ihre Positionen ein, die ihnen ihre Beobachtungstätigkeit erlaubten. Cortés jedoch fühlte sich in ihrer Gegenwart befangen und unsicher, denn er wusste, dass man ihn letztlich für jede seiner Aktionen bis ins kleinste Detail zur Rechenschaft ziehen würde.

Die königlichen Beamten beobachteten, wie Cortés seine Hauptstadt im Verlauf des Jahres 1524 schwer befestigte. Er gab die Errichtung eines großen Forts in Auftrag, zu dem verteidigungsfähige Unterstände über dem Wasser gehörten, wo die Brigantinen vertäut waren. Nachdem in einem ehemaligen Silberabbaugebiet Zinnvorkommen entdeckt worden waren und Cortés nunmehr Zinn besaß, das mit Kupfer zu Bronze verarbeitet werden konnte, ließ er bronzene Feldgeschütze gießen. Durch die Entdeckung einer Eisenader wurde die Zivilisation in Mexiko jetzt auch mit Verspätung in die Eisenzeit geschleudert, und Cortés konnte Eisenkanonen herstellen lassen. All diese Geschütze wurden im Fort sowie im Palast zur Verteidigung gegen mögliche Indianeraufstände gesammelt oder, was noch wahrscheinlicher war, gegen eine Revolte der Spanier. Die spanischen Beamten wollten darin jedoch eine Bedrohung der königlichen Oberherrschaft sehen, und dementsprechend fielen ihre Berichte aus. Sie manipulierten sogar ein Geschenk an den König. Cortés hatte für Karl eine Kanone aus purem Silber gießen lassen, doch weil die Widmung auf dem Schaft Cortés nach Meinung der vier Agenten in einem zu günstigen Licht erscheinen ließ, wurde die Kanone eingeschmolzen, und die geprägten Münzen verschwanden in den eigenen Taschen.

Cortés' administrative Probleme steigerten sich noch. In Spanien führte Fray Bartolomé de Las Casas weiterhin seine wütenden Kampagnen, in denen er alle Spanier in der Neuen Welt anprangerte. Der König kam Las Casas entgegen und schickte Cortés ein Dekret, in dem er die Encomiendas widerrief – ein praktisch unmögliches Unterfangen, wie er schließlich einsehen musste. Trotzdem verziehen jene Höflinge, die das Dekret aufgesetzt hatten, es Cortés nie, dass er die Aufhebung bewirkt hatte. Und der König war mittlerweile wieder in Deutschland.

So war Cortés im Herbst 1524 gereizt und beunruhigt, als Reiter aus Villa Rica in die Hauptstadt galoppiert kamen und meldeten, dass Olid in Honduras von ihm abgefallen sei. Seit acht Monaten hatte man nichts mehr von diesem Kommandeur gehört, den Cortés mit fünf Schiffen und einer Brigantine ausgestattet und für den er 400 Männer angeworben hatte. Ein Handelsbeauftragter war nach Kuba vorausgeschickt worden, um Pferde zu kaufen und noch mehr Männer anzuwerben, und Olid sollte von Villa Rica aus nach Kuba segeln, dort die zusätzlichen Pferde und Männer an Bord nehmen und am Kap von Yucatán vorbei nach Honduras hinuntersegeln, das am Fuß der Halbinsel und an ihrer Ostküste liegt.

Den Berichten der Reiter zufolge, die Olids Truppe angehörten, hatte Olid sich auf Kuba von Velázquez umgarnen lassen und mit ihm gemeinsam ein Komplott geschmiedet. Stellte sich die Situation in Honduras viel versprechend dar, sollte Olid sich von Cortés lossagen und sein Bündnis mit Velázquez erklären, der ihm dann von Kuba aus Nachschub und Verstärkung schicken würde. Bot Honduras jedoch keine großen Perspektiven, sollte Olid weiter als treuer Gefolgsmann bei Cortés bleiben – ein wahrhaft gut ausgeklügelter Plan. Nach seiner Landung in Honduras gründete Olid, wie mit Cortés abgesprochen, eine Stadt und setzte für die Verwaltung die von Cortés empfohlenen Beamten ein. Erst nachdem Olid die Gegend inspiziert hatte und zu dem Schluss gelangt war, dass das Land tatsächlich die

Erwartungen zu erfüllen schien, kündigte er Cortés die Treue auf. Einige Männer, die weiter zu Cortés standen, nahmen daraufhin eines der Schiffe und kehrten nach Villa Rica zurück.

Cortés war nicht nur wütend über diesen Verrat, sondern vor allem verletzt. Jeder hatte Olid geachtet, und es gab im Kampf keinen mutigeren, zuverlässigeren Kameraden als ihn. Cortés wusste genau, dass Olid ihm viele Male das Leben gerettet hatte. Aber Olid war beeinflussbar, wenn er mit Männern wie Velázquez, Garay oder Narváez zusammenkam. Er war, wie Bernal Díaz mit Bedauern formulierte, „ein sehr tapferer Mann, aber ohne Weitblick".

Cortés reagierte, indem er Francisco de Las Casas – einen Verwandten, der aber nichts mit dem Mönch gleichen Namens zu tun hatte – mit zwei Schiffen und etwa 100 Mann nach Honduras sandte, um Olid festzunehmen. Mit der Entsendung einer so kleinen Truppe unter der Führung eines unerfahrenen Offiziers war Cortés darauf angewiesen, dass die meisten von Olids Männern bei der Vorlage des Haftbefehls von ihrem Kommandeur abfallen würden. Nach reiflicher Überlegung änderte Cortés jedoch seinen Plan und machte sich – kaum dass Las Casas aufgebrochen war – selbst auf den Weg. Obwohl alle in der Hauptstadt ihn drängten, lieber Sandoval zu schicken, blieb Cortés bei seinem Entschluss. Er war der quälenden Probleme in der Hauptstadt einfach überdrüssig, und er hatte, wie er später dem König schrieb, das Gefühl, dass er dem Reich bereits viel zu lange keinen besonderen Dienst mehr erwiesen hatte. Viele Jahre später erklärte Cortés Gómara gegenüber seine Entscheidung damit, er habe befürchtet, die Spanier in der Neuen Welt könnten Olids Beispiel folgen und die Rebellionen würden um sich greifen.

Für die Zeit seiner Abwesenheit übertrug Cortés die Verwaltung zwei der königlichen Beamten; die beiden anderen nahm er mit nach Honduras. Außerdem mussten die drei indianischen Fürsten und ihr Gefolge mit ihm ziehen. Die beiden flämischen Franziskaner beschlossen aus freien Stücken, die Expedition zu begleiten, um das

Land kennen zu lernen. Da Aguilar nach Bericht von Bernal Díaz inzwischen gestorben war, stand nur Malinche als Dolmetscherin zur Verfügung, doch sprach sie mittlerweile fließend spanisch und konnte allein zwischen Nahuatl, der Maya-Sprache und Spanisch übersetzen. Als Vizekommandeur war Sandoval dabei.

Und so brach Cortés nun zu einer neuen Art von Expedition auf – begleitet von dem halben Haushalt, zwei Falknern, fünf Musikern, einem Tänzer, einem Jongleur und einem Puppenspieler, denn er wollte, wie einst Montezuma, unterhalten werden.

Dagegen hatte er lediglich ein vergleichsweise kleines Kontingent an Kavallerie und Infanterie aufgestellt, dem einige tausend Indianer als Hilfstruppen zur Verfügung standen. Hinter dem Zug zockelte eine große Schweineherde her. Auf den Ankauf einer Flotte für den Transport nach Honduras hatte Cortés diesmal verzichtet, da ihm das Geld fehlte und er bereits beträchtliche Anleihen vom königlichen Fünftel getätigt hatte. Dennoch stieß er bester Stimmung zum Tross und sang unterwegs mit den beiden königlichen Beamten vergnügte Reime, die sie sich wie Bälle zuspielten. Die beiden Männer, die jünger waren als er, nannten ihn „Onkel". Cortés war zu dieser Zeit etwa 39 Jahre alt.

In den spanischen Niederlassungen entlang des Weges wurde die Expedition festlich bewirtet; in den Dörfern errichtete man ihnen Triumphbögen und feierte sie mit Feuerwerk. Die Indianer, die ausnahmslos Feuerwerk liebten, waren bald sehr geschickt darin, es mit pulvergefüllten Bambusrohren zu veranstalten – der jeweilige Anlass war ihnen gleichgültig. Unerwartet stießen etwa 50 Spanier zu ihnen, die soeben aus Spanien angekommen und auf dem Weg in die Hauptstadt waren, um dort ihr Glück zu machen. Doch als sie Cortés und seine Truppe trafen, schlossen sie sich ihnen nur allzu gern an.

In dieser selbstzufriedenen Feststimmung – sie lagerten gerade vor einer Stadt in der Nähe von Orizaba, unweit von Tenochtitlán – stiftete Cortés die Ehe zwischen Malinche und Juan Jaramillo, der sich während der Belagerung von Tenochtitlán als mutiger Anführer erwiesen hatte.

Malinche akzeptierte ihren Ehemann, wie sie alles akzeptierte, was Cortés ihr zuwies. Denn obgleich sie ihm einen Sohn geboren hatte, plante Cortés für sich in größeren Dimensionen: Er beabsichtigte, in die höchsten Kreise des spanischen Adels aufzusteigen und eine Ehe einzugehen, die ihm diesen Rang verschaffen konnte. Damit würde er dann auch über jenen Spaniern aus besseren Familien stehen, die in Mexiko indianische Prinzessinnen geheiratet hatten und nun mit dem sozialen Rang ihrer Frauen prahlten. Malinche dagegen war – wie jeder wusste – den Spaniern als Sklavin geschenkt worden und hatte zudem vor Cortés bereits Puertocarrero gehört. Allerdings gibt es keinen Grund zu vermuten, Malinche sei Jaramillo, der jünger war als Cortés, nicht zugetan gewesen, und ebenso dürfte dieser die sanftmütige und kluge Malinche geschätzt haben. Das wichtigste Faktum aber war in jedem Fall, dass Cortés diese Heirat wünschte. Malinche willigte ein und diente Cortés weiter als Dolmetscherin.

ALLES ging schief auf dieser ganzen sinnlosen Expedition. Francisco de Las Casas suchte die Ostküste Yucatáns ab und entdeckte Olid in einer Stadt am Golf von Honduras. Als er auf die Flussmündung zusteuerte, in der Olids Schiffe ankerten, setzte Las Casas eine Flagge, die seine friedlichen Absichten anzeigte. Doch Olid, der die Situation klar erkannte, eröffnete das Feuer und verhinderte die Landung. Während sie sich noch feindselig gegenüberlagen, kam ein Sturm auf, der die Schiffe von Las Casas auf Grund laufen ließ. Mehrere Tage lang konnten sich Las Casas und die überlebenden Männer, völlig durchnässt und ausgehungert, verstecken, bis Olid sie gefangen nahm. Zuvor hatte er bereits einen Trupp Spanier, die unter ihrem Führer Gil González, aus Panama kommend, gleichfalls die Meerenge zwischen den Ozeanen suchten, entwaffnet und in einer

Stadt im Landesinnern namens Naco inhaftiert. Voller Selbstvertrauen gestattete Olid Las Casas und González, an seinem Tisch mit ihm zu Abend zu essen, war er doch bewaffnet und sie nicht. Eines Abends – der Tisch war abgedeckt, und Olids Wachen und Diener waren fortgegangen, um selbst zu essen – fielen die beiden Gefangenen mit ihren Obstmessern über Olid her. Übersät mit Schnittwunden im Gesicht, an der Kehle und an den Händen, konnte Olid sich in den Wald retten. Als seine Wachen und Diener herbeigerannt kamen, erinnerte Las Casas sie an ihre Treuepflicht gegenüber dem König und Cortés – und sie gehorchten. Olid wurde festgenommen, und Las Casas und González ließen ihm auf dem morastigen Platz, der als Mittelpunkt der Urwaldstadt fungierte, den Kopf abhacken.

Zu diesem Zeitpunkt befand sich Cortés auf der anderen Seite der Yucatán-Halbinsel, an der Südküste des Golfs von Mexiko in der Provinz Coatzacoalcos. Er ahnte nicht, dass Olids Rebellion bereits niedergeworfen war. Was er jedoch durch Boten wusste: Die Verwaltung in der Hauptstadt funktionierte keineswegs reibungslos, weil die beiden königlichen Beamten – kaum dass er außer Reichweite war – miteinander in einen Streit gerieten. Aus diesem Grund schickte Cortés die anderen beiden Beamten zurück und ermächtigte sie, gegebenenfalls die Regierungsgeschäfte zu übernehmen. Außerdem schrieb er an seinen Cousin Rodrigo de Paz, dem er seinen Haushalt und seine persönlichen Angelegenheiten anvertraut hatte, und bat ihn um Geld, um mindestens 5000 oder 6000 *pesos de oro*, sowie um eine weitere Anleihe aus dem königlichen Fünftel.

Nach der Abreise der königlichen Beamten zählte Cortés mit ziemlicher Verspätung seine Soldaten: Alles in allem waren es etwa 250 Spanier, darunter 93 Kavalleristen mit 150 Pferden, und rund 3000 gut bewaffnete Indianer aus dem Hochland. Da gerade ein Versorgungsschiff aus Villa Rica im Hafen lag, ließ Cortés einen großen Teil seiner Geschütze und Ausrüstung an Bord schaffen und befahl dem Kapitän, an der Küste entlangzusegeln und ihn in Tabasco, dem nächsten

Hafen, zu treffen. Die Häuptlinge von Tabasco, die zu Cortés nach Coatzacoalcos gekommen waren, zeichneten ihm auf einem Tuch eine Karte des Landweges nach Honduras auf. Zwar war keiner von ihnen je dort gewesen, doch kannten Händler den Weg, und auf deren Berichten fußte der Plan. Die Häuptlinge bestätigten Cortés überdies, dass sie von Spaniern – vermutlich von Olid und seinen Männern – an der anderen Küste von Yucatán gehört hätten. Es hieß, diese Spanier hätten den indianischen Händlern die Waren gestohlen, und deshalb gebe es keinen Handel mehr mit Honduras.

Mit diesen Informationen machte Cortés sich mit seiner Truppe auf den schrecklichsten Treck seines Lebens. Das Gebiet der Provinz Tabasco, durch das sie jetzt zogen, war einem Delta ähnlich: Sie mussten mehr als 50 Flüsse überqueren, von denen die wenigsten Brücken hatten. Also wurden Bäume gefällt, um Brücken oder Flöße zu bauen – wobei die ortsansässigen Indianer in den Wald verschwanden, wenn es an die Arbeit ging. Die Pferde durchschwammen die vom Regen stark angeschwollenen Flüsse, an den Zügeln gezogen von Spaniern in Kanus. Als ein Floß mit wertvollen Eisenwerkzeugen kenterte, konnten die Werkzeuge nicht geborgen werden, und die Männer mussten sich schnellstens an Land retten, da am Ufer bereits die Krokodile ins Wasser glitten. Eine Verbindung mit dem Versorgungsschiff kam nicht zustande, weil zwischen ihnen und der Küste ein riesiges Sumpfgebiet lag. Nur ein paar Vorräte konnten mit Kanus vom Schiff aus zu ihnen transportiert werden. Während Cortés, seiner Karte folgend, hartnäckig weiter nach Osten zog, schickte er einen Vortrupp aus, der die Indianer dieser Gegend von ihrer Ankunft informieren und ihnen die aztekischen Herrscher vorführen sollte. Einige Male erzielte das den gewünschten Erfolg, und die Eingeborenen, gebührend beeindruckt, brachten ihnen Lebensmittel und manchmal Kanus. Doch jene Indianer tief im Herzen von Yucatán, denen Spanier und Azteken gleichermaßen unbekannt waren, flohen, ohne in ihren Dörfern irgendetwas Essbares zu hinterlassen.

Cortés und seine Leute schlugen sich durch den tropischen Regenwald, durch Düsternis und immer währenden Dunst. Je weiter sie landeinwärts zogen und sich vom Meer entfernten, umso dramatischer machten sich die Tücken des Regenwaldes bemerkbar. Es gab keine Wege, und die wenigen Indianer, die nicht vor ihnen davongelaufen waren, sagten Cortés, dass die Bewohner dieser Ebene weitere Strecken nur per Kanu zurücklegten. Deshalb wüssten sie auch nicht, wie Männer zu Pferd oder zu Fuß, mit Ausrüstung und Proviant, von einem Ort zum nächsten gelangen konnten – egal, was auf Cortés' Karte eingezeichnet sein mochte.

Die Pferde sanken in den Sümpfen bis zu den Sattelgurten ein, und in den Flüssen stolperten sie oft in Löcher, sodass ihnen das Wasser bis zu den Ohren stand. Schließlich waren sie so erschöpft, dass sie nicht mehr stehen konnten. Wie die Schweine das dagegen aushielten, schrieb Gómara, war „ein Wunder". Die Bergschweine Yucatáns dürften mit ziemlicher Sicherheit von Cortés' Schweineherde abstammen. Diese Tiere, eine borstige, muskulöse Zwergrasse mit dickem Kopf und scharfen Hauern, zählen zu den zähesten Schweinen der Welt.

Die Spanier verirrten sich so sehr, dass sie nicht einmal mehr genau wussten, in welcher Richtung sich Küste und Meer befanden. Nur mithilfe eines Schiffskompasses konnten sie auch an bedeckten Tagen weiter nach Osten marschieren, wie die Karte es vorschrieb. Der Mangel an Nahrungsmitteln setzte allen zu – sie hatten nichts als getrockneten Mais und hin und wieder ein Schwein zu essen. Nicht weniger schlimm war der Durst, denn das Sumpfwasser war nicht trinkbar, und das Regenwasser versickerte zum größten Teil in dem porösen Kalkstein, bevor sie es sammeln konnten. So schleppten sie sich Monat um Monat mühsam voran – schweigend beobachtet von den Azteken, die mit stoischer Gelassenheit zuschauten, wie die Spanier, ihre Bezwinger, versuchten, ihre Pferde an völlig unwegsamen Stellen durchs Wasser zu treiben und Flüsse ohne Boote zu überqueren, wie sie bis zur Erschöpfung Brücken bauten, ausgehungert und nahezu hilflos umherstolperten.

In einem Dorf, wo die Spanier einige Indianer aufgegriffen und etwas Maniok, grünen Mais und Paprika gefunden hatten, ertappte Cortés einen seiner Hochlandindianer dabei, wie er die Leiche eines Indianers, den er getötet hatte, gerade aufaß. Daraufhin ließ Cortés Pater Dekkers allen versammelten Indianern eine Predigt halten, die Malinche Wort für Wort in Nahuatl und Maya übersetzte und die davon handelte, dass es eine Sünde sei, seine Mitmenschen zu essen – ein Thema, über das der kultivierte flämische Franziskaner in seinem ganzen bisherigen Leben noch nie hatte predigen müssen. Danach ließ Cortés den Missetäter auf dem Scheiterhaufen verbrennen, um den einheimischen Indianern zu demonstrieren, dass der Kannibalismus im Christentum verboten sei. Doch die Lektion verwirrte die Regenwaldindianer nur: Sie zogen nämlich daraus die Lehre, dass die weißen Männer einen Mitmenschen zwar rösteten, aber nicht aßen.

Man schrieb Ende Februar 1525, als Cortés und seine Truppe eine Stadt mit freundlich gesinnten Indianern erreichten, die ihnen zu essen gaben und sogar kleine Goldstücke schenkten. Dort blieben sie eine Weile. Die Fastenzeit hatte bereits begonnen, und die Franziskanerbrüder hielten besondere Andachten für die Spanier. Eines Nachts kam ein getaufter Hochlandindianer namens Cristóbal zu Cortés und berichtete ihm, dass die drei Aztekenherrscher eine Verschwörung planten und ihn töten wollten. Sie bedrängten die indianischen Hilfstruppen, über alle Spanier der Expedition herzufallen, während sie die einheimischen Indianer dazu anstiften würden, alle anderen Spanier zu töten, die sich in der Gegend befanden, wie zum Beispiel Olid und seine Männer. Die Azteken wollten sodann nach Tenochtitlán zurückkehren und das Volk zur Vertreibung der Spanier aus der Hauptstadt aufrufen. In den Häfen an der Küste sollten indianische Garnisonen errichtet und alle ankommenden Spanier getötet werden. Als Cortés diese Meldung erhielt, hatten er und seine Männer nur noch wenig Kraft, die Hochlandindianer unter Kontrolle zu halten. Der Zeitpunkt für einen Aufstand war also denkbar günstig. Also verhielt sich Cortés wie stets, wenn er in Lebensgefahr geschwebt hatte, und setzte alles daran, Angst und Schrecken zu verbreiten. Er verhörte die drei aztekischen Fürsten, fand seinen Verdacht bestätigt und ließ sie hängen. Die Hinrichtung war eine beispielhafte Machtdemonstration und tat ihre Wirkung. Die Situation war überaus gefährlich gewesen: Nur etwa 200 Spanier standen rund 2500 bewaffneten Hochlandindianern gegenüber, und zahllose bewaffnete einheimische Indianer sahen zu. Nach den Hinrichtungen legte sich jegliches Aufbegehren, und die Indianer dieser Gegend unterstützten Cortés, dessen Entschlossenheit sie beeindruckt hatte, weiterhin.

Cortés bedrückte der Tod der aztekischen Herrscher – es war, als hätte er Tenochtitlán ein zweites Mal zerstört. Nachts konnte er nicht schlafen und wanderte im Lager umher. Die einheimischen Indianer hatten ihm das Versprechen abgerungen, ihre Götterfiguren nicht zu zerstören. Trotzdem ging er eines Nachts zum Tempel, wo sich die Statuen befanden, stürzte auf dem Weg dorthin jedoch eine fast vier Meter hohe Böschung hinunter und verletzte sich.

Er sprach nie darüber, was er in jener Nacht vorgehabt hatte, doch vermutlich wollte er die Götterbilder eigenhändig umstürzen, trotz seines Versprechens und trotz des damit verbundenen Risikos. Die Sinnlosigkeit seiner Situation und der sichtliche Mangel an göttlicher Zustimmung deprimierten ihn sehr.

Bis Ostern kämpften die Spanier sich weiter durch den Schlamm und danach über das niedrige, dabei aber schroffe und zerklüftete Küstengebirge. Ein halbes Jahr dauerten die Qualen schon, als sie einen indianischen Händler aufgriffen, der ihnen von Spaniern in Nito berichtete, das noch einmal zehn beschwerliche Tagesmärsche weit entfernt war. Aber immerhin wusste man nun mit einiger Sicherheit, dass Spanier in der Nähe lebten. Es handelte sich um

Leute von Gil González, etwa 60 Männer und 20 Frauen, die dem Hungertod nahe, ohne Pferde und kaum bewaffnet, in einer verlassenen Indianerstadt lebten; die meisten von ihnen hatten Gelbfieber und Durchfall. Sie stolperten aus den Häusern, um Cortés als Retter zu begrüßen, und berichteten ihm, dass Olid hingerichtet worden war und dass Las Casas und González nach Mexiko zurückgekehrt waren. Und dann überschütteten sie Cortés, der selbst verzweifelt Hilfe benötigte, mit ihren Sorgen.

Sie erzählten ihm, dass González und Las Casas Olids Männer und ihre eigenen Truppen vereinigt und Freiwillige dazu bewogen hatten, sich in Honduras niederzulassen, wo sie auf ausgedehnte Encomiendas hoffen konnten. Nachdem sie die Siedler ausgerüstet hatten, so gut sie konnten, waren sie über Land nach Guatemala und Mexiko gezogen, um von dort weitere Leute und Vorräte nach Honduras zu schicken. Doch die Siedler – es gab mehrere Gruppen – hatten viel Pech gehabt: Erst verloren sie ihre Ausrüstung, ja selbst einen Großteil ihrer Waffen, dann starben ihre Pferde; die versprochene Verstärkung blieb aus, und sie selbst wagten es nicht, sich allzu weit von ihren Dörfern zu entfernen, obwohl es ihnen an allem fehlte.

Am Flussufer in Nito lagen eine beschädigte Karavelle, das Wrack einer Brigantine sowie Überreste einiger anderer Schiffe, die man den Siedlern zurückgelassen hatte. Cortés veranlasste die Reparatur der Schiffe. Der Hunger war schlimmer als je zuvor, denn nun gab es noch mehr Mäuler zu stopfen, und Cortés schickte deshalb in alle Himmelsrichtungen Kundschafter aus, die nach Dörfern suchen sollten, wo sich etwas Essbares fand, oder nach Feldern, die man abernten könnte. Er selbst infizierte sich mit einer Krankheit, wahrscheinlich Gelbfieber, das von den herumschwärmenden Mücken übertragen wurde. Der Regen ging mit einer Heftigkeit nieder, wie es Cortés und seine Männer noch nie zuvor erlebt hatten.

Die Regenzeit in Zentralamerika, unweit des Río Dulce, war anders als im mexikanischen Hochland und sogar anders als an der mexikanischen Küste. Das sumpfige Land entlang des Flusses war eingebettet zwischen niedrigen Hügeln, und sobald der Regen einsetzte, traten die ohnehin wasserreichen Flüsse über die Ufer und wurden zu tosenden Fluten, die alles in einen brodelnden See verwandelten. Doch sobald der Regen versiegt, ist alles zauberhaft – ein Tropenparadies, vor allem bei Sonnenuntergang. Dann wird der träge Fluss zu einem lichterfunkelnden Strom, der sich durch das dämmerige, duftende Land windet.

Cortés, dem die Infektion und das hohe Fieber stark zusetzten, stülpte seinen Helm nicht mehr über, wenn er umherging. Und so trafen ihn eines Tages auf einem Floß, mit dem frischer Mais herbeigebracht wurde, Steine am Kopf – Indianer hatten sie vom Ufer aus nach ihm geworfen, und wahrscheinlich rührt hierher ein zweiter Bruch in Cortés' Schädel.

Wie ein Strahl göttlichen Wohlwollens, der durch die Wolken drang, erschien die Ankunft eines Schiffes aus Kuba, das auf die verzweifelten Spanier in Nito stieß. Der Kapitän, der gehört hatte, dass Cortés sich auf dem Weg nach Honduras befand, wollte seine Waren so teuer wie möglich verkaufen. Und Cortés bezahlte ihm 4000 Goldpesos für das Schiff und die ganze Ladung. Dazu gehörten 30 Soldaten, die sich ihnen anschließen wollten, Matrosen, die auf dem Schiff angeheuert hatten, 13 Pferde, 70 Schweine, 12 Fässer Pökelfleisch und 30 Pakete Tortillas. Cortés hatte offensichtlich durch alle Strapazen hindurch seinen Schatz zusammengehalten, sonst hätte er die geforderte Summe nicht aufbringen können.

Auch die anderen Siedlergruppen, die in Naco im Landesinneren und in einem Ort nördlich der Bucht von Ascensión lebten, befanden sich in erbarmenswürdiger Verfassung. Von ihnen erfuhr Cortés, dass schon mehrfach Versuche unternommen worden waren, in Zentralamerika Stützpunkte zu errichten – nicht nur von Gil González, den der Gouverneur von Panama nach Norden geschickt hatte. Aus Hispaniola war ein mitleidloser Advokat auf einem gut bewaffneten und bestens ausgerüsteten Schiff gekommen, der sich indes geweigert hatte, den Siedlern zu helfen. Cortés betrachtete diese Vorstöße aus Panama und Hispaniola als Übergriffe auf seinen eigenen Besitz, denn seine Machtansprüche richteten sich auf das gesamte Gebiet südlich von Mexiko bis zu jener Passage zwischen den beiden Ozeanen, von der er träumte. Er war ein heilloser Träumer.

Als die reparierten Schiffe zur Abfahrt bereit waren, schickte er sie nach Mexiko, Kuba, Jamaika und Hispaniola aus, um dort seinen Aufenthaltsort bekannt zu machen und um Vorräte an Bord zu nehmen. Doch alle vier Schiffe verfehlten ihr Ziel und gerieten zwischen den Inseln in heftige Stürme. Das Schiff nach Mexiko, das die beiden Franziskaner an Bord hatte, ging bei einer Insel vor der Westspitze Kubas unter, und die asketischen Flamen ertranken – Märtyrer auf ihrem Kreuzzug, den Indianern das Christentum zu bringen. Das Schiff nach Kuba verfehlte den Hafen, und die beiden Schiffe nach Jamaika und Hispaniola konnten sich nur mit Mühe an die kubanische Südküste retten. Dort erfuhr man, dass in Mexiko, vor allem in der Hauptstadt, Chaos herrschte. Die königlichen Beamten, die Cortés zurückgeschickt hatte, hatten zwar die beiden anderen abgesetzt, führten sich aber beinahe noch selbstherrlicher auf. Mit großem Pomp traten sie ihr hohes Amt an und verbreiteten, Cortés sei tot. Außerdem durchsuchten sie Cortés' Palast nach Schätzen und folterten seinen Cousin Rodrigo de Paz. Als dieser sich trotzdem weigerte, das Versteck zu verraten, ließen sie ihn hängen. Ein Brief mit Informationen über diese Vorgänge wurde auf einem schnellen Segler nach Honduras geschickt.

Als Cortés die Nachricht erhielt, wollte er sofort nach Mexiko abreisen, doch war mehrmals das Wetter gegen ihn. Als er endlich am 25. April 1526 in See stechen konnte, waren beinahe eineinhalb Jahre vergangen, seit er von Mexiko zu einem kräftezehrenden, kostspieligen und letztlich sinnlosen Abenteuer aufgebrochen war.

Die Rückkehr der Toten

Cortés' Ziel war die neu gegründete Hafenstadt nördlich von San Juan de Ulúa, die nach seiner Heimatstadt Medellín benannt war. Doch da sein Schiff ein Leck hatte, musste er einen Hafen in Kuba anlaufen, wo Cortés – wie er annahm – eine Konfrontation mit Velázquez einschließlich Wutausbrüchen, Drohungen und vielleicht sogar einem Kampf erwartete. Aber sein alter Feind war gestorben, „aus Verzweiflung", wie Bernal Díaz kommentierte. Ebenfalls verstorben war in Spanien auch Juan de Fonseca, der Bischof von Burgos, der Cortés und all die anderen Entdecker der Neuen Welt stets behindert hatte. Cortés selbst, den einige seiner alten Bekannten auf Kuba nicht mehr wieder erkannten, fühlte sich eine Weile dem Tode so nahe, dass er eine braune Franziskanerkutte bei sich trug, in die seine Leiche gewickelt werden sollte.

Cortés blieb zehn Tage in Kuba. Als sich herausstellte, dass sein Schiff nicht mehr seetüchtig war, kaufte er ein anderes und nahm Kurs auf die Küste Mexikos – jenes Landes, das er voller Stolz Neuspanien des Ozeans getauft hatte. Bei Einbruch der Dämmerung ging er dort mit Sandoval und einigen anderen Männern an Land und legte die drei oder vier Kilometer bis zur Stadt zu Fuß zurück. Dort angekommen, betrat er unbemerkt die Kirche, um ehrerbietig niederzuknien und Gott zu danken. Er war zu erschöpft, um sich über sein Überleben zu freuen, und unsicher, ob er durchhalten würde.

Um Mitternacht entdeckten ihn die Bewohner der Stadt. Kerzen wurden angezündet, und Ausrufer rannten mit Fackeln durch die Straßen. Die Spanier in Mexiko waren außer sich vor Begeisterung über seine Rückkehr. Boten galoppierten in alle Himmelsrichtungen, um die Nachricht zu verbreiten, dass Cortés lebte und zurückgekehrt war. Man brachte ihm und seinen paar Getreuen zu essen, und Indianer kamen von weit her mit Geschenken für ihn.

Nach zweiwöchiger Ruhepause machte sich Cortés dann auf den Weg ins Hochland, und überall wurde er ebenso festlich bewirtet wie damals, als er hinuntergezogen war. Wieder errichteten die Spanier in den Städten entlang seiner Route Triumphbögen und veranstalteten Feuerwerke. Scharen von Indianern streuten Blüten auf seinen Weg, versicherten ihn ihrer Treue und ehrten ihn als den letzten Herrscher, der ihnen geblieben war. Im Flüsterton beklagten sie die schlimmen Ereignisse während seiner Abwesenheit.

Cortés und seine Begleiter brauchten etwa zwei Wochen, um den Gebirgskamm zu erreichen, von wo aus es ins Tal von Mexiko hinunterging.

Mittlerweile war Cortés über alle Vorkommnisse gut unterrichtet. In der Hauptstadt war ein wilder Kampf der verschiedenen Parteien entbrannt, eine jede angeführt von einem der königlichen Beamten. Ihre Gefolgsleute bestanden aus Männern, die sich noch nicht in der Schlacht die Hörner abgestoßen hatten, denn im Kielwasser der Eroberung war eine Welle von Opportunisten ins Land gespült worden. Cortés und seine Männer, die mit ihm nach Honduras aufgebrochen waren, wurden totgesagt. Weil eine Bäuerin – eine füllige, temperamentvolle Spanierin namens Juana de Mansilla, deren Mann an Cortés' Expedition teilnahm – sich weigerte zu glauben, dass sie nun Witwe sei, ließen die Beamten sie durch die Straßen peitschen. Als Las Casas und González in der Hauptstadt ankamen, wurden sie wegen Mordes an Olid verhaftet – und wären auch hingerichtet worden, hätten die Veteranen im Stadtrat nicht heftig widersprochen. Stattdessen legte man sie in Ketten und schickte sie, zusammen mit einer Ladung Gold für den König, nach Spanien. Aus Angst vor dem anrückenden Cortés besetzte der derzeit amtierende königliche Beamte mit 200 Männern Cortés' Palast und ließ sämtliche Geschütze auffahren, doch schlossen sich Cortés' Krieger von neuem zusammen und zwangen die Männer der königlichen Beamten zur Kapitulation.

Als Cortés schließlich unter dem Jubel der Menge triumphierend in die Hauptstadt einzog, hielt er unterwegs sein Pferd an und streckte Juana de Mansilla die Hand entgegen. Ein Page eilte herbei und hielt seine Hände als Steigbügel. Sie raffte ihre Röcke und schwang sich, an den Füßen die üblichen staubigen *alpargatas*, Hanfschuhe, hinter Cortés aufs Pferd.

WÄHREND Cortés sich bei Motolinía im Kloster des heiligen Franziskus aufhielt, um zu beichten, erreichte ihn von der Küste eine unerwartete Schreckensnachricht: Ein Richter war eingetroffen, der im Auftrag des Königs eine *residencia* über Cortés' gesamte Amtszeit als Gouverneur durchführen sollte. Eine Residencia war das mittelalterliche spanische Äquivalent für eine Steuerprüfung – allerdings ungleich strenger, denn der Steuerprüfer, den man Richter *(juez de residencia)* nannte, übernahm in Wirklichkeit alle öffentlichen und privaten Ämter und Besitztümer der überprüften Person, empfing alle Einnahmen, bezahlte anstehende Schulden und überprüfte die Verträge. Nach einem Zeitraum von vielen Monaten, ja häufig sogar Jahren, erstattete er dem König Bericht und gab dem Überprüften, falls man keine schweren Vergehen entdeckt hatte, alle Gelder und Ämter zurück. Die Richter, die ermächtigt waren, Residencias durchzuführen, waren über jeden Verdacht erhaben. In diesem Fall war es Luis Ponce de Léon, ein Verwandter von Juan Ponce de Léon, jenem alternden Lüstling, der sein Leben auf der Suche nach dem Jungbrunnen verloren hatte.

Bei Erhalt dieser Nachricht war Cortés am Boden zerstört und nahe daran, die Letzte Ölung zu erbitten – so unerwartet traf ihn dieser Schlag, dem er sich kräftemäßig kaum gewachsen fühlte.

Luis Ponce, ein junger Mann, kam bereits mit Vorurteilen in Mexiko an, beeinflusst von Fonsecas alter Clique, die im Westindienrat noch immer den Ton angab. Gleichermaßen extrem argwöhnisch und hochmütig, war er entschlossen, keinen Fehler zu machen. Er wurde begleitet von einer großen Zahl von Dominikanermönchen, die, aufgehetzt von Fray Bartolomé de Las Casas, den Franziskanern ihre Stellung in Mexiko neideten. Als Cortés Ponce einen Brief an die Küste schickte, in dem er ihm Unterkunft und Unterstützung anbot, lehnte der Richter jegliche Hilfe ab: Er werde im Lager bleiben, bis er sich ausgeruht habe, und erst dann in die Hauptstadt kommen. Weil ihm jedoch zugetragen worden war, dass er unterwegs ermordet werden sollte, brach er ohne Vorankündigung sofort auf. Auf beiden möglichen Reiserouten ins Hochland schickte Cortés ihm Empfangskomitees entgegen, von denen das eine Ponce und seine Begleitung nur 80 Kilometer vor der Hauptstadt antraf, doch wurde jegliche Eskorte abgelehnt. Entgegen seinen Ankündigungen, erst am übernächsten Tag nach dem Mittagessen in die Stadt zu reiten, beschleunigte Ponce das Tempo und traf unvermutet in der Hauptstadt ein.

Vor dem versammelten Stadtrat verlas er die königliche Vollmacht und legte seine Papiere vor. Cortés und alle Räte küssten die Papiere und hielten sie über ihren Kopf als Zeichen der Unterwerfung. Anschließend wurde der Inhalt öffentlich auf dem Hauptplatz verkündet. Die Räte übergaben Ponce ihre Amtsstäbe, die er, wie das Protokoll der Residencia es vorschrieb, allen mit Ausnahme von Cortés zurückgab. Der Richter wollte weder im Palast von Cortés wohnen noch in irgendeinem anderen Palast, den Cortés ausgesucht hatte. Auch wollte er nichts essen, womit Cortés ihn versorgte, und hatte deshalb seine eigenen Köche mitgebracht, zwei Brüder, die alle seine Mahlzeiten zubereiteten.

Es war eine Zeit der Festlichkeiten in Ciudad de México, wie Tenochtitlán jetzt hieß. Man feierte die Rückkehr von Cortés, die den Bürgern Sicherheit und Frieden versprach, und auch die Ankunft des Juez de residencia konnte diese Freudenstimmung nicht trüben. Festessen und Feuerwerke wurden veranstaltet, dazu waghalsige Reitdarbietungen auf Langhornstieren – und zu all diesen Vorführungen waren Ponce und seine Leute eingeladen. Allerdings grassierten unter ihnen schon seit der Überfahrt Krankheiten, und nach einem Fest, das Cortés in Iztapalapa ausgerichtet hatte, wurden viele der Neuankömmlinge von schwerem Unwohlsein befallen, litten unter Erbrechen, Durchfall und hohem Fieber. Innerhalb von zehn Tagen starben Ponce und 30 seiner Männer, darunter zwei Dominikaner.

Verschiedene Gerüchte kursierten. Einige machten den Pudding und den Käsekuchen für die Erkrankung verantwortlich, doch hatte Ponce beispielsweise nichts davon gegessen. Andere schoben es aufs Wasser, die große Höhe und übermäßiges Essen. Ein Arzt, der die Kranken betreut hatte, attestierte, dass sie alle am Fieber gestorben seien, änderte jedoch seine Aussage, als die Dominikaner ihm mit Exkommunikation drohten, und räumte ein, es könnte sich auch um vorsätzliche Vergiftung handeln. Dabei waren plötzliche Todesfälle im frühen 16. Jahrhundert in Mexiko nichts Ungewöhnliches. Männer oder Pferde knabberten an einer Pflanze, die essbar aussah, und fielen tot um – so fand man einmal sechs tote Pferde an einer einzigen Stelle. Trotz aller Gerüchte aber wurde Cortés nie des Mordes angeklagt, weil keinerlei Beweise für ein Verbrechen vorlagen.

Die Machtbefugnis als Richter ging nun auf Ponces Stellvertreter Marcos de Aguilar über, der nicht mit Cortés' ehemaligem Dolmetscher verwandt war. Dieser Aguilar war alt und kränklich; er trank nur Ziegenmilch, und als der Vorrat an Ziegenmilch zu Ende ging, trieb Cortés, wie Bernal Díaz berichtet hat, für ihn eine Frau aus Kastilien auf, die gerade niedergekommen war und den alten Mann mit ihrer Milch versorgte. Angesichts von Aguilars Handlungsunfähigkeit drängten die Räte der Hauptstadt darauf, dass Cortés wieder die volle Regierungsgewalt übernehmen sollte – er lehnte ab. Zwar hatte er als Oberbefehlshaber die volle militärische Macht inne, doch sein Gouverneursamt – das wusste der in juristischen Dingen versierte Cortés – konnte er nicht wahrnehmen, solange er Gegenstand einer Residencia war. Also gingen die Parteienkämpfe von neuem los.

In jenen Tagen kehrten Alvarado und seine Männer aus Guatemala zurück. Bei der Begrüßung musste Cortés tief betroffen feststellen, dass eines von Alvarados Beinen einige Zentimeter kürzer geworden war als das andere – die Folge eines schweren Pfeilbeschusses. In der Folge bereitete man Petitionen für die Zuteilung von Encomiendas für die Guatemala-Veteranen vor, doch war niemand in der Hauptstadt befugt, sie zu bestätigen. Deshalb brach Alvarado nach Spanien auf, um dem König sein Gesuch, die Herrschaft über Guatemala zu übernehmen, selbst vorzulegen. Mit der öffentlichen Ordnung ging es immer weiter bergab. Nachdem auch Aguilar gestorben war – an den Folgen einer Syphilis –, war unklar, wer nun die Amtsgewalt des Juez de residencia besaß. Die vier königlichen Beamten, die man ins Gefängnis geworfen hatte, schafften es freizukommen und sammelten ihre Anhänger. In den Straßen und Tavernen entbrannten ständig Kämpfe auf Leben und Tod.

Es war eine Ironie des Schicksals, dass Cortés, der zu Beginn der Eroberung die spanischen Gesetze so geschickt zu seinem eigenen Vorteil genutzt hatte, jetzt selbst über das spanische Rechtssystem stolperte. Eingeschränkt durch die Residencia, war es ihm einfach unmöglich, seine volle Macht auszuüben. Die königlichen Beamten beschuldigten ihn öffentlich, dem Staatssäckel 60000 Goldpesos entnommen zu haben – der entlastende Beweis, dass die Staatskasse Cortés 150000 Goldpesos für die Ausrüstung der entsandten Flotten und Armeen schuldete, wurde erst später erbracht. Auch musste Cortés feststellen, dass viele seiner Ländereien versteigert worden waren, nachdem seine Gegner ihn für tot erklärt hatten.

Die Parteienkämpfe erreichten einen Höhepunkt, als eine Gruppe, die vorübergehend die Macht im Stadtrat an sich gerissen hatte, verkündete, Cortés sei aus der Stadt ausgewiesen. Cortés, der gerade auf seinem Gut in Cuernavaca weilte, entschied, den Ratsbeschluss zu respektieren. Er hätte ihn anfechten oder sich widersetzen können, worum ihn viele seiner alten Kampfgefährten baten, doch sah er keinen legalen Weg, diesen Aufruhr ohne eine königliche Verfügung zu seinen Gunsten niederzuschlagen. Aus diesem Grund beschloss er, wie Alvarado nach Spanien zurückzukehren und seine Sache selbst vor dem König zu vertreten.

Vom Exil in Coyoacán aus versuchte Cortés, seine persönlichen Angelegenheiten zu ordnen, denn er besaß ausgedehnte Ländereien, zu denen Indianer gehörten, und er musste den Einzug der Tribute regeln. Einen Handelsbeauftragten schickte er an die Ostküste, um zwei Schiffe zu kaufen, auszurüsten und mit Vorräten auszustatten. Alle Veteranen, die ihn nach Spanien begleiten wollten, lud er ein, auf seine Kosten mitzukommen. So scharte er ein großes Gefolge um sich, wie es dem Eroberer Mexikos gebührte. Sandoval, Andrés de Tápia und eine Gruppe angesehener Konquistadoren begleiteten ihn ebenso wie eine Delegation vornehmer mexikanischer Indianer. Er ließ die Schiffe mit Gold, Silber, Edelsteinen, Federschmuck und indianischem Kunsthandwerk aller Art beladen. Dazu kamen Käfige mit Tieren, die in Europa unbekannt waren: Gürteltiere, Albatrosse, Pumas, Jaguare und Opossums. Cortés nahm indianische Albinos und Zwerge mit, Akrobaten, die Holzstücke mit ihren Füßen herumwirbelten, eine Gruppe von Ballspielern und andere, die mit Seilen an hohen Masten hängend im Kreis durch die Luft flogen. Mit diesen Schätzen und Wunderdingen an Bord segelte Cortés im Herbst 1528 nach Spanien.

VII Lohn des Lebens

Die Heimkehr

Cortés und seine Kameraden überquerten den Ozean ohne Probleme in nur 42 Tagen. Trotz ruhiger See waren viele der Passagiere, darunter Cortés und Sandoval, ernstlich krank, als die Schiffe im Hafen von Palos einliefen. Sie litten an Fieber und verschiedenen Infektionen, die sie schwächten. Diese Männer, die Mexiko erobert hatten, wankten an Land und verkrochen sich auf dem schnellsten Wege in bequemen Unterkünften. Cortés begab sich, unterstützt und gefolgt von seinen Leuten, in das Franziskanerkloster von La Rábida. Sandoval hingegen war so krank, dass man ihn in Palos in das Haus eines Seilmachers bringen musste, wo er starb – der jüngste, treueste und unerschrockenste aller Konquistadoren. Der unredliche Seilmacher nahm die aztekischen Goldbarren, die jeder der Männer bei sich hatte, an sich und entfloh nach Portugal.

Cortés war zutiefst betroffen über Sandovals Tod, der keine 30 Jahre alt geworden war. Er hatte sein Leben so völlig dem Kampf und der Eroberung geweiht, dass er weder Ehefrau noch Geliebte noch Kinder hinterließ. Als Erbin hatte er seine Schwester in Medellín bestimmt, die dank dieser Mitgift später einen unehelichen Sohn des Grafen von Medellín heiratete. Ein weiterer Schlag für Cortés war die Nachricht vom Tod seines Vaters. Er erlitt einen Rückfall und musste auf eine Weiterreise vorerst verzichten.

Unterdessen verbreitete sich die Nachricht von seiner Ankunft wie ein Lauffeuer von Palos nach Sevilla und über ganz Südwestspanien bis zum Hof, der sich damals in Toledo befand. Überall sprach man über die außerordentlichen Sehenswürdigkeiten, die Cortés aus der Neuen Welt mitgebracht hatte, über die großen Reichtümer, die er dem Imperium erworben hatte, und man nannte ihn den großen Konquistador. Cortés und seine Männer waren freudig überrascht, denn angesichts der feindseligen Haltung des Rates von Westindien hatten sie hinsichtlich ihres Empfanges böse Befürchtungen gehegt. Doch Spanien schien in der Stimmung, einen Helden zu feiern. Der Augenblick war günstig – wie Blüten vom Baum schien der Nation nun die Verheißung eines beständigen Flusses von Gold und Silber aus der Neuen Welt zuzufallen.

Von La Rábida aus sandte Cortés einen Brief an den König, in dem er den Monarchen von Sandovals tragischem Tod und seiner eigenen Krankheit in Kenntnis setzte. Der König wies daraufhin alle Städte auf Cortés' Weg nach Toledo an, Triumphbögen zu bauen und angemessene Festlichkeiten zu seinem Empfang vorzubereiten. Karl war selbst in Jubelstimmung, denn seine Krönung zum Kaiser des Heiligen Römischen Reiches Deutscher Nation stand bevor. Gern gab er nun seine gewohnte Vorsicht auf und stimmte in den allgemeinen Beifall mit ein. Cortés war gekommen, um sich Gefälligkeiten zu erbitten; er erhoffte sich einen Aufstieg in der spanischen Hierarchie, und diese Art von Belohnung für einen Konquistador fiel dem König nicht schwer. Die Nachricht, dass ihm die Anerkennung des Königs sicher sei, gab Cortés neuen Auftrieb. Er erhob sich von seinem Krankenbett, organisierte seinen Geleitzug – eine regelrechte Schatzprozession – und machte sich auf den Weg nach Toledo, in jeder Stadt gefeiert von jubelnden Menschen, die die Straßen säumten. Fast ein Vierteljahrhundert war vergangen, seit Cortés Spanien verlassen hatte, und es belebte ihn, wieder sein eigenes Volk zu spüren: der Anblick der Jungen in den Straßen, die ihn an seine eigene Kindheit erinnerten, die Señoritas auf den Balkonen, die Fröhlichkeit, die Blumen, die Scherze, die Musik und der Tanz, der Duft von spanischem Essen und Wein.

Als Cortés Toledo erreichte, stand eine Unterkunft zur Verfügung, die der König für ihn vorbereitet hatte. Und als er einen neuerlichen Rückfall erlitt, kam der König persönlich in Begleitung von Adligen aus den angesehensten und ältesten Familien, um ihn zu begrüßen.

Sobald Cortés sich ausreichend erholt hatte, um seine Aufwartung bei Hof zu machen, hielt der König großzügige Auszeichnungen für ihn bereit: Cortés wurde zum Marqués del Valle de Oaxaca ernannt und als Oberbefehlshaber von Neuspanien und den Provinzen, die an das südliche Meer angrenzten, bestätigt; ihm wurde ein gewaltiges Einkommen aus diesen Gebieten garantiert. Nur die Ernennung zum Gouverneur von Neuspanien lehnte der vorsichtige König ab, denn er wollte vermeiden, dass zukünftige Eroberer ihre Erwartungen zu hoch steckten.

Alles in allem aber erhielt Cortés fantastische Belohnungen: Er wurde in den höchsten Adel aufgenommen und war einer der reichsten Männer des Reiches. Das blieb er auch, als in den nächsten Jahren die Revisoren im Zuge der Residencia entdeckten, dass Cortés sich jeweils selbst ein Fünftel zugeteilt hatte, genauso viel also wie dem König, und deshalb seinen Gewinn herabsetzten sowie einige der Anteile reduzierten, die er sich als „Adliger von Geburt" zugebilligt hatte.

In den persönlichen Begegnungen mit Cortés interessierte sich der König vor allem für Neuigkeiten über das südliche Meer. Karl wusste, dass Magellans Flotte auf dem Weg von Osten nach Westen am südlichen Zipfel von Südamerika entlanggesegelt war und den Pazifik zu den Gewürzinseln hin überquert hatte. Alle Schiffe bis auf eines waren verloren gegangen, aber dieses eine Schiff war weitergefahren und voll beladen mit Gewürzen nach Spanien zurückgekehrt. Es stand jetzt zweifelsfrei fest, dass man westwärts segelnd die Gewürzinseln erreichen konnte, und der König wusste auch, dass die Portugiesen auf den Gewürzinseln viele von Magellans Männern ins Gefängnis geworfen hatten. Er plante eine weitere Expedition, weitere Erwerbungen und wollte Vergeltung gegen die Portugiesen üben. Cortés konnte dem König berichten, dass die drei Schiffe, die er in Zihuatanejo am südlichen Meer hatte bauen lassen, bereits fertig gestellt und mit Waffen wie mit Vorräten ausgestattet unter dem Kommando eines seiner Verwandten in See gestochen waren. Diese Flotte, so versicherte Cortés, konnte sich gegen Wilde oder gegen die Portugiesen verteidigen. Der König war über diese Nachricht sehr erfreut.

Cortés beurteilte die Fahrt der Flotte mit großer Zuversicht, doch waren bis zu den Gewürzinseln über 5000 Meilen in den Weiten des Pazifiks zurückzulegen. Alle Schiffe gingen verloren, und die wenigen Spanier, die in kleinen Booten überlebten und Ostindien erreichten, wurden von den Portugiesen gefangen genommen und ins Gefängnis geworfen. Ein paar unglückselige Schiffbrüchige verschlug es nach China, wo sie in die Sklaverei verkauft wurden. Vorerst aber dachte niemand an ein solch klägliches Scheitern. Cortés konnte sich vielmehr im allgemeinen Lob sonnen, was ihn ermutigte, hoch gestellten adligen Damen auf dem Weg nach Toledo seine Aufwartung zu machen. Mit seinen tapferen Gefährten tauchte er in den Salons auf, spendete mit offenen Händen für wohltätige Anlässe, machte kostbare und exotische Geschenke wie Fächer aus grünen Federn mit Goldgriffen und in Gold gefasste Smaragde. Er veranstaltete seine eigenen Lustbarkeiten, zu denen er die Damen einlud, und ließ seine indianischen Akrobaten ihre Kunststücke vorführen. Mit Befriedigung stellte Cortés fest, dass er die Rituale der Galanterie so gut beherrschte wie eh und je – in Anbetracht des Reichtums, über den er jetzt verfügte, vielleicht sogar ein wenig besser. Und die edlen Damen begannen, ihm ihre unverheirateten weiblichen Verwandten zu präsentieren. Immerhin war Cortés – obgleich noch ein wenig blass und dünn und von Kopf bis Fuß von Narben übersät – als Witwer von Mitte vierzig eine blendend gute Partie. Die blaublütige Gattin von Don Francisco de los Cobos schrieb ihrem Ehemann, sie sei *sehr eingenommen von Cortés' Höflichkeit und Großzügigkeit*. Und: *Der Ruf, der Cortés und seinen heldenhaften Taten vorauseilt, bleibt weit hinter dem Urteil zurück, das jene sich über ihn bilden, die das Glück haben, ihn kennen zu lernen.* Diese Dame, Doña Maria, dachte dabei an ihre eigene unverheiratete Schwester. All dies stimmte mit Cortés' eigenen Plänen überein. Nachdem er nun in den Rang eines Edelmannes von hohem spanischem Adel erhoben worden war, gedachte er, einen entsprechenden Stammbaum zu begründen – und seit Kuba trachtete er danach, eine hübsche Herzogin zu finden.

Die Nichte des Herzogs von Bejár machte schließlich das Rennen. Jahrelang hatte der Herzog, Don Alvaro de Zúñiga, Cortés eisern verteidigt und dreimal vor dem König mit seinem Leben gebürgt – möglich, dass der Herzog dabei schon die Zukunft seiner Lieblingsnichte im Sinn hatte. Das Mädchen mit Namen Doña Juana Ramirez de Arellano y Zúñiga – ihr Vater war Don Carlos Arellano, Graf von Aguilar – war über ihr künftiges Los unterrichtet worden und voll damit einverstanden. Gleich nach der Abreise des Königs nach Italien, wo eine spanische Armee gegen die Franzosen um Mailand kämpfte, heiratete Cortés Doña Juana, die hübsch, von liebenswertem Charakter und sehr fruchtbar war.

Die Spanier waren zu jener Zeit wie alle Welt verrückt nach Juwelen, und Cortés hatte fünf Smaragde nach Spanien mitgebracht, die allgemeines Gesprächsthema waren. Bei diesen Smaragden, die nicht erhalten blieben, die Gómara jedoch ausführlich beschreibt, handelte es sich um Steine von außerordentlicher Klarheit. Einer hatte die Form einer Rose, einer die eines Füllhorns, einer die eines geschuppten Fisches mit goldenen Augen und wieder ein anderer die einer in Gold gefassten Glocke mit einer makellosen Perle als Klöppel und der ins Gold auf Spanisch eingravierten Widmung: GESEGNET SEI, DER DICH SCHUF! Der edelste und größte der Smaragde war zu einem Kelch gearbeitet, hatte einen goldenen Sockel und einen goldenen Schnabel, der über vier Goldketten mit einer länglichen Perle verbunden war. Auf dem Gold stand in lateinischer Sprache: NIE HAT EINE MUTTER EINEN GRÖSSEREN SOHN GEBOREN. Juwelenexperten standen Schlange, um mit ihren Lupen diese Kostbarkeiten zu begutachten. Einige Genueser Händler boten Cortés in La Rábida 40 000 Dukaten für die Glocke, die sie an den türkischen Sultan weiterverkaufen wollten, doch lehnte Cortés dieses Angebot stolz ab. Gómaras Beschreibung zufolge scheinen diese Raritäten das Werk mixtekischer oder zapotekischer Künstler gewesen zu sein, waren allerdings zweifellos auf spanische Anweisung hin angefertigt worden, wie die Eingravierungen deutlich belegen.

Königin Isabella, eine Infantin von Portugal, soll Cortés zu verstehen gegeben haben, sie würde sich über die Maßen freuen, falls er ihr diese Kostbarkeiten zum Geschenk machte. Cortés sandte ihr viele erlesene Geschenke, nicht aber diese fünf ausgefallenen Stücke. Sie waren für seine Verlobte Doña Juana bestimmt.

DAS GLÜCKSSPIEL UM DIE SÜDLICHE SEE

Cortés verbrachte eine schöne Zeit in Spanien, doch nach mehr als einem Jahr zog es ihn zurück in das Land, das er erobert hatte und das er nun Doña Juana zeigen wollte. So setzte er Mitte des Jahres 1531, begleitet von einer großen Eskorte, seiner jungen Ehefrau und seiner verwitweten Mutter, wieder die Segel.

Während Cortés' Abwesenheit war in Mexiko auf Veranlassung des Rates von Westindien eine Unterabteilung eingerichtet worden – eine so genannte *audiencia*, mit einem Präsidenten und vier ständigen Richtern an der Spitze. Sie hatte die Aufgabe, die Anhörung von Klagen zu regeln, eine unvoreingenommene Rechtsprechung zu garantieren und sich um die Regierungsgeschäfte sowie um Cortés' Residencia zu kümmern. Der zuerst ernannte Präsident der Audiencia war ein Gefolgsmann von Narváez gewesen, der wegen seiner hemmungslosen Amtsführung vom König die Entlassung erhielt. Unter der neuen Audiencia, die lediglich aus vier Juristen bestand – ein Jahr lang gab es keinen Präsidenten –, gelang es, die Verwaltung der Hauptstadt wieder einigermaßen unter Kontrolle zu bekommen, doch standen die Indianer in ganz Mexiko am Rande der Revolte.

So stellte sich die Lage dar, als Cortés Veracruz erreichte, und sie war nicht unähnlich jener bei seiner Rückkehr aus Honduras. Sobald er fern von Mexiko war, spürten die Spanier das Fehlen einer starken Hand und die Indianer den Verlust eines Mannes, der sie verstand. Nun strömten mehr als 1000 Spanier und noch mehr Indianer zu Cortés an die Küste und beklagten die schlechte Behandlung durch die Audiencia vor allem in der ersten Zeit.

Die Mitglieder der Audiencia, beunruhigt über diesen Empfang für Cortés, befahlen allen Einwohnern der Hauptstadt, auf der Stelle zurückzukehren, und drohten Cortés mit der Ausweisung, da er den Frieden störe. Dies war gewiss nicht die Art von Empfang, die Cortés sich für Doña Juana vorgestellt hatte. Jetzt setzte er sich mit seiner eigenen, aus hunderten gut bewaffneter Männer und vielen Pferden bestehenden Streitmacht an die Spitze der Spanier und Indianer, die zu ihm gekommen waren, ließ einen öffentlichen Ausrufer seine Ernennung zum Oberbefehlshaber von Neuspanien verlesen, sandte eine Abschrift dieser vom König bestätigten Vollmacht mit einem Boten auf einem schnellen Pferd in die Hauptstadt voraus und begann den Anstieg in die Berge.

Zu diesem Zeitpunkt brach unter den Indianern plötzlich eine Rebellion größeren Ausmaßes aus, die von einigen Stammeshäuptlingen, die sich die Uneinigkeit unter den Spaniern zunutze machen wollten, gesteuert war – in abgelegenen Orten und auf den Wegen ergriffen und töteten die Indianer mehr als 200 Spanier. Jetzt bat die Audiencia Cortés mit einem Mal, in die Hauptstadt zurückzukehren und das militärische Oberkommando zu übernehmen. Das tat er –

und Doña Juana wurde das Vergnügen zuteil, beobachten zu können, wie ihr Ehemann von den verschreckten Einwohnern willkommen geheißen wurde. Cortés kehrte in sein Fort zurück und stellte Truppen zusammen, die unter dem Kommando seiner bewährten Anführer die Aufstände schnell und schonungslos niederschlugen.

Nachdem Sicherheit und Ordnung wiederhergestellt waren, gestalteten sich die Beziehungen zwischen Cortés und der Audiencia freundlicher, und Cortés hielt es für unbedenklich, die Hauptstadt zu verlassen und seine Werften in Zihuatanejo, Acapulco und Tehuantepec an der Westküste zu besuchen, um von dort aus, seiner Absprache mit dem König gemäß, die Erforschung des südlichen Meeres voranzutreiben. Überdies verspürte er keine besondere Lust, sich erneut in den politischen Hader einzumischen. Die Audiencia ihrerseits war froh über seine Abreise, weil man fürchtete, Cortés könnte das ganze System von Verordnungen in Gefahr bringen, das die Rechtsbeauftragten den leidenschaftlich individualistischen spanischen Siedlern aufzuerlegen versuchten. Cortés zog es außerdem zur Westküste, weil hier im Herbst, Winter und Frühling ein himmlisches Klima herrschte – alles blühte, und die Küste war von Palmen beschattet. Seine junge Frau sollte dieses Paradies kennen lernen und sich daran erfreuen.

Cortés schuf Doña Juana in Acapulco eine behagliche Bleibe, und sie wurde zum ersten Mal schwanger. Das erste Kind war ein Junge, und in der Folge gebar sie Cortés drei Mädchen. Bei der Geburt des Jungen entstand ein kurzer Moment der Verlegenheit, da Doña Juana das Kind dem Brauch zufolge nach dem Großvater väterlicherseits Martín nennen wollte. Das Problem, von dem Doña Juana nichts ahnte: Es gab bereits ein Kind namens Martín Cortés, einen lebhaften dunkelhäutigen Jungen – Cortés' uneheliches Kind mit Malinche –, der bei seiner Mutter in der Nähe von Coatzacoalcos lebte. Cortés überdachte das Problem und fand eine einfache Lösung: Es würde zwei Martín Cortés geben – salomonische Entscheidungen fielen ihm inzwischen leicht.

Cortés reiste von einer Werft zur anderen und überwachte den Schiffsbau. Schiffe, die auf den Ozean hinausfuhren, mussten solider gebaut sein als die für Binnenseen gedachten Brigantinen. In der Tat waren diese sowohl mit Nägeln als auch mit Dübeln gefestigten Schiffe extrem stabil und seetüchtig, sobald das Holz mit Wasser voll gesogen war. Es haperte jedoch an Zubehör und Ausrüstungsgegenständen, die bisweilen sogar aus Spanien an die mexikanische Ostküste gebracht werden mussten, von wo man sie über Land an die entlegene Westküste transportierte. Die Arbeiten schritten deshalb nur langsam voran. Mitte 1532 waren in Acapulco zwei Schiffe fertig gestellt, und wenig später lagen weitere Schiffe in Zihuatanejo und Tehuantepec zum Auslaufen bereit. Cortés ließ sie die Küste entlangpatrouillieren, immer auf der Suche nach einer Passage zwischen den Ozeanen und nach einem Seeweg nach Indien. Von der ersten Flotte, die vor seiner Abreise nach Spanien von Zihuatanejo aus aufgebrochen war, hatte man nie wieder etwas gehört. Und auch diese neuen Erkundungsreisen erbrachten keine wesentlichen Ergebnisse. Cortés beschloss, die Angelegenheit deshalb persönlich in die Hand zu nehmen.

In einer Bucht an der Küste von Jalisco entdeckte er das ausgeschlachtete Wrack eines seiner Schiffe, das ihn 15 000 Dukaten gekostet hatte. Mit Männern, Pferden und Waffen an Bord segelte er von dort nach Norden bis zur Baja California – einer Wüste, wo die Indianer nicht einmal Mais anbauten, sondern sammelten und jagten, um zu überleben. Sehr bald waren die Spanier ausgehungert. Deshalb segelte Cortés zurück durch den Golf, der die Halbinsel Baja California vom mexikanischen Festland trennt, und fuhr von Cabo San Lucas nach Puerto Vallarta, um neue Vorräte zu beschaffen. In der Bucht von Puerto Vallarta entdeckte er ein weiteres seiner Schiffe, aber er lief auf Grund, als er es einzuholen versuchte, und musste nun sein eigenes Schiff auf Kiel legen und reparieren lassen. Ein paar spanische Siedler kamen aus dem Binnenland und verkauften ihm Schweine, Schafe und Mais zu übersteigerten Preisen.

Als er wieder die Segel setzte, fiel eine Rah herab und tötete den Lotsen, der unter dem Mast schlief. Cortés übernahm nun selbst die Lotsenrolle, fuhr zuerst nach Norden und dann nach Süden die Küste entlang, fand weitere Schiffe und kam an der Küste einigen seiner Leute zu Hilfe, die unter Hunger und Durst litten. Zwar konnte er seine wieder gefundenen Schiffe nach Acapulco zurückführen, doch alle seine Versuche, das südliche Meer zu erkunden, blieben erfolglos.

Im Jahr 1539 schickte er erneut eine Flotte aus, die den ganzen Golf zwischen der Baja California und dem mexikanischen Festland bis nach Norden zur Mündung des Colorado hinauffuhr – Cortés nannte diesen Golf nach sich selbst das Cortés-Meer, was als Lohn für seine Anstrengungen wahrlich nicht übertrieben war. Insgesamt investierte er eine riesige Summe in diese Entdeckungsreisen, nämlich zwischen 200 000 und 300 000 Dukaten.

IN DER Hauptstadt von Mexiko setzte sich langsam, aber ständig der konservative, stabilisierende Einfluss des traditionsgeprägten Spanien durch, und jenes System von Gesetzen und Bräuchen wurde institutionalisiert, das 300 Jahre lang wirksam bleiben sollte. Der Präsident der Audiencia, ein Bischof, tat seine Arbeit gut und ehrenhaft. Und aus Spanien hatte man inzwischen einen Vizekönig geschickt: Don Antonio de Mendoza, einen Edelmann, den Cortés schätzte und respektierte. Dennoch entzündete sich zwischen ihnen ein Streit über die Höhe der Entschädigungen, die Cortés aus der Staatskasse zustanden. Cortés stützte seinen Anspruch auf die Risiken, die er nicht nur in finanzieller Hinsicht eingegangen war, aber der Vizekönig widersetzte sich und wollte wissen, welcher Profit bei der ganzen Sache für die Krone heraussprang – ein sehr geringer nämlich, wie es schien. Cortés und Don Antonio vermochten sich nicht zu einigen, überwarfen sich trotz ihrer gegenseitigen Wertschätzung und wandten sich voneinander ab.

Der Streit zwischen Cortés und dem Vizekönig führte endlich

zum Prozess. Ein Revisor, der seit Jahren mit seiner Residencia befasst war, hatte einige von Cortés' Privilegien annulliert und Don Antonio eine Überprüfung der Zahl von Cortés' Lehnsleuten angeordnet. Cortés fand dieses Vorgehen unberechtigt und klagte. Und da die erste und letzte juristische Instanz für einen Edelmann von hohem Adel der König war, nahm Cortés seinen Sohn und kehrte 1540 nach Spanien zurück.

Requiem mit Leitmotiv

Erneut kehrte Cortés mit großem Pomp nach Spanien zurück, wenn auch nicht mit dem gleichen Überschwang wie beim letzten Mal. Doña Juana begleitete ihn nicht; sie zog es vor, mit ihren Töchtern in Mexiko zu bleiben, denn der Gedanke an die Seereise begeisterte sie in keiner Weise, und solange Don Antonio die Herrschaft innehatte, war die Familie in Mexiko sicher aufgehoben. Cortés war nun 55 Jahre alt, und die letzten acht oder neun unerfreulichen Jahre an der Westküste hatten ihn sichtlich altern lassen. Zudem hatte er, der stets rank und schlank gewesen war, nun einen Bauch angesetzt. Und in Spanien musste er mit Enttäuschung feststellen, dass Mexiko hier kein Thema mehr war – alle redeten über Peru.

Nachdem Cortés mit der Eroberung von Mexiko einen Maßstab gesetzt hatte, versuchten andere Spanier in der Neuen Welt seinen Erfolg zu übertreffen. Doch so kühn ihre Unternehmungen auch sein mochten, hing der Wert ihres Erfolges letztlich davon ab, wie viel Gold und Silber sie erbeuteten. Peru in der südlichen Hemisphäre war neben Mexiko das einzige andere Gebiet in Amerika, das einen solchen Schatz verhieß. Cortés war niemals auf die Idee gekommen, südlich von Panama an der Westküste von Südamerika

Entdeckungsreisen zu unternehmen, und er war auch niemals in der Nähe gewesen. Francisco Pizarro war es, der 1533 Peru eroberte. Cortés hatte den ergrauten, ungebildeten Soldaten und Abenteurer 1528 in La Rábida bei Sevilla getroffen und vielleicht auch später bei Hof gesehen, denn Pizarro bemühte sich zu jener Zeit um Hilfe und Zustimmung des Königs für seine Pläne.

Jahre danach erhielt Cortés in Acapulco die Abschrift eines Briefes von Pizarro aus Peru an alle spanischen Statthalter, in dem er um Unterstützung bat. Cortés hatte daraufhin versucht, ihm eine Schiffsladung Waffen zu schicken.

Außer der Tatsache, dass Mexiko nicht mehr in aller Munde war, stand Cortés in Spanien vor einem weiteren Problem: Es gelang ihm nicht, den König einzuholen, der unablässig unterwegs war. Mit einer Armee war Karl nach Flandern aufgebrochen, um in Gent eine Rebellion niederzuwerfen. Als er 1541 nach Spanien zurückkehrte, fand er keine Zeit, sich Einzelheiten über einen Prozess in Mexiko anzuhören, denn er war bereits auf dem Sprung, die Hochburg der Mohammedaner in Nordafrika anzugreifen und damit seine Rolle als Führer des christlichen Abendlandes zu unterstreichen.

Cortés stellte auf eigene Kosten eine Kavallerieschwadron auf und folgte zusammen mit vielen anderen spanischen Adligen, von denen jeder eine eigene Truppe anführte, dem König bis zur Küste, wo sie alle an Bord einer großen Flotte gingen. Nach einer kurzen Fahrt übers Mittelmeer erreichten die Schiffe die Bucht von Algier, wo in einem Sturm die meisten an der felsigen Küste auf Grund liefen. Auch Cortés' Schiff zerschellte an den Felsen – er wurde halb schwimmend, halb ertrinkend durchs Wasser gewirbelt und endlich an Land geschleudert. Dort machte er die schlimmste aller Entdeckungen: Er hatte seine fünf großen, kunstvoll bearbeiteten Smaragde, vielleicht die unschätzbarsten Juwelen der Welt, die er in einem Lederbeutel um den Hals getragen hatte, irgendwo in der Brandung vor Afrika verloren. Dort liegen, unter schlingernden Pflanzen, bedeckt vom

Sand, vielleicht noch heute die größten Kostbarkeiten des indianischen Amerika.

Durchnässt sammelten sich die Überlebenden, die den größten Teil ihrer Vorräte und ihrer Pferde verloren hatten. Der Kaiser und König hatte überlebt, ebenso der Sohn von Cortés. Die Spanier wurden von Mitgliedern der christlichen Streitmacht empfangen, die die Belagerung von Algier bereits aufgenommen hatten. Das strategische Problem bestand darin, dass ihre Zahl nicht ausreichte, die arabische Zitadelle völlig zu umzingeln. Zu diesem Zweck war Karl mit einer Armee aufgebrochen, doch nun – nach dem Desaster des Schiffsbruchs, als sich das Häuflein von Überlebenden mit den Belagerern im Schutz der Zelte zusammenfand – beschloss man, die Belagerung aufzugeben. Cortés wandte sich dagegen: Er bestürmte die Heerführer, ermunterte die Soldaten, drängte sie, diese Niederlage nicht anzunehmen. Er schwor, er würde diese Stadt der Ungläubigen einnehmen, wenn sie ihm nur eine Woche lang folgten. Es ist zweifelhaft, ob Karl V. ihn je anhörte. Und die jüngeren Feldherren, vor allem jene, die Algier bereits eine Zeit lang belagert hatten, wollten ohne Hoffnung auf Verstärkung nicht weiter durchhalten und nach Hause zurückkehren. Die Christen akzeptierten also ihre Niederlage, und Cortés hatte seine Juwelen verloren, womit er neben dem Kaiser der größte Verlierer dieser Expedition war. Das einzig positive Ergebnis, das für Cortés dabei herauskam, war die Tatsache, dass er Gómara traf, der ihm künftig als Sekretär diente, ihm bei der Sichtung seiner Papiere und der Abwicklung der zahlreichen Prozesse half, die sich alle in der Schwebe befanden und deren Ausgangspunkte zum Teil sehr kompliziert waren.

JAHRELANG zog Cortés starrsinnig hinter dem Hof her. Seinem Rang entsprechend, war er von einem großen Gefolge begleitet und logierte bequem in Klöstern und Schlössern, manchmal auch in Gasthöfen. Aber er vermisste seine alten Gefährten. Sandoval war tot, und inzwischen war auch Alvarado ums Leben gekommen. Bei einem Scharmützel mit Indianern in Jalisco war er von einem strauchelnden Pferd an einem steilen Abhang mit in die Tiefe gerissen worden.

Neben seinen Rechtshändeln plagten Cortés noch andere Probleme. Seine ehelichen wie unehelichen Kinder waren herangewachsen, und er suchte, dem Brauch der Zeit entsprechend, angemessene Heiraten für sie zu arrangieren. Seine älteste legitime Tochter, Doña María, hatte er dem ältesten Sohn des Marqués de Astorga versprochen und ihm eine Mitgift von 100000 Dukaten sowie eine elegante Aussteuer zugesagt, doch ging die Verlobung in die Brüche.

Es gelang Cortés nie, den König für seine Sache zu interessieren. Ebenso wenig wollte Karl ein Gericht bestimmen, das über Cortés' Rechtsangelegenheiten befinden sollte, denn bei Streitigkeiten zwischen herausragenden adligen Persönlichkeiten würde eine Partei mit Sicherheit immer enttäuscht sein. Zudem war der König der Ansicht, Cortés sei mehr als reichlich belohnt, und sein Verhalten gegenüber dem Eroberer von Mexiko wurde kühler. Die Konquista war dem von Natur aus introvertierten und launischen Monarchen nicht mehr sehr gegenwärtig. Man erzählte sich, der König habe nach dem Durchschreiten einer Menschenmenge, in der sich auch Cortés befand, seinen Kutscher gefragt, wer der Mann sei, der an der Kutschentür stand. Und Cortés habe durchs Fenster gerufen: „Derjenige, der Euch mehr Königreiche eingebracht hat, als Ihr Städte hattet!"

Endlich war Cortés der Situation überdrüssig und beschloss trotz seiner bekannten Halsstarrigkeit, die Verfolgung des Königs aufzugeben und seine Rückkehr nach Mexiko vorzubereiten, wo trotz aller anstehenden Klagen sein Einkommen niemals gepfändet oder auf erhebliche Weise reduziert worden war. In Sevilla erkrankte er jedoch ernstlich an Pleuritis und Ruhr und hatte hohes Fieber. Im Gefühl, dass dies seine letzte Krankheit sein könnte, schrieb er seinen letzten Willen nieder, den er zusammen mit Gómara bereits vor einiger Zeit entworfen hatte. Er unterzeichnete sein Testament in Sevilla am 11. Oktober 1547.

In der Folge verschlechterte sich sein Zustand. Cortés befand sich in seinem 63. Lebensjahr und war verbraucht von einem aufreibenden Leben. Als sich sein Zustand verschlechterte, wurde er aus der Stadt in die, wie man dachte, gesündere Atmosphäre des nahe gelegenen Landortes Castilleja de la Cuesta gebracht. Dort starb Hernán Cortés, nachdem er gebeichtet und die Letzte Ölung empfangen hatte, am 2. Dezember 1547.

Mit seinem letzten Willen traf er lebenslange Vorkehrungen für seine Frau und hinterließ den größten Teil seines Besitzes seinem legitimen Erben, der sich in seiner Begleitung befand und zu dieser Zeit 15 Jahre alt war. Zwanzigjährig sollte Don Martín das volle Einkommen und mit 25 Jahren die volle Verfügung über den Besitz erhalten. Cortés empfahl seinem Sohn jene Verwalter und Handlungsbevollmächtigten, die ihm selbst gute Dienste geleistet hatten. Seinen anderen Kindern, den ehelichen wie den unehelichen, hinterließ er beträchtliche Summen einschließlich einer Mitgift für alle Mädchen und setzte seinen Bediensteten großzügige Zuwendungen aus. Er begründete drei Stiftungen: das Hospital de Jesús in Mexiko, wo seine Gebeine die letzte Ruhe finden sollten, in Coyoacán eine zweisprachige Ausbildungsschule für Missionare, in der auch viele christliche Indianer in der Missionsarbeit unter ihren eigenen Leuten unterwiesen wurden, sowie ein Nonnenkloster in Coyoacán.

Bei der Benennung seiner Testamentsvollstrecker in Spanien setzte Cortés auf den Adel und bestimmte zwei vornehme Edelmänner und die Marquésa de Astorga, mit der er gemeinsam vergeblich die Heirat ihrer Kinder zu arrangieren versucht hatte. Zu Verwaltern seines Nachlasses in Mexiko ernannte Cortés drei Prälaten – da sie die ehrenhaftesten Männer waren, die er kannte – und seine Frau.

In seinem Testament brachte Cortés auch die Sorgen zum Ausdruck, die ihn am meisten bedrückten. Er bestand darauf, dass die Indianer, für die er verantwortlich war – das heißt jene, die auf seiner Encomienda arbeiteten – nie mehr an Tribut zahlen sollten, als sie zuvor ihren eigenen indianischen Herrschern gezahlt hatten. Sollte Don Martín jemals feststellen, dass man von den Indianern mehr Tribut eingetrieben hatte als die indianischen Könige, so sollte der Überschuss den Indianern zurückerstattet werden. Obendrein stellte Cortés Überlegungen an, ob Dienstleistungen wie die Arbeit in den Minen nicht Tributzahlungen gleichzusetzen seien. Er machte seinen Erben darauf aufmerksam, dass jegliche persönliche Arbeit angemessen zu bewerten und entsprechend zu entschädigen sei.

Sein letzter Gedanke, der ihm vielleicht die größten Zweifel bereitete, galt der Frage, ob man die Indianer guten Gewissens überhaupt als Sklaven betrachten dürfe. Mit diesem Problem rangen die Spanier, seit die Portugiesen begonnen hatten, Schwarzafrikaner als Sklaven einzusetzen. Und obwohl Cortés wusste, dass die Sklaverei in der Gesellschaftsordnung der Indianer schon vor der Eroberung eine etablierte und anerkannte Institution gewesen war, trieb diese Frage ihn um, und er gab dieses Problem testamentarisch an seinen Sohn weiter.

Solcher Art waren die Gedanken des Eroberers von Mexiko, als er ins Jenseits überging – keine Erinnerungen an die Entbehrungen und Härten der Kämpfe oder an den Lohn für seine spektakuläre Karriere, sondern die Fürsorge für seine Kinder und der Gedanke, ob sein eigenes Verhalten vor Gott standhalten konnte.

DER TOD DER GEFIEDERTEN SCHLANGE
HERNÁN CORTÉS UND DIE EROBERUNG DES AZTEKENREICHS
Die Originalausgabe *Cortés. The Great Adventurer and the Fate of Aztec Mexico* erschien 1993 bei Alfred A. Knopf Inc., New York

Deutsch von Dagmar Türck-Wagner

Cover: Christine Meisner, Karel Meisner

165
Printed in Germany
3 89915 179 8